PRÊMIO
NOBEL
35
ANOS

CB022081

UMA CASA NO MUNDO

AMARTYA SEN

Uma casa no mundo

Memórias

Tradução
Berilo Vargas

Publicado originalmente em 2021 por Allen Lane, selo da Penguin General, parte do grupo Penguin Random House.

Grafia atualizada segundo o Acordo Ortográfico da Língua Portuguesa de 1990, que entrou em vigor no Brasil em 2009.

Título original
Home in the World: A Memoir

Capa
Victor Burton

Foto de capa
Amal Kumar Sen

Fotos de miolo
Acervo pessoal do autor, exceto p. 303 (de Baren Sen)

Preparação
Officina de Criação

Índice remissivo
Luciano Marchiori

Revisão
Natália Mori Marques
Valquíria Della Pozza

Dados Internacionais de Catalogação na Publicação (CIP)
(Câmara Brasileira do Livro, SP, Brasil)

Sen, Amartya
Uma casa no mundo : Memórias / Amartya Sen ; tradução Berilo Vargas. — 1ª ed. — São Paulo : Companhia das Letras, 2022.

Título original: Home in the World: A Memoir.
ISBN 978-65-5921-100-5

1. Economistas - Índia - Biografia 2. Sen, Amartya, 1933- I. Título.

22-114598 CDD-330.092

Índice para catálogo sistemático:
1. Economistas : Memórias autobiográficas 330.092

Eliete Marques da Silva - Bibliotecária - CRB-8/9380

EDITORA SCHWARCZ S.A.
Rua Bandeira Paulista, 702, cj. 32
04532-002 — São Paulo — SP
Telefone: (11) 3707-3500
www.companhiadasletras.com.br
www.blogdacompanhia.com.br
facebook.com/companhiadasletras
instagram.com/companhiadasletras
twitter.com/cialetras

Para Emma

Sumário

PARTE III

PARTE IV

PARTE V

Agradecimentos

"Lembranças felizes trazem a luz/ De outros dias à minha volta," escreveu Thomas Moore, na tristeza do que descreve como uma "noite quieta". Lembra-se dos amigos que tiveram que "cair" e "dos sorrisos, das lágrimas/ Dos anos da meninice" e fala da sensação de ser "abandonado" por todos. Reexaminar lembranças pode, sem dúvida, ser um exercício melancólico, evidentemente até mesmo para um jovem de 26 anos, idade que tinha Moore quando escreveu o poema. Mas recordar o passado — mesmo o passado distante — também pode ser agradável, levando-nos de volta a momentos felizes, envolvendo reflexões, e dilemas difíceis.

Recordar, no entanto, não é o mesmo que escrever um livro de memórias. O livro de memórias deve ser voltado, principalmente, para outras pessoas. O egoísmo do que se chama em sânscrito de *smriticharan* ("alimentar-se do pasto da própria memória") talvez não tenha o menor interesse para os outros, que, no entanto, podem ter curiosidade pelo que de fato aconteceu e como as experiências e os pensamentos de outra pessoa podem ser entendidos — e compartilhados. Ajudando-me a sair da minha memória para escrever um livro de memórias, e cuidando para que não falte clareza e lucidez ao que tentei dizer, Stuart Proffitt foi maravilhosamente prestativo. Tenho imensa gratidão pelo que fez em benefício do livro.

Num momento decisivo do planejamento deste livro, recebi conselhos excelentes de Lynn Nesbit e de Robert Weil. Agradeço aos dois. Ao falar do livro enquanto o escrevia, fui beneficiado por questões levantadas por meus filhos, Antara, Nandana, Indrani e Kabir, e pelos primos Ratnamala e Miradi. Além disso, recebi boas sugestões de Rehman Sobhan, Rounaq Jahan, Paul Simm, Victoria Gray e Sugata Bose. Uma longa conversa pública que tive algum tempo atrás com Tim Besley e Angus Deaton, em parte sobre a minha obra, para um relatório para o Annual Review of Economics, me foi muito útil na redação de partes deste livro, e sou grato aos dois.

Kumar Rana e Aditya Balasubramanian leram grandes trechos do manuscrito em diferentes fases da escrita, e seus comentários cuidadosos foram imensamente proveitosos. Escrevi o livro ao longo de quase uma década, e a maior parte da redação foi feita — quase sempre no verão — no Hotel Le Dune em Sabaudia, Itália, e no Trinity College, Cambridge. Por sua ajuda na coordenação dos meus esforços, sou muito grato a Inga Huld Markan, Chie Ri e Arabinda Nandy.

Agradeço imensamente a assistência de muitas pessoas na Penguin Books, cuja ajuda foi de importância decisiva para a produção deste livro, incluindo Jane Robertson, Richard Duguid, Alice Skinner, Sandra Fuller, Matt Hutchinson, Ania Gordon e Coralie Bickford-Smith.

Finalmente, minha mulher, Emma Rotshchild, a quem este livro é dedicado, leu todo o manuscrito e fez muitas sugestões valiosas, comentando praticamente cada página. Não é fácil expressar adequadamente minha gratidão por isso.

Nota sobre a grafia das palavras em sânscrito

Optei por não usar sinais diacríticos na grafia de palavras em sânscrito (exceto quando cito outros escritores), pois sua complicação pode desencorajar os leitores não especialistas. Eles também podem ser um pouco confusos para aqueles cuja principal experiência com o alfabeto foi através do inglês. Por exemplo, é difícil convencer uma pessoa não familiarizada com os diacríticos de que *calk* é um jeito eficaz de fazer referência ao objeto que acompanha um quadro-negro (*chalk*, em inglês). Em vez disso, tentei grafar as palavras em sânscrito de forma a se aproximarem da pronúncia em inglês. Com alguma tolerância, a estratégia funciona, mas não é perfeita.

Prefácio

Uma das lembranças mais antigas da minha infância é a de ser acordado pelo apito de um navio. Eu tinha quase três anos. O barulho me fez sentar um tanto apreensivo, mas meus pais me tranquilizaram dizendo que estava tudo bem e que viajávamos de navio de Calcutá para Rangum pela baía de Bengala. Meu pai, que lecionava química na Universidade de Daca, onde hoje é Bangladesh, ia trabalhar por três anos como professor visitante em Mandalay. Quando o apito me acordou, nosso navio tinha acabado de completar a viagem de cem milhas de Calcutá ao mar pelo rio Ganges (naqueles tempos Calcutá ainda funcionava como porto para navios bem grandes). Meu pai me explicou que agora estaríamos em mar alto até chegarmos a Rangum, dentro de dois dias. Eu não sabia, claro, o que era uma viagem marítima, assim como não sabia nada sobre as diferentes maneiras de viajar de um lugar para outro. Mas tive uma sensação de aventura, e um sentimento instigante de que acontecia comigo uma coisa séria que nunca tinha acontecido. Era como se as profundas águas azuis da baía de Bengala tivessem saído da lâmpada de Aladim.

Quase todas as minhas lembranças iniciais vêm da Birmânia, onde ficamos pouco mais de três anos. Parte do que me lembro era sem dúvida real, como o belo palácio em Mandalay, com um adorável fosso ao redor, as vistas impressionantes das margens do rio Irrawaddy, e a presença de graciosos pagodes aonde quer que fôssemos. Mas minhas lembranças da sofisticação de Mandalay talvez não correspondam aos relatos que alguns fazem de uma cidade muito poeirenta, e a beleza surpreendente da nossa casa tipicamente birmanesa era, desconfio, exagerada pelo amor que eu tinha por ela. A verdade é que eu não poderia ter sido mais feliz.

Viajo desde os primeiros anos. Depois da infância na Birmânia, voltei para Daca, mas logo me mudei de novo para morar e estudar em Santiniketan, onde Rabindranath Tagore, o poeta visionário, tinha fundado uma escola experimental. Ele exerceu grande influência sobre mim e minha família. O título destas memórias é inspirado em seu livro *A casa e o mundo*, e reflete sua influência.

Após dez anos envolventes na escola de Tagore em Santiniketan, fui para Calcutá começar minha educação superior. Tive alguns professores excelentes, e ótimos colegas, e o trabalho da faculdade era bem complementado por um botequim próximo, no qual discussões e debates maravilhosos e interessantes costumavam ocorrer. De lá fui para Cambridge, Inglaterra, em outra cativante viagem de navio, dessa vez de Bombaim para Londres. Tanto Cambridge como minha faculdade, Trinity, me seduziram com sua esplêndida história antiga.

Depois veio o ano que passei lecionando no MIT em Cambridge, Massachusetts, e em Stanford, Califórnia. Fiz breves tentativas de criar raízes em vários lugares antes de retornar à Índia (via Lahore e Karachi, no Paquistão) para ensinar na Universidade de Delhi, oferecendo cursos de economia, filosofia, teoria dos jogos, lógica matemática e — disciplina relativamente nova — teoria da escolha social. As recordações das primeiras três décadas terminam com dias felizes, na qualidade de jovem professor, e a expectativa de uma nova — e mais madura — fase da vida.

Enquanto me estabelecia em Delhi, tive tempo de pensar um pouco sobre meus primeiros anos, repletos de numerosas e variadas experiências. Decidi que havia duas maneiras bem diferentes de pensar a respeito das civilizações do mundo. Uma abordagem adota a perspectiva "fragmentária" e vê uma diversidade de características como manifestações de civilizações muito distintas. Essa abordagem, com a característica adicional da hostilidade entre os fragmentos, tem estado muito na moda ultimamente, trazendo a ameaça de um duradouro "choque de civilizações".

A outra abordagem é "inclusiva" e se concentra na procura de diferentes manifestações de uma civilização geral e única — talvez seja melhor chamá-la civilização mundial — que gera flores diferentes por meio de uma vida interligada de raízes e galhos. Este livro não é, obviamente, uma investigação da natureza da civilização, mas, como o leitor verá, simpatiza com um entendimento inclusivo, não fragmentário, do que o mundo oferece.

Das Cruzadas na Idade Média às invasões nazistas no século XX, dos choques comunais às batalhas entre políticas religiosas, houve contendas entre as mais diversas convicções, e apesar disso houve também forças a favor da unidade operando contra os confrontos. Dá para ver, se olharmos bem, que a compreensão é capaz de difundir-se de um grupo para outro e de um país para o seguinte. Quando nos movimentamos de um lado para outro, não nos escapam indícios de histórias mais amplas e integradoras. Nossa capacidade de aprender uns com os outros não deve ser subestimada.

Desfrutar de companhia humana ruminativa pode ser uma experiência imensamente benéfica. No fim do século X e começo do XI, o matemático iraniano Al-Biruni, que passou muitos anos na Índia, comentou em seu livro *Tarikh al-Hind* que aprender uns sobre os outros contribui tanto para o conhecimento como para a paz. Faz um relato maravilhoso da matemática, da astronomia, da sociologia, da filosofia e da medicina na Índia de mil anos atrás, e mostra também que o conhecimento humano se dissemina pela amizade. A simpatia de Al-Biruni pelos indianos contribuiu para seu interesse e sua maestria em matemática e ciência indianas. Isso não o impediu, no entanto, de provocá-los um pouquinho. A matemática indiana é ótima, diz Al-Biruni, mas o talento mais raro que os intelectuais indianos possuem é uma coisa muito diferente: a capacidade de falar com eloquência de assuntos sobre os quais não sabem absolutamente nada.

Eu teria orgulho desse dom, caso o possuísse? Não sei, mas talvez seja melhor começar falando de coisas que conheço. Estas memórias são uma modesta tentativa de fazer exatamente isso, ou pelo menos de falar de coisas que vivenciei, conhecendo-as ou não.

PARTE I

O autor com a irmã Supurna e a prima Mira, Santiniketan, por volta de 1948.

1. Daca e Mandalay

1

"Qual é o lugar que o senhor considera sua casa?", perguntou-me um entrevistador da BBC em Londres quando nos preparávamos para gravar. Ele estava em busca de uma espécie de biografia minha. "O senhor acabou de se mudar de uma Cambridge para outra — e de Harvard para Trinity; morou na Inglaterra durante décadas, mas ainda é cidadão indiano, com — imagino — um passaporte coberto de vistos. Portanto, onde é sua casa?" Isso foi em 1998, logo depois que voltei para o Trinity College como Master (a entrevista era por isso). "Eu me sinto muito à vontade aqui, neste momento", respondi, explicando que tinha uma longa ligação com Trinity, como estudante de graduação, estudante pesquisador, pesquisador associado e depois como professor. Mas acrescentei que também me sentia muito à vontade em nossa velha casa perto da Harvard Square na outra Cambridge, e que me sinto muito à vontade na Índia, sobretudo em nossa casinha em Santiniketan, onde fui criado e para onde adoro voltar regularmente.

"Nesse caso", disse o homem da BBC, "o senhor não tem conceito de lar!" "Pelo contrário", respondi, "tenho mais de um lar que me acolhe, mas não concordo com a sua ideia de que o lar tem que ser exclusivo." O entrevistador da BBC não pareceu nem um pouco convencido.

Sofri derrotas parecidas em minhas tentativas de responder a outras buscas de uma identificação exclusiva. "Qual é o seu prato preferido?", me perguntam. Pode haver muitas respostas a essa pergunta, mas em geral prefiro resmungar qualquer coisa como tagliolini com vôngole ou pato à Sichuan, e, claro, ilish mach — o que os ingleses na Índia costumavam chamar de "hilsha fish", tomando liberdades com os sons aspirados. Mas, expliquei, precisa ser cozido ao estilo de Daca, com mostarda em pó. Esse tipo de resposta não era suficiente para os perguntadores, que insistiam: "Mas qual é realmente o seu prato preferido?".

2

Por que um lugar? Talvez eu me sinta à vontade muito facilmente. Em bengali tradicional, a pergunta "onde é sua casa?" tem um significado preciso — coisa muito diferente do que a pergunta inglesa literalmente transmite. Casa — *ghar* ou *badi* — é de onde sua família vem, olhando algumas gerações para trás, ainda que você e seus antepassados imediatos tenham morado em outro lugar. Esse costume tem adeptos em todo o subcontinente, e, quando usado em conversas com ingleses, a ideia é às vezes traduzida numa espécie de imagem vívida de que o inglês indiano se apropriou: "De onde você é?". Sua "casa" talvez esteja num lugar de onde seus antepassados podem ter vindo poucas gerações atrás, ainda que você mesmo nunca tenha estado lá.

Minha família morava na cidade de Daca quando nasci, embora eu não tenha, de fato, nascido lá. Isso aconteceu no fim do outono de 1933, que, como eu descobriria depois, foi um ano de terrível perda de lares e vidas na Europa. Sessenta mil profissionais — autores, artistas, cientistas, músicos, atores e pintores — emigraram da Alemanha, principalmente para outros países da Europa, ou para os Estados Unidos. Poucos — geralmente judeus — foram para a Índia. Daca, hoje uma cidade vibrante, esparramada e um pouco confusa, é a movimentada capital de Bangladesh e, naquela época, era um lugar mais calmo e menor, onde a vida parecia sempre graciosa e lenta. Vivíamos na parte velha e histórica, chamada Wari, não muito longe de Ramna, o campus da Universidade de Daca, onde meu pai, Ashutosh Sen, lecionava química. Isso tudo é a "velha Daca" — a Daca moderna se espalha por dezenas de quilômetros além.

Meus pais eram muito felizes em Daca. Eu também era, assim como minha irmã Manju — quatro anos mais nova do que eu. A casa foi construída por meu avô paterno, Sharada Prasad Sen, que era juiz nos tribunais de Daca. Meu tio, Jitendra Prasad Sen, o mais velho dos irmãos do meu pai, raramente aparecia, pois era mandado para lugares diferentes de Bengala como funcionário público, mas suas chegadas à casa da nossa família (em especial com a filha Miradi, mais ou menos da minha idade) em Daca para os feriados eram o começo de períodos intensamente prazerosos na minha jovem vida. Além disso, havia outros primos que moravam em Daca (Chinikaka, Chotokaka, Mejda, Babua e outros); Manju e eu éramos crianças muito mimadas, por causa dos cuidados e atenções desses primos.

O primogênito itinerante do meu tio (chamava-se Basu, mas para mim era Dadami) estudava na Universidade de Daca e morava conosco. Era uma imensa fonte de sabedoria e diversão. Procurava filmes que pudessem interessar a crianças para me levar, e por iniciativa sua aprendi o que achava ser "o mundo da realidade" tal como retratado em filmes fantásticos, como *O ladrão de Bagdá*.

Minhas lembranças mais antigas incluem ir ao laboratório do meu pai e a enorme emoção de ver que um líquido misturado a outro num tubo de ensaio era capaz de produzir uma coisa totalmente diferente e inesperada. O assistente de meu pai, Karim, mostrava-me esses experimentos fascinantes — e eu sempre achava suas demonstrações maravilhosas.

Aquelas lembranças voltaram quando, aos doze anos, li pela primeira vez, com meu sânscrito orgulhosamente adquirido, a teoria da base química da vida segundo a escola materialista indiana, a Lokayata, que prosperara na Índia a partir do século VI a.C.: "Desses elementos materiais apenas, quando transformados no corpo, a inteligência é produzida, assim como o poder inebriante é desenvolvido a partir da mistura de certos ingredientes; e quando eles são destruídos, a inteligência também morre de imediato". Achei a analogia muito triste — eu queria mais na minha vida do que química, e não gostei nem um pouco dessa coisa de "morre de imediato". Mais tarde, quando cresci e pensei em muitas diferentes teorias sobre a vida, minha lembrança mais antiga do laboratório da Universidade de Daca e das demonstrações de Karim foi uma presença viva e persistente.

Eu sabia que meu lugar era Daca, mas, como muitos bengaleses urbanos, também via minha casa como a aldeia de onde minha família se mudara para a cidade, no meu caso duas gerações antes. Minha aldeia natal, a casa ancestral da família do meu pai, é um lugarzinho minúsculo chamado Matto, no distrito de Manikgani. Não fica muito longe da cidade de Daca, mas, quando eu era criança, levava-se quase um dia inteiro para chegar lá — viajando principalmente de barco por um emaranhado de rios. Hoje em dia é possível dirigir de Daca para Matto em poucas horas por estradas razoavelmente boas. Costumávamos ir para lá uma vez por ano, passar poucas semanas, e eu me sentia totalmente à vontade, como se estivesse de novo em casa. Havia meninos e meninas com quem brincar em Matto, que também iam para lá nos festejos das cidades distantes onde moravam. Fazíamos boas amizades sazonais, e nos despedíamos para um ano de separação, quando chegava a hora do nosso retorno urbano.

3

O nome da nossa casa na velha Daca, "Jagat Kutir", quer dizer "a cabana do mundo". Isso refletia em parte a descrença do meu avô no nacionalismo, embora minha família viesse a produzir um bom número de nacionalistas na luta contra o Raj britânico (voltaremos ao assunto depois). O nome também celebrava a memória de sua amada esposa já falecida, minha avó paterna, que se chamava Jagatlakkhi (cuja grafia às vezes era Jagatlakshmi, como em sânscrito). Ela morreu bem antes de eu nascer. A memória da muito louvada sabedoria de Jagatlakkhi influenciou nossa vida de diversas maneiras, e ainda uso seu remédio para soluço — beber devagar um copo de água fria com duas colheres de açúcar. A propósito, esse é um jeito muito mais agradável de lidar com soluços do que ficar quase sem fôlego.

Enquanto meu pai dava aulas na Universidade de Daca, seu pai, Sharada Prasad Sen, o juiz, também muito ligado à universidade, ajudava em sua administração jurídica e financeira. Na nossa casa em Daca havia sempre gente entrando e saindo. Esses visitantes me falavam das coisas mais variadas que faziam nos mais diferentes lugares. Alguns desses lugares não ficavam longe (certamente incluíam Calcutá, Delhi, Bombaim, Hong Kong e Kuala Lumpur), mas na minha imaginação de menino abrangiam o mundo todo. Eu adorava sentar perto da aromática árvore de magnólia-amarela na varanda do segundo andar para ouvir histórias fascinantes de viagem e aventura, e esperava que algum dia viessem a fazer parte da minha vida também.

Minha mãe, Amita, não teve necessidade de mudar de sobrenome quando casou, porque meu avô materno, conhecido erudito em sânscrito e filosofia indiana, chamava-se Kshiti Mohan Sen. O fato de o sobrenome de solteira de minha mãe ser igual ao sobrenome do meu pai me cria problemas até hoje quando preciso me identificar e os guardiães da comunicação segura me perguntam o nome de solteira de minha mãe ("não, não, eu perguntei o nome de solteira!").

Kshiti Mohan lecionava em Santiniketan, que hoje fica em Bengala Ocidental, Índia, numa instituição educacional chamada Visva-Bharati — nome que invocava o objetivo de unir o mundo (Visva) com toda a sabedoria enunciada (Bharati) que ela era capaz de oferecer. Gravitava em torno de uma escola famosa, mas também tinha instalações para pesquisa avançada, muito conhecidas. Visva-Bharati havia sido fundada em 1901 pelo poeta Rabindranath Tagore. Kshiti Mohan foi não apenas uma espécie de lugar-tenente de Tagore, ajudando-o a dar forma a Visva-Bharati como instituição educacional, mas também contribuiu muito para seu prestígio acadêmico, graças à sua extraordinária reputação como erudito e aos seus livros muito conceituados — escritos em sânscrito, bengali, hindi e guzerate.

A família da minha mãe era toda muito próxima de Rabindranath. Minha mãe, Amita, era uma hábil dançarina num novo estilo que Tagore ajudara a inventar — um estilo que hoje seria chamado de "dança moderna" (e naquela época deveria parecer *extremamente* moderna). Ela desempenhou o papel principal em vários balés de Tagore em Calcutá, numa época em que mulheres "de boa família" não apareciam no palco. Nem aprendiam judô, como minha mãe aprendeu na Santiniketan School. Conspira a favor da escola de Tagore o fato de que essa oportunidade era oferecida a alunas, assim como a alunos, cem anos atrás.

Pelo que me disseram, meu pai, quando o casamento estava sendo arranjado, ficou muito impressionado por Amita ser uma das primeiras mulheres de classe média a aparecer no palco participando de uma dança, numa peça altamente literária. Ele guardava recortes de jornal com grandes elogios ao desempenho artístico de Amita e com críticas conservadoras à impropriedade de uma mulher aparecer num palco público. A ousadia de Amita, além dos seus talentos de dançarina, teve influência na rapidez da resposta de meu pai quando o casamento foi proposto. Na verdade, esse era o único sinal de livre escolha que minha mãe e meu pai gostavam de ressaltar em seu casamento arranjado. Também adoravam contar que tinham saído para ver um filme juntos por conta própria (embora eu suspeite que isso também era parte do "arranjo"). Mas as notícias de jornal sobre a atuação da minha mãe nos balés escritos e dirigidos por Tagore foram, segundo me disse meu pai, parte essencial da história.

Quando nasci, Rabindranath convenceu minha mãe de que era desinteressante escolher nomes já desgastados pelo uso e sugeriu um nome novo para mim. Amartya, por dedução, significa "imortal" em sânscrito: "Martya", que vem de *mrityu* (uma das muitas palavras sânscritas para "morte"), é o nome da terra onde pessoas morrem, e "Amartya" é alguém de um lugar onde pessoas não morrem — o céu, supostamente. Já tive que explicar esse significado solene do nome para muita gente, mas prefiro seu sentido mais literal e talvez mais sinistro: "incorpóreo".

Há um velho costume, generalizado em Bengala, que determina que o primeiro filho nasça na casa da família da mãe, e não no seu novo lar de casada. Imagino que em sua origem esse costume refletisse uma falta de confiança da parte dos pais da mãe na capacidade dos parentes do marido de cuidar de modo adequado da sua filha durante o parto. Seguindo esse costume, saí de Daca ainda no ventre materno para nascer em Santiniketan e voltei para Daca com dois meses de idade.

Santiniketan (cujo significado em bengali equivale "a morada da paz") me deu outro lar, assim como Daca. Esse lar foi inicialmente a casa dos meus avós, fornecida pela escola — uma pequena cabana coberta de palha, austera porém elegante, numa parte de Santiniketan chamada Gurupalli (vila dos professores). Então, em 1941, meus pais construíram uma pequena casa própria noutra parte da cidade chamada Sripalli. A casinha recém-construída recebeu o nome de Pratichi, indicando — em sânscrito — que ficava no extremo oeste. Meus avós então construíram uma casa própria ao lado da nossa nova casa, pensando em deixar os alojamentos oficiais da escola.

Eu era muito chegado à minha avó materna, Kiranbala, minha "*didima*", talentosa pintora em cerâmica e também hábil parteira, que participou de todos os nascimentos na medicamente primitiva Santiniketan, incluindo os dos próprios netos. Kiranbala tinha consideráveis conhecimentos médicos, cuidadosamente adquiridos ao longo dos anos. Lembro de ouvi-la com atenção quando explicava a diferença que simples cuidados esclarecidos — como o uso adequado e inteligente de antissépticos, naquele tempo muitas vezes ignorado nos partos caseiros — faziam na segurança e nas chances de sobrevivência. Entre tantas outras coisas, aprendi muito com ela sobre as taxas de mortalidade desnecessariamente altas na Índia tanto entre as mães como entre os bebês durante o parto. Mais tarde, quando a mortalidade das mães e a morbidade dos filhos se tornaram parte dos meus interesses de pesquisa, eu costumava pensar em minhas longas conversas com Didima, eu sentado ao lado dela na cozinha numa *mora* feita de cana. Desenvolvi grande admiração por sua atitude científica em todas as medidas que tomava.

4

Eu amava tanto Daca como Santiniketan quando menino, mas minhas lembranças mais antigas não são desses lugares. São da Birmânia, para onde fui com meus pais pouco antes do meu terceiro aniversário. Chegamos lá em 1936, e permanecemos até 1939, os três anos nos quais meu pai foi professor visitante da Faculdade de Agricultura de Mandalay, de licença da Universidade de Daca. Fiquei muito animado com a viagem, mas deixar Didima não foi fácil. Disseram-me mais tarde que em nossa primeira viagem de Calcutá para Rangum, quando vi a figura de Didima afastar-se no cais, tentei desesperadamente parar o grande navio, protestando com muito barulho. Felizmente a separação não foi eterna, e voltávamos todos os anos para férias em Daca e Santiniketan. Como eu, minha irmã Manju nasceu em Santiniketan, na casa dos meus avós maternos. Depois ela passou seu primeiro ano e meio de vida na Birmânia. Em 1939, voltamos todos para a beleza tranquila de Wari na velha Daca, em combinação com visitas regulares a Santiniketan.

Quando nosso tempo birmanês terminou, eu tinha quase seis anos e minha memória começava a armazenar coisas. Fui feliz em Mandalay, e me lembro de muitas das primeiras experiências e emoções. Os festivais birmaneses eram particularmente deslumbrantes, os bazares sempre tomados pelo zum-zum de atividades fascinantes, e nossa casa de madeira, no estilo comum de Mandalay, era infinitamente explorável. Eu vivia na expectativa de ver coisas novas — e quase sempre muito pitorescas — todos os dias ao sair com meus pais ou minha babá, e aprendia as palavras birmanesas para quase tudo que via.

Havia também a emoção de conhecer novos lugares quando viajava pela Birmânia com meus pais — para Rangum, Pegu, Pagan, mesmo para a distante Bhamo. Dava para sentir que eram lugares carregados de história — grandes pagodes e prédios que pareciam palácios, o que alguns de fato eram. Eu adorava a vista que se tinha de Maymyo, a cinquenta quilômetros de distância, da nossa casa no extremo oeste de Mandalay, e aproveitava muito as viagens a Maymyo nos fins de semana para ver amigos da família.

George Orwell, inveterado morador da Birmânia, escreveu sobre a interessantíssima viagem de Mandalay a Maymyo que me encantou quando a li.

> Mentalmente, você ainda está em Mandalay quando o trem para em Maymyo, 1,2 mil metros acima do nível do mar. Mas ao saltar do vagão você entra em outro hemisfério. De repente, respira um ar fresco e doce, que poderia ser o da Inglaterra, e à sua volta há grama verde, samambaias, abetos e mulheres da montanha com faces rosadas vendendo cestos de morango.[1]

Costumávamos viajar de Mandalay para Maymyo de carro, com meu pai ao volante parando com frequência para mostrar pontos de interesse. Numa viagem noturna vimos — uma emoção e tanto, para mim — um grande leopardo sentado à beira da estrada na descida de um morro, os olhos brilhando sob os faróis.

Em nossas viagens pelo rio, subindo o Irrawaddy de barco, a paisagem mudava o tempo todo. Nossas caminhadas à beira do rio me ajudavam a entender um pouco a terra e os habitantes — incluindo grupos diversos de diferentes tribos, de variadas etnias, com roupas incríveis. A Birmânia apresentava uma variedade infinita de experiências e cenários emocionantes, e foi ali que o mundo se revelou para mim. Eu não tinha como comparar o que via a qualquer outra coisa, mas a terra parecia linda aos meus olhos jovens.

5

Por causa dos muitos pagodes e palácios, Mandalay também é conhecida como "a Cidade Dourada". Rudyard Kipling, que nunca esteve lá, romantizou-a em seu elegante poema "Mandalay", apesar de meu pai me dizer que o que ele descreve levanta questões de plausibilidade física. Deixei essas questões para os geógrafos e decidi me comover imaginando que "o amanhecer surge da China como um trovão através da baía".

George Orwell — Eric Arthur Blair —, que passou muitos anos em Mandalay, tendo chegado em 1922 para trabalhar na academia de polícia, considerava-a "poeirenta e insuportavelmente quente" e no geral "uma cidade bastante desagradável". Eu a achava bem diferente disso. A lembrança que tenho é de um lugar muito agradável, com prédios que chamavam a atenção, belos jardins, ruas fascinantes, o velho palácio real e seu fosso. Acima de tudo, os birmaneses me pareciam extremamente calorosos, rindo o tempo todo, e muito simpáticos.

Como meu pai era ph.D., tratado em geral por "doutor", havia sempre um fluxo muito regular de visitantes que apareciam para "pedir aconselhamento médico ao dr. Sen". Meu pai, claro, não sabia medicina (embora me dissesse: "Pertencemos à casta médica — os *vaidyas* —, mas isso foi muitas gerações atrás"). Apesar disso, fazia o possível para ajudar os necessitados de atenção médica a receber tratamento nos hospitais públicos de Mandalay — havia alguns que davam conselhos de graça e um pouco de atenção, embora não muita medicina de fato.

Ainda deve ser difícil conseguir atendimento médico na Birmânia, ao contrário de outros países da região, como a Tailândia (que agora tem um ótimo sistema de saúde pública). É assim para os moradores de etnia birmanesa naquele Estado disfuncional, porém mais ainda para as minorias étnicas que de maneira ativa buscam seus direitos contra o regime. Os militares os deslocam de um lado para outro, por meio de perseguição sistemática, e arranjos estáveis sobre serviços médicos são de fato uma raridade. Mas, quando eles existem, prestados por exemplo por um grupo de dedicados "médicos mochileiros" da Faculdade de Medicina Johns Hopkins nos Estados Unidos, que tentam ajudar indo a territórios perigosos, assumindo grandes riscos pessoais (entre 1998 e 2005, seis pessoas de um grupo de médicos da Johns Hopkins foram assassinadas), os Karen, por exemplo, procuram assistência médica fervorosamente e respondem de imediato aos conselhos médicos que recebem.

6

Lembro da alegria de voltar para Mandalay depois de um período de ausência — voltar para nossa casa de madeira no campus da Faculdade de Agricultura no lado leste da cidade, com sua cativante vista dos morros de Maymyo. Como eu adorava ver o sol nascer atrás daqueles morros, da nossa ampla varanda! Mandalay se tornara, definitivamente, minha casa — como a velha Daca, como Matto em Manikgani, como Santiniketan.

A Birmânia, no entanto, significava mais para mim, mesmo naqueles tempos, do que apenas o país das primeiras lembranças. Aprendi alguma coisa sobre a Birmânia e era capaz de bater um papo ainda vacilante. A babá birmanesa que cuidava de mim — e depois de minha irmã Manju — sabia algumas palavras em bengali e falava um pouco de inglês — bem mais, imagino, do que eu naquela época. Ela era, achava eu, estonteantemente linda. Mais tarde, quando eu tinha uns doze anos, perguntei a minha mãe se ela era de fato deslumbrante, e minha mãe disse que era "muito bonita" — descrição que não me parecia fazer jus à sua beleza.

Mas beleza não era a única coisa notável em minha babá (como eu gostaria de lembrar seu nome!). Ela dava conselhos a todo mundo da família sobre o que fazer. Lembro que minha mãe sempre pedia sua opinião, e era ela que, habilidosamente, informava a meus pais, quando voltavam da rua, que, embora eles fossem ficar espantados com a tinta fresca nas paredes da sala de estar, meus desenhos de fato demonstravam um talento artístico extraordinário. A crise sobre o meu mau comportamento era, com isso, desarmada, e eu muitas vezes desejava ter feito bem mais com o talento artístico que ela via em mim.

As mulheres eram muito importantes na Birmânia. Incumbiam-se de diversas atividades econômicas, e sua voz tinha peso nas decisões da família. Nesse sentido, a Birmânia é como a África subsaariana e como o sudeste da Ásia, mas bem diferente de muitas partes da Índia, ou do Paquistão de hoje, ou da Ásia Ocidental. A importância das mulheres marca fortemente minhas recordações de infância na Birmânia. Eu não pensava nisso como um traço particularmente distinto quando tinha cinco ou seis anos, mas depois, examinando outras tradições, minhas lembranças birmanesas serviam como ponto de referência para comparar a situação em outros lugares. Talvez elas tenham influenciado minha atitude para com problemas relacionados a gênero e me ajudado a pensar na capacidade de atuação das mulheres, que mais tarde viria a ser um dos temas das minhas pesquisas.

7

Essas primeiras lembranças são uma das razões que até hoje fazem da Birmânia um país de grande interesse para mim. Essa admiração cresceu quando conheci Aung San Suu Kyi, mulher notável que liderou o país com muita coragem e visão para resistir ao domínio dos militares que tinham tomado o poder de maneira violenta em 1962. Eu sabia que Suu Kyi era uma líder destemida, e considerava muita sorte ter conhecido uma pessoa tão memorável e valente, que suportou terríveis intimidações e prolongado confinamento na luta pela causa da democracia na Birmânia. Além disso, tive a oportunidade de conhecer também seu dedicado marido, Michael Aris, grande especialista em Ásia, particularmente Tibete e Butão.

Michael foi alijado da Birmânia pelos militares, mas de sua casa em Oxford, onde era professor associado do St John's College, fazia o que estivesse ao seu alcance para ajudar Suu Kyi — e para trabalhar pela Birmânia. Em 1991, visitou Harvard logo depois que a atribuição do prêmio Nobel da paz a Suu Kyi foi anunciada. Para mim foi um prazer me juntar a ele nas comemorações. Os tempos de tristeza vieram mais tarde, em 1999, quando Michael morria de câncer metastático. Nessa época eu estava na Inglaterra, no Trinity College, Cambridge. Temia o pior numa manhã do fim de março de 1999 quando Michael ligou para me dizer que, apesar de eu ter ouvido que ele estava morrendo, isso não poderia acontecer, porque ainda tinha muito trabalho pela frente para cuidar de "minha Suu e minha Birmânia". Pude perceber seu sentimento de crise, e como sua cabeça funcionava. Dois dias depois recebi um recado de Oxford dizendo que Michael acabava de falecer. Era 27 de março, também a data do seu aniversário. Suu perdeu não apenas um parceiro amoroso, mas a fonte mais constante de apoio e de conselhos de que dispunha.

Ela acabou obtendo uma vitória sobre os militares em 2010, quando lhe foi concedida uma função altamente restrita, mas ainda assim substancial, na liderança política do país. No entanto, seus problemas continuaram aumentando, como os de outros na Birmânia, cujas dificuldades ela talvez não pudesse aliviar, e certamente não aliviou.

Na verdade, alguma coisa deu terrivelmente errado na gestão de Suu Kyi, ressaltada, em especial, por sua relutância em ajudar uma comunidade minoritária vulnerável na Birmânia: os rohingyas, um grupo muçulmano de expressão bengali. O tratamento por ela dado a outros grupos minoritários, dos quais existem muitos na Birmânia, também não foi exemplar. Terríveis barbaridades cometidas contra a comunidade rohingya pelos militares e por militantes budistas intolerantes não a levaram — pelo menos até agora — a fazer nada de substantivo para ajudar as vítimas.

Se existe um enigma a respeito de Suu Kyi, há um maior e ainda mais difícil de compreender, para mim particularmente perturbador: que os birmaneses, cuja bondade tanto me impressionou quando menino, parecem ter se tornado brutalmente hostis aos rohingyas, que têm sofrido crueldades, torturas e assassinatos num pogrom organizado. Além de profundamente entristecido por esses acontecimentos, também tive que me perguntar se a lembrança que eu tinha da bondade natural e do extraordinário calor humano dos birmaneses não teria sido uma ilusão. Mas outros observadores também tiveram impressão parecida com a minha sobre o calor e a bondade dos birmaneses. Um amigo — dedicado médico mochileiro da Johns Hopkins, Adam Richards — que deu duro para ajudar birmaneses carentes de assistência médica escreveu o seguinte: eles estão "constantemente dando gargalhadas, constantemente cantando e sorrindo. Ver sua dedicação e seu humor diante de toda essa adversidade é mesmo uma inspiração".[2] Esses e outros relatos estão bem de acordo com a admiração inexperiente e primitiva pelos birmaneses que desenvolvi quando menino.

Isso inevitavelmente me leva a esta pergunta: o que mudou? Só me resta conjeturar. O que parece ter feito toda a diferença é a intensa propaganda contra os rohingyas muçulmanos sistematicamente desencadeada pelos militares nos últimos anos. Os doces birmaneses que minha família e eu conhecemos aprenderam a tornar-se fanáticos violentos, e nessa conversão os militares tiveram influência decisiva — envenenando a cabeça das pessoas e usando propaganda racista bem organizada e intolerância coercitiva para induzir a tortura e o assassinato.

Na verdade, existe aqui uma lição global sobre a possibilidade de transformar uma população boa e pacífica. O poder desse tipo de propaganda pode ser visto não apenas na Birmânia, mas em muitos outros países. O que acontece na Birmânia (ou Mianmar, como agora é chamada, nome promovido pelos militares) é, claro, particularmente bárbaro, mas a eficácia das agitações contra determinados grupos minoritários é demonstrada em muitos países — por exemplo, contra imigrantes na Hungria, ou contra a comunidade gay na Polônia, ou contra os ciganos em quase toda a Europa. Existe uma lição, hoje muito importante, na Índia outrora secular: os extremistas religiosos têm se empenhado muito — até mesmo por meio de política governamental — em minar as relações intercomunitárias e em ameaçar os direitos humanos das minorias muçulmanas.

Os militares birmaneses alimentavam uma antipatia pelos rohingyas fazia muito tempo, e várias medidas jurídicas e cívicas foram tomadas contra eles já nos anos 1980 e mesmo antes. Mas a imensa batalha contra essa comunidade se acirrou depois. Um ataque particularmente severo foi lançado em 2012, com a propaganda governamental incentivando homens budistas em Rakhine — onde vive a maioria dos rohingyas — a defender "sua raça e sua religião". Os militares venceram essa guerra de propaganda sem encontrar oposição significativa.[3] Isso os ajudou a ocupar uma posição de força, maltratando os rohingyas de modo cruel e se preparando, em última análise, para os expulsar — com o apoio de uma opinião pública reorientada, lançando mão de calúnias cuidadosamente cultivadas.

Os primeiros dias da batalha propagandística talvez tivessem sido o momento possível para Suu Kyi enfrentar essa subversão, quando ela poderia ter rechaçado também a história falsa, promovida pelos militares, de que os rohingyas tinham se mudado de Bangladesh para a Birmânia, em vez de reconhecer que, na partilha do sul da Ásia feita pelos britânicos ao sair dali, Rakhine (parte do velho Arracão), a área onde os rohingyas viviam havia muito tempo, foi dada à recém-independente Birmânia. Mas Suu Kyi permaneceu passiva durante o período em que os militares deliberadamente distorceram a imagem dos rohingyas e incitaram outros a cometer violência contra eles. Parece que ela não tentou rebater a propaganda dos militares cedo o bastante, quando lhe seria possível mobilizar seu partido político e seus aliados, como muitas vezes já fizera, defendendo valores birmaneses — em nome do movimento pela democracia. Ela preferiu não lutar contra a difamação desse grupo minoritário, quando poderia ter mobilizado uma resistência eficaz. Depois disso, era tarde demais.

Em poucos anos, a propaganda governamental tinha transformado a opinião pública tão radicalmente contra os rohingyas que qualquer pessoa que tentasse defendê-los enfrentaria forte oposição de grande parcela de birmaneses budistas. Na verdade, àquela altura, defender os rohingyas tornara-se politicamente perigoso. Os militares tinham tomado precauções para que fosse assim. A liderança de Suu Kyi na Birmânia teria sido posta em dúvida se ela resolvesse lutar pelos rohingyas quando a batalha de propaganda já estava perdida. Mesmo como velho admirador do povo birmanês, aceito que Suu Kyi e a liderança política nacional não podem ser isentadas de responsabilidade pelo desastre social que os rohingyas enfrentaram (e continuam enfrentando), mas determinar quando e como o processo se tornou irreversível exige uma análise mais completa do que o assunto costuma receber.

Se existem lições a aprender aqui, não são apenas as da ética e da moralidade, mas também as da sabedoria política e do raciocínio pragmático. Quando surge o ódio seletivo, como hoje acontece em muitos países, da Europa à Índia, a escolha do momento certo e a praticidade se tornam cada vez mais relevantes. As muitas tentativas feitas pelas sociedades humanas para se aproximar umas das outras depois da Segunda Guerra Mundial, que testemunhei com tamanha força em minha própria experiência de vida, hoje parecem correr o risco de ser substituídas por terríveis manifestações de intolerância, das quais a Birmânia oferece um dos exemplos mais lamentáveis. Muitos outros países estão desenvolvendo riscos semelhantes.

8

Apesar de eu ter recebido algumas aulas em casa quando estávamos na Birmânia, minha educação primária só começou para valer quando voltamos para Daca — na St. Gregory's School em Lakshmi Bazaar, não muito longe de casa. É uma escola de missionários dirigida por uma fundação sediada nos Estados Unidos, mas, como não conseguíamos acompanhar com facilidade o que agora acho que era o inglês americano dos professores brancos, havia um boato entre as crianças — por razões que já não lembro — de que eles vinham da Bélgica. St. Gregory's era academicamente muito distinta, e o irmão Jude, o diretor, empenhava-se não só em oferecer uma educação excelente, mas também em garantir que nos exames finais na região os gregorianos brilhassem mais do que alunos de qualquer outro lugar. Como registrou a publicação do 125º aniversário da escola em 2007, relembrando aqueles primeiros anos: "Nossos meninos tiravam do primeiro ao décimo lugares reiteradamente". Alguns gregorianos se tornaram grandes eruditos e advogados, bem como líderes políticos (entres eles presidentes de Bangladesh). Como observou Kamal Hossain, o primeiro-ministro do Exterior de Bangladesh independente, o desempenho acadêmico da escola estava relacionado à disposição dos professores de fazer tudo para ajudar os alunos, sempre acessíveis fora da sala de aula, e excepcionalmente dedicados dentro dela.

O alto desempenho e a forte cultura disciplinar da St. Gregory's, infelizmente, não funcionavam comigo. Eu os achava sufocantes, e não queria "brilhar", para usar aqui a palavra favorita do irmão Jude. Bem mais tarde, quando visitei Daca logo depois da cerimônia do Nobel em dezembro de 1998, o diretor da St. Gregory's me preparou uma comemoração especial. Disse que, para inspirar os alunos da época, buscara meus exames nos arquivos, mas se sentiu "desanimado quando vi que você ficou em 33º lugar numa turma de 37 estudantes". E acrescentou, com dó: "Imagino que o senhor só tenha virado bom aluno depois que saiu da St. Gregory's". O diretor não estava errado — eu só me tornei o que se poderia chamar bom aluno quando ninguém mais se importava se eu era ou não bom aluno.

Durante os meus anos de aprendizado em Daca, eu ia com regularidade a Santiniketan. De início, ninguém pensava que eu pudesse de fato ir para lá estudar. No entanto, logo depois que os japoneses ocuparam a Birmânia em 1941, meus pais me mandaram morar com meus avós e estudar na escola de lá. Meu pai queria que eu continuasse na St. Gregory's, muito melhor segundo os critérios costumeiros de excelência acadêmica. Mas acabou se convencendo de que, embora os militares japoneses pudessem bombardear Calcutá e Daca, nenhum bombardeiro japonês jamais se interessaria pela distante Santiniketan.

Meu pai tinha razão sobre a possibilidade dos ataques japoneses. Tanto Calcutá como Daca praticavam exercícios regulares de defesa durante aqueles anos de guerra, com sirenes apitando e tudo. Certa ocasião, quando eu passava um feriado em Calcutá com amigos da família, os japoneses bombardearam a área do porto cinco vezes durante uma semana de dezembro de 1942. Uma noite, depois de fingir sono profundo, fui até a varanda do apartamento que ficava no terceiro andar e pude ver um foco de incêndio à distância. Era, na verdade, muito longe, mas para uma criança foi emocionante. Ao contrário de Calcutá, Daca teve a sorte de não ser bombardeada.

Foi como resultado da lógica de guerra paterna que acabei na escola notavelmente progressista de Santiniketan, pela qual me apaixonei de imediato. Suas prioridades eram mais descontraídas e menos acadêmicas do que as da St. Gregory's, e eles combinavam o estudo das próprias tradições da Índia com muitas oportunidades de aprender sobre outros países e a cultura do mundo inteiro. A escola de Santiniketan dava mais ênfase ao fomento da curiosidade do que à excelência competitiva; na verdade, o interesse pelas notas e pelo desempenho nas provas era bastante desestimulado. Eu adorava explorar a acolhedora biblioteca de Santiniketan, com suas prateleiras abertas e suas pilhas de livros sobre lugares do mundo, e adorava não ter que mostrar bom desempenho.

A maré da guerra virou não muito tempo depois que fui para Santiniketan. Os japoneses se retiraram, mas eu não concordaria em me retirar da minha nova escola — eu a adorava. Santiniketan, minha fugaz terra natal, rapidamente se tornava minha casa de longo prazo. Mas, claro, eu ia com regularidade a Daca, onde meu pai continuava lecionando, e onde minha família vivia muito feliz, incluindo minha irmã mais nova Manju, que permaneceu com nossos pais. Ficar em Santiniketan nos períodos escolares, e em Daca nas férias prolongadas, me parecia a combinação ideal. Meus primos, em especial Miradi (Mira Sen, mais tarde Mira Ray), tornavam as férias divertidíssimas.

Tudo isso mudou com a partilha do país em 1947. Os tumultos comunais e a terrível carnificina produziram uma tristeza contínua. Significava também que teríamos que nos mudar. Daca se tornou a capital do recém-nascido Paquistão Oriental, e a base da minha família teve que se mudar para Santiniketan. Eu amava Santiniketan, mas sentia muita saudade de Daca — e de Jagat Kutir. A saliente magnólia-amarela que tornava a varanda no andar de cima tão fragrante não fazia mais parte da minha vida. Eu me perguntava por onde andariam meus amigos em Daca, e quem brincaria com eles agora, e o que tinha acontecido com as jaqueiras e mangueiras do nosso quintal. Eu tinha perdido um mundo. A perda de Daca não podia ser apagada pela satisfação — por maior que fosse — de viver em Santiniketan. Eu estava rapidamente descobrindo que viver uma nova vida não exclui sentir intensamente a falta da antiga.

2. Os rios de Bengala

1

Daca não fica longe do majestoso Padma, o maior dos dois afluentes do célebre Ganga — o "Ganges". O Ganga se divide em dois quando entra em Bengala, depois das cidades antigas do norte da Índia, incluindo Benares e Patna. O Padma (cujo nome Padda é a forma bengali do sânscrito Padma, significando "lótus") corre graciosamente para o sudeste antes de terminar na baía de Bengala. A outra perna, Bhagirathi, vai mais diretamente para o sul, passando pela cidade de Calcutá, para desaguar na baía depois de uma viagem muito mais curta. De alguma forma, a perna menor conseguiu manter o velho nome de Ganga, por vezes usado no lugar de Bhagirathi (assim como Hooghly, nome relativamente recente). Tanto o Bhagirathi como o Padma são muito celebrados na velha literatura bengali e há certa dose de rivalidade sobre seus respectivos carismas. Quando menino em Daca, lembro de contar a amigos em Calcutá que eles tinham ficado com um curso d'água inferior, desprovido da grandiosidade do Padma semelhante ao lótus.

A divisão das águas do Ganga tinha um aspecto mais sério — e intensamente político — que ganharia destaque depois, quando o governo da Índia construiu uma grande barragem no rio, a represa de Farakka, em 1970, a fim de desviar mais água para fortalecer o Bhagirathi. Um dos principais objetivos era limpar a aluvião que aos poucos obstruía o porto de Calcutá. A represa não conseguiu limpar os sedimentos, mas gerou compreensível hostilidade em Bengala Oriental. Toda essa briga política tinha ficado muito para trás quando eu era criança, mas a sensação de rivalidade em torno da água já era forte.

Minha fanfarronice sobre o Padma era, na verdade, bem fundamentada, uma vez que Daca não fica de fato à beira do rio, e se um dia já ficou (como alguns acreditam), o Padma havia se afastado séculos atrás. Uma das características notáveis do úmido solo aluvial de Bengala é o fato de que os rios que passam por ela mudam de curso constantemente — em tempo histórico e não geológico. Daca, na realidade, ainda fica perto de um rio relativamente menor chamado Budiganga (ou "o velho Ganga"), em franco reconhecimento de sua natureza geriátrica. É fácil chegar ao magnífico Padma depois de uma curta viagem de Daca. Ele fica ainda mais espetacular quando você se afasta da cidade, coletando água dos seus tributários, e em especial depois de juntar-se com outro grande rio subcontinental, o Brahmaputra, que nessa parte de Bengala é também chamado Jamuna (confundindo os indianos do norte, porque existe um Jamuna mais famoso ao norte, em cujas margens se encontram Delhi, Agra — e o Taj Mahal). Um pouco mais abaixo, o Padma se junta com outro rio, o Meghna, que então dá seu nome à gigantesca confluência. Ainda lembro a emoção de ficar em pé pela primeira vez perto desse rio incrivelmente majestoso, sem conseguir ver a outra margem. Perguntei a meu pai: "Isto é mesmo um rio? A água é salgada? Tem tubarão?".

Nossa vida em Bengala Oriental, agora Bangladesh, estava estreitamente ligada a esses rios. Quando íamos de Daca a Calcutá, fosse para visitar "a grande cidade", fosse a caminho de Santiniketan, fazíamos uma curta viagem de trem de Daca a Narayanagni, e depois um longo percurso de barco, num vapor pelo rio Padma. Após um festival de mudanças na paisagem marginal, chegávamos à junção do rio de Goalando, de onde podíamos pegar o trem direto para Calcutá.

Essas viagens de vapor pelo Padma sempre me encantavam. Víamos a paisagem bengali em constante mutação, animada por vilarejos movimentados, onde crianças, que pareciam nunca ir à escola, olhavam para nós, no barco, como uma diversão passageira. Minha ansiedade instintiva sobre essas crianças perdendo aula não diminuía muito quando meu pai contava que a maioria dos meninos e das meninas da Índia não tinha escola para frequentar. Ele me garantia que isso ia mudar depois da independência, coisa que me soava muito distante. Eu ainda não sabia que nem mesmo depois da independência as coisas mudariam com a velocidade necessária, nem, claro, que ampliar a educação escolar — na Índia e em outros países — viria a ser um dos maiores compromissos da minha vida.

Aquelas viagens de vapor também me serviram de introdução ao mundo da engenharia. A sala de máquinas do barco devia ser terrivelmente primitiva pelos padrões modernos, mas eu sempre ficava feliz quando o capitão autorizava meu pai a me levar lá (íamos todas as vezes) para ver as barras de aço subindo e descendo, ou movendo-se para os lados, com movimentos rotatórios das rodas claramente visíveis, em combinação com o distinto aroma de óleo e graxa. Eu adorava estar num mundo de atividade contínua — em contraste com a vista suave e lenta que se tinha do convés. Agora percebo que aquelas foram minhas primeiras tentativas de compreender o funcionamento de coisas complicadas como motores de barco.

2

As viagens de barco para ir e voltar de Goalando eram apenas uma parte da minha experiência infantil com rios. Os feriados sazonais em Bengala Oriental costumavam ser muito ligados à água. Já mencionei que nossa viagem de Daca para Matto em Manikgani envolvia curtos trechos de água, mas levava tempo para avançar. Foi a mesma coisa quando viajei com meus pais e minha irmã Manju à casa ancestral da família da minha mãe em Sonarang, Birkranpur, perto de Daca, em Bengala Oriental, a qual também envolveu longas viagens de barco pelos rios. Meus avós maternos viajavam regularmente de Santiniketan, Bengala Ocidental, para Sonarang, sua "verdadeira casa", bem longe de onde de fato residiam e trabalhavam.

Quando eu já tinha quase nove anos, meu pai me disse que estava providenciando para que fôssemos morar numa casa flutuante (dotada de um pequeno motor) durante um mês nas férias de verão, e viajar por um labirinto de rios. Achei que seria um dos grandes momentos da minha vida, e foi mesmo. Aqueles dias num barco vagaroso foram tão emocionantes quanto imaginei. Primeiro percorremos o Padma, mas depois fomos a outros rios, do Dhaleshwari, de nome tão charmoso, ao magnífico Meghna. Era tudo espetacular. Havia plantas não só à beira da água, mas também sob a superfície, mais estranhas do que qualquer outra coisa que eu tinha visto. Sempre atento aos pássaros que voavam sobre nossa cabeça, ou pousavam no barco, eu podia me exibir para Manju, então com cinco anos, identificando alguns deles pelo nome. O barulho contínuo da água rolava à nossa volta — muito diferente do sossegado quintal em Daca. Em dias de vento, a água batia ruidosamente nos costados do barco.

Os peixes incluíam espécies que eu nunca tinha visto, e meu pai, que parecia saber tudo sobre eles, tentava me ajudar a identificar suas características distintas. Havia pequenos botos comedores de peixe — o nome deles em bengali é *shushuk* (o nome biológico é *Platanista gangetica*) —, pretos e lustrosos, que vinham à superfície respirar e depois davam longos mergulhos. Eu adorava seu dinamismo e sua elegância, de longe, mas não morria de vontade de chegar perto, temendo que pudessem confundir meus dedos do pé com algum peixe desconhecido.

Os "peixes voadores" que tanto encantaram Rudyard Kipling na Birmânia eram abundantes no Padma e no Meghna, e muito graciosos. Meus pais carregavam muitos livros de poesia, tanto em inglês como em bengali. Li muita poesia durante nossas férias fluviais, incluindo (novamente) o poema "Mandalay", de Kipling. Ainda gosto dele, e ficava feliz de evocar Mandalay, mas me perguntava onde aquele inglês tinha visto suas variedades de peixe saltador. Escrevendo o poema em Moulmein — que, meu pai me lembrou, nós tínhamos visitado em nossa fase birmanesa —, longe de Mandalay, Kipling colocou essas elegantes criaturas bem na "estrada de Mandalay".

Na estrada? Seria possível? Lembro de indagar a mim mesmo, na hora de dormir, se para aquele inglês o Irrawaddy não teria parecido uma estrada, ou quem sabe ele quis dizer que o rio ficava perto de uma estrada — uma estrada de que eu não conseguia me lembrar? Antes de resolver esse problema urgente, peguei no sono. Eu estava com Kipling do outro lado da noite também, quando o "amanhecer surge como um trovão". A essa altura eu estava pronto para esquecer minhas preocupações noturnas e dar as boas-vindas ao novo dia correndo pelo barco, de olhos e ouvidos abertos, e nadando com cautela na água em volta dele.

As margens dos rios eram repletas de vilarejos — alguns prósperos, outros bastante maltratados, e alguns no que parecia ser um pedaço de terra recuando precariamente à beira da água. Perguntei a minha mãe se eram tão perigosos como pareciam. Ela me disse que sim. Na verdade, eram até mais perigosos: o que parecia terreno sólido perto das margens podia começar a ceder antes que o rio inconstante engolisse a terra. Os rios de Bengala, uma das principais fontes da prosperidade tradicional da região, também são um risco imprevisível para a vida e a segurança humanas. Ideias sobre os desafios de viver perto de rios que mudam sempre de curso criaram raízes em minha mente, e a íntima combinação de beleza e perigo continuaria a me fascinar. Mas naquela época eu estava encantado com a grandiosidade física dos rios e a emoção da vida ribeirinha. Essa atitude dupla para com os rios, como aos poucos comecei a entender, é inata na cabeça de muita gente de Bengala Ocidental.

O fascínio de Bengala pela beleza criativa dos seus rios de hábito pacíficos só é igualado pelo seu encanto com o esplendor destrutivo dos rios em fúria, e as duas coisas se refletem nos nomes evocativos que os cursos d'água costumam receber. Há nomes belos e atraentes — como Mayurakkhi, ou, mais formalmente, Mayurakshi ("olhos de pavão"), Rupnarayan ("beleza divina"), Madhumati ("doçura de mel"), Ichamati ("a realização dos nossos desejos"), bem como o familiar Padma ("semelhante ao lótus"). O lado destruidor dos rios constantemente inundados e sempre mudando de curso também é capturado em denominações que celebram sua capacidade de afogar cidades e vilarejos, como se vê em outro dos nomes do Padma — Kirtinasha ("o destruidor das conquistas humanas"). Quando me mudei da escola St. Gregory's em Daca para a de Santiniketan, também me afastei do Kirtinasha para ficar próximo do Ajay ("o invencível"), um rio tranquilo durante quase todo o ano, que tende a crescer de maneira inimaginável na estação das monções, alagando cidades e aldeias das proximidades. Essa natureza ambivalente do rio é uma cativante analogia com a luta por uma função segura na sociedade — uma sociedade que tanto pode ajudar como dizimar os seres humanos que dela dependem.

3

Quando passávamos dos rios menores para os maiores em nosso barco, a cor das águas mudava de marfim para azul. O Dhaleshwari tem esse nome por causa da beleza clara (*dhal* — palavra pouco comum — é uma espécie de cor pálida, *dholo* contrastando com *kalo*, preto), ao passo que o Meghna é belo de um modo sinistro, como uma nuvem de monção (*megh*). A água ao redor prendia nossa atenção de todas as maneiras. Eu tinha devorado o "Nadee" (a principal palavra bengali para "rio" — embora haja muitas outras), longo poema de Rabindranath Tagore, que descreve o povo e a vida do povo em torno do rio, provavelmente o Ganga, enquanto ele parte de suas origens montanhosas no Himalaia, passando por vários assentamentos humanos, até o oceano. Ao ler esse poema, achei que finalmente tinha entendido o que era um rio, e por que as pessoas lhe dão tanta atenção.

Dando uma olhadela nos mapas que meu pai sempre levava consigo em suas viagens, fiz uma descoberta gigantesca, a qual, pensei, deveria ser abordada em nossa aula de geografia, mas não foi — o fato de que o Ganga e o Brahmaputra, correndo em direções totalmente diferentes, têm origem no mesmo lago, o Manas Sarovar ("lago gerado pela mente"), nas alturas do Himalaia (e muito louvado na literatura sânscrita). Depois de duas viagens muito longas por rotas bem afastadas uma da outra, os dois rios se juntam em Bengala — bem distante das origens. Enquanto o Ganga corre para o sul do Himalaia, através da planície do norte da Índia, passando pelas populosas e antigas cidades de Rishikesh, Kanpur e Benares (Varanasi) para Patna, o Brahmaputra, diferentemente, mantém-se ao norte da planície e do Himalaia por milhares de quilômetros antes de se unir ao Ganga (após virar à direita para atravessar o Himalaia já achatado) — como um encontro de amigos separados há muito. A essa descoberta, acrescente-se a definição, que eu acabara de aprender na escola, de uma ilha como um pedaço de terra cercado de água por todos os lados. Logo decidi, com o pedantismo de uma criança, que a maior ilha do subcontinente não é o Sri Lanka (então chamado Ceilão), como nos diziam, mas o imenso pedaço de terra cercado pelo Ganga, pelo Brahmaputra e pelo lago Manas Sarovar.

Eu não teria tido coragem de apresentar minha nova "descoberta" em St. Gregory's em Daca, mas na atmosfera mais descontraída de Santiniketan achei o máximo detoná-la em nossa aula de geografia. Embora estivesse disposto a me permitir ensaiar uma nova resposta à pergunta "Qual é a maior ilha do subcontinente indiano?", nosso professor de geografia negou dogmaticamente a força da minha descoberta, assim como meus colegas. "Isso não é o que chamam de ilha", me disseram. "Por que não?", insisti. "Lembrem-se da definição de ilha — um pedaço de terra cercado de água por todos os lados!" Então meus detratores apresentaram um adendo à velha definição, segundo o qual a água que cercava o pedaço de terra tinha que ser de mares ou oceanos, não de rios ou lagos. Mas não desisti. Como tínhamos aprendido semanas antes sobre a ilha no meio do rio Sena em Paris, insisti que deveríamos reclassificar aquela ilha como outra coisa ("talvez um crocodilo", sugeri, para irritação de todos). Não ganhei a discussão, e o Ceilão continuou sendo a maior ilha do subcontinente, mas adquiri a reputação — imerecida, achava eu — de deixar passar o óbvio concentrando-me demais no obscuro, e de usar argumentos bizarros.

4

Brincadeiras à parte, a importância dos rios para a economia e a sociedade circundantes entrava com frequência em nossas discussões em Santiniketan. Rabindranath via a conexão com clareza, e falava dela em ensaios, assim como em poemas. O que eu não sabia àquela altura era o significado atribuído aos rios pelos economistas pioneiros, que celebravam o papel construtivo do comércio. Essa conexão — ampliando a compreensão que eu tinha do papel positivo dos rios no tempo da Escola de Santiniketan — passou a ser assunto de interesse particular para mim quando me tornei aluno da Faculdade da Presidência em Calcutá. Foi lá que li a análise de Adam Smith sobre o lugar dos rios no desenvolvimento da economia de mercado. Smith viu Bengala no século XVIII como economicamente muito próspera, o que para ele estava relacionado não apenas às habilidades dos trabalhadores qualificados locais, mas também (e muito) às oportunidades oferecidas pelos rios e pela navegação.[1]

Smith chegou até a esboçar uma história das civilizações antigas em relação às oportunidades de navegação de que desfrutavam. Falou, em especial, sobre "essas grandes baías, como os mares Báltico e Adriático na Europa, os mares Mediterrâneo e o Euxino na Europa e na Ásia, e os golfos da Arábia, da

Pérsia, da Índia, de Bengala e de Sião, na Ásia, para levar o comércio marítimo até as partes interiores daquele grande continente".[2] Embora o papel do rio Nilo na civilização do norte da África caísse nesse modelo geral de análise de Smith, ele atribuía o atraso de quase todo o resto — incluindo "partes do interior da África" — à ausência de outras oportunidades de navegação: "os grandes rios da África ficam a distâncias grandes demais uns dos outros para produzirem qualquer navegação de tamanho considerável interior adentro".

Smith via a mesma causa de atraso histórico de economias naquela parte da Ásia "que fica a uma considerável distância ao norte dos mares Euxino e Cáspio, a antiga Cítia, a moderna Tartária, e a Sibéria": "O mar da Tartária é o oceano congelado que não permite navegação, e embora alguns dos grandes rios do mundo passem por aquele território, ficam a distâncias grandes demais uns dos outros para o transporte de comércio e a comunicação na maior parte dele".[3] Enquanto lia a teoria de Adam Smith sobre o progresso humano e os louvores ao poder econômico dos rios tarde da noite em meu quarto no albergue da Associação Cristã de Moços em Calcutá, eu me sentia mais ou menos tentado a ligar a celebração dos rios na cultura bengali, que tanto me impressionara nos tempos de criança, ao seu papel construtivo na prosperidade da região.

Mesmo não os tendo visto, Smith compreendeu quanto os rios que cortam Bengala foram importantes na vida prática, bem como na imaginação do povo bengali. Os rios e os assentamentos em torno deles foram essenciais durante mil anos para a compra e a venda de produtos, alimentando a economia nacional, e muitos deles eram conhecidos também no exterior, servindo ao comércio e à exploração globais. Foi nessa região, num porto vizinho à cidade antiga de Tamralipta, que no ano 401 d.C. o viajante e erudito budista chinês Faxian embarcou em um navio comum e navegou até o Sri Lanka, em seguida até Java, e finalmente de volta para a China, depois de passar dez anos na Índia. Foi o primeiro a ir do território chinês ao indiano pela rota terrestre do norte, passando pelo Afeganistão e pela Ásia central, e ficou a maior parte do tempo em Pataliputra (agora Patna) no alto Ganga. *Registro de reinos budistas*, escrito em Nanquim depois do seu retorno à China, é o livro de viagens mais antigo da língua chinesa e conta, com alguns detalhes, o que ele viu em diferentes regiões da Índia.

No século VII, um estudante chinês muito talentoso e empreendedor chamado Yi Jing foi à Índia por Sri Vijaya (agora Sumatra), onde, em um ano, aprendeu sânscrito antes de chegar a Tamralipta, em Bengala. Dali subiu o rio até onde agora é Bihar para estudar na velha universidade de Nalanda — centro global de estudos superiores que floresceu do começo do século v ao fim do século xii. Seu livro apresenta o primeiro relato comparativo da medicina chinesa e indiana e das práticas de saúde pública.

No fim do século xvii, a foz do Ganges perto da atual Calcutá era o ponto de exportação de muitos produtos indianos, particularmente tecidos de algodão produzidos em Bengala, muito conhecidos no resto do mundo, incluindo Europa, e de mercadorias adquiridas mais ao norte (como o salitre de Patna), que desciam o Ganges para serem exportados. O lucrativo comércio da região foi, claro, a razão inicial para a chegada das primeiras empresas comerciais estrangeiras. Entre elas estava a Companhia das Índias Orientais, constituindo o que viria a ser o império indiano da Grã-Bretanha. Os ingleses, estabelecidos em Calcutá, não eram os únicos a buscar o comércio com — e através de — Bengala. Havia também os franceses, os portugueses, os holandeses, os prussianos, os dinamarqueses e outras companhias comerciais europeias, todos operando em Bengala.

Os negócios dentro de Bengala Oriental foram mais difíceis nos primeiros anos, devido a problemas de navegação. Há alguns indícios de que as perspectivas comerciais melhoraram à medida que o volume original do Ganges (através de Hooghly, além do que é hoje Calcutá) diminuía pela sedimentação, e o fluxo de água na direção leste, para o que é agora Bangladesh, aumentava com o tempo. Dada a natureza do solo e a persistente sedimentação, o Ganga tem uma tendência a transbordar do leito em sua viagem para o leste, gerando novos distributários, como Bhairab, Mathabhanga, Garai-Madhumati e outros.[4] O Padma, quando surgiu no fim do século xvi, conectando-se diretamente ao Ganga, tornou-se, por ser maior, o braço principal do velho Ganga, carregando a maior parte de suas águas para Bengala Oriental. Essa mudança teve como efeito imediato ligar a economia de Bengala Oriental aos mercados subcontinentais e globais, e levou a uma rápida expansão das atividades econômicas no leste, refletida também na arrecadação crescente de Bengala Oriental para o tesouro Mughal.

De olho no exterior, Ptolomeu, no século ii, falou sobre essa região com mais detalhes e identificou corretamente "as cinco fozes do Ganges" que levavam a água para a baía de Bengala. Apesar de ser difícil localizar com exatidão as prósperas e movimentadas cidades que Ptolomeu descreve, o que ele diz sobre o pequeno e o grande comércio da área parece plausível; além disso, suas anotações são confirmadas, em termos gerais, por outros autores antigos, como Virgílio e Plínio, o Velho. Mais de mil anos depois, Adam Smith reconheceu a importância econômica da região próxima ao que agora é a Calcutá contemporânea.

5

O fascínio pelos rios na literatura bengali remonta aos primeiros tempos, quando surgiu a língua, com gramática digna do nome, por volta do século X, distinguindo-se bastante (apesar de descender) do sânscrito. Estava estreitamente ligada a uma versão popular do sânscrito clássico chamada "prácrito". As velhas histórias bengalis tinham grande envolvimento com rios. Por exemplo, o muito lido e criticamente admirado *Manashamangal Kavya*, que data do fim do século XV, se passa quase inteiramente no rio Ganga-Bhagirathi e narra as aventuras, e a derrota final, do mercador Chand, que se revoltou contra o culto dominante de Manasha, a deusa serpente, e morreu durante o processo. Também dá uma peça excelente.

Fiquei decepcionado com *Manashamangal* quando menino, pois queria que Chand, o mercador derrotado, vencesse a horrível deusa serpente. Lembro também de me sentir, em geral, frustrado com o poder das entidades sobrenaturais nas histórias e nos dramas populares, e esperava que fossem derrotadas. Isso acontecia de vez em quando, mas qualquer satisfação que eu pudesse ter tido foi amplamente minada quando mais tarde cheguei aos Estados Unidos e percebi o vigor e a popularidade de entidades sobrenaturais na televisão americana, especialmente na TV a cabo, tarde da noite. A gente começa a assistir, com confiança, ao que parece ser uma história de crime e investigação, até que uma vilã acuada abre sua bela boca e dela surge uma língua de três metros de comprimento — o que, aparentemente, não surpreende de forma alguma os espectadores já habituados. À medida que a trama se desenrola, muitas normas físicas são derrubadas. O poder do sobrenatural na ficção do país cientificamente mais desenvolvido do mundo é um traço notável da imaginação popular americana — onde uma centena de *Manashamangals*, sem seus méritos literários, pipoca em histórias de televisão todas as noites.

A literatura de rio em bengali antigo varia muito na concentração e nos temas. Fiquei particularmente emocionado quando li as ruminações iniciais em bengali do pensamento budista sahajiya na antiga *Charjapad* (*Caryapad*, em sânscrito). Datam dos séculos X ao XII e estão entre os primeiros escritos identificáveis em bengali. São boa leitura, tanto por razões literárias (embora alguma prática seja necessária para perceber com clareza a correspondência entre as velhas palavras e suas versões modernas) como por interesse histórico pelo que nos contam sobre a vida e as prioridades daqueles dedicados budistas. O autor, Siddhacharja ("Siddhacharya") Bhusuku, manifesta seu senso de vitória em versos, informando alegremente que sua riqueza lhe foi roubada ("já vai tarde") no rio Padda e que se casou com uma mulher de casta bem inferior e é agora um "verdadeiro bengalês". Siddhacharja diz assim:

Eu conduzia o barco-trovão pelo Padda.
Os piratas roubaram minha miséria.
Bhusuku, hoje tu te tornaste um verdadeiro "bangalee"
Ao tomar por esposa uma mulher chandala.

Desapego material e desafio budista às castas — as chandalas foram classificadas entre as castas ínfimas — correspondem à ideia de Bhusuku do que significa ser um bengali orgulhosamente igualitário.

Entre os séculos X e XII, ser um "bangalee" (ou "vangali", como aparece na *Charjapad*) não significava exatamente o que significa hoje ser "bengali" — esse sentido ainda não se desenvolvera. Na verdade, "vangali" no século X significava vir de uma sub-região específica de Bengala, então chamada Vanga, que ficava por inteiro no que hoje é Bangladesh — geograficamente, o que por muito tempo se chamou "Bengala Oriental". A velha Banga, ou Vanga, incluía o que agora são os distritos de Daca e Faridpur. Por ter nascido em Daca, sou bengali no sentido moderno e "bangali" ou "vangali" na descrição clássica. Eu me sentia um tanto ligado a Bhusuku por esse motivo, mas também por seu budismo — em meus tempos escolares, eu era fascinado pelas ideias do Buda. Infelizmente, minha tentativa de despertar em meus colegas de escola o interesse pelos pensamentos milenares de Bhusuku foi um fracasso absoluto. A única exceção foi meu colega chinês em Santiniketan, Tan Lee, mas nem assim eu conseguia saber se ele escutava minha tagarelice por lealdade a mim ou por interesse genuíno pelo assunto.

6

Ao longo dos séculos tem havido um contraste substancial entre os bengalees do leste (conhecidos em Bengala Ocidental como "bangal", que também significa "totalmente ingênuo") e os do oeste (chamados por seus detratores do leste de "ghoti", que literalmente significava "caneca sem asa"). Essa divisão não tem vínculo particular com a divisão política de Bengala em 1947, entre o que na época se tornou o Paquistão Oriental — e agora é Bangladesh — e o que continuou na Índia como estado de Bengala Ocidental. A partição política de 1947 foi feita quase inteiramente em termos religiosos, ao passo que a divisão cultural entre bangals e ghotis era muito anterior e sem nenhuma relação com limites religiosos. Na verdade, a maioria dos bangals era muçulmana e a maioria dos ghotis, hindu, mas a rivalidade ghoti-bangal pouco tinha a ver com essa divisão religiosa.

Havia uma cisão histórica geral entre Bengala Ocidental e Oriental. Boa parte de Bengala Oriental, como acabei de mencionar, vinha do antigo reino de Vanga, enquanto a parte ocidental de Bengala correspondia substancialmente ao reino de Gaur, mais a oeste, que substituiu os reinos anteriores de Rarh e Suhma. Siddhacharja Bhusuku dá a entender que as práticas sociais divergiam em diferentes partes da Bengala antiga. Certamente, o sotaque bengali varia de região para região, e, ainda que haja alguma uniformidade na linguagem formal, os sotaques locais são muito diferentes. Mesmo as palavras comumente escolhidas por bangals e ghotis para expressar ideias muito básicas podiam ser, em alguns casos, muito diversas. Por exemplo, enquanto as pessoas criadas em Bengala Ocidental perto de Calcutá, ou de Santiniketan, falam "*bolbo*" — significando "eu diria" —, nós do leste provavelmente diríamos "*kaibo*" ou "*kaimu*". Quando cheguei a Santiniketan pela primeira vez, vindo de Daca, com frequência usava a fala regional, e de início meus colegas de sala se divertiam inexplicavelmente com meu jeito de me expressar e insistiam em me chamar de Kaibo. Isso virou uma espécie de apelido, e os ghotis riam com uma alegria rude sempre que o repetiam. Depois de dois anos, a capacidade de meus amigos ghotis se divertirem com uma escolha alternativa de palavras acabou se exaurindo.

Quanta diferença de fato faziam esses contrastes regionais dentro de Bengala? Havia muita gozação inócua entre esses dois grupos, especialmente em Calcutá, a capital da Bengala pré-partição, onde ghotis e bangals se misturavam. Talvez um assunto no qual essa divisão realmente importasse fosse o futebol. O velho time de Calcutá Mohan Bagan era basicamente apoiado pelos ghotis, e um time mais novo, chamado East Bengal, contava com o apoio dos bangals. Diferenças religiosas não entravam nisso de forma alguma: havia um time separado, também de alto desempenho, chamado Mohammedan Sporting, embora incluísse jogadores hindus também. As partidas entre o Mohan Bagan e o East Bengal eram capazes de reunir grandes multidões — e ainda são. Muita gente em Calcutá achava o jogo o acontecimento mais importante do calendário anual, e seu resultado, uma questão de vida ou morte. Por causa das minhas origens em Daca, eu era, obviamente, torcedor do East Bengal. Embora tenha ido assistir ao jogo apenas uma vez, com dez anos, continuei me interessando, através da mídia, pelos resultados de seus tremendos encontros. Recebi uma recompensa indevida quando, cinquenta anos depois, em 1999, o East Bengal Club fez de mim membro vitalício, por "lealdade e apoio constantes".

Os resultados das partidas entre o Mohan Bagan e o East Bengal tinham algumas consequências econômicas evidentes, como os preços relativos de diferentes tipos de peixe em Calcutá. Como a maioria dos ghotis gostava mais de um peixe chamado "rui" e os bangals do leste guardassem uma lealdade característica para com o "ilish", o rui tendia a sofrer uma disparada nos preços se o Mohan Bagan ganhasse, levando a jantares comemorativos entre ocidentais; da mesma forma, o preço do ilish daria um salto se o East Bengal derrotasse o Mohan Bagan. Eu não imaginava que um dia fosse me especializar em economia (naquela época eu era muito viciado em matemática e física, com o sânscrito como único rival possível), mas a economia elementar de um aumento de preços por causa de um súbito pico na demanda logo me pareceu interessante. Cheguei a conjeturar sobre uma teoria primitiva de que essa instabilidade não deveria, em geral, estar presente se o resultado de uma partida fosse muito previsível. Havendo previsibilidade, os vendedores de peixe no varejo aumentariam a oferta do tipo certo de peixe — prevendo o verdadeiro resultado do futebol, e com isso a demanda pelo "tipo certo de peixe" não excederia, realmente, a oferta já ampliada, e os preços não precisariam disparar. Estava claro que os fenômenos observados da respectiva alta nos preços do rui ou do ilish dependiam da imprevisibilidade dos resultados do futebol (ou seja, das respectivas vitórias do Mohan Bagan ou do East Bengal).

Devo admitir que era um tanto divertido descobrir exatamente que hipóteses são necessárias para que os preços sejam invariáveis ou instáveis. Mas cheguei também a uma segunda conclusão. Se de fato consistisse em resolver problemas desse tipo, a economia provavelmente nos daria — disse eu a mim mesmo — um pouco de diversão analítica, mas muito provavelmente uma diversão inútil. Ainda bem que esse ceticismo não me deteve na hora de decidir cursar economia no primeiro ano de graduação. A conjetura de Adam Smith, pude observar com alegria, sobre a relação entre a presença de rios navegáveis e o florescimento de civilizações oferecia mais substância para pensar.

7

Levando em conta que a vida dos bengaleses tradicionalmente gira em torno dos rios, é natural que questões sociais e culturais recebam uma espécie qualquer de analogia fluvial. O rio que apoia, sustenta e destrói a vida humana é capaz de extingui-la. A sociedade que se desenvolveu em torno dele pode fazer o mesmo com seres humanos individuais.

Num notável romance bengalês publicado em 1945 sob o título de *Nadi O Nari* (Rio e mulheres), o eminente romancista e ensaísta político bengalês Humayun Kabir ofereceu um relato profundo sobre a influência das relações entre os rios e as pessoas na vida bengalesa. Outro importante escritor bengalês, Buddhadeb Bose, comentou numa resenha numa revista bengalesa, *Chaturanga*, que na história envolvente de Kabir o majestoso Padda é "vigoroso durante as monções, placidamente belo no outono pós-monção, assustador nas noites de tempestades de verão, uma fonte aterradora de mortes inesperadas, um poderoso benfeitor de boa vida humana — e também um dizimador de todas as coisas valiosas quando torrentes de chuva desabam após um período de estiagem".

O romance, que foi traduzido para o inglês logo depois de aparecer em bengali (com uma mudança de gênero no título para *Homens e rios*), conta a história de famílias pobres lutando para viver na terra criada e destruída por um rio inconstante. As famílias são muçulmanas, como o próprio Humayun

Kabir, mas sua luta é uma aflição compartilhada por bengaleses que vivem do rio, independente de denominações religiosas. "Somos homens do rio. Somos camponeses. Construímos nossas casas na areia e a água vem e a leva embora. Construímos de novo, e de novo, e cultivamos a terra e produzimos colheitas douradas na terra desolada".[5] *Nadi O Nari* foi muito lido — e muito debatido — quando eu cursava o ensino médio, e as questões que levantava receberam atenção generalizada. Era uma história comovente de vida de família diante das benesses e da fúria de um rio poderoso.

Havia, no entanto, outro lado do romance de Kabir que despertou imenso interesse. Além de capturar os problemas comuns a bengaleses precariamente situados, contava a história de uma família muçulmana num tom discordante do separatismo que de repente se tornara uma força tão importante na Índia durante aqueles anos. Humayun Kabir, como líder político muçulmano, rejeitara o separatismo com firmeza, tendo permanecido na Índia depois da partição como destacado intelectual e poderoso ativista secular. Além disso, ajudou o presidente do Congresso Nacional Indiano, Maulana Abul Kalam Azad, a escrever seu famoso relato da luta não violenta pela independência da Índia, *India Wins Freedom* [A Índia conquista a liberdade].

Nadi O Nari foi escrito nos anos 1940, "num momento decisivo na vida de muçulmanos bengaleses", também uma época "muito promissora", como disse Zafar Ahmad Rashed, outro crítico literário bengalês, explicando o dilema que Kabir resolveu abordar. Muitos líderes políticos muçulmanos se envolviam então na política de base religiosa, refletida perfeitamente na "Declaração de Lahore por uma pátria independente" para muçulmanos. Mas "aqui havia um verdadeiro dilema que nós vimos se desenvolver, incluindo debates sobre a língua de comunicação e a cultura que precisavam transcender as demandas especiais da 'cultura muçulmana' — e ideias relacionadas — e estar firmemente localizadas na cultura nativa do solo".

Um conflito parecido estava bastante presente nas deliberações políticas e culturais de muitos hindus bengaleses. A violência comunal, que surgiu de súbito e rapidamente se espalhou, foi uma nova e poderosa força política que tomou conta de Bengala nos anos que precederam a independência e a partição, e provocou muita carnificina nos anos 1940. Mesmo sendo moleques de escola, não conseguíamos evitar um sentimento de ansiedade e uma preocupação profunda. Não sabíamos como aquele veneno tinha se disseminado tão de repente, e desejávamos com fervor que o mundo deixasse para trás aquela loucura, perguntando se havia alguma coisa que pudéssemos fazer para ajudar. A indiferença dos rios ao separatismo de base religiosa, tanto na criação como na destruição, era um lembrete dos problemas comuns a todos, independentemente das divisões comunais. Essa talvez fosse a importante mensagem dos rios capturada em *Nadi O Nari*.

3. Escola sem paredes

1

Rabindranath Tagore morreu em agosto de 1941. Eu ainda estava na Escola St. Gregory's, em Daca. O diretor nos deu a trágica notícia numa assembleia escolar convocada às pressas, e declarou a suspensão das aulas naquele dia. Fui para casa perguntando a mim mesmo por que o adorável barbudo que eu conhecia como amigo da família, e que eu ia ver com meus avós ou com minha mãe sempre que estava em Santiniketan, era tão importante para o mundo. Eu sabia que Rabindranath era um poeta admirado (e até recitava de cor alguns poemas seus), mas não entendia direito por que era tido como uma pessoa tão importante. Eu tinha sete anos e não fazia a menor ideia de que Tagore influenciaria radicalmente meu pensamento em anos futuros.

Quando cheguei em casa, minha mãe estava deitada num sofá, chorando, e imaginei que meu pai voltaria mais cedo do trabalho na universidade. Minha irmã Manju, de três anos, estava confusa com o que acontecia, e eu lhe expliquei que uma pessoa muito importante e amada por nós tinha acabado de morrer. "Foi embora?", perguntou ela, sem saber direito o que era morrer. "Sim", respondi. "Ele volta?", acrescentou Manju. Lembrei-me dessas palavras quando ela morreu de repente, setenta anos depois, em fevereiro de 2011, de uma doença breve.

Todos à nossa volta pareciam arrasados pela dor naquele dia mormacento de agosto de 1941, incluindo parentes, empregados e amigos — foi uma erupção de luto. Nosso bom cozinheiro, muçulmano devoto, que costumava nos abastecer de magníficos *ilish mach* (peixes hilsa) defumados, veio nos dar os pêsames e manifestar sua dor. Ele também era só lágrimas, segundo nos contou, porque amava as canções de Tagore. Mas desconfio que apareceu acima de tudo para nos confortar, sabendo que minha família, em especial minha mãe, era muito chegada a Rabindranath.

Tagore de fato foi uma grande presença em minha vida desde a infância. Minha mãe, Amita, não só estudara na escola dele em Santiniketan, mas (como já foi dito) aparecia regularmente nos papéis principais em seus balés, dirigidos pelo próprio Rabindranath e representados em Calcutá. Meu avô materno, Kshiti Mohan, lecionou e pesquisou durante décadas em Santiniketan, e eles eram colaboradores muito próximos. Rabindranath costumava recorrer ao conhecimento dos clássicos de Kshiti Mohan e a sua excepcional expertise em composições poéticas rurais ambientadas no norte da Índia e em Bengala. O último discurso de Rabindranath, uma tonitruante oração em bengali intitulada *Shabhytar Shankat* (Crise na civilização), foi lido por Kshiti Mohan numa grande reunião pública em Santiniketan em abril de 1941, quando Tagore estava debilitado demais para ler. Era um discurso muito perspicaz e, jovem como eu era, me senti muito comovido e provocado por ele. Rabindranath andava naquela época deprimido com a guerra, desconcertado com a persistência da conduta colonial do Ocidente, perturbado com as barbaridades dos nazistas e com a violência das forças japonesas de ocupação, revoltado com o surgimento da tensão comunal na Índia e profundamente preocupado com o futuro do mundo em geral.

Eu também fiquei profundamente triste com a morte de Rabindranath, sobretudo quando comecei e entender as implicações do fato. Eu gostava muito daquele bondoso senhorzinho de idade avançada, que parecia apreciar conversar comigo, mas além disso eu tinha a maior curiosidade por aquilo que não me contavam sobre a importância de suas ideias e a força de sua criatividade. Decidi aprender mais sobre aquele homem tão admirado, ao qual achei que não tinha prestado a devida atenção. Minha dedicada exploração das ideias de

Tagore começou, portanto, logo depois de sua morte e me deu uma vida inteira de compensações. Em particular, sua ênfase geral na liberdade e no raciocínio me fez pensar seriamente sobre esses assuntos, que foram ganhando importância à medida que eu amadurecia. O papel da educação no fortalecimento da liberdade individual e na promoção do progresso social era um dos assuntos sobre os quais suas ideias me pareciam especialmente argutas e convincentes.

2

Minha mãe queria que eu estudasse em Santiniketan, como ela, e — talvez paradoxalmente — a morte de Tagore aumentou sua determinação. Meu pai não estava muito convencido, e de toda maneira não gostava muito da ideia de eu me separar da família em Daca para ficar com os avós maternos em Santiniketan. Mas, como já mencionei, com a guerra cada vez mais perto da Índia, meu pai admitiu que era mais seguro estar em Santiniketan. Foi essa a razão definitiva da minha mudança. E, quando os japoneses recuaram, eu me recusei a sair da escola que àquela altura já amava.

Em outubro de 1941, dois meses depois da morte de Tagore, parti para Santiniketan, onde meus avós me ofereceram uma grande recepção pela "volta para casa" (como minha avó dizia). Ainda moravam na cabana coberta de palha onde nasci, em novembro de 1933. Na primeira noite, sentei-me num banquinho na cozinha, enquanto Didima cozinhava, pondo em dia as notícias da família e, claro, ouvindo as fofocas, cujo significado ficava cada vez mais claro em minha cabecinha de quase oito anos. Senti-me muito adulto. Na verdade, dos sete aos nove anos o mundo das minhas ideias e do meu entendimento se expandia numa velocidade eletrizante.

3

Cheguei a Santiniketan perto do fim do feriado anual de outono (as férias do Puja), antes da retomada das atividades escolares. Tive tempo de conhecer o campus antes das aulas, e inspecionei o terreno da escola, especialmente os campos de esporte. Meu primo materno Baren (que eu chamava Barenda —

"*da*" sendo uma forma reduzida de "*dada*", ou irmão mais velho) me apresentou ao capitão de um time de críquete de crianças mais ou menos da mesma idade, que estavam praticando no campo. Minha primeira tentativa de jogar com elas foi um desastre. Quando o capitão me arremessou a bola para testar minhas habilidades de rebatedor, a bola o atingiu com tanta força no nariz que ele sangrou muito. Enquanto cuidava do ferimento dele, ouvi o capitão dizer a Barenda: "Seu irmão pode, claro, entrar no meu time. Mas diga a ele para mirar no limite do campo e não no nariz do arremessador". Prometi me comportar e comemorei o ingresso na vida da minha nova escola.

Santiniketan era divertida de um jeito que nunca imaginei que uma escola pudesse ser. Era tanta liberdade para decidir o que fazer, havia tantos colegas intelectualmente curiosos com quem conversar, tantos professores acessíveis aos quais fazer perguntas sobre assuntos fora do currículo, e — o mais importante — tão pouca disciplina imposta e uma total ausência de punições severas.

A proibição do castigo físico era uma regra sobre a qual Rabindranath insistia muito. Meu avô, Kshiti Mohan, me explicou por que aquele era um contraste realmente importante entre "nossa escola e todas as outras escolas do país" e por que fazia uma grande diferença na educação, especialmente no desenvolvimento da motivação do desejo de aprender entre crianças. Não é só porque bater numa criança indefesa é um ato bárbaro que devemos abominar, disse ele, mas também porque o aluno deve ser levado a fazer o que é certo por meio de uma compreensão racional do que torna uma coisa certa — não apenas para evitar a dor e a humilhação.

No entanto, apesar de sua devoção a esses princípios, circulava uma história muito engraçada sobre um conflito que meu avô teve de enfrentar numa das raras ocasiões em que foi destacado para ensinar os pequenos. Aparentemente, numa de suas aulas para alunos de seis anos, um menino bagunceiro e rebelde insistia em deixar suas sandálias no púlpito do professor. Não tendo conseguido controlar o agitador de nenhuma maneira, nem mesmo com explicações racionais, Kshiti Mohan teve de dizer que se o menino continuasse daquele jeito, mereceria levar um tapa. O menino respondeu, animado: "Oh, Kshitida, o senhor não sabe que Gurudev (Rabindranath) determinou que nenhum aluno pode ser castigado fisicamente no solo de Santiniketan?". Diz a história que Kshiti Mohan levantou o menino pela gola da camisa e pediu que ele confirmasse que não estava mais no solo de Santiniketan. Quando chegaram a um acordo — e depois de um suave tapa simbólico —, o menino das sandálias foi devolvido ao solo de Santiniketan.

4

As aulas em Santiniketan eram inusitadas. Aconteciam ao ar livre, salvo se exigissem laboratório ou quando chovia. A gente se acomodava no chão — carregávamos tapetinhos para sentar — debaixo de uma árvore predeterminada, enquanto o professor ficava de frente para nós num banco de cimento, com um quadro ou um púlpito ao lado.

Um dos nossos professores, Nityananda Binod Goswami (que costumávamos chamar de Gosainji), grande professor de língua e literatura bengalis, e de sânscrito, nos explicou que Rabindranath não gostava de barreiras em nenhuma esfera da vida. Ter aulas ao ar livre, sem a restrição das paredes, era um símbolo disso, sugeriu Gosainji. Num sentido mais amplo, Rabindranath não gostava que nossos pensamentos ficassem encarcerados dentro das nossas comunidades — religiosas ou não — ou fossem moldados por nossa nacionalidade (era um crítico feroz do nacionalismo). E, apesar do seu amor pela língua e pela literatura bengalis, tampouco gostava de ficar preso a uma única tradição literária, coisa que poderia levar não só a uma espécie de patriotismo livresco, mas também ao desinteresse de aprender com o resto do mundo.

Gosainji comentou ainda que Rabindranath gostava em especial de uma aptidão dos estudantes, a qual poderia ser cultivada: concentrar-se no trabalho mesmo que o mundo exterior estivesse ao alcance da vista e da audição. Ser capaz de aprender nessas circunstâncias, acreditava ele, demonstrava um empenho em evitar que a educação fosse confiscada da vida humana. Era uma teoria e tanto, e nós de vez em quando a debatíamos em classe. Ainda que alguns de nós demonstrassem grande ceticismo, achávamos a experiência das aulas ao ar livre extremamente agradável. Decidimos que havia um excelente argumento a favor das aulas ao ar livre, mesmo na ausência de algum ganho pedagógico. Também concordávamos que, apesar de às vezes termos dificuldade de prestar atenção nas aulas, não era por não estarmos cercados de paredes. Mais adiante na vida, quando amigos comentam a minha capacidade de trabalhar mesmo sentado numa barulhenta e caótica estação ferroviária, ou em pé amontoado num portão de aeroporto, eu às vezes penso nas palavras de Gosainji sobre a imunidade a essas distrações fáceis que as aulas fora da sala nos deram.

5

Dar aulas fora da sala era apenas uma das diferenças entre Santiniketan e outras escolas à nossa volta. Tratava-se, claro, de uma escola progressista para meninos e meninas, com um currículo imensamente vasto e abrangente, incluindo mergulho substancial nas culturas de diferentes partes da Ásia e da África.

Do ponto de vista acadêmico, não era muito exigente — com frequência não havia provas, e quando havia não se dava grande importância aos resultados. Ela não tinha condições, pelos padrões escolares comuns, de competir com algumas das melhores escolas de Calcutá ou Daca; certamente não poderia ser favoravelmente comparada a St. Gregory's. Mas havia qualquer coisa de notável na facilidade com que as discussões em sala passavam da literatura indiana tradicional para o pensamento ocidental contemporâneo, ou clássico, e também para a China, o Japão, a África ou a América Latina. A celebração da diversidade na escola contrastava nitidamente com o conservadorismo cultural que era presença forte, ainda que implícita, na educação escolar indiana em geral.

A amplitude da visão cultural tagoriana do mundo contemporâneo tinha estreita semelhança com a do grande diretor de cinema Satyajit Ray, que havia estudado em Santiniketan e mais tarde faria muitos filmes notáveis com base em histórias de Tagore. (Ele chegou um ano antes de mim, apesar de ser doze anos mais velho.) A avaliação da Escola de Santiniketan escrita por Ray em 1991 teria agradado imensamente a Rabindranath:

> Considero os três anos que passei em Santiniketan os mais fecundos da minha vida... Santiniketan me abriu os olhos pela primeira vez para os esplendores da arte da Índia e do Extremo Oriente. Até então, eu vivia totalmente sob a influência da arte, da música e da literatura ocidentais. Santiniketan fez de mim o produto misto de Oriente e Ocidente que sou.[1]

Rabindranath era bem servido por pessoas do seu grupo de amigos, que ajudavam a promover as causas que ele defendia. Além de Kshiti Mohan, Santineketan tinha muita gente talentosa, com interesses diversos e convicções semelhantes às de Rabindranath, ou por elas claramente influenciadas. O salário dos professores era ínfimo, mesmo pelos padrões indianos, e eles se juntavam ali simplesmente porque eram inspirados por Tagore e compartilhavam suas aspirações. O grupo incluía professores e pesquisadores excelentes, muitos deles do exterior, como Sylvain Lévi, Charles Andrews, William Pearson, Tan Yun-Shan e Leonard Elmhirst, entre outros.[2]

Havia ainda Nandalal Bose, um dos mais destacados pintores da Índia, e excepcional professor de belas-artes, sob cuja direção e liderança Santiniketan desenvolveu sua merecidamente famosa escola de belas-artes, Kala Bhavan, onde muitos artistas talentosos (como Binodbehari Mukhopadhyay e Ramkinkar Baij) floresceram. Foi ali que Satyajit Ray recebeu alguns dos ensinamentos que transformaram suas ideias e sua arte. Ele comentaria depois: "Acho que meu filme *Pather Panchali* não teria sido possível se eu não tivesse passado meus anos de aprendizagem em Santiniketan. Foi ali, sentado aos pés de 'Master-Mashei' (Nandalal Bose), que aprendi a olhar para a natureza e a sentir os ritmos inerentes a ela".[3]

6

Santiniketan fica perto de uma velha cidade mercantil, Bolpur, cuja prosperidade se estende por cerca de quinhentos anos. Está a uns vinte quilômetros de Kenduli, onde se supõe que um grande poeta indiano, Jayadeva, nasceu e foi criado no século XII.[4] A *Jayadeb mela* (a "feira para Jayadeva") ainda é realizada em Kenduli, como ocorre anualmente há séculos, e eu me lembro de ficar maravilhado, quando criança, ao assistir ali à reunião anual de cantores rurais e poetas de aldeia, além de pequenos comerciantes vendendo panelas e roupas baratas. Por causa do tradicional interesse pela matemática na Índia, não me espantava ver pequenos folhetos de quebra-cabeças matemáticos expostos ao lado de livros muito coloridos de histórias para crianças baseadas em epopeias indianas, e uma grande variedade de utensílios para cozinha.

Foi em 1863 que o dono da propriedade de Raipur, Sitikanta Sinha, deu um pedaço de terra para o pai de Rabindranath, Debendranath, conhecido estudioso e líder do Brahmo Samaj, um grupo religioso moderno com forte influência unitarista. O objetivo original dessa doação era oferecer a Debendranath um lugar de refúgio, para reflexão e meditação. Os Sinhas eram proprietários estabelecidos em Bengala, e houve até um lorde Sinha na câmara alta do Parlamento em Londres. Debendranath não fez muita coisa com a terra que lhe deram, e nos primeiros anos do século XX Rabindranath resolveu usá-la para sua nova escola. Assim sendo, em 1901, nasceu essa entidade acadêmica chamada Visva-Bharati, dedicada à busca do conhecimento do mundo (*visva* — ou *vishwa* — é a palavra sânscrita para mundo, mais ou menos como *jagat* no nome da minha casa em Daca, Jagat Kutir). Viria a ser uma escola indiana dedicada a buscar o que havia de melhor no conhecimento internacional, viesse de onde viesse.

A decisão de Rabindranath de criar um novo tipo de escola em Santiniketan foi grandemente influenciada por sua insatisfação com os próprios anos de estudante. Tinha detestado, com veemência, os lugares para onde foi mandado, e na qualidade de aluno que abandonou a escola antes de terminar — mais tarde estudou em casa com a ajuda de professores particulares — tinha horror à escola indiana comum. Ainda menino, formou opiniões sérias sobre o que exatamente havia de errado com as escolas que conheceu na Calcutá do seu tempo, apesar de algumas terem excelente reputação acadêmica. Ao fundar sua própria escola, Tagore decidiu que seria radicalmente diferente.

Às vezes, um completo estranho consegue ver com mais clareza — e explicar mais sucintamente — o que há de tão especial numa instituição inovadora do que aqueles que estão imersos nela. As qualidades especiais da Escola de Santiniketan foram captadas com muita felicidade por Joe Marshall, astuto visitante americano, formado em Harvard, que esteve em Santiniketan em agosto de 1914, duas décadas antes do meu nascimento:

> O princípio do seu método de ensino é que o indivíduo deve ser absolutamente livre e feliz num ambiente onde tudo é paz e as forças da natureza são evidentes; é preciso, portanto, haver arte, música, poesia e aprendizado em todos os ramos nas pessoas e nos professores; as aulas são regulares, mas não compulsórias, realizadas embaixo das árvores, com os meninos sentados aos pés do professor, e

cada aluno com seus talentos e temperamento é atraído naturalmente pelos assuntos para os quais tem aptidão e habilidade.[5]

Joe Marshall também comentou a atenção central dada por Tagore à liberdade, mesmo para alunos do primário. Isso identifica um aspecto do pensamento de Tagore que os relatos tradicionais, especialmente aqueles apresentados por seus "patrocinadores" no mundo ocidental, como W. B. Yeats e Ezra Pound, deixaram de perceber, assunto sobre o qual voltarei mais adiante. Mas, como notei no começo deste capítulo, a ideia de que o exercício da liberdade precisa ser desenvolvido juntamente com a capacidade de raciocinar ficou cada vez mais clara para mim, à medida que minha educação em Santiniketan avançava. Se você tem liberdade, terá razão para exercê-la — mesmo não fazer coisa alguma seria uma espécie de exercício. O treinamento para usar a liberdade de raciocinar (em vez de temê-la, como os que aprendem a decorar são ensinados a fazer) é que me parecia, à medida que meus anos de estudo progrediam, uma das coisas que Tagore tentava com mais força promover através de sua escola tão inusitada. A importância excepcional dessa combinação — liberdade e raciocínio — ficou comigo a vida inteira.

7

Um dos meus primeiros professores em Santiniketan foi Gosainji, que já descrevi, mas havia também Tanayendra Nath Ghosh (para nós, Tanayda), que lecionava língua e literatura inglesas com grande habilidade e entusiasmo. Meu primeiro encontro com Shakespeare — acho que foi *Hamlet* — ocorreu sob sua maravilhosa orientação, e ainda recordo a sensação de expectativa que isso criou. Eu complementava o que estávamos lendo na sala com mais leituras de noite, ajudado por um primo mais velho, Buddha Ray. Adorei o sombrio drama de *Macbeth*, mas fiquei muito perturbado com a terrível tristeza de *Rei Lear*. Meu professor de geografia, Kashinathda, era muito simpático e falante, e tornava seu assunto — e qualquer outra coisa que discutíssemos — imensamente interessante. O exame crítico do passado vinha com muita elegância do nosso professor de história Uma, que me visitaria anos depois no Trinity College e me contaria muita coisa sobre o passado da instituição que eu ignorava.

Meu professor de matemática, Jagabandhuda, era extraordinariamente hábil, mas notavelmente despretensioso. De início, temia que eu quisesse estudar coisas fora do nosso limitado currículo, e deixasse de lado o que devíamos fazer. No entanto, alguns dos tópicos tradicionais da matemática escolar não me interessavam de forma alguma ("Acho que consigo descobrir onde um projétil vai cair, mas esses cálculos não me comovem", disse-lhe eu um dia, com certa solenidade). Eu queria, em vez disso, pensar sobre a natureza e os alicerces do raciocínio matemático. Os argumentos de Rabindranath em defesa da liberdade e do raciocínio me incentivaram a tentar fazer o que eu realmente queria fazer, ainda que o próprio Rabindranath manifestasse pouco interesse pela matemática.

Jagabandhuda acabou cedendo à minha persistência. Minha primeira suspeita, de que ele resistia por não saber muita matemática fora do currículo, se mostrou de todo infundada. Em geral, quando eu sugeria uma maneira relativamente inusitada de atacar um conhecido problema, ele propunha mais uma linha de raciocínio, o que me motivava a tentar superar a novidade da sua proposta com uma coisa de minha própria invenção. Houve muitos meses em que eu ia diariamente à sua casa depois da escola para conversar — ele parecia ter todo o tempo do mundo para mim e sua esposa tolerava bem essa intromissão na vida familiar (e costumava preparar um chá para nós "insistirmos"). Eu me sentia imensamente incentivado pela maneira como Jagabandhuda procurava livros e artigos para me apresentar linhas de raciocínio que eu não conhecia.

Noutra fase da vida, quando me envolvi no estudo sistemático dos fundamentos da matemática (isso foi depois que me mudei para o Trinity College, em Cambridge, em 1953), eu viria a descobrir que alguns dos raciocínios que Jagabandhuda tentava me ensinar vinham de obras clássicas sobre o assunto. Eu pensaria naqueles anos de formação quando, décadas mais tarde, dei cursos de Raciocínio por Modelos Matemáticos e Raciocínio Axiomático em Harvard, juntamente com dois excelentes colegas matemáticos, Barry Mazur (notável matemático puro) e Eric Maskin (também excepcional teórico de economia). A essa altura, no entanto, eu infelizmente não podia mais procurar Jagabandhuda para lhe agradecer, pois ele morrera pouco depois de aposentar-se.

O professor com quem tive mais contato foi Lalit Majumdar. Era não só brilhante mestre de literatura, mas também verdadeiro aliado de alguns de nós, ativistas escolares, ajudando-nos a dar aulas noturnas para crianças sem instrução nos vilarejos tribais vizinhos. Junto com seu simpático irmão Mohitda, que também lecionava na escola, Lalitda era figura-chave em Santiniketan. A presença desses dois irmãos foi uma grande dádiva para nós. Certa ocasião — eu devia ter uns doze anos —, eu deveria participar de uma excursão escolar por uma semana, envolvendo tendas, utensílios e toda a parafernália, ao antigo local da universidade de Nalanda, do século V, na província vizinha de Bihar, mas fui incapaz de me juntar ao grupo por causa de uma doença qualquer. Fiquei felicíssimo quando Mohitda apareceu uns dois dias depois e disse: "Por que nós dois não vamos nos encontrar com os excursionistas?". Como resultado, não me privei da diversão e dos conhecimentos obtidos ao acampar perto de Nalanda, e além disso fiquei conhecendo Mohitda, excelente professor, muito melhor ainda durante a nossa longa viagem de trem de Santiniketan.

Lalitda não era menos entusiasta do que eu e meus colegas em nossas tentativas juvenis de administrar uma escola noturna para crianças tribais perto de Santiniketan. Mantinha nossas contas em dia e nos ajudava naquelas escolas. Era seu dever também chamar a nossa atenção quando havia risco de negligenciarmos nossos próprios estudos. Oferecer aulas noturnas foi uma experiência de imensa criatividade, e ficamos bastante satisfeitos com o que conseguimos. Houve crianças dos vilarejos vizinhos que aprenderam a ler, escrever e contar sem ter frequentado nenhuma outra escola. Para mim, é impossível dizer de maneira adequada quanto nos beneficiamos da delicada e sábia orientação de Lalitda. Ele levou uma vida saudável e muito ativa até seus noventa e muitos anos.

8

Até agora tenho recordado assuntos com os quais me sentia razoavelmente à vontade, mas devo dizer algumas palavras também sobre aqueles para os quais eu não tinha aptidão alguma. Um desses era a carpintaria, e enquanto meus colegas construíam pequenos barcos, conseguindo dobrar pranchas de madeira da forma adequada, tudo o que consegui foi fabricar uma saboneteira primitiva, que assim mesmo estava longe de ser um exemplo de beleza. Outra coisa era cantar, muito importante no currículo de Santiniketan.[6] Eu adorava, e continuo adorando, ouvir música, incluindo um bom canto, mas eu mesmo era incapaz de cantar. Minha professora de música — cantora maravilhosa que chamávamos de Mohordi (seu verdadeiro nome era Kanika Bandopadhyay) — não aceitava que eu fosse simplesmente um desafinado, e de início não quis me dispensar das aulas. Dizia: "Todo mundo tem talento para cantar, é só uma questão de prática".

Incentivado pela teoria de Mohordi, pratiquei com vontade. Eu não tinha dúvidas sobre os meus esforços, mas não tinha certeza de estar conseguindo alguma coisa. Depois de mais ou menos um mês de prática, Mohordi testou meu desempenho novamente e então, com a derrota estampada no rosto grande, me disse o seguinte: "Amartya, você não precisa vir às aulas de música". Santiniketan produziu muitos cantores maravilhosos ao longo das décadas, entre eles um grande número de especialistas em Rabindra Sangeet (canções de Tagore), como Shanti Deb Ghosh, Nilima Sen, Shailaja Mujumdar, Suchitra Mitra e Rezwana Choudhury (Bannya) de Bangladesh, entre tantos outros. Continuo muito feliz por saber que é possível gostar de música sem ter que produzi-la.

Outra generosidade de Santiniketan era deixar muito tempo livre para a prática de esportes. O jogo favorito dos meninos era o futebol, para o qual eu não tinha nenhuma aptidão, além de tampouco ser algum mágico com o taco de hóquei. Mas eu conseguia jogar badminton com habilidade suficiente para tirar a nota mínima num teste, e meu histórico no críquete era quase adequado. Eu era um rebatedor tolerável, mas não um arremessador, e horrível no fielding. Porém fui campeão na corrida de sacos, que costumava fazer parte das competições esportivas por ser divertida, mas também para dar a alunos não atletas como eu alguma coisa para fazer num dia dedicado aos esportes. Meu êxito na corrida de sacos resultou basicamente de uma teoria que desenvolvi, segundo a qual é inútil querer avançar pulando para a frente (a gente sempre cai), mas dá para prosseguir, com alguma estabilidade, mantendo os dedos nos dois cantos do saco, quase sem risco de cair. Como no dia da independência da Índia, 15 de agosto de 1947, o único esporte apresentado nas comemorações era a corrida de sacos, tive a experiência extraordinária de despontar como campeão esportivo nesse dia tão especial. Aquele prêmio foi o auge da minha glória atlética.

Depois da independência, tive oportunidade de revelar outra inaptidão. O governo tinha formado um Corpo Nacional de Cadetes destinado ao treinamento militar voluntário de civis, uma versão pós-independência do velho

Corpo de Treinamento de Oficiais da Universidade. Perguntaram-nos se queríamos ingressar numa pequena unidade em Santiniketan, como parte do Regimento dos Fuzileiros de Rajput. Isso provocou um debate entre alunos de Santiniketan sobre se deveríamos ou não participar, e o que ficou resolvido por consenso foi que deveríamos descobrir o que o treinamento oferecia e o que poderíamos aprender com ele. Se não servisse para nada (e, não menos importante, se fosse chato demais), poderíamos abandoná-lo. Se, em vez disso, fosse útil e nos ensinasse alguma coisa de valor, poderíamos continuar.

A grande decisão, claro, era se, levando em conta o forte compromisso com a não violência no clima social de Santiniketan, receber treinamento militar de qualquer espécie não seria uma violação da nossa ética. No entanto, como nenhum de nós achava que as forças militares do país deveriam ser dissolvidas — nem mesmo Gandhiji tinha defendido isso —, a possibilidade parecia remota. Por isso, a maioria resolveu se inscrever, e de repente me vi vestindo trajes estranhos e segurando objetos pouco familiares entre as aulas de física e de matemática. Tínhamos nossas reuniões quase sempre nos fins de semana, mas também nas horas livres dos dias úteis.

Minha vida militar foi, imagino que previsivelmente, um fracasso lamentável. Não é que eu fosse incapaz de fazer as coisas que nos mandavam fazer (que não eram difíceis); é que era muito aborrecido ouvir as palestras dos oficiais no comando. Não muito tempo depois de ingressarmos, ouvimos uma palestra intitulada "A bala", do Subadar Major (equivalente indiano do *sargeant major*, ou primeiro-sargento — as mesmas iniciais ajudavam a reciclar velhas insígnias e crachás de latão do exército britânico-indiano). O Subadar Major nos disse que a bala acelera depois que sai do fuzil e só então começa a desacelerar, e que portanto é melhor atingirmos o objeto quando a bala está viajando em velocidade máxima. Nessa altura, eu me vi levantando a mão para expor alguma mecânica newtoniana, dizendo ao nosso Subadar Major que a bala não poderia, de forma alguma, acelerar depois de sair do fuzil, uma vez que não havia uma nova força para fazê-la ganhar velocidade.

O Subadar olhou para mim e perguntou: "Você quer dizer que estou errado?". Eu quis dar a única resposta possível à sua pergunta, mas isso me pareceu imprudente. Também achei que, para ser justo, eu deveria admitir que a bala poderia acelerar se seu movimento rotatório de alguma forma se convertesse num movimento linear para a frente. Mas — tive que acrescentar — eu não via como isso seria possível. O Subadar respondeu lançando-me um olhar de raiva e indagou: "Movimento rotatório? É isso que está dizendo?". Antes que eu pudesse esclarecer esse ponto confuso, ele me mandou erguer os braços acima da cabeça, com o fuzil descarregado para o alto, e dar cinco voltas no campo.

Se foi um começo pouco promissor, o fim também não deixou a desejar. Dezoito de nós tínhamos escrito uma carta de protesto ao mesmo Subadar Major reclamando de excesso de exercícios e pouca prática com fuzil. Ele nos chamou à sua casa para explicar que qualquer carta assinada por mais de uma pessoa é considerada motim pelos militares. "Portanto", disse, "eu tenho duas opções. Ou vocês desistem da carta e eu a rasgo, ou eu os submeto à corte marcial." Quinze do grupo de dezoito imediatamente retiraram seus nomes. (Um deles me explicou depois que fez isso porque lhe disseram que ir à corte marcial significava ser sumariamente julgado e fuzilado.) Três de nós não recuamos. O Subadar Major nos disse que levaria o nosso caso às autoridades superiores, mas nos dispensaria de imediato sem honra e sem esperar que o castigo oficial fosse comunicado. Até agora não tive notícia das altas autoridades, mas esse foi o fim da minha carreira militar.

9

Além dos nossos professores, aprendíamos muito com visitantes em Santiniketan, que apareciam para conversar conosco sobre uma ampla variedade de assuntos. Um visita pouco comum foi a do general Chiang Kai-shek, que passou por lá em fevereiro de 1942, quando esteve em Calcutá como parte dos esforços de guerra dos Aliados. Seu discurso para nós, que durou meia hora e foi pronunciado em mandarim, tornou-se totalmente impenetrável graças à decisão esdrúxula das autoridades de Santiniketan de não oferecer tradução em língua nenhuma.

Eu tinha me mudado de Daca para Santiniketan poucos meses antes, e já pensava nas questões mundiais com muito mais seriedade do que minha cabecinha de oito anos era capaz de assimilar. Na palestra de Chiang Kai-shek fiquei de início impressionado com o fato de todos os meninos ouvirem o chinês não traduzido com aparente arrebatamento. Mas não demorou para que surgisse um zum-zum embaraçoso, que foi ficando mais alto e logo degenerou em conversas para todo lado. Juntamente com outros alunos, eu tinha sido convidado a tomar chá com os visitantes chineses (ou, mais exatamente, a ficar por ali enquanto os visitantes tomavam chá com as autoridades escolares) e lembro que madame Chiang, que falava fluentemente o inglês, continuou fingindo que não tinha percebido nada de errado com a plateia. Também quis deixar claro que o general não ficou ofendido pela ausência de tradução, apesar de àquela altura as autoridades escolares estarem se desculpando. Não acreditei, claro, no que ela disse por simples educação, mas a achei extraordinariamente graciosa — além de belíssima.

Outra grande ocasião para todos nós foi a visita do Mahatma Gandhi em dezembro de 1945 — quatro anos depois da morte de Rabindranath. Em seu discurso, ele manifestou certa preocupação sobre o futuro de Santiniketan na ausência do inspirado fundador, e, mesmo sendo então um menino de doze anos, compreendi o motivo da sua apreensão. Quando lhe perguntaram, numa reunião em Santiniketan, o que achava do foco dado pela escola à música, Gandhiji deixou de lado a polidez e manifestou dúvida a respeito. Disse que a vida era uma espécie de música, de modo que a música não tinha que estar separada formalmente da vida. Lembro de ter pensado que Rabindranath teria questionado se eles de fato estavam fazendo essa separação. Mas gostei de Gandhiji ter dito uma coisa inusitada, uma vez que a escola estava cheia de gente repetindo as mesmas "grandes ideias" sobre as quais eu já começava a resmungar. O *Visva-Bharati News* informou que Gandhiji disse: "A música da vida corre o risco de se perder na música da voz".[7] Gostei do desafio ao pensamento oficial que havia nisso.

Fui ver Gandhiji com um caderno de autógrafos. Como ele só assinava essas coisas em troca de uma doação de cinco rupias — quantia bem pequena por qualquer padrão mundano — ao seu fundo de luta contra as injustiças do sistema de castas, tive que arranjar o dinheiro. Felizmente, eu economizara uns trocados. Fui lá e dei minha contribuição — Gandhiji estava lendo umas notas escritas à mão, sentado na sala de estar da casa de hóspedes. Agradeceu a doação, mas antes de assinar meu caderno de autógrafos me disse, rindo, que minha luta contra o sistema de castas tinha acabado de começar. Gostei da risada e do comentário, tanto quanto dele. A assinatura não tinha enfeites — apenas seu nome em devanágari (a escrita comum do sânscrito e do híndi moderno), e só as iniciais e o sobrenome.

Eu não queria ir embora logo — na esperança de conversar com ele um pouco mais — e Gandhiji me perguntou se eu costumava fazer críticas às coisas que via à minha volta. Animei-me com aquela oportunidade de falar das minhas preocupações relativas ao mundo com uma das grandes personalidades vivas e disse que sim. Nossa conversa estava indo bem, achava eu, mas justamente quando lhe perguntei a respeito de sua disputa com Rabindranath sobre o terremoto de Bihar (voltarei ao assunto no capítulo 5), um dos seus guarda-costas veio me dizer que eu teria que continuar a conversa outra hora. Com um sorriso amável, Gandhiji me fez um aceno de despedida quando saí, e voltou para as notas que estava lendo.

Interessava-me particularmente também ouvir Eleanor Roosevelt quando ela esteve em Santiniketan em 1952, logo depois que fui estudar na Faculdade da Presidência em Calcutá. Voltei para assistir às suas palestras. A Declaração Universal dos Direitos Humanos, patrocinada pela sra. Roosevelt e adotada pela ONU em 1948, estava sempre muito presente na minha memória naqueles tempos — e na verdade ainda está. O que ela disse então foi um modelo de humanidade e de lucidez num mundo sombrio. Explicou por que ainda havia tanta coisa a ser feita — a "ser feita por cada um de nós". Isso também permanece comigo. Fiquei triste por não conseguir passar pela multidão de admiradores que a cercavam e ter a chance de falar com ela pessoalmente.

Um visitante regular que influenciou particularmente meus interesses literários foi Syed Mujtaba Ali. Syed-da era um escritor magnífico, e além disso amigo da família, muito próximo dos meus pais e dos meus avós. Minha mãe simplesmente o adorava. Eu tinha começado a ler alguns escritos dele. Os ensaios eram espirituosos e instigantes, e concluí que o bengali dele era o melhor que eu já tinha lido. Eu costumava ficar por perto enquanto ele conversava com os mais velhos, só para ouvi-lo. Impressionavam-me imensamente não só a sua erudição e a sua sabedoria liberal, mas também o fato de ele saber que, para qualquer ideia transmitida por uma palavra bengali, havia muitas outras que significavam alguma coisa muito parecida, mas não exatamente a mesma. A riqueza da sua linguagem mostrava um nível de discernimento absolutamente excepcional que era uma inspiração para mim.

Eu me lembraria do grande interesse de Syed-da pela maneira de se expressar quando fui para a Inglaterra, ingressei no Trinity College como estudante e vi a astúcia com que Piero Sraffa — um economista brilhante e original, de inclinação filosófica — escolhia suas palavras em inglês, apesar de ser italiano de nascimento. Achava que Bernard Shaw talvez tivesse razão quando disse, em *Pigmaleão*, que um estrangeiro, empregando cuidadosamente um inglês não nativo, às vezes usava melhor o tesouro da língua do que os falantes nativos; escritores como Joseph Conrad e Vladimir Nabokov confirmam o que ele disse. No entanto, o argumento de Shaw não se aplicava a Mujtaba Ali, uma vez que Syed-da era um bengali cem por cento nativo. Na verdade, resolvi comigo mesmo, a questão tinha a ver com a importância que se dava a dizer bem as coisas. A boa linguagem é produto do amor refinado.

10

Quando recordo meus tempos de estudante, fico maravilhado de ter tido colegas e amigos maravilhosos, cuja companhia pude desfrutar constantemente. Meu primeiro amigo íntimo em Santiniketan foi Tan Lee, nascido em Shanghai, China, em 1934. Seu pai, o professor Tan Yun-Shan, era um maravilhoso erudito profundamente interessado na história tanto da China como da Índia, e em particular por sua interligação ao longo de dois milênios.

Ele e Tagore tinham se conhecido em 1927 em Singapura, quando Tagore viajava com amigos (entre eles meu avô, Kshiti Mohan) para visitar outros países asiáticos. Tagore ficou imensamente impressionado com Tan e o convidou para visitar Santiniketan, o que ele fez no ano seguinte. O professor Tan então foi convencido, pelos insistentes apelos de Tagore, a mudar-se para Santiniketan e tomar a iniciativa de fundar um instituto de estudos chineses na Índia — sonho que Tagore alimentava havia muito tempo. Teria como sede a parte de instrução superior da Universidade Visva-Bharati, mais ou menos como a instituição para o estudo de sânscrito e da Índia antiga encabeçado por meu avô e outro grande sanscritista, Bidhu Shekhar Shastri (com quem meu avô se dava muitíssimo bem, apesar de suas ênfases acadêmicas serem muito diferentes). O professor Tan se esforçou muito para fundar o Cheena Bhavan (incluindo a obtenção de doações de fundos e livros), e seu desenvolvimento passou por vários estágios, a começar pela criação da Sociedade Cultural Sino-Indiana em Nanquim, em 1933, pouco antes de Tan Lee nascer. Cheena Bhavan, fundada em 1936, rapidamente se tornou um conceituado centro de estudos chineses na Índia.

Quando me mudei da St. Gregory's em Daca para a Escola de Santiniketan, tanto Tan Lee como a irmã Tan Wen já estudavam lá. Tan Lee me serviu de guia em Santiniketan, explicando o que aconteceu lá. A família Tan tinha se tornado notavelmente "indiana" com admirável rapidez, as crianças fluentes em bengali; uma irmã nascida depois, Chameli, viria a ser famosa como professora de bengali na Universidade de Delhi. Um irmão mais velho e extremamente erudito, Tan Chung, que ficou mais tempo na China, também acabaria se mudando para a Índia, tornando-se professor de estudos chineses também na mesma universidade. A família Tan acabou sendo imensamente importante para mim, pelo fato de Tan Lee ser um amigo muito próximo; eu gostava também dos seus irmãos, e passava horas na casa deles. Adorava conversar com os pais de Tan, e às vezes achava que aquelas conversas me abriam uma porta diretamente para a China. Tan Lee, que morreu de repente em 2017, sem dúvida foi meu amigo por mais tempo.

Outro amigo muito chegado, da mesma época, é Amit Mitra, cujo pai, Haridas Mitra, também lecionava em Santiniketan. Além das suas conquistas acadêmicas (fez engenharia em Calcutá, depois de Santiniketan), Amit era excelente cantor. Vive agora em Pune, dirigindo um instituto de Rabindra Sangeet ("canções de Tagore"), além de trabalhar como engenheiro. Amit era, como Tan Lee, uma fonte de força para mim, e eu sempre podia contar com a simpatia dos dois se alguma coisa desse errado. Como comecei ainda novo a falar em público, em assembleias de estudantes (geralmente sobre temas literários, sociais e políticos), houve, claro, dias ruins — às vezes agravados pelo ruidoso desprezo daqueles que discordavam de minhas posições. A lição de que a presença de amigos íntimos aumenta muitíssimo a nossa capacidade de aguentar críticas adversas me foi ensinada vigorosamente, e muito cedo.

11

Entre as meninas da minha turma, Manjula Datta, Jaya Mukherjee e Bithi Dhar ofuscavam o resto com sua inteligência e vivacidade — apesar de haver outras que também causavam forte impressão. Santiniketan, sendo o tipo de escola que era, dava a devida atenção ao brilhantismo das moças, e, como as notas não recebiam muita importância, a avaliação costumava ir bem além dos resultados das provas (quando havia notas). Lembro de ter achado graça da observação de um professor, comentando o desempenho magnífico de Manjula numa prova: "Como vocês sabem, ela é de fato muito original, apesar de suas notas serem muito boas".

A enganosa natureza do que as notas das provas revelam é muito mais fácil de entender do que a tendência de um grupo de estudantes a depreciar o próprio desempenho de modo sistemático, independentemente do método de avaliação. Eu tinha a impressão de que aquelas meninas eram muito mais inteligentes e talentosas do que gostavam de levar os outros a pensar. A desigualdade de gênero despertou meu interesse a vida inteira, e eu me perguntava se o preconceito cultural de gênero (inegável, apesar das tentativas de suprimi-lo em Santiniketan) não estaria incentivando as meninas a reivindicar menos, com isso permitindo aos meninos o prazer de se sentir "melhores", o que os deixava mais felizes e menos competitivos. Não consegui encontrar as respostas a todas as minhas indagações, mas me perguntava se uma psicologia da modéstia não seria um dos fatores do forte preconceito de gênero contra as mulheres na Índia. As desvantagens das indianas em comparação com os homens apresentam tantas características diferentes que seria difícil ter certeza de todas as causas constituintes, mas acho que esse fator psicológico ainda hoje está merecendo uma investigação mais completa. As distorções que ele produz, claro, não se limitam à Índia.

12

Uma das iniciativas que tomamos na escola foi a publicação de uma revista literária, lançada por Alokeranjan Dasgupta, Madhusudan Kundu e eu — éramos muito amigos quando entramos na adolescência. Levantávamos um dinheirinho para pagar as contas da impressão da revista; dividíamos entre nós a tarefa de escrever artigos, poemas e histórias (Aloke já escrevia poemas excelentes, e mais tarde viria a ser um celebrado poeta); e convidávamos outros alunos a submeter suas tentativas literárias. A revista se chamava *Sphulinga*, que significa chispa — título de linhagem leninista (a revista de Lênin chamava-se *Iskra*, que significa a mesma coisa), embora nossa revista fosse, na verdade, deliberadamente não política. Não havia identidade de ideias políticas entre os editores. A revista foi recebida amavelmente e até elogiada durante um tempo, mas, depois de pouco mais de um ano, *Sphulinga* perdeu sua força e desapareceu, como as chispas desaparecem.

Tan Lee e eu nos aventuramos em outro tipo de empreendimento — uma revista de charges políticas. Também foi um êxito de curta duração. Desenhada à mão, e colocada na sala de leitura da biblioteca geral, a revista, de início, pareceu muito disputada, o que nos deixou bastante satisfeitos. Resolvemos inverter nossos nomes — "de Eelnat e Aytrama", dizia o expediente — não tanto para esconder nossa identidade (que, claro, foi imediatamente reconhecida), mas para indicar que nem tudo que dizíamos era para ser levado ao pé da letra ou a sério. Entre outras preocupações, manifestávamos nossas frustrações com a lentidão das mudanças que deveriam trazer justiça política e econômica à Índia independente (talvez tenhamos sido um pouco injustos com o governo da Índia, uma vez que isso foi apenas dois anos depois da independência). Uma charge que produzi para a revista mostrava Jawaharlal Nehru com um rosto muito brilhante — evidentemente um homem repleto de grandes ideias — mas sem mãos para fazer coisa alguma. Um dos nossos professores — acho que foi Kashinathda — comentou que éramos "impacientes demais". Provavelmente estava certo, ainda que a paciência nas décadas seguintes na Índia também não tenha sido muito recompensada. Minha defesa da impaciência, que, certa ou errada, veio a se tornar tema central dos meus escritos, já estava, imagino, começando a tomar forma naqueles primeiros tempos.[8]

Tive muita sorte com os colegas de classe e não duvido que minha personalidade seria muito diferente não fosse pelas relações calorosas e criativas com meus amigos mais próximos. Meus tempos de escola se tornaram memoráveis e influentes por causa das amizades que fiz com — além dos já citados aqui — Sadhan, Shib, Chitta, Chaltu, Bheltu e, mais tarde, Mrinal (que se tornou um dos amigos mais chegados), Prabuddha, Dipankar e Mansoor; e, entre as moças, Manjula, Jaya, Bithi, Tapati, Shanta e outras. Minhas lembranças de Santiniketan estão de tal maneira ligadas a todos eles que um relato decente do que me lembro envolveria minibiografias de cada um.

Às vezes penso que já se escreveu tanta literatura sobre o amor e tão pouca sobre a amizade que há uma necessidade real de restabelecer o equilíbrio, sem tentar redefinir a amizade sob uma espécie de guarda-chuva mais amplo do amor, uma vez que não se trata absolutamente da mesma coisa. Fiquei imensamente feliz, portanto, quando um amigo mais recente, Vikram Seth, resolveu falar sobre amizade e poesia ao dar uma palestra em memória de minha falecida esposa, Eva Colorni, na London School of Economics em 2010. Eva teria adorado a palestra de Vikram — tinha grande interesse pelo tema da amizade, e as observações de Vikram, em particular sobre o espantoso alcance da amizade, foram de extrema perspicácia. O que ele disse também me transportou para muito além do que eu tinha pensado sobre a amizade, mesmo quando ajudado por E. M. Forster — e por Ashok Rudra, que lecionou em Santiniketan e escreveu um belo artigo sobre a amizade.

Fora meus colegas de turma mais próximos, Santiniketan oferecia a cativante oportunidade de estabelecer relações estreitas com pessoas muitos anos mais velhas, mas que pareciam dispostas a conversar conosco quase sem limites. Elas tinham interesses e talentos dos mais variados tipos. Amit-da escrevia coisas fantasticamente engraçadas (poemas, peças, ensaios); Hiswajit-da conhecia livros sobre os quais eu nunca tinha ouvido falar; Bhulu-da cantava lindamente — e fazia outros cantarem de uma forma que transformava um grupo numa comunidade; Mantu-da demonstrava por que a curiosidade genuína sobre os outros pode ser a base da afeição verdadeira; Sunil-da mostrava o lado humanista do pensamento marxista de um jeito notavelmente convincente.

Ao recordar meus tempos de escola, não consigo deixar de sentir que as muitas e diferentes peças se encaixavam tão bem umas nas outras que seria fácil imaginar que foram postas ali por uma espécie de "criação inteligente", um quebra-cabeça formando um todo coerente. Quando as coisas dão tão certo, entendo que a tentação de acreditar numa espécie de agente sobre-humano no mundo seja forte. A cautela surge, no entanto, com a reflexão sobre como a vida de muitos outros — centenas de milhões — dá tão errado quando privações de vários tipos se acumulam. Assim sendo, apesar da minha boa sorte, está claro que não existe aqui nenhuma lição a respeito de algum criador inteligente e bondoso. Esse pensamento me ocorria com frequência nos meus tempos de escola extraordinariamente venturosos.

13

Rabindranath dedicou boa parte da vida a fomentar a educação na Índia e a defendê-la em toda parte. Nada consumia tanto o seu tempo como a escola que tinha fundado em Santiniketan e para a qual estava sempre levantando fundos. Há uma bela história — talvez apócrifa, mas sem dúvida característica — de como ele informou aos outros sobre o Nobel de literatura ao receber o anúncio em novembro de 1913. Aparentemente, ele soube do prêmio por um telegrama que lhe foi entregue numa reunião de um comitê escolar do qual participava, e que discutia o difícil problema de financiar um novo conjunto de bueiros de que a escola necessitava. A notícia de Estocolmo aparentemente foi dada por ele da seguinte forma excêntrica: "O dinheiro dos bueiros acaba de ser encontrado". Mesmo que a história seja falsa, o compromisso que ela sugere é genuíno e Rabindranath com certeza usou o dinheiro do prêmio Nobel para melhorar as instalações em Santiniketan.

A crença na razão e na liberdade determinava a atitude de Tagore diante da vida em geral e da educação em particular, levando-o a afirmar com insistência que a educação em profundidade, e para todos, é o que há de mais importante no desenvolvimento de um país. Em sua avaliação do notável desenvolvimento econômico do Japão, por exemplo, ele destacava o papel imensamente construtivo do bom sistema de educação escolar — análise que encontrou eco muito mais tarde na literatura econômica sobre o desenvolvimento, incluindo a do Banco Mundial e da ONU. Tagore afirmava que "a imponente torre de miséria que hoje está assentada no coração da Índia tem seu único fundamento na ausência de educação".[9] Ainda que possamos fazer ressalvas a esse julgamento, não é difícil entender por que ele acreditava que o papel transformador da educação era essencial para o desenvolvimento econômico e a transformação social.

4. A companhia dos avós

1

Já contei como, dois anos depois de voltar da Birmânia, fui viver em Santiniketan, frequentando a escola e morando com meus avós. Sua cabana, onde nasci, era uma casa modesta, mas charmosa, fornecida pela Visva-Bharati, num setor de casas para professores chamado Gurupalli ("aldeia dos professores"). Tinha uma cozinha, uma sala de jantar e dois dormitórios de cada lado de um escritoriozinho, onde meu avô quase sempre podia ser encontrado quando estava em casa (e não trabalhando, como frequentemente fazia, no andar de cima da biblioteca de Santiniketan). Às vezes ele preferia trabalhar na varanda, sentado no chão, de pernas cruzadas num pequeno tapete de algodão em frente a uma escrivaninha baixa.

Sempre admirei a capacidade que tinha Kshiti Mohan de concentrar-se no trabalho enquanto os netos e os amigos dos netos corriam à sua volta — dentro e fora de casa. Fui o neto que viveu mais tempo com ele e minha avó, mas outros netos apareciam e ficavam meses também. O irmão mais velho de minha mãe, Kankar (ou Kshemendra), àquela altura solteiro, vivia em Calcutá, trabalhando num jornal, o *Hindusthan Standard* (que já não existe). Ia com frequência a Santiniketan, e eu adorava conversar com ele, estimulado por seu bom humor.

As duas irmãs mais velhas de minha mãe tinham, somados, oito filhos, e havia uma multidão flutuante de primos que ficavam conosco na cabana de Gurupalli, em especial durante as férias. Eu era particularmente próximo dos meus primos-irmãos Khokonda (Kalyan), Bacchuda (Somshankar) e Barenda (Barendra), e muito amigo de minhas primas-irmãs também, especialmente de Sunipa (Mejdi), mas também de Reba (Didi), Shyamali (Shejdi), Sushima (Chordi), Ilina e Sumona. Quando Mejdi, minha prima-irmã favorita, já casada, se mudou com o marido para o rural Bihar, onde o sogro trabalhava como médico, eu costumava passar parte das férias de verão com ela e o marido (Kalyan-da, com quem eu tinha conversas muito agradáveis) no belo interior. Desde criança sempre adorei estar no rústico Bihar.

Havia ainda outros primos — Piyali e Dula — que podiam ser encontrados na casa dos pais em Santiniketan durante as férias escolares, juntamente com o irmão Shami. Passei momentos muito agradáveis com eles, e já mais velho me tornei muito próximo de Piyali e Dula. Havia também outros primos que moravam principalmente em Santiniketan, em particular Kajali, Gablu e Tuktuk, e seus irmãos Barenda (já mencionado) e Bratin, que eram excelente companhia. Costumávamos dormir um na casa do outro. Morar com outros, compartilhando dormitórios — e até camas —, era uma característica comum da minha vida. Compreender que minha irmã e eu fazíamos parte de uma grande família integrada causou-nos forte impressão.

O único banheiro da nossa casa em Gurupalli ficava do lado de fora e, dependendo de quantos de nós estávamos lá ao mesmo tempo, entrar na fila era parte regular da vida. Não havia eletricidade, em contraste com nossa casa brilhantemente iluminada em Daca, mas me acostumei a viver — e também a estudar — à luz de lamparinas de querosene. Se em minha vida posterior demonstrei fortes preferências urbanas, talvez fosse por achar que já tinha tido a minha cota de vida rural. Eu gostava da vida na aldeia, mas aos poucos fui me convencendo de que havia alguma coisa a ser dita a favor de livrarias, cafés, cinemas, teatros, acontecimentos musicais e reuniões acadêmicas.

Meu avô acordava todos os dias por volta das quatro da madrugada, quando ainda estava escuro, e, depois de se aprontar, saía para uma longa caminhada. Nas manhãs em que eu também estava acordado (difícil pensar hoje que, naqueles tempos, eu era um madrugador), ele tentava me familiarizar com as estrelas que brilhavam nas primeiras horas — sabia os nomes de todas em sânscrito, e de algumas em inglês também. Eu adorava acompanhá-lo ao romper do dia e achava ótimo saber os nomes das estrelas, mas o mais importante era a oportunidade maravilhosa que me era dada de bombardeá-lo com perguntas. Ele me contava muitas histórias engraçadas sobre sua própria meninice, mas também falávamos de assuntos sérios. Uma caminhada podia se transformar numa aula sobre tópicos como o terrível tratamento dado pela Índia à sua população tribal pré-agrícola, usurpando suas terras (ele conhecia bem a triste história desse processo, incluindo a incapacidade demonstrada por sucessivos governos de construir escolas e hospitais para essa população). Contou-me que Ashoka, um grande imperador budista que reinou sobre quase toda a Índia no século III a.C., manifestou especial preocupação com "a gente da floresta" na Índia já urbanizada, afirmando que o povo das tribos também tinha seus direitos, assim como aqueles que viviam nas cidades grandes e pequenas.

2

Fiquei sabendo que Rabindranath, ele também um madrugador, às vezes visitava meus avós antes de amanhecer — sem avisar, contando com seus hábitos madrugadores. Isso ocorria, claro, muito antes de eu ir morar em Gurupalli, na verdade antes mesmo de eu nascer. Certa ocasião, segundo meu avô, ele chegou sem aviso, pouco antes do amanhecer, num dia em que — inusitadamente — Kshiti Mohan ainda estava dormindo.

Dessa maneira, Rabindranath fez a seguinte pergunta a minha avó (que felizmente estava acordada), num poema composto às pressas, aproveitando o pretexto de que seu nome, Rabi, significava sol, e Kshiti significava terra. Traduzido do bengali, dizia assim:

A alvorada chegou
Rabi [*o sol*] *apareceu*
À porta de Kshiti [*a terra*].
É possível que a terra ainda não esteja acordada?

Didima disse que ficou triste por ter que acordar a "terra" antes que a cativante poesia de Rabindranath continuasse.[1] Gostou de ver os dois saírem para uma caminhada, mas teria preferido que Rabindranath ainda estivesse sentado na varanda completando sua composição espontânea.

3

Em 1944 nos mudamos para uma nova casa que meus avós tinham construído no lado oeste de Santiniketan, em Stipalli — a não mais de quatrocentos metros do campus, no que ainda era uma cidadezinha minúscula. A nova casa de Dadu e Didima, como já mencionei, ficava perto de uma pequena casa chamada Pratichi, que meus pais, ainda em Daca, tinham construído em 1942. Algum tempo depois de nos mudarmos para Stipalli, comecei a dormir e trabalhar na vizinha Pratichi, mas continuei a comer com meus avós.

Apeguei-me a Pratichi, onde eu morava mais ou menos sozinho, a não ser pela companhia de um jovem empregado, Joggeshwar, que se hospedava, em separado, em seu próprio apartamento dentro do terreno da casa. Joggeshwar tinha chegado como um menino novo e faminto do vizinho distrito de Dumka, procurando trabalho e uma renda qualquer, no ano da grande escassez de alimentos de 1943 em Bengala. Não havia nenhuma necessidade especial de um novo empregado em nossa família, mas existia um consenso sobre a necessidade de fazer alguma coisa para ajudar aquele menino saudável de Dumka, e por isso Joggeshwar foi abrigado e alimentado primeiro por minha tia materna Renu, e depois por minha mãe, que o encarregou de cuidar da então desabitada Pratichi — Joggeshwar me disse que amava "ter a casa toda só para ele". Quando me mudei de Gurupalli com meus avós, eu tinha dez anos e Joggeshwar, quinze. E quando, uns dois anos depois, comecei a dormir em Pratichi, Joggeshwar foi incumbido de ficar de olho em mim. Claro, meus avós, na casa ao lado, é que de fato tomavam conta.

Joggershwar morou conosco e trabalhou para nós por quase setenta anos. Ficou muito feliz ao saber que as duas fundações públicas que consegui estabelecer, com a ajuda do dinheiro do Nobel que me foi concedido em 1998 — uma em Bangladesh e outra na Índia — para fomentar a educação primária, a saúde básica e a igualdade de gênero, se chamavam Pratichi Trusts. "Gosto muito dos nomes", me dizia Joggeshwar com um largo sorriso.

Com o tempo, Joggeshwar tornou-se o chefe dos empregados em nossa casa, e mudou-se com meus pais para Delhi e Calcutá quando meu pai se demitiu da Universidade de Daca, em 1945, pouco antes da sangrenta partição da Índia. Quando meu pai finalmente se aposentou do trabalho em Nova Delhi, em 1964, todos eles se estabeleceram em Pratichi — e naquela altura a casa tinha sido ampliada. Arabinda Nandy, que costumava ajudar minha mãe em seu trabalho literário, particularmente na edição de uma revista bengali (*Shreyashi*) que ela havia fundado, também assumiu o trabalho de "administrar" a casa na velhice de minha mãe. Após a morte de meu pai, em 1971, minha mãe continuou morando em Pratichi. Os que trabalhavam para nós — de origem tribal (santal) — àquela altura praticamente já eram membros da família (Rani liderava esse grupo). Minha mãe por fim nos deixou aos 93 anos, em 2005. Pouco antes de morrer, me ordenou com muita firmeza que nenhum dos seis empregados de Pratichi (incluindo os dois encarregados do jardim) fosse demitido, e que cada um recebesse salário integral e cobertura médica completa mesmo quando se aposentassem. Segui suas instruções, e Pratichi ainda fervilha de vida — especialmente depois que uma conexão a cabo para quatrocentos canais foi instalada para que todos se divertissem.

Como gosto muito de — e ainda estou envolvido com — Pratichi, acho maravilhoso ver que, apesar das separações humanas, a casa não é menos vibrante hoje do que nos primeiros tempos. Um dos novos benefícios é o apego dos meus filhos a Pratichi. Isso se aplica a Antara e Nandana, assim como aos mais jovens — Indrani e Kabir —, e é maravilhoso ver que ao longo dos anos eles fazem os planos mais elaborados para estarem lá com frequência. Isso teria deixado minha mãe muito feliz. Voltar lá, ainda que por pouco tempo, como faço agora umas quatro vezes por ano (exceto quando a covid-19 reina absoluta — como no momento em que escrevo), é para mim como dar um mergulho num velho e conhecido rio, ainda que eu entenda a advertência filosófica de que não se toma banho duas vezes na mesma corrente.

Quando eu era menino, as refeições com meus avós na casa ao lado quase sempre duravam muito tempo, em primeiro lugar porque eu adorava conversar com Dadu e Didima. Havia uma variedade quase infinita de assuntos para nossas longas conversas. Em certa fase (acho que eu tinha uns onze anos), Kshiti Mohan, cuja instrução básica era a de um sanscritista, ficou muito interessado em descobrir como a evolução funcionava. Tinha lido alguma coisa — acho que de autoria de J. B. S. Haldane — que pela primeira vez lhe permitiu entender a seleção natural e como até mesmo vantagens minúsculas na sobrevivência acabavam levando uma espécie a dominar outras, se houvesse tempo suficiente para isso. Lembro de ajudá-lo na matemática das taxas de crescimento compostas e ele se divertiu com a magia da função exponencial mais do que eu havia imaginado.

Então surgiu uma questão que o incomodava — a mim também. Embora seja fácil ver que as espécies que se adaptam melhor ao mundo se tornam dominantes e superam as outras numericamente, a competição sem dúvida se restringe às espécies que — por uma razão ou por outra — já existem. A pergunta que nos importava, a meu avô e a mim, era a seguinte: por que, para começo de conversa, elas já estavam ali, podendo entrar na competição entre os mais aptos? Kshiti Mohan não invocaria Deus em sua explicação, pois não achava que era desse jeito competitivo que Deus agia, e eu também não invocava Deus, pois não acreditava que houvesse um Deus organizando corridas de cavalo entre as espécies. Kshiti Mohan disse que precisava entender melhor a questão, e portanto ler mais um pouco. Poucos dias depois, tivemos uma tremenda discussão sobre as mutações e seu papel na seleção natural.

Kshiti Mohan ficou encantado com a ideia de que uma coisa que, a bem dizer, era basicamente acidental (ou seja, que espécies chegariam a existir através da mutação) funcionasse com resultados sistemáticos — e mesmo previsíveis — em relação às vantagens de sobrevivência (quer dizer, quais as espécies que, uma vez existindo, se tornariam dominantes) para acabar produzindo o mundo bem ordenado que encontramos à nossa volta. Eu compartilhava seu encanto pela combinação de causalidade e acaso, e adorava aquela indagação; mas havia também, para mim, um grande prazer em trabalhar com uma pessoa de colossais realizações acadêmicas em outros campos e a qual, devido à sua pouca familiaridade com questões genéticas, estava disposta a entrar numa colaboração intelectual com o neto de onze anos.

4

Numa espécie de comparação ideológica com antigos centros de aprendizagem muito louvados nos Upanishads e nas epopeias *Ramayana* e *Mahabharata*, Santiniketan às vezes era chamada de *ashram*. A instrução nos velhos ashrams da Índia, segundo nos diziam, dava particular ênfase ao fomento da curiosidade, mais do que à excelência competitiva, e esse também era o ponto focal da Escola de Santiniketan. Qualquer atenção especial dada ao desempenho nas provas e nas notas era, como já mencionei, fortemente desencorajada. Isso me levou a ler muitos ensaios de Tagore sobre educação — não apenas seus poemas e contos, como tinha feito antes.

Tagore gostava de discutir suas ideias sobre educação nas assembleias semanais realizadas regularmente nas manhãs de quarta-feira durante o período letivo. Elas ocorriam no chamado Mandir, que pode ser literalmente traduzido do sânscrito como "templo", mas as reuniões não eram cerimônias de nenhuma religião em particular. O Mandir semanal servia como fórum para debates de questões importantes do interesse de toda a comunidade santinikentaniana. Mais tarde eu acharia que a estrutura física do Mandir, com suas paredes de vidro vivamente coloridas e blocos translúcidos de diferentes matizes, lembrava um pouco uma antiga igreja cristã. Havia algumas rezas não específicas de alguma denominação religiosa, mas sobretudo discussões — muito prolixas — de assuntos religiosos e gerais com um viés moral.

Rabindranath costumava conduzir esses eventos, com muitos hinos entremeados às falas. Depois da sua morte, passou a ser dever do meu avô, Kshiti Mohan, conduzir a assembleia e fazer o discurso semanal, como Rabindranath fazia. Não fui aluno de Santiniketan na época de Tagore, apesar de ter sido levado ao Mandir algumas vezes como menino visitante de Daca. Didima adorava contar uma história um tanto constrangedora sobre uma vez em que assisti a uma sessão do Mandir dirigida por Rabindranath. Eu devia ter cinco anos, e fui vigorosamente instruído, antes de ser levado para lá, a não dizer uma palavra sequer durante as funções. "Tem que ficar absolutamente calado — como todo mundo", disse minha avó. Prometi permanecer completamente mudo. Mas no Mandir, logo que Tagore começou a discursar, acho que rompi o silêncio com uma pergunta em voz alta: "Por que aquele homem ali está falando, então?". Dizem que Rabindranath sorriu amavelmente, mas não deu nenhuma explicação que me ajudasse a resolver o mistério.

5

Eu gostava de ouvir meu avô no Mandir semanal, pelo menos de início, mas não sentia nenhuma atração especial por um discurso religioso — ou pelo menos semirreligioso — semanal. Quando eu tinha doze anos, disse ao meu avô que não queria ir regularmente às assembleias no Mandir, pois tinha deveres para fazer. "Imagino, então", respondeu ele (mas não me pareceu particularmente magoado), "que você não gosta dessas discussões no Mandir?" Fiquei calado. Ele acrescentou que tudo bem, mas que eu provavelmente mudaria de ideia quando crescesse. Respondi que religião não me interessava de forma alguma e que não tinha convicções religiosas. Ele disse: "Não há por que ter convicções religiosas enquanto você não for capaz de pensar seriamente por conta própria. Isso virá naturalmente, com o tempo".

Como as convicções religiosas não vieram quando cresci — com a idade, o que houve foi que meu ceticismo amadureceu —, comentei com meu avô, anos depois, que ele talvez estivesse errado, que a religião não tinha chegado a mim com o tempo, apesar de minhas persistentes tentativas de refletir sobre os difíceis problemas que a religião tenta resolver. "Eu não estava errado", respondeu meu avô. "Você enfrentou a questão religiosa, e se colocou, pelo que vejo, na parte ateísta — a Lokayata — do espectro hindu!" Além disso, me deu uma longa lista de tratados ateístas e agnósticos em sânscrito antigo — incluindo os discursos de Charvaka e Jabali no *Ramayana*, e as obras da escola Lokayata em geral. Kshiti Mohan também me recomendou o livro em sânscrito do século XIV *Sarvadarsana Samgraha* ("Coletânea de todas as filosofias"), de Madhavacharya, cujo primeiro capítulo é dedicado a uma abrangente exposição da filosofia ateísta de Lokayata. Devido ao meu entusiasmo pelas leituras em sânscrito na época, passei a me investir naquilo com vontade. Madhavacharya é um dos melhores autores que já li, em seu jeito de demonstrar o alcance do raciocínio, defendendo posições filosóficas alternativas em diferentes capítulos. A defesa do ateísmo e do materialismo no primeiro capítulo do seu livro é uma das melhores exposições desses pontos de vista que conheço.

Kshiti Mohan também chamou a minha atenção para um famoso poema — conhecido como "Hino da criação" — no *Rig Veda*, o mais antigo dos clássicos hindus (datado, provavelmente, de 1500 a.C.). O hino expressa dúvidas profundas sobre qualquer história ortodoxa de como o mundo foi criado:

> Quem é que sabe? Quem poderia proclamar? De onde isto foi produzido? De onde é esta criação? Os deuses vieram depois, com a criação do universo. Quem sabe, portanto, de onde surgiu isto? De onde veio esta criação — talvez tenha se formado sozinha, talvez não — aquele que a olha de cima para baixo, no mais alto dos céus, só ele sabe — ou talvez não saiba.[2]

Fiquei impressionado com a ideia de que análises agnósticas, ou mesmo ateístas, pudessem estar incluídas na compilação do pensamento hindu — apesar de certa frustração também por reconhecer que nessa visão ampla ninguém escapa da religião, nem mesmo um ateísta.

6

Entendi muito bem por que Tagore fez tanta questão de levar meu avô para Santiniketan a fim de ajudá-lo a construir uma nova espécie de instituição educacional. Rabindranath soube de Kshiti Mohan por intermédio de um dos seus distintos colegas, Kali Mohan Ghosh, que já estava em Santiniketan, basicamente para ajudar Tagore em seu trabalho sobre reforma de aldeias e reconstrução rural, além de contribuir para a educação na Escola de Santiniketan. O que Tagore ouviu sobre Kshiti Mohan o impressionou o suficiente para fazer uma espécie de checagem de seus antecedentes. Ficou sabendo da erudição do meu avô, bem como de suas inclinações liberais e do seu profundo envolvimento com as pessoas mais pobres da sociedade, e decidiu que Kshiti tinha que ser convencido a ir para Santiniketan. Escreveu Rabindranath em suas anotações:

> Ainda que seja muito versado nas escrituras e nos escritos clássicos religiosos, suas prioridades são inteiramente liberais. Diz que seu liberalismo vem, igualmente, da leitura das próprias escrituras. Talvez possa influenciar até aqueles que querem usar sua limitada interpretação das escrituras para diminuir — e insultar — o hinduísmo. Quando menos, seria capaz de eliminar a estreiteza da mente dos nossos estudantes.[3]

"Preciso muito de um aliado", disse Rabindranath, em apelo a meu avô numa carta de 24 de fevereiro de 1908, acrescentando (em resposta à sua relutância em mudar-se), "ainda não estou disposto a desistir."[4] Os salários eram muito baixos na Escola de Santiniketan, e Kshiti Mohan tinha uma família grande, que incluía não apenas os próprios filhos, mas também os do irmão mais velho já falecido, Abanimohan: Biren e Dhiren. Em 1907, ele conseguira um bom emprego no reino nativo de Chamba, nos contrafortes do Himalaia, como principal professor da escola de lá. Contava com o caloroso apoio do rei, Bhuri Singh (os dois se davam muito bem), e não queria abrir mão do salário regular que o trabalho lhe garantia. Tagore continuou com seus apelos, dizendo que tomaria providências para que a remuneração de Kshiti Mohan fosse adequada e ele pudesse cumprir suas obrigações de família.

Finalmente, Tagore convenceu meu avô a ir para Santiniketan, onde ele passou mais de cinquenta anos felizes e produtivos — sendo influenciado pela visão de Tagore e, ao mesmo tempo, influenciando as ideias do poeta. Tornaram-se amigos muito próximos. Foi em conversa com Kshiti Mohan que Rabindranath, na manhã seguinte ao famoso jantar literário de 27 de junho de 1912, em Londres, oferecido por W. B. Yeats, que o "lançou" na Europa, disse ter medo de estar sendo promovido por razões inteiramente equivocadas. Voltarei a esse episódio no próximo capítulo.

7

A família de Kshiti Mohan Sen veio da cidadezinha de Sonarang, no distrito de Bikrampur, em Daca, não muito longe de Manikganj, onde minha família paterna teve origem. O pai de Kshiti Mohan, Bhubanmohan, era um médico tradicional do sistema aiurvédico, com uma clientela razoável, mas foi morar em Benares quando se aposentou, levando o filho junto. Jamais ouvi meu avô mencionar o pai, e acho que as relações entre os dois não eram muito estreitas. Fiquei com a impressão de que havia alguma coisa no pai que Kshiti Mohan reprovava — ou que, pelo menos, o entristecia —, mas, apesar de várias tentativas, não consegui descobrir o que era.

Bhubanmohan orgulhava-se, porém, das conquistas acadêmicas do filho e comemorava o brilhante desempenho dele em seus estudos no Queen's College em Benares, onde recebeu o diploma de mestre (formalmente, da Universidade de Allahabad, ao qual o Queen's College era filiado). Mas passou muito mais tempo nos centros tradicionais de educação sânscrita, os Chatushpathis que ainda floresciam na Benares do seu tempo, e mais tarde escreveria sobre as grandes realizações dessa tradição na preservação e no fomento da instrução clássica na Índia, e sobre a tragédia da sua lenta extinção com o advento da modernidade no país. Além disso, recebeu o cobiçado título de *pundit* por sua erudição em sânscrito. É de supor que Bhubanmohan, como o hindu conservador que era, teria aprovado a mestria do filho em sânscrito e em literatura hindu antiga, mas a ampliação radical dos interesses literários e religiosos de Kshiti Mohan o teria consternado — se chegasse ao seu conhecimento.

Na verdade, Bhubanmohan tinha medo de que Kshiti Mohan se tornasse "ocidental" em suas atitudes e convicções e tentou fazer o que pôde para impedir que isso acontecesse. A rigor, o desenvolvimento de Kshiti Mohan ia numa direção totalmente diferente, uma vez que ele se sentia cada vez mais cativado pela beleza e pela força dos poemas e dos hinos dos sufistas muçulmanos, juntamente com a literatura do movimento bhakti hindu. Aprendeu persa, no que foi muito ajudado pelo irmão mais velho, Abanimohan, que conhecia bem a língua.

Aos catorze anos, Kshiti Mohan decidiu aderir à tradição religiosa pluralista de Kabir, o Kabir Panth ("o caminho de Kabir"), que generosamente combinava ideias religiosas hindus e muçulmanas e produziu poemas maravilhosos, recitados e cantados ao longo dos séculos. Embora ingressar no Kabir Panth fosse um ato formal, seu liberalismo permitia a Kshiti Mohan levar a vida com suas próprias prioridades. Kabir nasceu numa família muçulmana em meados do século XV (a data de nascimento geralmente é dada como 1440, mas isso é difícil de tirar a limpo) e recorreu a ideias muçulmanas e hindus, além de tradições literárias. É fácil imaginar que Bhubanmohan não aprovaria nada disso. Mais tarde, Kshiti Mohan escreveu sobre a ironia do que estava acontecendo:

> Para me manter na comunidade conservadora [hindu], vários arranjos rigorosos foram providenciados [a fim de excluir a influência cristã], mas o Deus que governava minha vida teria achado graça. As tentativas de me manter um tradicionalista foram certamente minadas, mas o perigo não vinha dos ingleses.[5]

As prioridades da vida de Kshiti Mohan mudavam à medida que suas convicções evoluíam. Dez anos antes de ir para Chamba em 1897, quando tinha apenas dezessete anos, resolveu viajar pelo norte e pelo oeste da Índia para coletar e compilar poemas e canções de Kabir, Dadu e outros proponentes (santos) de tendências parecidas, que exploravam a religião por conta própria, com respeito tanto pelo pensamento muçulmano como pelo pensamento hindu. Havia imensos territórios a visitar, uma vez que os seguidores de Kabir e dos outros santos se espalhavam por muitas províncias da Índia.[6]

Meu filho se chama Kabir em parte porque as ideias do Kabir histórico me comoviam — e porque sua mãe, Eva Colorni, gostava do nome. Kabir é, claro, um nome muçulmano, e Eva, que era judia, me disse que "é justo que o filho de um pai de origem hindu e uma mãe de origem judia tenha um belo nome muçulmano". Apesar de profundamente envolvido no estudo de Kabir e sua tradição, Kshiti Mohan também estava ciente de que mesmo em sua Bengala natal havia uma rica e viva tradição de interação hindu-muçulmana entre os bauls, cuja filosofia era igualmente ampla, baseando-se em ideias das duas religiões e atraindo seguidores das duas comunidades. Assim sendo, em 1897-8 ele também começou sua procura pelos bauls de Bengala, e por seus poemas e canções.

Essas viagens, e a determinação de Kshiti Mohan de manter abundantes registros, consumiam boa parte do seu tempo. Syed Mujtaba Ali, o grande escritor e erudito bengalês, que era amigo íntimo da família e trabalhou com Kshiti Mohan, disse que meu avô estudava e analisava os textos orais da zona rural que coletava com a "meticulosidade científica" que os eruditos clássicos aplicavam aos textos antigos.[7]

8

Embora Bhubanmohan aparentemente não aprovasse a ampliação dos interesses do filho, Kshiti Mohan contava com o apoio firme da mãe, Dayamayi, e era com ela que mantinha uma estreita relação. Ela o ajudara a levar uma vida independente e a atender a suas próprias prioridades, combinando o sânscrito clássico com tradições rurais religiosas e literárias. Além disso, Dayamayi o apoiava em suas incessantes viagens pela Índia rural em busca da poesia e do cancioneiro folclóricos. Foi ela, também, quem o incentivou a aceitar o convite de Tagore — tinha lido alguns escritos do poeta e comovera-se com sua visão e suas ideias extraordinárias. Bhubanmohan não teria aprovado a mudança para Santiniketan, imagino, mas não consegui convencer meu avô a falar a esse respeito: "Minha mãe me deu muito apoio" era tudo que ele dizia.

Num belo anoitecer em Santiniketan, logo depois do pôr do sol, lembro que Kshiti Mohan perguntou a minha mãe (estávamos todos sentados na varanda): "Você se lembra de minha mãe, sua avó?". Eu devia ter doze anos, minha mãe 33 e Kshiti Mohan, 65. Minha mãe disse que era jovem demais para se lembrar — e até que gostaria. Dadu acrescentou: "Claro, claro, bobagem minha perguntar". E se calou. Era triste pensar que meu velho e sábio avô tinha um desejo nostálgico de recordar-se da mãe, que teria bem mais de cem anos se fosse viva. Naquele anoitecer inesquecivelmente gracioso, foi difícil para um menino de doze anos evitar pensamentos melancólicos sobre a tragédia do tempo que passa.

9

Se a mãe de Kshiti Mohan era tão importante para ele, importante também, e nisso nada havia de surpreendente, era sua esposa, minha Didima. Kiran Bala era a filha mais velha de um engenheiro muito habilidoso e bem-sucedido, Madhusudan Sen. Seus dois irmãos, Atul e Shebak, também se tornaram engenheiros, e eu adorava conversar não só com seus filhos (Kanai, Piki e Nimai), mas também com eles próprios, apesar da diferença de idade. Costumávamos ficar na elegante casa de Atuldada, no sul de Calcutá, quando íamos de Daca para a cidade grande. Minha primeira conversa com Atuldada — eu devia ter seis ou sete anos — foi quando ele consertava seu carro. Estava completamente debaixo do veículo, cercado de ferramentas, mas eu só conseguia ver as pernas estiradas. Eu nunca tivera uma conversa com um par de pernas, mas o rosto oculto debaixo do carro era muito envolvente, e me divertiu e ocupou por mais de uma hora.

Esse lado da minha grande família se interessava muito por coisas técnicas. Atuldada trabalhava numa empresa de engenharia em Calcutá, e Shebakdada era encarregado do abastecimento elétrico de Santiniketan. A irmã mais nova de Kiran Bala, Tuludi, que também morava em Santiniketan, divertia-se comigo propondo-me enigmas matemáticos, e desde os primeiros tempos da minha infância suas visitas a nossa casa eram fonte de grande alegria para mim.

O casamento de Kiran Bala implicou um retrocesso econômico, pois seu pai, Madhusudan, era significativamente mais próspero do que insolvente Kshiti Mohan. Mas ela encarava as coisas práticas da vida com grande eficiência — em meio a consideráveis dificuldades — e eu achava incrível sua constante alegria, apesar de suas múltiplas tarefas. Elas incluíam não só cozinhar e cuidar da casa e dos netos como eu, mas também suas atividades de parteira e os cuidados com a irmã mais jovem Indira, que tinha sofrido danos cerebrais no começo da juventude devido a uma epidemia que a deixou permanentemente incapacitada. Indira vivia conosco, e Kiran Bala tomou conta dela a vida inteira — durante quarenta anos, mais ou menos — dando-lhe banho todas as manhãs, cuidando dela o dia inteiro e até mesmo tentando distraí-la um pouco, na medida do possível. A afeição de Didima por pessoas em dificuldade foi para mim uma extraordinária fonte de inspiração.

Havia também animais — bichos de rua — que recebiam sua atenção. Entre eles, um cachorro sem dono — um vira-lata sem morada fixa — aparecia todos os dias à mesma hora, atrás da comida que Didima lhe dava. Era um acontecimento rotineiro e, estranhamente, no fim da vida de minha avó, o vira-lata ajudou-a de um jeito notável. Um dia, Didima, àquela altura com noventa anos, caiu numa escada ao lado da varanda e ficou inconsciente, num momento em que não havia mais ninguém em casa. O cachorro chegou para comer, viu Didima naquele estado e correu até a casa dos meus pais, no terreno ao lado, onde minha mãe por acaso estava sentada na varanda (na época eu morava em Delhi, e ouvi a história da boca de minha mãe). O cachorro pôs-se a latir para ela, fazendo menção de correr até a casa de Didima, voltando e fazendo de novo a mesma coisa. Depois de algumas tentativas, ele conseguiu deixar minha mãe curiosa e apreensiva, e, indo à casa de Didima, ela a encontrou no chão, deitada ao pé da escada. Didima sobreviveu — por mais seis anos, até os 96 —, mas os médicos disseram que o desfecho talvez tivesse sido bem diferente se o atendimento médico não chegasse logo. O vira-lata foi sem dúvida o herói do dia, mas aqui se trata também de uma fábula, quase uma fábula moral sobre a bondade recompensada — uma bondade que Didima irradiava de maneira abundante.

Dadu dependia de Didima para quase tudo, e os dois tinham uma relação extraordinariamente estreita. Lembro bem que quando Kshiti Mohan chegava do trabalho, lá vinha seu anúncio em voz alta ao entrar no terreno, feito antes mesmo de chegar em casa: "Kiran". Meu avô era um grande missivista, mas talvez nem todos saibam que a grande maioria de suas cartas se destinava à esposa, com quem, ao que parecia, se sentia obrigado a partilhar cada pensamento que lhe ocorresse quando estava longe dela.

Quando o grande artista Nandalal Bose acompanhou meu avô e Tagore em sua viagem oriental à China e ao Japão, em 1924, considerou curioso que Kshiti Mohan usasse quase todo o tempo de folga para escrever cartas a Kiran Bala: era sua "atividade favorita". Nandalal comentou em suas anotações de viagem que Kiran Bala devia viver muito ocupada, lendo as torrentes de cartas que recebia do marido.

O biógrafo de Kshiti Mohan, Pranati Mukhopadhyay, teve acesso a algumas cartas que ele escreveu para Kiran Bala, a começar por uma de 29 de junho de 1902, logo depois do casamento, quando ela foi visitar os pais. Dadu dizia estar maravilhosamente feliz desde que se casou com minha avó. Na primeira carta, Mohan começava dizendo o seguinte: "Se houvesse um termômetro da felicidade, eu poderia lhe explicar como estou feliz!". Lembrei-me recentemente dessa frase quando pensava nos métodos de medição de felicidade que hoje despertam a atenção de pessoas de profissões tão diferentes como meu amigo economista Richard Layard e o monarca filantropo do Butão.

10

A determinação de Rabindranath de fazer meu avô juntar-se a ele na Escola de Santiniketan estava basicamente ligada à erudição clássica de Kshiti Mohan e ao seu domínio de textos em sânscrito e páli, área na qual tinha conhecimentos excepcionais. Alguns dos livros que escreveu enquanto trabalhava no ashram incentivaram profundamente uma interpretação dos clássicos mais liberal do que até então era aceitável. Muitos dos temas sobre os quais escreveu refletiam sua análise das injustiças na sociedade indiana, como as desigualdades de casta e gênero, que costumavam ser respaldadas por interpretações distorcidas de textos clássicos e escriturais. Sua intenção era atenuar esses males por meio de uma leitura mais exaustiva dos textos antigos.

Eu às vezes discutia com Kshiti Mohan, pois estava convencido de que ele se oporia de qualquer maneira a essas desigualdades, ainda que tivessem respaldo escritural. Ele não rebatia esse argumento, mas me disse que "não muda em nada o fato de essas injustiças contarem com o apoio de muita gente influenciada por erudição barata, com interpretação distorcida e seleção tendenciosa de textos antigos". Ele tinha que corrigir essas transgressões intelectuais mesmo concordando que nem só interpretações equivocadas estavam envolvidas nas práticas vigentes. Seus livros meticulosamente pesquisados, como *Jatibhed* ("Distinção de casta"), mostravam que era frágil a base escritural da estratificação de pessoas na prática hindu. *Prachin Bharate Nari* ("Mulheres na Índia antiga") afirmava que liberdades geralmente desfrutadas pelas mulheres na Índia antiga lhes tinham sido gradualmente negadas na Índia medieval e na contemporânea. Em *Bharater Sanskriti* ("As tradições culturais da Índia") mostrou, entre outras coisas, que fontes de diferentes tipos eram usadas na literatura hindu antiga, abrangendo as divisões de religião, casta, classe, gênero e comunidade. Esses escritos baseavam-se fortemente em sua erudição clássica.

Como Tagore esperava, Kshiti Mohan ajudou também a atenuar a austeridade tradicional dos estudos sânscritos à moda antiga no ashram. O que talvez não previsse é que Kshiti Mohan alargaria seu próprio entendimento não só da literatura clássica e escritural, mas também das ideias religiosas populares e, mais importante ainda, da poesia e das canções rurais. Isso tudo vinha dos exaustivos estudos dessas tradições feitos por meu avô, a começar por Kabir e pelas coleções que vinha formando desde seus anos de adolescência. Foi com o forte incentivo de Rabindranath que ele começou a publicar coleções e comentários sobre Kabir, Dadu e outros poetas visionários rurais.

No tocante a Kabir, Kshiti Mohan concentrava-se em versões oralmente sustentadas de seus poemas, que tiveram origem mais de quinhentos anos atrás, e que por vezes sofriam consideráveis variações ao longo dos séculos nas mãos de poetas e cantores do Kabir Panthi. Seu compêndio em quatro volumes, com traduções em bengali de poemas de Kabir em híndi, foi publicado em 1910-1, não muito tempo depois que se mudou para o ashram.[8] Tagore foi muito influenciado não só pela interpretação liberal e leniente do hinduísmo por Kshiti Mohan, que enfatizava suas interações mais criativas do que destrutivas com outras grandes religiões, em particular o Islã, mas também pela atenção dada por Kshiti Mohan às ideias sofisticadas de poetas rurais tidos como pouco sofisticados.

A simplicidade e o alcance notáveis dessa poesia antiga, mas viva, que representava uma ponte importante entre o movimento hindu Bhakti e a tradição sufista islâmica, comoviam profundamente Tagore. Ele produziu, com a ajuda de Evely Underhill, traduções inglesas de "cem poemas de Kabir" tirados da coletânea de Kshiti Mohan.[9] Esses textos foram publicados em 1915, dois anos depois que Tagore recebeu o prêmio Nobel de Literatura. Ezra Pound envolveu-se em outra tradução inglesa de poemas de Kabir, também baseada na coletânea de Kshiti Mohan. Ainda que parte dessas traduções tenha sido publicada,[10] a obra mais completa e ambiciosa que Pound tinha em mente jamais foi concluída e divulgada.[11]

11

Questões foram levantadas por certos críticos sobre a versão de Kshiti Mohan dos poemas de Kabir, que nem sempre bate com a redação exata de outras versões, e esse assunto já provocava interesse acadêmico quando eu estava terminando meus estudos em Santiniketan. Eu tinha visto o comentário de Kshiti Mohan sobre isso na introdução a outro livro seu, sobre os poemas de Dadu, outro santo rural — do século XVI — que era seguidor de Kabir e que, como ele, juntou tradições hindus e muçulmanas. Naquele livro, publicado em 1935, meu avô se referiu à crítica de que em sua coletânea de Kabir ele não se limitava às versões impressas dos poemas, intituladas *Bijak*. Dizia, em resposta, que, se tivessem lido a introdução do seu livro sobre Kabir, esses críticos teriam visto a explicação de que seu principal objetivo era apresentar ao público as tradições ainda oralmente ativas entre as massas rurais da Índia. Ele incluiu muitos dos poemas de *Bijak*, mas preferiu ir além.

Senti-me atraído pelo debate, e achava que Kshiti Mohan tinha sido motivado, pelo menos em parte, por sua preocupação com o domínio das elites urbanas na interpretação da cultura indiana, assunto sobre o qual tínhamos frequentes discussões à mesa de jantar. Perguntei-lhe a esse respeito. Kshiti Mohan concordou, mas me disse também que não havia nada de surpreendente no fato de existirem variações entre diferentes versões dos poemas. Kabir não tinha, ele próprio, anotado nenhum dos poemas e, como compilador, Kshiti Mohan achava correto dar precedência aos poemas recitados ou cantados na prática oral contemporânea. Outros compiladores geralmente preferiam usar versões registradas por escrito nesse ou naquele momento, supostamente baseadas em versões orais correntes numa época anterior. O surpreendente em todo esse debate não era, me disse ele, a existência de versões diferentes de poemas de um poeta oral que viveu séculos atrás, uma vez que a multiplicidade de versões é uma característica da poesia oral tradicional, mas a insistência de muitos compiladores em adotar apenas "versões congeladas em letra de fôrma" (disse isso com um sorriso), "em vez de abrir espaço para as tradições vivas da prática contínua". Na minha opinião, Kshiti Mohan, na verdade, tinha explicado tudo isso com algum detalhe na introdução a sua coletânea original de poemas de Kabir em 1910-1:

> Desde que eu era menino, os "Santos" com os quais me familiarizei em Kashi (Benaris) e outros lugares de peregrinação incluíam Kabir, e ouvi suas comunicações claramente. Mais tarde colecionei todas as canções de Kabir de diferentes partes da Índia, incluindo todas as versões publicadas das canções de Kabir... Das minhas diferentes leituras, escolhi aquelas que estavam mais de acordo com o que era cantado pelos praticantes, e que para eles e para mim pareciam fiéis à tradição. Nem preciso dizer que entre os vários conselhos que recebi tive que fazer escolhas [usando meu próprio discernimento]. Os sadhakas costumam enunciar coisas apropriadas à sua própria época. E os mesmos poemas têm versões diferentes, que só podiam ser entendidas facilmente na época em que eles foram compostos. Precisei anotar todas essas preocupações quando preparava minha coletânea editada dos poemas de Kabir. Espero algum dia publicar uma coletânea completa de todas as versões dos poemas de Kabir.[12]

O mais importante a ser notado aqui não é apenas o fato de que havia diferentes versões das canções de Kabir circulando simultaneamente (de tal maneira que não faz sentido reivindicar a autenticidade única dessa ou daquela versão), mas também de que Kshiti Mohan dava prioridade, de modo consistente, ao que ainda vivia na tradição ativa de recitação e canto entre os seguidores de Kabir, quase sempre oriundos das camadas inferiores da sociedade indiana, e que ele mesmo tinha ouvido, recitado ou cantado por praticantes. Nisso, Kshiti Mohan tinha muita coisa em comum com o que ficou conhecido como "estudos subalternos". Há notáveis semelhanças entre o que ouvi de meu avô sobre o tendencioso descaso em nossa sociedade elitista e o que os teóricos pioneiros dos estudos subalternos, a começar por Ranajit Guha, nos diriam sobre o descaso tradicional na vida e nas ideias de pessoas situadas nas camadas inferiores da sociedade.[13]

A insistência de Kshiti Mohan em dar preferência, sempre que possível, às tradições orais vivas do povo da zona rural, quase sempre pertencente às partes mais pobres da sociedade, era algo que lhe parecia um dever literário, e incluía um senso de justiça. Mas era além disso, segundo ele, a melhor maneira de compreender a criatividade de Kabir, Dadu e outros, também poetas orais, tentando refletir a compreensão da gente comum. Essa prioridade exercia apelo particular sobre Rabindranath e, por intermédio dele, sobre numerosos intelectuais no exterior. Romain Rolland, o escritor francês, por exemplo, escreveu para Tagore em 30 de dezembro de 1923 dizendo-se profundamente impressionado com a obra de Kshiti Mohan sobre "esse maravilhoso Dadu, cuja personalidade me atrai".[14]

No entanto, Tagore também enfrentaria críticas do mesmo setor que se mostrou impaciente com as seleções populares de Kshiti Mohan. Havia, certamente, uma tendência elitista a restringir o acesso a Kabir às classes urbanas e instruídas, e a rejeitar a possibilidade de que poetas rurais pudessem ter tido a sofisticação de dizer coisas tão inteligentes, como Kshiti Mohan e Rabindranath alegavam.[15] Isso também provocou certa controvérsia em meus tempos de escola, e chegamos a discutir as questões envolvidas, em particular a do elitismo e a do preconceito urbano, assim como a preferência exclusiva que tantos estudiosos demonstravam pela palavra escrita, rejeitando a tradição viva da poesia oral entre os moradores da zona rural.

Um grande erudito híndi, que lecionava em Santiniketan, Hazari Prasad Dwivedi, que tive o privilégio de conhecer bem, saiu em defesa de Kshiti Mohan. Ao fazê-lo, afirmou sua própria crença na sofisticação de poetas rurais dedicados, por mais que sua criatividade fosse desprezada pela elite urbana. Dwivedi reprovava particularmente os que tinham dificuldade em aceitar que pessoas comuns pudessem ter pensamentos sofisticados: chamava esses críticos *mahatmas* — mas não, é preciso explicar, por respeito. Ele rejeitava o diagnóstico de inautenticidade da coletânea de Kshiti Mohan, em particular o forçado argumento de que esses poemas eram sofisticados demais para terem vindo de santos humildes da Índia rural. Em seu próprio — e definitivo — livro sobre Kabir, publicado em 1942, Dwivedi reproduziu cem poemas de Kabir tirados diretamente da coletânea de Kshiti Mohan, por ele descrita nos seguintes termos:

> *Kabir Ke Pad*, editada por Kshiti Mohan Sen, é um novo tipo de obra. Ele coletou os versos que ouviu diretamente através das canções dos seguidores [de Kabir]... as mensagens subjacentes trazem o selo da autenticidade. Apesar disso, alguns "mahatmas", guiados por interesse próprio e egoísmo, tentaram minimizar a profundidade e a importância do livro [de Kshiti Mohsan].[16]

12

Se um dos motivos do envolvimento de Kshiti Mohan com a poesia oral de Kabir, Dadu e os bauls era o desejo de fazer justiça à riqueza da literatura popular da Índia, com frequência negligenciada pelo preconceito elitista, outro motivo era seu grande empenho em traçar a longa história das interações entre tradições hindus e muçulmanas na Índia. Mais tarde ele escreveu especificamente sobre esse assunto em vários tratados, principalmente em seu aclamado livro em bengali *Bharather Hindu-Mushalmaner Jukta Sadhana* ("As buscas conjuntas de hindus e muçulmanos na Índia"), que veio à luz no fim dos anos 1940, quando a tensão e os confrontos entre hindus e muçulmanos cresciam em toda parte. O livro adota uma posição desafiadora, oposta ao estímulo organizado à violência contra outras comunidades, mas oposta também à prioridade intelectual dada a histórias separatistas de hindus e muçulmanos. Apresenta um relato abrangente da amplitude e da criatividade das interações entre ambos os grupos religiosos, em especial entre as pessoas comuns. Também mostra que muito se perde da rica história da Índia se as grandes religiões do país são vistas como ilhas isoladas e cercadas de águas inavegáveis, ou pior ainda — como ilhas de inimigos agressivos empenhados em atacar uns aos outros. Voltarei a minhas lembranças desses incitamentos e das teorias que os justificavam mais adiante (capítulo 8).

Kshiti Mohan entendia que — diferentemente do que alegavam muitos teóricos hindus sectários — o hinduísmo tinha sido significativamente enriquecido pela influência da cultura e do pensamento muçulmanos. Essa tese, sem dúvida heterodoxa, também encontrou forte expressão em seu livro em inglês sobre o hinduísmo, originalmente publicado pela Penguin Books em 1961 e reeditado muitas vezes desde então.[17] Quando Kshiti Mohan me disse no começo dos anos de 1950 que estava preparando esse livro, que gostaria que fosse curto e acessível a todos, confesso que fiquei surpreso. A surpresa não foi porque eu duvidasse dos seus fantásticos conhecimentos sobre o assunto, ou do seu domínio do imenso volume da literatura hindu, nem do grande sucesso dos seus muitos tratados, em bengali e híndi (e em guzerate). Mas Kshiti Mohan tinha adquirido sua instrução basicamente nos centros sânscritos tradicionais de aprendizado em Benares, e seu conhecimento do inglês era extremamente limitado. Por que, perguntava eu, a Penguin lhe pedira para escrever um livro em inglês?

Minhas perguntas levaram Kshiti Mohan a entregar-me sua correspondência com a Penguin, e ficou claro para mim que outro erudito, Sarvepalli Radhakrishnan (professor Spalding de religiões orientais e ética de Oxford, e mais tarde presidente da Índia), tinha sugerido à Penguin que procurasse Kshiti Mohan, por causa do seu domínio excepcional do assunto. Mas Radhakrishnan também tinha dito ao editor que precisavam conseguir um tradutor capaz de criar uma versão inglesa do que Sen ia escrever em bengali ou híndi — quem sabe sânscrito. Por isso a Penguin pediu a Kshiti Mohan que arranjasse um tradutor, e ele passou a tarefa a um amigo seu em Santiniketan, o dr. Sisir Kumar Ghosh. De certa maneira, a tradução de Ghosh era bem decente, mas havia problemas editoriais e estilísticos, que fizeram a Penguin relutar em seguir adiante, apesar de seus editores terem o texto nas mãos durante anos. Dessa maneira, o manuscrito ficou juntando poeira nos escritórios da Penguin Books (se é que a Penguin permite o acúmulo de poeira em seus escritórios), e quando, no fim dos anos de 1950, eu, já em Cambridge, quis saber o que estava acontecendo, eles imediatamente propuseram que eu cuidasse da versão inglesa, baseada no texto em bengali. Consultei meu avô, e ele disse que meu envolvimento seria muito bem-vindo, mas gostaria de revisar o texto, em parte porque já se passara um bom tempo.

Foi assim que me vi — um cientista social ateu — ativamente envolvido na produção de um livro sobre hinduísmo em inglês, com base no esplêndido texto em bengali de Kshiti Mohan. A tradução em inglês avançava, juntamente com a edição, sob as firmes instruções do meu avô, mas ele morreu de repente, depois de uma breve doença, em 1960, e tive que cuidar da impressão do livro. Quando foi publicado pela Penguin no ano seguinte, lembro de pensar que Kshiti Mohan teria ficado muito satisfeito de ver que todas as suas instruções tinham sido seguidas.

Das muitas características inovadoras do livro, a que eu gostaria de comentar rapidamente aqui é a interpretação das tradições hindus por Kshiti Mohan, em particular sua avaliação da influência do pensamento islâmico, em especial da tradição sufista, sobre o pensamento hindu. Sua ênfase nessas influências mutuamente benéficas entre as tradições hindu e muçulmana na Índia já era relevante quando o livro foi escrito, mas se tornou infinitamente mais importante ao longo das décadas, por causa da insistência em interpretações agressivas e limitadas do hinduísmo na política contemporânea do sul da Ásia.

O livro baseava-se no que Tagore tinha considerado o "aparentemente infinito cabedal de conhecimento sobre a cultura e a religião indianas" de Kshiti Mohan. Ele invocava um conjunto maior de textos, bem como a literatura oral, afirmando com insistência que não podemos ignorar as características receptivas e pluralistas na história das religiões indianas, por mais distantes que pudessem estar das interpretações intolerantes e austeras defendidas por advogados combativos de diferentes lados da linha divisória. Kshiti Mohan ressaltava que sua "fervorosa preocupação com o presente levou muitos indianos a ignorar essas influências [do Islã], mas um estudo objetivo da evolução da tradição hindu precisa levar em conta a influência criativa dessa grande religião".

Quando cheguei a Santiniketan, ainda antes de completar oito anos, para morar com meus avós, eu não fazia ideia, claro, de que minha vida — na casa de Dadu e Didima e na escola — seria tão absorvente. Mas a felicidade que senti na minha primeira noite, em outubro de 1941, sentado num banquinho na cozinha, conversando com minha avó enquanto ela cozinhava, não era ilusória. Foi um momento de encanto, um prenúncio dos anos mágicos que viriam.

5. Um mundo de discussões

1

Houve um forte terremoto em Bihar — não muito longe de Santiniketan — às duas da tarde de 15 de janeiro de 1934. Eu tinha pouco mais de dois meses, ainda na casa dos avós maternos onde nasci. No momento do terremoto, eu estava deitado no que os bengaleses chamam de *dolna* — uma espécie de rede — pendurada numa árvore perto da casa. Quando as ondas do terremoto atingiram Santiniketan, houve muito tremor. Não estávamos longe do epicentro. Didima saiu, nervosa, à minha procura, sem saber direito onde minha mãe tinha me deixado quando se ausentou por alguns minutos. E então Didima escutou gargalhadas vindas da *dolna*, onde eu agitava as mãos, feliz da vida, enquanto ela balançava. Claro que não lembro nada disso, mas Didima me contou depois: "Sem a menor dúvida, o terremoto lhe deu a melhor experiência da sua vida".

Apesar do cenário benigno em Santiniketan, onde não houve vítimas, não muito longe de lá ocorreu uma imensa tragédia. O terremoto, que alcançou 8,4 na escala Richter, causou devastação em Bihar, pondo abaixo os distritos de Muzaffarpur e Munger, matando cerca de 30 mil pessoas e arruinando a vida de centenas de milhares. Enquanto Tagore e outros manifestavam profundo pesar e solidariedade, e se puseram imediatamente a organizar atividades de socorro, o Mahatma Gandhi não só aderiu aos esforços como também aproveitou para fazer uma declaração qualificando o terremoto como uma punição de Deus contra a Índia pelo pecado da intocabilidade. Gandhiji estava, claro, profundamente envolvido na luta contra a intocabilidade e resolveu usar o terremoto como poderoso argumento em sua guerra total contra o horrível sistema de castas. "Um homem como eu", disse Gandhiji, "não pode deixar de crer que o terremoto é um castigo divino, enviado por Deus, por nossos pecados." E acrescentou: "Para mim existe uma conexão vital entre a calamidade de Bihar e a campanha contra a intocabilidade".

Como era de prever, Rabindranath ficou furioso. Ele estava igualmente empenhado na eliminação da intocabilidade e se juntara a Gandhiji de todo o coração no movimento anti-intocabilidade, mas ficou horrorizado com a interpretação dada por Gandhi a um fenômeno natural que causava intenso sofrimento e morte a centenas de milhares de inocentes — incluindo crianças e bebês. Odiava, também, a epistemologia que vê um terremoto como fenômeno ético. "Mais lamentável ainda é que esse tipo de visão não científica de um fenômeno é logo aceito por grande parte dos nossos compatriotas", lamentou ele, em carta a Gandhi.

No diálogo que se seguiu, Tagore se disse muito triste por Gandhi ter vinculado "princípios éticos a um fenômeno cósmico". Além disso, queria saber, se Gandhi estivesse certo, por que tantas atrocidades tinham ocorrido no passado sem provocar catástrofes naturais:

> Embora seja impossível indicar qualquer período da história humana livre de perversidades do pior tipo, ainda assim vemos cidadelas de malevolência não abaladas, que as fábricas que prosperam cruelmente à custa da abjeta pobreza e da ignorância dos agricultores famintos, ou que prisões em todas as partes do mundo onde existe um sistema penal, com frequência uma forma especial de criminalidade autorizada, ainda aguentam firmes. Isso mostra apenas que a lei da gravitação não responde, de forma alguma, à estupenda carga de insensibilidade que se acumula até que os alicerces morais da nossa sociedade comecem a apresentar perigosas rachaduras e civilizações sejam minadas.[1]

Em resposta, Gandhi reiterou sua convicção de que "para mim o terremoto não foi capricho de Deus, nem o resultado do choque de forças cegas".

Tagore teria concordado de imediato quando Gandhi lhe escreveu: "Talvez tenhamos deparado com uma diferença fundamental". Havia uma diferença inconciliável entre os dois em ciência e ética. A carta de Gandhi trazia a data de 2 de fevereiro de 1934. No mesmo dia, num artigo para o jornal *Harijan*, ele afirmou que evitaria ser arrastado a uma disputa racionalista sobre sua posição: "Não me afetam charadas como 'por que punição para um pecado tão antigo' ou 'por que punição para Bihar e não para o sul [onde a prática da intocabilidade tinha sido muito mais forte], ou 'por que um terremoto e não outro tipo de castigo'. Minha resposta é: eu não sou Deus".[2] Quando li esse artigo no *Harijan* anos depois, duvidei que Gandhiji pudesse de fato ter parado ali, pois sem dúvida estava também dizendo ao mundo o que Deus pretendia com aquele terremoto. Parecia fazer distinção entre diferentes tipos de perguntas — algumas das quais poderia responder em nome de Deus, mas outras teria que deixar para Deus responder. Passei um bom tempo pensando no jeito de Gandhi categorizar as perguntas, querendo entender como sua cabeça funcionava.

Embora continuasse discordando de Gandhiji, Tagore devia simpatizar profundamente com ele no nível pessoal, sobretudo porque, como disse Gandhi em outra carta para ele, "meus comentários sobre a calamidade em Bihar são um bom pretexto para me desancarem".[3] Na verdade, quando as críticas a Gandhiji subiram de tom em toda a Índia (entre outros, Jawaharlal Nehru divulgou um forte protesto), Tagore sentiu-se obrigado a lembrar às pessoas que Gandhi carregava "a grandeza consigo". Mas suas atitudes para com a ciência e a permissibilidade de dar explicações morais para calamidades físicas — mesmo a serviço da melhor das causas — continuaram a separá-los.

Outra diferença significativa entre os dois era a proposta de Gandhiji de que todos usassem a *charka* — a primitiva roda de fiar — trinta minutos por dia. Para ele, fiar com a *charka* era uma das fundações de sua economia alternativa, e um método de elevação pessoal. Tagore discordava totalmente, e não achava grande coisa a versão de alternativa econômica de Gandhi. Na verdade, via razões para comemorar, com algumas restrições, o papel libertador da tecnologia moderna na redução da labuta humana, bem como da pobreza. Além disso, tinha profundas dúvidas sobre o argumento de que a fiação assídua com uma máquina primitiva eleva a mente. "A *charka* não exige que ninguém pense", disse a Gandhiji. "A pessoa simplesmente gira sem parar a roda dessa invenção antiquada, usando um mínimo de discernimento e energia."

Em meus anos de formação, a *charka* estava se tornando um enorme símbolo da atitude indiana para com o progresso humano, tal como interpretado por Gandhi. Incentivado por amigos gandhianos (eu tinha muitos), tentei fiar algumas vezes para sentir como era. Dizer que eu me entediava com o giro aparentemente infinito de uma roda seria verdadeiro, mas não totalmente adequado, pois eu me perguntava como era possível que alguém tão grande como Gandhiji atribuísse tanto valor a uma atividade extraordinariamente mecânica, repetitiva e estúpida. Também me perguntava como era possível que ele insistisse tanto em submeter as pessoas a um trabalho tão fatigante, que podia ser evitado com o uso de simples inovações técnicas. Uma modesta alteração tecnológica tornaria as pessoas mais produtivas e mais satisfeitas, além de, para adotar o argumento de Rabindranath, lhes dar mais tempo para realmente pensar.

2

As controvérsias entre os dois grandes líderes da Índia não paravam de surgir em nossos tempos de escola em Santiniketan. Por trás do debate sobre o terremoto havia duas questões importantes: o lugar da ciência na compreensão de fenômenos naturais e o uso tático de disparates científicos para promover uma grande causa. Além das discussões ocasionais sobre essas questões, lembro-me com vivacidade das agudas diferenças de argumentação entre os colegas nas longas noites já perto do fim do ano letivo em Santiniketan.

Rabindranath e Gandhiji tinham preocupações bem diferentes nos argumentos que costumavam apresentar um ao outro. Em consequência da sua desconfiança na ciência moderna, Gandhiji era em certo sentido bastante hostil à medicina moderna também. Naquela época meus amigos e eu estávamos muito envolvidos nas coisas que fazíamos em nosso primitivo laboratório — coisas simples, que nos apresentavam "as leis da natureza" — e além disso líamos bastante sobre avanços na ciência e na medicina (um deles — o uso médico da radiação — salvaria minha vida um ano depois que saí de Santiniketan). Em diferentes graus, estávamos perplexos com o rumo aparentemente tomado pelo raciocínio de Gandhiji, e ficávamos substancialmente do lado de Tagore nessa divisão. Eu julgava estar defendendo o raciocínio científico — e isso parecia importante.

3

Devo dizer, no entanto, que a unanimidade em Santiniketan me incomodava, pois parecia a atitude previsivelmente conformista de alunos que estudavam na "escola de Tagore". Foi em parte por medo do conformismo que fiquei tão feliz quando Gandhiji disse algumas coisas contra o pensamento oficial de Santiniketan, em sua visita ao campus em 1945. Sobre a defesa gandhiana da *charka*, eu me perguntava se haveria nisso uma conexão importante que não percebíamos.

É bem possível que nós, em nosso jeito jovem de pensar, estivéssemos sendo injustos com Gandhiji — e que Rabindranath também estivesse. Executar as tarefas manuais que os operários executam constantemente talvez tivesse, para Gandhiji, a virtude de reconhecer uma comunhão com os menos favorecidos da sociedade, o que poderia ser importante. O pensamento de comunhão — o sentimento de estar "com" outros menos favorecidos do que nós — pode, sem dúvida, ter ampla repercussão. Fiquei surpreso — mas também muito interessado — quando descobri mais tarde (depois que cheguei ao Trinity College, em Cambridge) que Ludwig Wittgenstein ficou profundamente obcecado com a ideia de seguir o estilo de vida dos trabalhadores manuais. Falava muito sobre isso, em particular com seu amigo (mais tarde meu professor) Piero Sraffa.

As convicções sociais de Wittgenstein combinavam um anseio sentimental da vida árdua do trabalhador manual com a esperança — mais do que um pouco excêntrica — de que a revolução dos operários levasse a um repúdio da "adoração da ciência", que ele via como uma influência corruptora na vida contemporânea, e aqui também havia similaridade com Gandhi. Comparar Wittgenstein a Gandhi pode parecer estranho, especialmente levando em conta o envolvimento do primeiro com a lógica e os fundamentos da matemática, e as prioridades espirituais do último. No entanto havia alguma coisa que os dois compartilhavam. Isso me chamou a atenção pela primeira vez quando li artigos de Wittgenstein na biblioteca Wren, na Trinity.

Mais tarde, também, percebi que minha impressão inicial — de que Gandhiji estivesse apenas confundindo as demandas da escolha racional com algum tipo de romance desarrazoado de comunhão hipotética com os desfavorecidos da sociedade — era por demais ingênua. À medida que amadurecia, comecei a achar que havia muito mais coisas nas divergências entre os dois líderes do pensamento na Índia, e ficava frustrado por não conseguir de fato compreender o que dava à posição gandhiana a força que ela evidentemente tinha. Apesar de continuar muito cético quanto à prioridade sentimental que Gandhiji e Wittgenstein pareciam compartilhar, comecei a ter sérias dúvidas sobre a minha convicção inicial de que o lado de Gandhi era totalmente indefensável.

4

Quando eu terminava meus estudos em Santiniketan, os ventos da mudança na Índia sopravam fortemente na direção da política de esquerda. Isso teve importância especial em Bengala, tanto antes como depois da partição, em 1947. Um elemento significativo da causa esquerdista que muito influenciou os intelectuais indianos era o reconhecimento do êxito da União Soviética em estender a educação escolar por todo o seu vasto território, até mesmo em países asiáticos onde a educação estava muito atrasada. E, no elogio de Tagore à União Soviética, essa ampliação educacional tinha grande peso.

Tagore visitou a União Soviética em 1930 e ficou muito bem impressionado com seus esforços desenvolvimentistas, em especial com o que lhe pareceu um empenho real em eliminar a pobreza e a desigualdade econômica. O que mais o impressionou, no entanto, foi a expansão da educação básica em todo o antigo Império Russo. Em *Russiar Chithi* ("Cartas da Rússia"), publicado em bengali em 1931, ele censurou o governo indiano britânico pela incapacidade de combater o analfabetismo generalizado na Índia, em contraste com os esforços da União Soviética para dar educação a todos:

> Ao pisar em solo russo, a primeira coisa que me chamou a atenção foi que na educação, os camponeses e as classes trabalhadoras fizeram nesses poucos anos

> um progresso tão grande que nada parecido ocorreu nem mesmo em nossas classes mais altas nos últimos cento e cinquenta anos... Aqui as pessoas não têm medo de dar educação completa nem mesmo aos turcomanos na distante Ásia; pelo contrário, são absolutamente sérias a esse respeito.[4]

Os governantes britânicos ficaram tão aborrecidos com essa comparação que a tradução parcial do livro do bengali para o inglês em 1934 foi imediatamente proscrita. Só haveria uma versão inglesa das *Cartas da Rússia* depois que a Índia se tornou independente da Grã-Bretanha em 1947. Eu tinha o livro em bengali na íntegra em meu pequeno canto de estudos em Santiniketan, mas minhas tentativas de conseguir um exemplar da proscrita versão inglesa não tiveram êxito. A esquerda, como era de esperar, usava os argumentos de Tagore como um endosso das políticas soviéticas de educação e como uma forte acusação contra o lamentável histórico do Raj em educação pública — coisa que de fato era verdade.

O endosso de Tagore à União Soviética incluía importantes restrições. Ele dava notas altas em expansão educacional, mas notas muito baixas em liberdade política. Meu tio materno Kshemendra Mohan — conhecido entre nós como Kankarmama —, que era socialista, mas razoavelmente anticomunista, me disse que Tagore ficou chateado por não terem publicado uma entrevista que deu na Rússia, criticando a proibição da dissidência na União Soviética. Não entendi direito como Kankarmama soube disso, mas bem mais tarde, ao investigar essa história, descobri que ele estava absolutamente certo. Na verdade, como Krishna Dutta e Andrew Robinson informam em sua bem pesquisada biografia de Tagore, o poeta visitante deu uma entrevista ao *Izvestia* em 1930 que eles se recusaram a publicar.[5] Acabaram publicando, é verdade, mas quase seis décadas depois, em 1988, após muitas mudanças políticas e as reformas de Mikhail Gorbachev.

No entanto, as dúvidas e perguntas que Rabindranath levantou na entrevista ao *Izvestia* chegaram de alguma forma às páginas do *Manchester Guardian* duas semanas depois que foi concedida:

> Não posso deixar de fazer-lhes esta pergunta: Os senhores acham que estão prestando um serviço ao seu ideal ao provocarem, na mente daqueles que estão sob a tutela de sua raiva, o ódio entre as classes e o sentimento de vingança contra

> aqueles que os senhores consideram inimigos?... A liberdade mental é necessária para a aceitação da verdade; o terror a destrói irremediavelmente... Espero, pelo bem da humanidade, que os senhores jamais criem uma força implacável de brutalidade que venha a forjar uma corrente interminável de violência e crueldade... Os senhores tentaram destruir muitos dos outros males do período [tsarista]... Por que não tentam destruir este também?[6]

Tagore queria educação para todos, mas também liberdade de pensar, de discordar, de discutir, de pôr em dúvida. Nem a União Soviética, nem, é claro, o Raj britânico na Índia, poderiam corresponder a suas esperanças e atender a suas exigências. Nem mesmo, como logo descobriu, o Japão, particularmente quando passou a ocupar e administrar mal outros países asiáticos. O pessimismo de Tagore sobre o mundo encontrou eloquente expressão em seu último discurso público, "Crise na civilização", em abril de 1941.

5

Estaria Rabindranath exagerando na prioridade que dava ao raciocínio e à liberdade? Certamente, sua relutância em levar a sério Gandhiji no mundo dos argumentos racionais tinha como base sua suposição de que seu interlocutor simplesmente ignorava o raciocínio crítico (o reconhecimento da "grandeza" de Gandhiji era insuficiente para atenuar essa forte acusação). Mas se Tagore defendia a precedência absoluta da razão, é difícil entender como e por que dava a impressão, a muitos observadores argutos na Europa e nos Estados Unidos, de ser exatamente o contrário: um defensor da fé cega com uma queda para o embuste, mais do que para a clareza. Como interpretar essa estranha inversão na opinião sobre Tagore?[7]

Nos anos 1960, um amigo muito próximo, Nimai Chatterji, que eu conhecia desde os tempos de Santiniketan, escreveu de sua casa em Londres (onde então trabalhava no Alto-Comissariado Indiano) uma série de cartas para baluartes literários da época, perguntando o que pensavam de Tagore. Para minha surpresa, a maioria não só respondeu, como respondeu longamente. Embora alguns (como Henry Miller) expressassem contínua admiração, outros — de Lionel Trilling a T.S. Eliot — manifestaram desdém ou se disseram muito desapontados, após uma grande admiração inicial que agora lhes parecia equivocada. O suposto misticismo de Tagore e seu suposto repúdio da razão eram os motivos mais comuns de crítica, juntamente com uma suposta falta de mérito literário em seus escritos.

Um bom exemplo da natureza da incompreensão da atitude de Tagore para com a razão e a racionalidade pode ser visto nas cartas de Bertrand Russel para Nimai Chatterji.[8] Numa missiva muito franca de 1963, Russel escreveu o seguinte:

> Lembro do encontro [com Tagore] sobre o qual Lowes Dickinson escreve apenas em termos vagos. Houve uma ocasião anterior, a primeira, quando conheci Tagore, em que ele foi trazido à minha casa por Robert Trevelyan e Lowes Dickinson. Confesso que seu ar místico não me atraiu e lembro desejar que ele fosse mais direto... Sua intensidade era prejudicada pelo egocentrismo. Naturalmente, suas opiniões místicas eram decretos, sendo impossível argumentar.

Numa segunda carta, quatro anos depois, Russel foi ainda mais severo em sua denúncia do que acreditava ser a aversão de Tagore à razão — acrescentando, de passagem, uma generalizaçãozinha sobre aquilo que considerava uma tolice comum a muitos indianos: "Sua conversa sobre o infinito é um nebuloso disparate. O tipo de linguagem admirado por muitos indianos infelizmente não significa absolutamente nada".[9]

6

Há certamente um mistério aqui. Por que Tagore, tão obcecado pela prioridade da razão, dá a impressão de ser justamente o contrário para alguns dos intelectuais mais importantes da Europa e dos Estados Unidos? Para compreender o que se passa aqui, especialmente na avaliação de Tagore por Russell, temos que levar em conta três fatores, sendo que apenas um deles diz respeito, em específico, a Bertrand Russell — sua propensão a rejeitar o que não lhe parece claro de imediato. Rabindranath foi vítima desse hábito nas reações de Russell, mas nisso não se saiu pior do que, por exemplo, Nietzsche, caracterizado de forma muito peculiar na *História da filosofia ocidental*, de

Russell.[10] Desde os meus tempos de faculdade tenho a maior admiração pelos escritos deste filósofo, mas fiquei horrorizado quando li a conversa imaginária entre Nietzsche e Buda inventada por ele, para mostrar a estupidez — bem como a sordidez — das ideias de Nietzsche, em sua opinião. Eu apreciava a admiração de Russell por Buda, que não era muito diferente da minha, mas como pode alguém caracterizar Nietzsche de modo tão absurdo?

Embora ajude a explicar suas estranhas declarações sobre Tagore, a impaciência de Russell deixa em aberto a questão bem maior da maneira equivocada de ver Tagore, tão generalizada no Ocidente. Há alguns indícios, no entanto, de que Rabindranath se sentia lisonjeado, bem como aborrecido e confuso, com o tipo de elogio que recebia de maneira tão abundante. Com ansiedade e desencanto, ele escreveu uma carta para o meu avô Kshiti Mohan logo depois do famoso sarau na casa de Yeats que o lançaria como astro literário no mundo ocidental. Foi na manhã de 28 de junho de 1912, e era uma carta pessoal muito triste, levantando dúvidas sobre a maneira como o estavam promovendo:

> Kshiti Mohn Babu, noite passada jantei com um dos poetas aqui, Yeats. Ele leu em voz alta traduções em prosa de poemas meus. Foi uma bela leitura, no tom certo... As pessoas estão sendo tomadas de um entusiasmo excessivo por minha obra, o que não posso aceitar. Minha impressão é que quando um lugar de onde nada se espera produz alguma coisa, mesmo uma coisa comum, todos ficam deslumbrados — é esse o estado de espírito aqui.[11]

Aquele lançamento levaria ao êxtase com que o "grande místico" foi recebido no Ocidente, e que daria a Tagore, inicialmente, muitos triunfos (como o prêmio Nobel de Literatura), seguidos, com o tempo, de uma persistente rejeição.

Os patrocinadores de Tagore optaram por apresentar uma ideia dele na qual sua exposição poética do que pode ser visto como características extraordinárias do mundo — especialmente em *Gitânjali* — ofuscava seu profundo envolvimento com as coisas comuns, mas muito importantes, que formam o mundo (seus debates com Gandhiji são bons exemplos). Seus divulgadores ocidentais não deixaram margem para nenhum tipo de contraste entre as convicções profundamente refletidas de Rabindranath sobre o mundo —[12] expressas tanto em poesia como em prosa — e a poesia particular do *Gitânjali*, excessivamente misticizada na tradução para o inglês com a ajuda de Yeats. Na verdade, Yeats chegou a acrescentar comentários explicativos à tradução de poemas de Tagore, para ter certeza de que o leitor compreendesse o "aspecto mais importante" — o simples aspecto religioso — eliminando de todo a rica ambiguidade de sentido da linguagem de Tagore no tratamento do amor de seres humanos, e no amor de Deus, que, para muitos leitores bengaleses, anima o *Gitânjali*.

Por um tempo, Rabindranath fez coro com essa recriação da sua obra. Certa ocasião — acho que num momento de descuido (dada a sua admiração quase cega por Tagore) — Kshiti Mohan me disse: "Acho que no início ele amava a afeição, apesar de suas dúvidas racionais, e quando fez um protesto público sua imagem ocidental já estava bem estabelecida, e ele não soube bem como sair de dentro do ídolo no qual tinha sido posto". Tagore estava ciente de todo o mal-entendido subjacente à recepção entusiástica que recebia no Ocidente. Escreveu para o amigo C. F. Andrews em 1920: "Essas pessoas... são como bêbados que têm medo dos intervalos de lucidez". Apesar disso, preso numa teia de gratidão e dúvida, aceitou aquilo, sem discordar em público.

Outro fator, o terceiro, era a situação particular da Europa quando os poemas de Tagore entraram em moda no Ocidente. Tagore recebeu seu Nobel de Literatura em dezembro de 1913, pouco antes do começo da Primeira Guerra Mundial, que foi travada em toda a Europa com uma brutalidade inconcebível. A barbárie e a matança na Primeira Guerra Mundial tinham levado muitos intelectuais e figuras literárias da Europa a buscar insights em outras partes do mundo, e a voz de Tagore pareceu a muitos, naquele momento, atender a essa necessidade especial. Quando, por exemplo, a carteira de Wilfred Owen, o grande poeta pacifista, foi resgatada do campo de batalha onde ele morreu, a mãe, Susan Owen, encontrou dentro uma boa amostra da poesia de Tagore. Incluía o poema com o qual Wilfred se despedira da família antes de partir para a linha de frente (e que começa com "Quando eu me for, que estas sejam minhas últimas palavras"). Aqueles versos, escreveu Susan para Tagore, foram "escritos com sua letra querida — e o teu nome embaixo".

Tagore logo passou a ser visto na Europa como um sábio com uma mensagem — uma mensagem de paz e boa vontade do Oriente — que talvez pudesse salvar o continente das duras aflições da guerra e da insatisfação que muitas vezes acometeram seu povo no começo do século XX. Essa figura estava muito longe do multifacetado artista criador e do cuidadoso debatedor que as pessoas na Índia viam em Tagore. No momento mesmo em que ele insistia para que seus compatriotas despertassem da crença cega e utilizassem suas aptidões racionais, Yeats descrevia a poesia de Tagore em termos absolutamente místicos: "deparamos com nossa própria imagem" ou ouvimos, "talvez pela primeira vez na literatura, a nossa voz como num sonho".

É preciso aceitar também que, levado por seus admiradores ocidentais, Tagore caíra na esparrela de acreditar que o Oriente de fato tinha uma mensagem a dar ao Ocidente, ainda que isso não se encaixasse bem com o restante dos seus fundamentados compromissos e convicções. No entanto, havia um sério desencontro entre o tipo de religiosidade que os intelectuais ocidentais, encabeçados por patrocinadores de Tagore como Yeats e Pound, lhe atribuíam (Graham Greene julgava ter visto nele "os brilhantes olhos convexos" dos teosofistas) e a forma real das crenças religiosas de Tagore. Essas crenças talvez sejam mais bem representadas por um dos seus poemas:

Deixa para lá essas cantilenas e cantorias e contagem de contas!
Quem é que tu adoras neste canto solitário e escuro de um tempo
[com todas as portas fechadas?]
Abre teus olhos e vê que o teu Deus não está na tua frente!
Ele está lá onde o lavrador lavra a terra dura e onde o abridor de caminhos
[quebra pedras.]
Está com eles no sol e na chuva, e sua roupa está coberta de pó.[13]

Um Deus não alienado, que não é fonte de temor, mas de amor tolerante, e que está presente na vida diária, tem um grande papel no pensamento do poeta, e ele combinava isso com um raciocínio transparente. Mas o verdadeiro Tagore quase não recebeu atenção do seu público ocidental — nem dos patrocinadores que louvavam seu suposto misticismo, ou dos detratores que fugiam das crenças a ele atribuídas. Quando um escritor, em tudo o mais compreensivo, como Bernard Shaw, fez de Rabindranath Tagore, de modo jocoso, um personagem fictício chamado "Stupendranath Begorr", é porque não havia muita esperança de que as verdadeiras ideias de Tagore recebessem a atenção merecida.[14]

7

Essas avaliações equivocadas há muito tempo obscurecem as opiniões sobre o pensamento de Rabindranath. Um importante aspecto desse pensamento era sua disposição de aceitar que muitas perguntas talvez fiquem sem resposta a despeito dos nossos melhores esforços, e que nossas respostas podem continuar incompletas. Sempre achei suas opiniões muito convincentes e elas tiveram grande influência em meu próprio pensamento. O domínio das questões não resolvidas muda com o tempo, mas não deixa de existir, e nisso Rabindranath via não uma derrota, mas um belo, se bem que humilde, reconhecimento da nossa limitada compreensão do vasto mundo.

Outra convicção, em sua distinta abordagem da educação, era uma ênfase especial na necessidade de acumular conhecimento livremente, e de todas as partes do mundo, mas usá-los apenas depois de uma análise criteriosa. Como aluno da Escola de Santiniketan, eu achava um privilégio (como mencionei no capítulo 3) o fato de os limites geográficos de nossa educação não estarem confinados à Índia e à Grã-Bretanha imperial (como era, tipicamente, o caso nas escolas da Índia britânica), e aprendermos muito sobre a Europa, a África e a América Latina, e até mais extensamente sobre outros países na Ásia.

Rabindranath também trabalhava com afinco para escapar do faccioso pensamento comunal fundado na hostilidade religiosa que começava a ser defendido na Índia do seu tempo e que chegaria ao auge nos anos que se seguiram a sua morte, em 1941, quando os tumultos entre hindus e muçulmanos explodiram no subcontinente e levaram o país à partição. Ele ficou muito chocado com a violência inspirada na identidade singular das pessoas como membros de uma religião ou de outra, e estava convencido de que a ruptura foi imposta a um povo normalmente tolerante por agitadores políticos.

Tagore não viveu para ver o surgimento de uma Bangladesh secular, que se inspirou em parte na firme rejeição dele ao separatismo comunal e na atitude similar de outras pessoas que lhe eram caras (como o poeta Kazi Nazrul Islam). Na independência, Bangladesh escolheu uma das canções de Tagore ("Amar Sonar Bangla") como hino nacional, fazendo dele — uma vez que a Índia já havia adotado sua canção "Jana Gana Mana" — talvez a única pessoa em qualquer época a compor os hinos nacionais de dois grandes países.

8

Se a voz de Tagore soava forte contra o comunalismo e o sectarismo religioso, ele não era menos franco no repúdio ao nacionalismo. Apesar de sua crítica persistente ao imperialismo britânico, censurava também a ostentação do nacionalismo excessivo na Índia (o que também contribuía para a tensão com o Mahatma Gandhi). Tagore escreveu muitos ensaios sobre a perversidade e a violência que costumam acompanhar o nacionalismo, incluindo uma série de discursos e artigos que apareceram sob o título *Nacionalismo,* mas essas preocupações também se refletiam em suas obras de ficção. O poder paranoide e destrutivo do nacionalismo é claramente demonstrado no maravilhoso e universalista romance *A casa e o mundo,* que seria transformado num belo filme por Satyajit Ray.

A crítica de Rabindranath ao nacionalismo, incluindo a forma sutil que ela assumiu no romance *A casa e o mundo*, tinha muitos detratores, e não só entre os nacionalistas ferrenhos da Índia. Georg Lukács, o filósofo marxista, achou o romance "uma fábula pequeno-burguesa do tipo mais reles", "a serviço intelectual da polícia britânica" e "uma caricatura desprezível de Gandhi".[15] Essa interpretação beira o absurdo. Sandip, o anti-herói, não é nenhum Gandhi e Tagore não o tratou como se fosse — na verdade, bem longe disso. Sandip carece da autenticidade e do humanismo que caracterizavam Gandhiji, como o romance deixa claro. Mas Rabindranath preocupava-se profundamente com as paixões que o nacionalismo despertava, e havia sem dúvida uma advertência no livro acerca do poder nocivo do nacionalismo, apesar de seus objetivos por vezes elevados. Bertolt Brecht, marxista de um jeito bem diferente de Lukács, registrou em diário seu forte respaldo às preocupações de Tagore, afirmando que *A casa e o mundo* era uma advertência "forte e cortês" contra a corruptibilidade do nacionalismo.

Apesar da grande admiração que tinha pela cultura, pela história e pela educação japonesas, Rabindranath censuraria com severidade o Japão por seu nacionalismo extremo e pelo tratamento desumano demonstrado pelos japoneses na China e no leste e sudeste da Ásia, independentemente do seu apreço por muitos traços da sociedade japonesa. Além disso, não poupava esforços para dissociar suas críticas ao Raj de qualquer denúncia contra o povo e a cultura britânicos. O famoso gracejo de Gandhi, em resposta a uma pergunta que lhe fizeram na Inglaterra, sobre o que achava da civilização britânica ("Seria uma boa ideia", disse Gandhi), jamais teria saído dos lábios de Rabindranath, nem mesmo de brincadeira.

6. A presença do passado

1

Estudei dez anos em Santiniketan, de 1941, quando saí da St. Gregory's, a 1951, quando fui para a Faculdade da Presidência em Calcutá. Minhas grandes paixões em Santiniketan eram a matemática e o sânscrito. Nos últimos dois anos na escola, especializei-me em ciência, particularmente física e matemática, como parte dos preparativos para estudar na Faculdade da Presidência. Não é raro ficar encantado com a matemática, mas ser fã de sânscrito na escola era mais inusitado. As complexidades dessa língua me absorviam, e durante anos o sânscrito quase foi minha segunda língua, depois do bengali, em parte porque meu progresso no inglês foi muito lento. Na St. Gregory's, em Daca, eu tinha resistido à instrução em geral, mas ao inglês em particular, e quando me mudei para Santiniketan o veículo de instrução era o bengali. A língua do Raj de alguma maneira me escapou — pelo menos por muitos anos.

Em contraste com o descaso pelo inglês, não havia razão para eu ficar para trás em sânscrito. Na verdade, eu era sempre incentivado em casa por meu avô para avançar. A rigor, ele não precisava insistir muito comigo, pois eu já era fascinado pela literatura sânscrita. O foco da minha atenção se voltava, principalmente, à literatura sânscrita clássica — embora eu conseguisse ler, com a ajuda do meu avô, um pouco do sânscrito védico e épico, que florescera antes, com o sânscrito védico remontando ao século XV a.C.

Submeti-me inteiramente à disciplina linguística do sânscrito. Ler Panini, o grande gramático do século IV a.C., foi uma emocionante aventura intelectual, tão grande como qualquer outra que empreendi na vida. Na verdade, em muitos sentidos Panini me ensinou as exigências básicas da disciplina intelectual, muito além do cultivo do próprio sânscrito. Ao longo da vida lembrei-me com frequência da sua intuição de que a maior parte do que interpretamos como conhecimento é, basicamente, uma categorização de interpretações distintas.

Hoje há um movimento em defesa da volta do ensino do sânscrito nas escolas indianas. Simpatizo com a ideia básica — incentivar alunos a estudarem essa ou aquela língua clássica. Pode ser o sânscrito, mas também, alternativamente, pode ser o grego, o latim, o árabe, o hebraico, o chinês clássico ou o tâmil antigo. No entanto, as vozes que defendem o sânscrito são aquelas que em geral não permitiriam uma oferta tão ampla. Esses defensores do sânscrito tendem a vê-lo como a grande língua das escrituras hindus. O sânscrito é isso, claro, mas é muito mais — muitíssimo mais — também. É o veículo do pensamento racionalista — na verdade, materialista (incluindo ateísta) — na Índia antiga, e essa literatura é notavelmente volumosa. O sânscrito, juntamente com o páli (que dele deriva, e continua muito próximo), é também a língua da erudição budista e, com a disseminação do budismo, se tornou uma espécie de língua de comunicação na maior parte da Ásia no primeiro milênio.[1]

2

A ideia de que eu precisava situar o meu entendimento da Índia antiga numa espécie de estrutura sistemática tornou-se forte — na verdade, quase uma obsessão — quando eu terminava minha educação em Santiniketan. Passei muitas horas pensando a esse respeito, tentando juntar os elementos díspares necessários para uma compreensão integrada. Não sei bem se tive êxito (e os livros de exercícios que eu usava não sobreviveram às minhas mudanças de um lugar para outro), mas alguma coisa me ficou do processo de refletir sobre tudo aquilo, particularmente em meu último ano acadêmico na Escola de Santiniketan, que terminou no verão de 1951.

Na literatura sânscrita, eu adorava as grandes peças de Kalidasa, Shudraka, Bans e outros, que eram leituras interessantes, mas também muito provocadoras no tocante a problemas filosóficos para os quais serviam de introdução. Também mergulhei nas epopeias *Ramayana* e *Mahabharata*. Apesar de essas epopeias serem geralmente tidas como textos religiosos — ou, pelo menos, semirreligiosos —, elas são na verdade narrativas épicas (como a *Ilíada* e a *Odisseia*), sem status religioso fundamental. Mesmo o *Bhagavadgita*, que está todo contido no *Mahabharata*, e é reverenciado por muita gente como a vitória do divino Krishna em debate com o guerreiro dissidente Arjuna (que começou manifestando relutância em travar uma grande guerra e matar muita gente), é só uma parte minúscula da grande epopeia. Na verdade, o *Mahabharata* apresenta visões que vão além do próprio Gita e do argumento de Krishna de que era dever de Arjuna combater um bom combate. Inclui o trágico cenário descrito perto do fim da epopeia como o rescaldo da guerra — justamente vencida pelo nobre Pandavas — quando o país está coberto de piras funerárias, e mulheres pranteiam seus homens mortos. Essa cena está, possivelmente, mais próxima da visão pacifista de Arjuna do que da insistência de Krishna em que é dever de Arjuna lutar na guerra, por mais sinistras que sejam as consequências.

3

Embora seja a língua do sacerdócio, o sânscrito, além disso, tem um conjunto de literatura firmemente agnóstica e ateísta — nas obras das escolas de Lokayata e Charvaka, entre outras — maior do que o de qualquer outra língua clássica do mundo. Contém, igualmente, os raciocínios profundamente racionalistas e agnósticos de Gautama Buda, do século VI a.C.

Eu me pergunto com frequência por que me comovo tanto com Gautama Buda desde que deparei pela primeira vez com seus pensamentos, quando meu avô me deu um livrinho sobre ele. Eu devia ter uns dez, onze anos, e lembro que fiquei completamente estarrecido com a clareza de raciocínio usada pelo Buda e sua acessibilidade a qualquer pessoa capaz de raciocinar.

À medida que fui crescendo, meu apego ao Buda se aprofundava. Refletindo sobre sua abordagem, decidi que eu ficava tão comovido com ele devido a pelo menos quatro aspectos diferentes que o distinguiam de muitos proponentes da ética e beiravam o que era — por vezes de maneira equivocada — tido como religião.

O primeiro desses aspectos é que a abordagem do Buda se concentra em razões para aceitar uma posição e rejeitar outras, sem nenhum apelo a crenças não fundamentadas. É verdade que ele também apresentava uma metafísica do mundo, mas sua defesa de conclusões éticas particulares — como a igualdade de todos os seres humanos, independentemente de comunidade e casta, o tratamento de animais com bondade e a substituição do ódio contra outros pelo amor universal — não estava condicionada à aceitação dessa metafísica. Ao contrário, cada conclusão ética exigia o apoio do raciocínio, ainda que por vezes ficasse implícita e não explícita.

A segunda é que o Buda me parecia claramente humano, com nossas apreensões costumeiras, de uma forma que Deus — ou os poderosos deuses e deusas — não era. Quando o jovem Gautama deixou sua casa principesca nos contrafortes do Himalaia em busca de iluminação, o que o motivou foi a visão da mortalidade, da morbidez, da deficiência — preocupações que partilhava com os seres humanos comuns. O que o angustiava ainda hoje nos angustia. Diferentemente da maioria dos líderes religiosos, não há uma distância real entre ele e nós.

Uma terceira característica que tornava o Buda tão atraente era o que ele tentava defender. Depois de ler tudo que encontrei em exposições do Buda, convenci-me de que ele tinha conseguido transformar nossas preocupações e crenças religiosas — sobre Deus e outras suposições existenciais — em comportamento e ação, a serem determinados aqui e agora. Foi o Buda que transformou a pergunta religiosa "Existe um Deus?" em perguntas do tipo "Como devo me comportar?", haja ou não um Deus. Ele conclui que é possível as pessoas chegarem a um acordo sobre boas ações sem necessariamente concordar com uma visão metafísica maior do universo. Isso é, acredito eu, imensamente importante.

Finalmente sua abordagem da ética divergia substancialmente da moralidade do "contrato social", que aparecia com todo vigor — apesar do modo intermitente — no pensamento indiano (por exemplo, no *Bhagavadgita*) e que se tornou um traço tão dominante do pensamento pós-hobbesiano e pós-rousseauniano na ética ocidental. Um contrato social assume uma forma em que cada uma das partes contratantes faz determinadas coisas boas para as outras desde que as outras também façam o que devem para todas as demais. O Buda afirmava, em vez disso, que fazer o bem não deve ser uma transação, que as pessoas têm a obrigação de fazer o que reconhecem ser bom unilateralmente, mesmo que os outros não cumpram suas obrigações correspondentes.

Num documento conhecido como *Sutta Nipata*, o Buda ilustra essa linha de raciocínio chamando a atenção para o dever da mãe de fazer por um bebê o que ele não pode fazer por si mesmo. Isso oferece uma razão convincente para a mãe ajudar o bebê — e não porque ela espera que o bebê faça alguma coisa por ela em troca, como no contrato social. O Buda afirmava que tornar a moralidade uma transação é não entender o seu requisito central — e chega a aplicar isso ao que os seres humanos têm razão de fazer por animais desamparados.

O Buda não era o único a apresentar argumentos incondicionais em defesa de fazer o que precisa ser feito. Jesus argumentou de forma parecida na história do Bom Samaritano, no Evangelho de Lucas. O samaritano, quando ajuda um homem ferido, não está obedecendo a nenhum tipo de contrato social — seja implícito ou explícito. Ele vê que a pessoa estirada do outro lado da rua precisa de auxílio e, sendo capaz de ajudar, ajuda. A obrigação cristã reconhecida por todos de ajudar o próximo não é uma justificativa neste caso, se o uso normal da palavra "próximo" for levado em conta. Mas Jesus vence o debate com o doutor da lei que o interroga ampliando o conceito de "próximo" para incluir todos aqueles aos quais podemos ajudar. O Buda e Jesus acabam chegando à mesma conclusão, mas o Buda vai por um caminho ético direto, ao passo que o raciocínio de Jesus é irredutivelmente epistemológico.[2]

Durante um sarau literário na Escola de Santiniketan, tentei demonstrar a superioridade da ética do "dever incondicional" (*shartaheen kartavya*) sobre a do "contrato social". Duvido que tenha convencido muitos ouvintes, apesar da torcida de alguns colegas. Durante alguns anos em Santiniketan, tentei de fato registrar minha religião como budista. As autoridades escolares acharam que fosse brincadeira e não permitiram. Não me dissuadia pelo fato de não haver outro budista num raio de centenas de quilômetros? Não conquistei simpatias respondendo que isso tornava ainda mais necessário registrar minha religião. Venci uma ou duas escaramuças nesse debate, mas acabei perdendo a guerra. As autoridades escolares ignoraram, com sorrisos, meu pedido para ser registrado como budista solitário.

4

À medida que eu me envolvia, mais e mais, com o mundo aberto para mim pelo sânscrito, os desafios analíticos da matemática começaram a prender minha atenção também. Isso era particularmente verdade com relação à filosofia da matemática. Lembro da minha animação quando deparei pela primeira vez com o uso de axiomas, teoremas e provas — ver que é possível começar com um tipo de entendimento e dele extrair outros tipos de cognição. Eu teria dado qualquer coisa por uma passagem para a Grécia antiga, para poder invadir a privacidade de Euclides. A elegância e o alcance do raciocínio analítico e o apelo das provas me envolveram pelo resto da vida[3] — na verdade, passei grande parte da vida acadêmica tentando estabelecer resultados na teoria da escolha social e na análise decisional, tarefas para as quais meu interesse nos fundamentos do raciocínio matemático tem sido decisivo.

Felizmente, não demorei a descobrir que havia uma forte complementaridade entre meus interesses pelo sânscrito e pela matemática. Agradava-me muito o fato de que eu conseguia facilmente passar da elegante poesia de Kalidasa em *Meghaduta* e da intrigante peça *Mricchakatika* (entre meus escritos literários preferidos), também de Kalidasa, para a matemática e a epistemologia de Aryabhata, Brahmagupta ou Bhaskara (na verdade, ambos os Bhaskaras — havia dois, cada qual muito distinto). A rigor, nos escritos em sânscrito desses matemáticos, meus dois interesses principais pareciam encontrar juntos um abrigo seguro.

Se as diversas — mas compatíveis — tentações do sânscrito e da matemática foram uma pluralidade que determinou minhas explorações educacionais em meus tempos de escola, meu fascínio pelo pensamento abstrato e minha insaciável curiosidade em relação ao mundo à nossa volta me puxavam para outro lado. Quando olho para a pequena obra que fui capaz de produzir na vida (gostaria que fosse maior), ela parece dividida, em termos gerais, em raciocínios bastante abstratos (por exemplo, investigar a ideia de justiça e várias trajetórias na teoria da escolha social, com axiomas, teoremas e provas) e problemas práticos bem mundanos (escassez de alimentos, fome, privações econômicas, desigualdades de classe, gênero e casta, e outros). Os alicerces dessas duas partes foram firmemente estabelecidos em meus tempos de escola.

Tive que refletir sobre tudo isso quando a Fundação Nobel me pediu que lhes desse, a título de empréstimo de longo prazo, dois objetos estreitamente associados à minha obra para serem exibidos no Museu Nobel. A generosa declaração formal de méritos com a qual a Academia Sueca tinha anunciado o meu prêmio inclinava-se fortemente na direção da minha obra analítica em teoria da escolha social, citando capítulos e versos (na verdade, teoremas e provas), mas mencionava também, rapidamente, no fim da declaração, minha obra sobre escassez de alimentos, desigualdade e disparidade de gêneros. Depois de alguma hesitação, dei ao Museu Nobel um exemplar de *Aryabhatiya* (um dos grandes clássicos sânscritos sobre matemática, de 499 d.C.), que me fora tão útil, e a velha bicicleta que estava comigo desde meus tempos de escola.

Eu tinha usado a bicicleta não apenas para coletar dados sobre salários e preços em lugares inacessíveis, como velhos galpões de fazenda e armazéns, quando estudava a escassez de alimentos de 1943 em Bengala, mas também para transportar a balança para pesar meninos e meninas até a idade de cinco anos em aldeias nas proximidades de Santiniketan, a fim de examinar discriminação de gênero e o surgimento gradual da relativa privação das meninas. Senti-me tentado a dar ao Museu Nobel a balança também. Eu me orgulhava de ter feito o serviço sempre que meu pesquisador assistente sentia medo de ser mordido por crianças dentuças. Tornei-me especialista em pesar sem ganhar marcas de dentadas. Quando o Museu Nobel começou a viajar pelo mundo, a partir de Estocolmo, eu costumava receber perguntas sobre o que uma bicicleta tinha a ver com a matemática de Aryabhata. E ficava muito feliz em explicar por que a resposta tinha que ser "muita coisa".

A bicicleta — uma Atlas simples — foi presente dos meus pais e, como a ganhei ainda em fase de crescimento, é um pouco mais baixa do que as bicicletas adultas normais. Mas utilizei-a por mais de cinquenta anos — de 1945 a 1998, quando o Museu Nobel assumiu sua custódia. A bicicleta não só me dava uma mobilidade mais rápida dentro de Santiniketan, mas também me permitia ir às aldeias próximas quando começamos a tocar uma escola noturna para crianças tribais que não tinham acesso à educação primária (como descrito no capítulo 3). Alguns colegas, alunos e professores da escola não tinham bicicleta e por isso era muito raro eu pedalar sem um passageiro na garupa, e às vezes outro no varão, entre o guidão e o selim.

5

A Índia que vim a conhecer desde os meus primeiros estudos tinha várias características desoladoras — em particular a forte influência do sistema de castas sobre o país (contra o qual o Buda já havia protestado no século VI a.C.) — e, ao mesmo tempo, muitas ideias extraordinariamente interessantes e inspiradoras, uma dualidade que vem dos tempos antigos. Precisei complementar minhas leituras em sânscrito épico e clássico até o fim do primeiro milênio com os raciocínios e as conjeturas posteriores de pensadores que vieram depois (de Jayadeva e Madhavacharya a Kabir e Abul Faz'l, o conselheiro e colaborador do imperador Akbar), cuja robusta heterodoxia era particularmente comovente. Mas se a grandeza desse patrimônio me cativava, as tentativas de confinar a cultura indiana em estreitas perspectivas sectárias, que também ocorriam, eram imensamente desoladoras.

A percepção de que a identidade humana não requer um confinamento único me veio, poderosamente, dos clássicos antigos. Pensemos em Vasantasena, a heroína do *Mricchakatik* ("A pequena carroça de barro"), de Shudraka, mais ou menos do século IV — uma peça radical e subversiva que oferece vários temas distintos, mas importantes. Um deles era a necessidade de ver uma pessoa como possuidora de muitas identidades — ideia que me ajudou a resistir à imposição de uma única e esmagadora identidade baseada em religião ou comunidade (incluindo dar atenção apenas às divisões entre hindus e muçulmanos), que se tornava cada vez mais comum à medida que meus dias de escola avançavam.

Vasantasena é uma beldade, uma cortesã rica, uma amante dedicada e uma parceira leal do perseguido Charudatta, membro empobrecido da pequena nobreza que além disso é um reformador social, um revolucionário político e em última análise um juiz perspicaz e tolerante. Quando chega a sua vez de julgar os delinquentes depois de uma revolução bem-sucedida contra a panelinha dominante, Charudatta prefere a leniência e decide soltar o malfeitor que, em nome dos governantes corruptos, vinha tentando matá-los, a ele e Vasantasena. Ela aplaude sua decisão previdente de preferir, ao castigo, a reforma social — atitudinal — que melhor atenderia aos interesses do povo. Charudatta então surpreende a todos (exceto, provavelmente, Vasantasena) com sua decisão de libertar o quase assassino porque é "dever [da sociedade] matar o delinquente com a benevolência" (a frase em sânscrito para esse castigo inovador — *upkarhatastakartavya* — já é em si muito elegante), uma grande ideia que vai bem tanto nos lábios de Vasantasena como nos de Charudatta. Finalmente, Vasantasena — que anteriormente, na peça, tinha falado com eloquência e emoção sobre a injustiça da desigualdade do poder e da corrupção dos ricos, e incentivado as pessoas a se revoltar — junta-se a Charudatta na rejeição da vingança para exercer uma generosidade que poderia reformar o delinquente e ajudar a sociedade a evitar o conflito e a violência.

Uma segunda ideia que *Mricchakatika* submete à nossa reflexão é a teoria da jurisprudência que Charudatta apresenta ao mundo. Quando li a peça pela primeira vez em meus tempos de escola, senti-me transformado pelo modo de raciocinar de Shudraka. Ao rejeitar a tradição do castigo, Charudatta nos convida a pensar em todas as consequências de uma ação — nesse caso, de um determinado castigo. A abordagem nos ajuda a distinguir entre duas interpretações diferentes que eu tentaria apresentar em *A ideia de justiça* mais de sessenta anos depois de ler *Mricchakatika* pela primeira vez com espanto e admiração. A distinção é entre os conceitos de justiça representados respectivamente por dois termos sânscritos: *niti* e *nyaya*. Entre os principais usos de *niti* estão as virtudes de obedecer a regras bem definidas e ao decoro organizacional. Em contraste com *niti*, o termo *nyaya* significa um conceito abrangente de justiça alcançada. Nessa visão, os papéis das instituições, das regras e das organizações, por mais importantes que sejam, têm que ser avaliados numa perspectiva mais ampla e inclusiva do mundo que realmente resulta do processo de justiça, não só das instituições ou regras que por acaso tenhamos. Entendi que a prioridade de Charudatta era a busca de *nyaya*, de um mundo bom no qual possamos viver com justiça, mais do que obedecer às *niti* de regras fixas, incluindo os castigos predeterminados que supostamente "correspondem" ao crime em questão na teoria tradicional.

Para examinar uma aplicação específica, os primeiros teóricos jurídicos indianos falavam em tom depreciativo naquilo que chamavam *matsyanyaya*, "justiça no mundo dos peixes", onde um peixe grande pode devorar à vontade um peixe pequeno. Somos advertidos de que evitar a *matsyanyaya* precisa ser parte essencial da justiça, e é essencial garantir que a horrível "justiça dos peixes" não invada o mundo dos seres humanos. O principal entendimento aqui é que a distribuição de justiça no sentido de *nyaya* não significa apenas julgar instituições e regras, mas julgar as próprias sociedades. Por mais apropriadas que sejam as organizações estabelecidas — e as regras construídas pela sociedade (por exemplo, sobre castigos) —, se um peixe grande ainda puder devorar um peixe pequeno à vontade, isso deve ser considerado uma violação flagrante da justiça como *nyaya*. Precisamos de um mundo diferente — e melhor —, e não apenas respeitar velhas regras e convenções sagradas.

Muitos anos depois eu descobriria que quando uma tradução inglesa de *Mricchakatika*, *The Little Clay Cart*, foi encenada em Nova York em 1924, o crítico de teatro de *The Nation* (Joseph Wood Krutch) escreveu numa resenha entusiástica que achava o drama "profundamente comovedor" e declarou ainda sua admiração ilimitada pela peça. "Em parte alguma do nosso passado europeu encontramos... uma obra mais completamente civilizada."[4] Pode haver nisso certo exagero, mas Krutch certamente tinha razão ao ressaltar a importância de compreender que nessa peça notável as "paixões" são "submetidas às decisões de um intelecto". Como a submissão de paixões a reflexões intelectuais era uma das ideias que mais me interessavam em meus tempos de estudante, encontrei muita coisa para admirar nos comentários de Krutch sobre a peça de Shudraka.

6

Meus esforços para alcançar uma visão abrangente da literatura indiana me meteram em muitas discussões em meus tempos de escola e talvez ainda hoje encontrassem resistência. Pensemos nos *Vedas*, o livro em quatro partes visto geralmente como o tratado de fundação do hinduísmo. A reverência pelos *Vedas* antigos é fomentada por muitos defensores políticos de formação religiosa na Índia — já era comum em meus anos de juventude, e não o é menos hoje. Fui induzido a ter uma alta opinião dos *Vedas* desde a minha primeira tentativa de lê-los mais de sessenta anos atrás — mas não por serem vistos como os fundamentos do hinduísmo, ou pela matemática sofisticada que existe neles (como por vezes se alega, de maneira equivocada). Se já havia razões para nos preocuparmos com as confusas afirmações de uma "matemática védica" supostamente profunda em meus tempos de escola, mais razões existem agora, quando algumas universidades da Índia oferecem cursos de pós-graduação na suposta disciplina acadêmica de "matemática védica" (é possível até obter um diploma de pós-graduação nesse campo em grande parte fictício). As profundas contribuições da Índia ao mundo da matemática viriam muito mais tarde, a partir do século v, encabeçadas por Aryabhata, Brahmagupta e outros, e buscar essas contribuições nos *Vedas* é uma bobagem sem tamanho.

O que temos razões para aplaudir é o fato de que os *Vedas* estão repletos de versos maravilhosos — reflexivos, ousados, elegantes e evocativos. Muitos deles são profundamente religiosos, mas incluem também um arrazoado poderosamente enunciado em defesa da dúvida e do agnosticismo: o chamado "Hino da criação" do Mandala x do *Rig Veda*, já citado aqui, é um exemplo do seu profundo ceticismo.

Ao ler o poema pela primeira vez quando menino, sob orientação do meu avô, numa época em que minhas próprias convicções de não crente criavam raízes, comoveu-me esse respaldo de 3500 anos atrás. Uma maneira de abordar os *Vedas* — em particular, o *Rig Veda* — é vê-los como a resposta de seres humanos inseguros, expressa em bela poesia, ao poder dissimilar das forças naturais. Há uma tentação de conferir uma espécie de status sobrenatural a essas forças muito poderosas e além do nosso controle. Se isso conduz a um panorama politeísta, também provoca conjeturas sobre a possibilidade de um Deus único — um criador, um preservador e um destruidor — que governa essas forças heterogêneas. Há versos elegantes que se inclinam nessa direção no *Rig Veda*, mas (na direção contrária) ele também leva em conta a mente crítica daqueles primeiros pensadores ao admitir a possibilidade da inexistência dessa força unificadora — de um Deus que tudo criou e ainda se lembra do que fez. Há uma forte desconfiança de que por trás das forças naturais talvez não haja coisa alguma. O poema no Mandala x é uma expressão desse agnosticismo.

7

A história intelectual da Índia antiga inclui diversão e jogos, não só pensamentos religiosos de tipos variados. Para compreender o patrimônio da Índia não podemos apagar nada disso, e não deveríamos desejar fazê-lo. O xadrez talvez seja o mais conhecido dos jogos surgidos no país (e talvez o mais sofisticado), mas há muitos outros. Um deles, que a meu ver oferece algum insight sobre quanto as vidas humanas dependem do acaso é o antigo tabuleiro indiano Gyan Chaupar,[5] também conhecido como Moksha Patam, que chegou à Grã-Bretanha mais ou menos um século atrás — onde ficou conhecido como Cobras e Escadas.

Até mesmo os *Vedas*, descobri com prazer, tinham lugar para discutir jogos — jogos de verdade, que podem influenciar vidas humanas. O leitor religioso dos *Vedas* pode facilmente passar por cima de um trecho instrutivo intitulado "lamento do jogador" no *Rig Veda*:

> Até os pendentes de avelã da grande árvore, nascida num furacão, me embriagam ao rolar no tabuleiro estriado. O dado me lembra um trago de soma do monte Mujavant, mantendo-me acordado e emocionado.
>
> [...]
>
> Se juro que "não vou jogar com eles", fico sozinho quando meus amigos partem. Mas quando os dados marrons erguem suas vozes ao ser lançados, saio correndo para me encontrar com eles, como uma mulher com seu amante.
>
> O jogador vai para a sala de reuniões perguntando a si mesmo: "Será que vou ganhar?", e trêmulo de esperança. Mas os dados interferem e contrariam seu desejo, dando os lances vencedores ao adversário.
>
> [...]
>
> Eis o que o nobre Savitr me mostra: "Não jogue mais com os dados, vá cultivar seu campo; aproveite o que você tem e dê-lhe o maior valor. Seu gado está aí, sua mulher está aí, ó jogador".[6]

O jogador entende que deveria fazer algo proveitoso — como cultivar a terra — em vez de ceder ao vício. Mas, apesar da vontade de não jogar, constantemente vai parar nas salas de jogo, arruinando sua vida. Quando meu interesse por filosofia cresceu, achei que essa talvez fosse a primeira conversa do mundo sobre o problema familiar da "fraqueza de vontade" (que os gregos antigos chamariam de *akrasia* e estudariam exaustivamente) — assunto que continua muito importante também na filosofia contemporânea.

O poema tem outra característica própria que achei muito divertida quando li pela primeira vez: é quase certamente a primeira queixa contra a "sogra" — ainda um tema popular do humor convencional no mundo contemporâneo. O jogador do *Rig Veda* lamenta: "A mãe da minha mulher me odeia, e minha mulher me evita; o homem que tem problemas não conta com a compreensão de ninguém". Ler os *Vedas* sem suas qualidades humanas — as profundas vulnerabilidades, assim como os voos de imaginação — é uma abordagem empobrecedora. Apreensões sobre a rejeição da sogra têm seu lugar ali.

8

A recusa da minha escola a registrar-me como budista foi particularmente decepcionante, uma vez que, nos tempos antigos, Bihar — então muito próspero — foi o centro original de religião, cultura e esclarecimento budistas. Sua capital, Pataliputra (agora chamada Patna), também funcionou como capital dos primeiros impérios de toda a Índia por mais de mil anos, a partir do século III a.C. Uma de suas grandes glórias foi a fundação de Nalanda, a universidade mais antiga do mundo, que ali floresceu como uma fundação budista do século V ao fim do século XII. Em comparação, a universidade mais antiga da Europa — em Bolonha, Itália — foi fundada em 1088. Assim sendo, quando a Universidade de Bolonha surgiu, a universidade de Nalanda já funcionava havia mais de seiscentos anos — dando educação anualmente a milhares de alunos de muitos países.

Como estudantes de todas as partes do leste da Ásia tinham ido para a Universidade de Nalanda, a chamada Reunião de Cúpula do Leste da Ásia em 2009 fez uma vigorosa tentativa de restabelecê-la. "Ritorno a Nalanda" proclamou em manchete o *Corriere della Sera*, o jornal italiano de maior circulação, quando as aulas foram retomadas em setembro de 2014 em Nalanda. Foi um momento notável na história do ensino superior do mundo. Foi também, para mim pessoalmente, como reitor da recém-restabelecida Universidade de Nalanda, um momento de profunda nostalgia. Lembrei-me da época — quase setenta anos antes — em que, como menino impressionável, eu me perguntava se Nalanda ainda renasceria. "Será que desapareceu mesmo para sempre?", perguntei ao meu avô, Kshiti Mohan. "Pode ser que não", disse o velho, que sempre despertava otimismo cultural. "Poderia nos ser muito útil hoje."

Quando as aulas eram dadas ali, mais de 1,5 mil anos atrás, Nalanda era o único lugar do mundo que oferecia instrução de um tipo que agora esperamos das universidades do planeta inteiro. Nalanda abriu um caminho totalmente novo, e estabeleceu-se como instituição distinta oferecendo educação avançada em muitos campos, não só nos estudos budistas, mas também em língua e literatura, astronomia e ciências observacionais, arquitetura e escultura, medicina e saúde pública. Atraía alunos não só de toda a Índia, mas também da China, do Japão e da Coreia, e de outros países asiáticos com conexões budistas, e na altura do século VII tinha 10 mil alunos residentes. Era na verdade a única instituição de ensino fora da China onde os chineses antigos iam buscar instrução superior. O mundo — não apenas a Índia — precisava de uma universidade como aquela, e Nalanda colecionava êxitos. Como revelaram as escavações das velhas ruínas — em Nalanda e nas áreas vizinhas do Bihar onde instituições de ensino brotavam, inspiradas no exemplo de Nalanda —, a universidade dava uma contribuição de grande valor para o mundo.[7]

Apesar da minha proximidade pessoal com Nalanda desde muito novo, fiquei impressionado ao ver as recentes escavações em Telhara (perto de Nalanda) e o processo de desenterrar salas de aula e alojamentos estudantis que deviam ser únicos no mundo mais de mil anos atrás. A última coisa que esperamos ver ao escavar ruínas históricas agora é um conjunto de grandes salas, supostamente usadas para aulas e instruções, e conjuntos de pequenos dormitórios, parecidos com os albergues estudantis de hoje. Como instituição de ensino superior, com critérios de aceitação elevados, Nalanda era alimentada por uma rede de organizações de ensino secundárias. Alguns estudantes chineses, incluindo o famoso Yi Jing (635-713 d.C.), que estudou em Nalanda durante dez anos e escreveu o primeiro estudo comparativo de sistemas médicos entre países, comparando práticas médicas chinesas e indianas, partiu inicialmente de Cantão para Sumatra (então a base do império Srivijaya) a fim de aprender sânscrito. Depois de aprender o sânscrito adequadamente nas escolas de lá, Yi Jing fez outra viagem de barco, terminando em Tamralipta, não muito longe da Calcutá atual, a caminho de Nalanda. Havia mais quatro universidades de base budista em Bihar no século VII, em grande parte inspiradas em Nalanda, e no século X uma delas — Vikramshila — se estabelecera como séria concorrente.

Após mais de setecentos anos de ensino bem-sucedido, a velha Nalanda foi destruída nos anos 1190 durante uma série de ataques de exércitos invasores do oeste da Ásia, que também demoliram outras universidades em Bihar.

Há sérios debates sobre se Bakhtiar Khilji, o implacável invasor cujo exército entrou pelo norte da Índia, foi pessoalmente responsável pelo saque de Nalanda (como consta das narrativas populares), mas a destruição violenta por exércitos invasores é ponto pacífico. A biblioteca, um edifício de nove andares repleto de manuscritos, teria sido queimada em três dias. A destruição de Nalanda se deu logo depois do desenvolvimento da Universidade de Oxford, a partir de 1167, e mais ou menos uma década antes da fundação da Universidade de Cambridge, em 1209. O patrocínio do ensino superior na Índia por monarcas muçulmanos bem estabelecidos, da dinastia Mughal em particular, viria muito depois, quando nada restava de Nalanda.

9

Nalanda é parte do patrimônio indiano e mundial, e tentativas de revivê-la num ambiente moderno no mundo contemporâneo contaram com o incentivo e o apoio de outros países asiáticos, em particular os participantes da Reunião de Cúpula do Leste da Ásia. O governo indiano mostrou-se muito entusiástico no início, mas, depois que os poderes políticos que governam o país mudaram em 2014 e as prioridades de Hidutva e do hinduísmo político passaram a dominar, tem havido lapsos significativos nos planos para restaurar Nalanda e sua visão de mundo budista.

Apesar disso, a necessidade da clássica universidade persiste. Parte dessa necessidade vem da atenção dada por Nalanda à educação de qualidade — um requisito muito negligenciado no ensino superior indiano de hoje. As características especificamente budistas de Nalanda, incluindo sua visão não sectária da humanidade, talvez não tenham grande apelo para aqueles cujos interesses em interpretar a Índia antiga como Índia hindu são extremamente fortes. É importante também reconhecer que a enorme mancha da divisão nas tradições antigas da Índia, incluindo hierarquia de casta e intocabilidade, contou com forte oposição do Buda e da tradição budista, e o mais importante combatente intelectual do século XX contra a divisão, o dr. B. R. Ambedkar, converteu-se ao budismo para estabelecer sua posição. Nalanda está associada à visão igualitária que é extremamente importante para a educação em geral e para o ensino superior em particular.

Há também qualquer coisa no método pedagógico de Nalanda que ainda hoje é relevante para o mundo. O método de instrução, como seus estudantes chineses notaram, consistia no uso abundante de diálogos e debates (parece que mais ainda do que na Grécia antiga). Essa dialética era não só incomum, mas também extremamente eficaz. A difusão da influência de Nalanda pela Ásia, que o Museu de Civilizações Asiáticas em Singapura chamou de "Trilhas Nalanda", vinha do falar e do aprender uns com os outros.

Certa ocasião, quando eu visitava o novo campus da universidade e conduzia um seminário sobre história asiática, veio uma pergunta a respeito do impacto e da influência sobre Nalanda da Rota da Seda, que se estendia por mais de 6,4 mil quilômetros e possibilitava o movimento de mercadorias entre a Ásia e a Europa. A seda era um dos principais produtos de exportação da China — daí o nome. Estabelecida inicialmente entre o século III a.C. e o século III d.C., durante a dinastia Han, a Rota da Seda teve profunda importância, não só para o comércio grande e pequeno, mas também para a mistura de povos e ideias.

A pergunta crucial que pode ser feita diz respeito não à importância da Rota da Seda, nem ao papel crucial do comércio na conexão entre povos através das fronteiras — nada disso se discute. É, na verdade, sobre se a persistente atenção dada ao comércio e à troca de mercadorias em contatos humanos, e uma interpretação consequentemente amplificada do papel da Rota da Seda, pode minimizar outras influências através das quais os povos interagiam uns com os outros através de fronteiras, incluindo as colossais interações civilizacionais que as "trilhas de Nalanda" causaram e sustentaram.

Tem havido algumas tentativas confusas recentemente de ver a velha Nalanda como subproduto da Rota da Seda. Seria um erro enorme, não só porque a universidade não fica na Rota da Seda — nem a ela esteve fortemente ligada —, mas também porque ela era peça central numa diferente rota de interação na qual o comércio de mercadorias não era a força motriz. Se o comércio junta pessoas (o que sem dúvida faz), o mesmo se pode dizer da busca do conhecimento e do esclarecimento. Matemática, ciência, engenharia, música e artes, juntamente com compromissos religiosos e éticos, levaram as pessoas a buscá-los em todas as regiões, por terra e por mar, ao longo de milênios. A motivação por trás dessas viagens não era a busca do lucro comercial, mas de ideias — incluindo, mas não se limitando a, ideias religiosas. A imensa popularidade moderna da atitude que enxerga as conexões globais pelo prisma do comércio, do qual a Rota da Seda é um grande exemplo, não deveria eclipsar o fato de que encontros reflexivos têm motivado a movimentação de povos através de países e regiões pelo mesmo tempo. A globalização é resultado não só da busca dos negócios, mas também do falar — e do aprender — uns com os outros.

10

A velha Nalanda pertence a uma tradição globalmente interativa, de que o mundo continua muito necessitado. O campus da nova Nalanda, a poucos quilômetros das ruínas da velha universidade, fica nos arredores da antiga cidade de Rajgir, que então se chamava Rajagriha. Foi exatamente ali que o primeiro Conselho Budista se reuniu não muito tempo depois da morte do Buda "para resolver diferenças pela discussão". Um Conselho Budista posterior, o terceiro, que se reuniu em Pataliputra (Patna) a convite do imperador Ashoka no século III a.C., ficou sendo o mais famoso, tanto por causa do tamanho como devido à importância das diferenças ali tratadas por meio da discussão. Assim sendo, Nalanda está localizada bem ao lado da primeiríssima tentativa, talvez no mundo, de produzir aquilo que no século XIX Walter Bagehot, seguindo o exemplo de John Stuart Mill, chamou de "governo pela discussão". Na história do pensamento democrático, o passado tem enorme presença, uma história que é ao mesmo tempo inspiradora e instrutiva no mundo contemporâneo.

Muitos de nós, alunos da Escola de Santiniketan, fazíamos frequentes excursões a Rajgir e Nalanda no fim do ano. Ficávamos em tendas e sofríamos um pouco com o frio, mas a fogueira lá fora, em volta da qual sentávamos e conversávamos até bem depois da meia-noite, sempre produzia algum calor. As conversas não costumavam ser nem um pouco profundas (apesar dos esforços dos professores para introduzir alguma pedagogia), e havia muito humor irreverente. Às vezes romances ligeiros se desenvolviam a considerável velocidade — e naufragavam com a mesma rapidez — entre estudantes coeducacionais naquelas viagens. Mas nada disso atrapalhava a aplicada exploração de trilhas budistas e história antiga durante o dia.

PARTE II

7. A última epidemia de fome

1

Nos primeiros meses de 1942, eu me sentia bem instalado em Santiniketan. A tranquila natureza da "morada da paz" era notável. E poder ir a qualquer lugar a pé ou de bicicleta era um grande prazer. A ausência quase total de carros era uma bênção que fui aprendendo a apreciar à medida que me habituava à vida do lugar. Eu saboreava, em particular, a descontraída atmosfera acadêmica da Escola de Santiniketan e a oportunidade de aprender sobre coisas extraordinariamente interessantes, quase sempre fora do currículo. Continuei a percorrer nossa biblioteca muito acessível e fácil de usar, testando isto e provando aquilo, com uma despreocupação que transformou minha existência.

Apesar disso, mesmo com minha vida indo tão bem, eu tinha consciência de que havia uma grande tensão no mundo à minha volta — dentro e fora da Índia. Estava em andamento uma guerra mundial ferocíssima, cujo front oriental se aproximava cada vez mais de nós. Mas os problemas da Índia não eram apenas de origem externa. Havia uma tensão politicamente cultivada entre hindus e muçulmanos. Além disso, os preços dos alimentos dispararam; os intensos sofrimentos que esse fato causava eram assunto de conversas constantes em muitas casas de Bengala, imagino que na maioria. Esses problemas e apreensões preocupavam meus avós, com quem eu morava, e nossos parentes, incluindo, claro, meus próprios pais, que nos visitavam com frequência em Santiniketan. Quando fui a Daca nas férias escolares para ficar com eles, achei o clima de ansiedade lá ainda mais palpável.

2

Vi os primeiros sinais de escassez de alimentos em abril de 1943 — a chamada "Grande epidemia de fome de Bengala" que mataria de 2 milhões a 3 milhões de pessoas. Os preços dos alimentos tinham começado a subir drasticamente ao longo de 1942, o ano anterior à escassez geral.

No fim de uma aula na primavera de 1943, fomos informados por alunos mais jovens de que um homem com evidentes problemas mentais, que tinha acabado de aparecer no campus de Santiniketan, estava sendo cruelmente provocado por dois valentões da escola. Fomos até a cena dessa atividade bárbara — perto do campo de críquete — e, apesar de os dois serem, individualmente, mais fortes do que cada um de nós, juntos dávamos conta de segurá-los. Depois que os dois algozes foram embora esbravejando, tentamos conversar com a vítima. Ele mal dizia coisa com coisa, mas conseguimos entender que não comia nada havia quase um mês. Um dos nossos professores se juntou a nós enquanto conversávamos, e soubemos por ele que a inanição prolongada costuma causar perturbações mentais.

Foi o meu primeiro contato com uma vítima da falta de comida. Mas logo outros aparecerem no nosso bairro, na esperança de escapar da inanição. O número já era grande quando as aulas foram interrompidas em maio para as férias de verão. Meus pais se juntaram a mim em Santiniketan (meu pai também estava de férias da Universidade de Daca) enquanto vítimas famélicas continuavam a chegar em número crescente. Quando a escola voltou às atividades em julho, o pequeno fluxo se transformara numa torrente de humanidade miserável. As pessoas buscavam qualquer coisa para comer. A maioria estava a caminho de Calcutá, a mais de 150 quilômetros de distância, tendo ouvido rumores sobre arranjos naquela cidade para alimentar os indigentes. Esses rumores eram imensamente exagerados. Na verdade, o governo não estava oferecendo socorro algum, e as instituições de caridade privadas eram inadequadas. Mas, por causa dos rumores, era para Calcutá que os famintos queriam ir. De nós o que desejavam era uma ajudazinha com comida — talvez até mesmo sobras ou alimentos estragados — para sobreviver enquanto continuavam a viagem para Calcutá.

A situação continuava piorando, e em setembro achávamos que talvez 100 mil famintos tinham passado por Santiniketan em sua longa viagem para a cidade grande. Os gritos contínuos de gente pedindo ajuda — crianças, mulheres e homens — ainda hoje ressoam em meus ouvidos, 77 anos depois. Minha avó me deixava dar uma lata de cigarros cheia de arroz para qualquer um que viesse pedir comida, mas me explicou que "mesmo que isso parta o seu coração, não dê mais de uma lata de arroz para ninguém, pois temos que ajudar o maior número possível de pessoas". Eu sabia que pequenas latas de arroz não significavam muita coisa, mas ficava feliz de pelo menos poder fazer algo para ajudar. Um dos que chegaram naquela época, como já contei (no capítulo 4), foi Joggeshwar, um menino quase fatalmente faminto de catorze anos vindo de Dumka, a cerca de 65 quilômetros de Santiniketan, a quem minha tia alimentou imediatamente para salvar a vida.

3

Quando a falta de alimentos se agravou com grande ferocidade, entre a primavera e o verão de 1943, eu estava prestes a completar dez anos e fiquei muito confuso. Ouvia as apreensivas conversas sobre a possibilidade de apocalipse ("se as coisas continuarem assim"). Meus pais e avós, meus tios e minhas tias — todos tinham opiniões sobre as razões da disparada de preços e achavam que, se aquilo persistisse e se intensificasse, haveria inanição generalizada. "Não descarto uma grande epidemia de fome", disse meu tio materno Kankarmama certa manhã — se não me engano, no começo de 1943. Eu ainda não sabia direito o que era uma epidemia de fome, mas estava muito apreensivo. Nada sabia de economia, claro, mas tinha consciência de que se os preços dos alimentos continuassem subindo sem que os salários também aumentassem, muitos acabariam não tendo o que comer. E morreriam. Escutar aquelas conversas de família sobre tragédia e apocalipse foi um jeito duro de crescer rápido.

A pergunta imediata era: o que estava provocando a disparada dos preços dos alimentos em 1942, e do arroz em particular, o alimento básico em Bengala? Lembrem-se de que 1942 não foi o ano da escassez, mas o ano anterior. Seria correta a opinião muito compartilhada de que os preços dos alimentos já estavam subindo rápido em 1942 (causando pânico)? Quando trinta anos depois, já como economista, resolvi estudar a escassez de alimentos em geral e em Bengala em particular, descobri que as crenças populares estavam inteiramente certas. Por exemplo, os preços do arroz no mercado do College Street em Calcutá (sobre os quais pude conseguir dados bastante confiáveis) já tinham aumentado 37% entre o começo de janeiro e meados de agosto de 1942. Ao final do ano, tinham subido 70%. Para pessoas que viviam com salários miseráveis, uma severa alta de preços desse tipo implicava sérios problemas de sobrevivência. Em 1943, o problema se intensificaria, e em agosto daquele ano o preço do arroz era cinco vezes maior do que no começo de 1942. A essa altura, a inanição se tornara impossível de evitar para uma parte substancial da população de Bengala.

Por que deixaram acontecer? Embora os indianos não tivessem o poder de adotar políticas contra a escassez de alimentos, que dizer dos britânicos? A falta de comida era mesmo tão difícil de evitar? Na realidade, muito pelo contrário. Não é que os britânicos tivessem os dados errados sobre a quantidade de alimento disponível em Bengala, mas sua teoria da escassez estava completamente errada. O governo britânico afirmava que havia tanto alimento em Bengala que nada poderia faltar. Bengala, como um todo, de fato tinha muito alimento — isso é verdade. Mas do lado da oferta; a demanda vinha subindo muito depressa, jogando os preços nas alturas. Os que não foram beneficiados por uma economia em expansão — um boom produzido pela guerra — ficaram para trás na competição para comprar comida.

Isso ocorreu quando os soldados japoneses se encontravam na fronteira da Birmânia e da Índia. Na verdade, parte do exército japonês — juntamente com o antibritânico Exército Nacional Indiano (recrutado entre moradores e soldados de origem indiana capturados no leste e no sudeste da Ásia, sob a direção do líder indiano Netaji Subhas Chandra Bose) — estavam chegando à Índia, em Imphal. O exército indiano britânico, o exército britânico, e mais tarde o exército dos Estados Unidos — todos compravam alimentos. Eles — e as pessoas contratadas para o esforço de guerra, incluindo para construções militares — consumiam-nos em grande quantidade. Projetos de construção relacionados com a guerra geraram novos empregos e rendas; lembro, por exemplo, que aeródromos vinham sendo construídos em toda Bengala. Houve um alta de preços provocada pela imensa demanda, somada ao pânico e à manipulação do mercado na compra e venda de alimentos.

As pessoas não vivem apenas do conhecimento — por mais confiável que seja — de que existe muita comida. Precisam ter certeza de que vão poder comprar os alimentos de que precisam, competindo com outras na economia de mercado. Há uma enorme diferença entre disponibilidade de alimentos (quantos existem no mercado, na totalidade) e direito aos alimentos (quanta comida cada família pode comprar). A inanição é uma característica da incapacidade de as pessoas conseguirem comprar produtos suficientes no mercado, não da inexistência de alimentos suficientes. Nos anos 1970, quando estudei a escassez de alimentos em todo o mundo, ficou claro que era importante dar mais atenção ao direito aos alimentos, e não à disponibilidade deles.

Eu deveria ressaltar que essa análise básica das causas da falta de comida não era complicada, nem particularmente nova. A oferta em Bengala não tinha despencado, mas o aumento da demanda na economia de guerra estava empurrando os preços drasticamente para cima, o que os colocava fora do alcance dos trabalhadores pobres que dependiam de salários fixos — e baixos. Os salários urbanos eram, em graus variáveis, flexíveis para cima por causa do aumento da demanda de mão de obra na economia de guerra, mas os salários rurais subiam pouco, ou não subiam de forma alguma. Dessa maneira, o maior grupo de vítimas da escassez foi o dos trabalhadores rurais. O governo não estava muito preocupado com eles, pois tinha mais medo da insatisfação urbana, por causa do seu efeito potencialmente debilitante sobre o esforço de guerra.

No intuito de garantir que a população urbana tivesse alimento suficiente, sobretudo em Calcutá, o governo tomou providências para que a distribuição fosse feita a preços controlados por meio de lojas de racionamento em Calcutá. O sistema de racionamento cobriu de fato toda a população calcutaense. Todo o alimento necessário para distribuição em Calcutá era comprado nos mercados rurais por qualquer preço que fosse preciso pagar para adquiri-lo, o que fez os preços no campo subirem ainda mais, causando maior pobreza e inanição no interior, enquanto os moradores urbanos tinham acesso a comidas caras, pesadamente subsidiadas nas lojas de racionamento. A aflição nas áreas rurais foi, dessa maneira, reforçada por políticas governamentais.

4

As revistas culturais bengalesas estavam convencidas de que a inanição em Bengala poderia ter sido contida com uma injeção de mais alimentos na economia, e culpavam o governo britânico por não dar um jeito na escassez. Uma dessas revistas, *Desh*, publicou um editorial extraordinário em julho de 1943 apresentando a analogia do imperador Nero tocando violino enquanto Roma era consumida pelo fogo. O editorial trazia o título sarcástico de "A glória do governo Churchill". Proclamava, em poderoso bengali, que a escassez de alimentos teria sido evitada se o primeiro-ministro Winston Churchill permitisse que mais alimentos fossem levados para Bengala. Esse diagnóstico talvez ignorasse algumas das características da incapacidade do governo de entender o que tinha causado a escassez e as formas diferentes de preveni-la, mas o tema básico da crítica à política governamental não estava muito equivocado.

Os jornais bengaleses eram fortemente censurados durante o período de escassez, mas as revistas culturais, com um número de leitores relativamente pequeno, vendiam-se livremente. Meus avós costumavam comprar regularmente alguns desses periódicos — entre eles *Desh* (semanário bengalês) e *Prabashi* (revista mensal) eram particularmente bem-vistos. Minha avó Didima lia essas revistas à tarde, enquanto descansava em sua cama de madeira favorita, depois do almoço, e quase sempre partilhava comigo as reportagens que lia. Eu me sentia muito atraído — não apenas interessado — pelos argumentos apresentados nesses artigos. Alguns primos mais velhos, que nos visitavam de vez em quando, também tentavam descobrir tudo que pudessem sobre os terríveis acontecimentos à nossa volta. Tive muitas conversas com eles, em especial com Khokonda (Kalyan Dasgupta), dois anos mais velho; ele costumava intervir com seus pontos de vista mais "adultos". Meu tio Kankarmam me deu um exemplar de *A boa terra*, de Pearl Buck (publicado em 1931), e li vagarosamente, com mórbido fascínio, sua longa narrativa romanceada de uma escassez de alimentos na China.

Um dia Didima leu para mim uma notável análise do "problema dos alimentos" em *Prabashi*, na edição de Shrabon (o mês das monções), que teria saído em agosto de 1943. Verifiquei depois que minha memória estava certa sobre o que o artigo de fato dizia. Vinculava a alta dos preços dos alimentos aos gastos extras e às compras mais volumosas nas regiões urbanas devido aos esforços de guerra, incluindo o consumo por soldados estacionados em Bengala e em outros lugares, que enfrentavam os japoneses não muito longe de nós. *Prabashi* não punha em dúvida a necessidade do esforço de guerra, mas questionava a total falta de atenção das autoridades para com as dificuldades que resultaram disso, incluindo o impacto nos preços dos alimentos, o que arruinou a vida dos pobres da zona rural.

5

O Parlamento em Westminster não discutiu a calamidade da escassez de alimentos? Só quando estava quase superada, em outubro de 1943. Na verdade, a notícia da escassez foi cuidadosamente mantida longe do público britânico até aquela data. Isso era de fundamental importância porque, embora a Índia tivesse um governo imperial autárquico, a administração era controlada por uma democracia em vigor na Grã-Bretanha. Essa contradição era tema favorito de conversas em Santiniketan, assim como em Daca. Meus parentes que eram membros, ou próximos, do Partido Comunista, zombavam da ideia de confiar numa "democracia burguesa" impotente, e o anticolonialismo deles ficou ainda mais perplexo diante da cooperação soviética com os britânicos durante a guerra (depois da guinada de Stálin em junho de 1941). Outros, como os gandhianos, os socialistas do Congresso, os seguidores de Subhas Chandra Bose (de quem falaremos mais no capítulo 9), atribuíam a inação do Parlamento britânico a uma opção política, mais do que a uma incapacidade inata de responder a uma catástrofe das dimensões da escassez de alimentos em Bengala. Eu achava as discussões imensamente envolventes, mas muito difíceis de esclarecer. Quarenta anos depois, eu me lembraria do transe em que ficava, sentado num canto da sala de estar, tentando decidir quem de meus tios e de minhas tias tinha "ganhado" a discussão.

Mas a verdade é que no momento em que Bengala era assolada por uma escassez de alimentos como não se via desde o século XVIII (no início do governo britânico), nem o Parlamento em Westminster, nem os sempre ativos jornais britânicos apresentaram relatórios ou discussões suficientes a respeito dela. O público britânico foi mantido incrivelmente desinformado. Os jornais bengaleses de grande circulação eram, como eu já disse, censurados (para evitar rumores prejudiciais aos combates da Segunda Guerra Mundial), e o grande jornal inglês de Calcutá, *The Statesman*, de propriedade britânica e editado por um inglês leal, Ian Stephens, adotou, voluntariamente, a política de não discutir a escassez de alimentos por solidariedade com o esforço de guerra — apesar de publicar algumas tristes fotos de pessoas famintas, sem comentário e sem explicação.

O apagão de informações só terminou quando Ian Stephens se rebelou, em outubro de 1943. Até então, a censura imposta pelo Raj, em combinação com o silêncio do *Statesman*, tinha impedido toda discussão jornalística em larga escala da fome e da escassez de alimentos em Bengala. Os membros da minha família, apesar de suas diferenças políticas (havia nacionalistas, socialistas, comunistas e democratas liberais), se uniram na raiva contra a supressão de notícias e análises do que se passava.

6

Os esforços de guerra continuaram se intensificando, e a disparada dos preços dos alimentos se acelerou em 1943, impulsionada não só pelo aumento da atividade econômica e pela demanda cada vez maior, mas também pelo pânico e pela manipulação do mercado. O preço do arroz continuou a subir rapidamente até que em agosto (como já mencionei) chegou a cinco vezes o que tinha sido no começo de 1942. Eu não sabia desses números naquela época, claro, e *Prabashi*, *Desh* e outras revistas bengalesas não se detinham neles. Mas faziam um esforço enorme para chamar a atenção dos leitores para os fatos gerais sobre as causas e consequências dos aumentos de preços e seu impacto na disseminação da fome, além de criticar a inação do Raj diante das privações geradas pelas consequências negligenciadas da guerra.

Como quase todas as epidemias de fome, a de Bengala em 1943 foi uma calamidade para determinadas classes. Ninguém que pertencesse a uma família relativamente abonada, incluindo as pessoas da minha família e das famílias dos meus colegas de escola, teve dificuldade para sobreviver a uma calamidade que custou milhões de vidas. Claro, todo mundo reclamava da carestia de alimentos, mas os relativamente ricos não foram empurrados para a beira da inanição.

7

No começo de outubro, quando a escassez de alimentos alcançava a fase mais aguda, fui passar alguns dias com meu pai em Calcutá. Ele tinha um trabalho a fazer lá, e gostei da ideia de visitar a cidade grande onde eu havia passado momentos tão interessantes em dezembro do ano anterior (apesar das bombas japonesas nas longínquas docas de Khidirpur). Mas a Calcutá que então vi era totalmente diferente — e assustadora. Havia famintos e indigentes em todas as ruas, e pela primeira vez na vida vi gente morrer de inanição. Havia uns poucos programas de alimentação em diferentes partes da cidade, organizados por instituições de caridade, que forneciam comida para pequenos números. Todos abriam à mesma hora, para que ninguém tivesse tempo de comer em mais de um. Os famintos brigavam entre si para garantir lugar na fila antes que o número de corte fosse atingido.

A escassez de alimentos provocava uma espécie de degeneração moral nas pessoas arrasadas por circunstâncias que fugiam ao seu controle. O empurra-empurra para passar na frente de outros era penoso de ver. Mas mesmo como um menino de dez anos, entendi que aquilo era inevitável, devido às circunstâncias. Minha avó me falou de uma ocasião em que tinha visto uma mãe chorar profusamente enquanto comia a comida que conseguira em algum lugar, em vez de dá-la para a criança desnutrida em seu colo. "Não somos mais seres humanos — viramos animais", disse ela a Didima.

O pesadelo da fome em Bengala começou a produzir em mim uma determinação de fazer o possível para impedir que algum dia voltasse a faltar alimento. Quando disse isso a um dos meus professores, ele sorriu e aplaudiu minha ambição, mas também me "puxou de volta à terra" (palavras dele) dizendo que a escassez de comida era quase impossível de eliminar. Lembrei-me dessa conversa desanimadora quando, nos anos 1970, comecei a analisar o problema da falta de alimentos, na esperança de achar uma solução que permitisse pelo menos uma prevenção parcial.

8. Bengala e a ideia de Bangladesh

1

Numa tarde de 1944 um homem entrou pelos portões da nossa casa, sangrando de maneira abundante e uivando de dor. Eu tinha ido passar as férias escolares em Daca e estava sozinho no jardim da nossa casa, Jagat Kutir. O homem, um trabalhador diarista muçulmano chamado Kader Mia, tinha sido violentamente esfaqueado nas costas e no peito. Voltava para casa depois de fazer um trabalho na vizinhança — por uma minúscula recompensa — e foi esfaqueado no meio da rua por valentões sectários em nossa área majoritariamente hindu.[1] Gravemente ferido e sentindo muita dor, Kader Mia me pediu água e ajuda. Nos momentos de perplexidade que se seguiram, corri para buscar água, enquanto chamava meus pais aos berros. Meu pai levou-o às pressas para o hospital, mas Kader infelizmente não sobreviveu às facadas.

Eu tinha quase onze anos. Sabia, claro, que as divisões sectárias podiam ser desagradáveis. Mas naquela tarde, enquanto tentava sustentar o corpo ensanguentado de Kader e ajudá-lo a tomar água, no momento em que sua respiração se tornava pesada, percebi o horror brutal e as consequências terríveis das divisões arquitetadas e da hostilidade cultivada. Sem falar na barbaridade do incidente, não consegui entender — ou nem mesmo imaginar — por que

Kader tinha que ser morto por assassinos que nem sequer o conheciam. Para aqueles fanáticos, bastava saber que Kader era muçulmano, que ele tinha determinada identidade comunitária.[2]

Quando me recuperei o suficiente do choque e da tristeza, tive uma longa conversa com meus pais sobre o que havia acontecido. "Para cada incidente de crueldade de que você tiver notícia", disse meu pai (cada vez mais pessimista naqueles tempos odiosos), "provavelmente haverá outro ainda mais abominável." "Não", contrapôs minha mãe, "a gente não pode continuar vivendo neste estado de barbárie." "Este é outro lado do ser humano, repleto de violência irracional", acrescentou meu pai, "não menos real do que a face bondosa e humana de que tanto gostamos."

A lembrança daquela tarde me vinha com frequência quando eu pensava na brutalidade que tantas vezes se oculta na identificação das pessoas com base na comunidade a que pertencem. Sem dúvida, se acharmos que a comunidade religiosa é nossa identidade principal e talvez única, acabaremos reduzindo as pessoas a muçulmanos, a hindus ou a qualquer outra identificação exclusiva. Em tempos de conflitos comunitários, essa redução dos seres humanos a uma só dimensão pode acabar estimulando a violência. Se ao longo da vida tenho encarado com ceticismo a filosofia comunitária, apesar dos laços de simpatia que ela também é capaz de produzir dentro de determinado grupo, isso se deve à minha experiência inicial com a desumanidade da categorização com base na comunidade. Quando, décadas depois, escrevi um livro chamado *Identidade e violência: A ilusão do destino*, publicado em 2006, sobre os perigos de ver os outros — e a nós mesmos — como titulares de uma identidade singular, senti que estava apenas terminando uma jornada iniciada muitas décadas antes, naquela tarde ensanguentada do assassinato de Kader Mia.

2

Enquanto meu pai o levava para o hospital, Kader Mia lhe disse que a esposa lhe pedira, suplicando, que não fosse a uma área hostil durante os tumultos sectários. Mas ele precisava procurar trabalho, ganhar algum dinheiro, porque a família não tinha o que comer. O castigo por aquela falta de liberdade econômica acabou sendo a morte. Kader Mia não teria saído à procura de um ganho mínimo em tempos agitados se sua família pudesse passar sem aquele dinheirinho. Ele disse à minha mãe que olhou para os filhos famintos e decidiu que sairia para ganhar alguma coisa e comprar comida.

Pensei muito na esposa de Kader suplicando ao marido que não corresse aquele risco. O incidente tomou conta dos meus pensamentos por muito tempo, e entendi o poder da pobreza de roubar da pessoa todas as liberdades — mesmo a liberdade de não assumir o risco altamente provável de ser assassinada. A classe entra nessa história com toda a força. Obviamente é bom conselho (como costumamos ouvir em períodos de desordem social) dizer às pessoas que não saiam para a rua, mas o que fazer se ficar em casa significa matar os filhos de fome? Não é de surpreender que a maioria das vítimas dos distúrbios sectários pertença às camadas mais pobres da sociedade — sempre as mais fáceis de matar. Eu não era muito velho quando me dei conta da premente necessidade de incluir a classe econômica na compreensão dos horrores da violência e da carnificina sectárias na Índia. A maioria das pessoas mortas nos tumultos hindu-muçulmanos dos anos 1940 compartilhava uma identidade de classe (vinha de famílias de operários e de indigentes), mesmo tendo diferentes identidades de religião e comunidade (como ser muçulmano ou hindu).

Havia, claro, muita conversa sobre classe social entre os membros da minha família, tanto do lado materno como do paterno, durante meus primeiros anos. O único irmão de minha mãe, Kankarmama, pertencia à ala socialista do Partido do Congresso, e um dos seus primos, Satyen Sen, para nós Lankarmama (que eu via como outro tio), estava no Partido Comunista. Depois da partição, Lankarmama ficaria no Paquistão Oriental, tornando-se muito ativo no desenvolvimento da política de esquerda naquelas bandas. Outro "tio", o primo do meu pai Jyotirmoy Sengupta (para mim Shidhukaka), tinha começado como revolucionário nacionalista, mas aos poucos passou a simpatizar com o movimento comunista, sob forte influência de Muzaffar Ahmad, um dos fundadores do Partido Comunista da Índia, que ele tinha conhecido numa cadeia britânico-indiana (naquela época um bom lugar para conhecer intelectuais).

Minha mãe não era uma ouvinte muito entusiástica daquelas análises diferentes, mas todas de base classista, de quais seriam os verdadeiros problemas da Índia — indo muito além das iniquidades do domínio britânico. Sem dúvida, eles também lutavam contra o Raj, e durante a minha meninice esses tios frequentavam periodicamente cadeias britânico-indianas (como contarei no capítulo 9). Ao contrário do meu pai, que continuava duvidando que os políticos nacionalistas fossem capazes de expulsar os britânicos, minha mãe era muito mais receptiva, e simpatizava em particular com as ideias dos militantes esquerdistas. Tinha um interesse especial pelo pensamento marxista e gostava de conversar comigo sobre política, quase sempre acrescentando "seu pai não concordaria com isso". Com escassez de alimentos e tumultos em toda parte, parecia-me que análises de classe talvez nos ajudassem, pelo menos parcialmente, a entender o que nos afligia, incluindo a pobreza, a desigualdade e a privação de liberdades básicas (como a de não correr o risco imenso de perder a própria vida). Voltarei a essas discussões mais adiante. Mas, deixando de lado a influência que teriam na minha compreensão política e nas perguntas que eu queria fazer, esses pensamentos também indicavam que vidas humanas adquiriam um lugar especial na minha mente curiosa, ao lado das abstrações da matemática e do fascínio pelas culturas históricas.

3

O tumulto sectário não era um fenômeno totalmente novo em Bengala. Houve distúrbios episódicos entre hindus e muçulmanos em diferentes momentos do século XX (alguns em Calcutá, em 1926), bem como no resto da Índia, fomentados por açulamento sectário. Mas o que ocorreu nos anos 1940 foi de fato extraordinário e inédito. A política da partição exigida por alguns e rechaçada por outros tornou a invocação da desunião hindu-muçulmana, dramaticamente mais comum do que tinha sido até então. A violência subjacente daquela década — uma presença inevitável em minha vida em Daca, mas não, por motivos óbvios, na minha cidade escolar de Santiniketan — atingiu o auge com a aproximação da independência e da partição do país pouco antes de 1947.

Foi a Liga Muçulmana, encabeçada por Muhammad Ali Jinnah, que exigiu com veemência a partição do país, com uma terra separada para muçulmanos.[3] Essa demanda tinha por base, em algumas declarações da Liga, a tese de que existiam "duas nações" — de hindus e muçulmanos — na Índia não dividida. A tese era muito discutida em minha família, e havia acordo absoluto sobre sua total falsidade. Meu avô, Kshiti Mohan, achava que ela era produto de uma ignorância abrangente da história da Índia. Para minha família, as conexões existentes entre muçulmanos e hindus eram construtivas e, no geral, cordiais, e suas diferenças eram irrelevantes, exceto na prática concreta da religião.

Embora a demanda pela partição do país começasse com a Liga Muçulmana, muitos hindus de classe alta (quase sempre de casta superior) em Bengala rapidamente passaram a trabalhar pela partição da província, como parte da bifurcação geral da Índia. Bengala tinha uma maioria substancial de muçulmanos, e se toda ela fosse para o Paquistão, os hindus, comparativamente privilegiados, dominantes na vida civil e profissional, e significativamente mais ricos na média, perderiam poder e posição. O grau do empenho das partes privilegiadas das classes média e alta hindus na partição de Bengala foi recentemente revelado num estudo muito esclarecedor de Joya Chatterji.[4]

A observação contemporânea, com acesso limitado a informações, não se compara, é óbvio, às conclusões tiradas por estudos posteriores, mais históricos em abrangência, mas, mesmo para um jovem observador que vivia em Bengala naquele período, uma mudança na retórica de pessoas da elite hindu sobre a unidade de Bengala — passando de firmemente positiva para duvidosa ou confusa — era difícil de não perceber. Isso deixava Kshitti Mohan muito aborrecido, embora ele ficasse ainda mais deprimido com a possibilidade da partição geral da Índia.

4

Há, na verdade, uma boa história de partição, ou tentativa de partição, de Bengala. Em outubro de 1905, lorde Curzon, então vice-rei da Índia, tinha feito uma tentativa, tornando Daca a capital de uma nova e isolada província de "Bengala Oriental e Assam". Um dos motivos da decisão de Curzon foi a preocupação com o papel que um nacionalismo bengalês unido desempenhava na geração de sentimentos contra a dominação britânica. Ainda que a decisão britânica de partição de Bengala tenha sido tomada na esperança de conquistar o apoio de muçulmanos bengaleses (que se tornariam o grupo dominante em Daca), a partição de Curzon encontrou resistência em todos os setores da sociedade bengalesa. Curzon acabou tendo que abandonar a ideia, e Bengala foi reunificada em 1911, na mesma época da decisão de mudar a capital da Índia britânica de Calcutá para Delhi. Um dos resultados do movimento antipartição foi a composição por Rabindranath Tagore da evocativa e comovente canção "Amar Sonar Bangla" ("Minha dourada Bengala"), que ele mesmo divulgou e cantou numa reunião antipartição em 1906. Em 1972, depois da formação de Bangladesh, essa canção seria escolhida como hino nacional do novo país.

Nos anos 1940 havia, de fato, uma possibilidade de que Bengala permanecesse unida, mas como um país — a velha Índia sendo, portanto, seccionada em três, ou seja, a Índia, o Paquistão e Bengala. Essa foi uma das alternativas propostas por alguns líderes políticos bengaleses. Mas, apesar de contar com o apoio de alguns muçulmanos, a proposta quase não teve respaldo das classes privilegiadas hindus. Minha própria família estava dividida na questão de uma Bengala unida numa Índia separada, dando-lhe apoio limitado. Basicamente, todos se opunham a qualquer tipo de partição da Índia.

5

Tínhamos muitos amigos muçulmanos, em Daca, em Calcutá e em Santiniketan. Devido às barreiras de classe dentro da qual as amizades se desenvolvem, a maioria dos nossos amigos muçulmanos pertencia a um estrato social parecido com o nosso. Mas esse grupo formava uma minoria relativamente menos numerosa — bem menor do que os hindus ricos. Tomei consciência, com base na observação e nas conversas com minha família, de que havia relativamente poucos muçulmanos na elite com educação universitária, funcionários públicos, profissionais liberais — médicos, advogados etc. — e, mais genericamente, nas classes médias razoavelmente prósperas. Nisso havia um grande contraste com o norte da Índia, onde os muçulmanos eram bem representados na elite. O contraste sempre me chamava a atenção ao visitar a cidade nortista de Lucknow, aonde eu ia com frequência, porque a irmã de minha mãe Mamata (Labumashi para mim) morava lá com o marido, Sailen Dasgupta, professor de história na Universidade de Lucknow. Eu adorava visitar aquele campus quando menino — mas gostava mesmo de Lucknow por causa do convívio com Somshankar (para mim Bacdchuda), o filho de Lubamashi e Sailen, e com as filhas deles, Ilina e Sumona.

Impressionava-me também a riqueza da cultura de Lucknow, dominada por muçulmanos de classe alta. Tradicionalmente, as classes altas em Lucknow tinham sido a pequena nobreza muçulmana, incluindo um grupo de pessoas — não apenas os governantes de outrora, os nababos — que também praticava o islamismo. O estilo de vida tranquilo, agradável e caloroso da elite muçulmana de Lucknow, mesmo quando a desgraça desabava sobre eles na forma da conquista britânica, seria retratado num dos grandes filmes de Satyajit Ray, *Os jogadores do fracasso* (1977). Daca tinha, claro, sua cota de nababos muçulmanos, mas, fora esse pequeno grupo, a grande maioria dos muçulmanos bengaleses não era, tipicamente, muito abastada.

Há uma peculiaridade aqui, uma vez que Bengala tinha sido governada por reis muçulmanos durante séculos. Aparentemente aqueles governantes muçulmanos bengaleses não desejavam tirar as classes alta e média hindus de sua posição confortável, nem as obrigar a adotar o Islã. Os hindus não precisavam trair sua religião para servir como funcionários dos governantes muçulmanos na corte ou nas forças armadas. Há descrições notáveis de cerimônias de posse no exército mughal, com oficiais muçulmanos fazendo seu juramento em nome de Alá e oficiais hindus fazendo o deles em nome de Vishnu.[5]

Essa aceitação da pluralidade religiosa era a política firmemente declarada dos mughals em termos gerais, a começar pelo imperador Akbar na segunda metade do século XVI. (Quando Giordano Bruno estava sendo queimado na fogueira por apostasia no Campo de Fiori, em Roma, Akbar apregoava o valor da tolerância religiosa em Agra.) Embora muitos historiadores hindus tenham criticado severamente a natureza "comunal" dos últimos tempos da dominação mughal, em particular sob o imperador Aurangzeb um século depois, meu avô, Kshiti Mohan, costumava pôr em dúvida essa crença popular — muito enfatizada nos anos conflituosos da minha formação — como "história imaginada". Aurangzeb tinha numerosos hindus em sua corte e em seu círculo mais próximo. Era difícil conter Kshiti Moham nesse assunto. Isso acontecia, acho eu, porque para ele a história sectária antimuçulmana desempenhava um papel sórdido na geração de insatisfação e violência, e no endurecimento das divisões comunitárias na Índia.

Mesmo antes da conquista mughal, no século XVI, os governantes muçulmanos de Bengala (pachtuns do Afeganistão) já aceitavam sem problemas os hindus na corte e nas forças armadas. Além de haver poucas conversões para o Islã nas camadas superiores da sociedade hindu, foi relativamente pequeno o fluxo de muçulmanos de classe alta do norte da Índia para Bengala. Certamente, alguns Ashrafs afirmavam que seus antepassados vinham do oeste do desfiladeiro de Khyber, de reinos persa, árabe ou turco, ou seja, de terras dentro do núcleo da dominação muçulmana; mas os Ashrafs imigrantes não eram numerosos. As principais conversões para o Islã (numericamente significativas a partir do século XIV) ocorriam entre os menos abastados, em geral da periferia da sociedade hindu. Na verdade, não está muito claro se todos os que adotavam o Islã se convertiam do hinduísmo, pois com frequência mal pertenciam à própria sociedade hindu.

O abismo entre hindus e muçulmanos cresceu durante a dominação britânica, de início sob a Companhia das Índias Orientais. Em 1793, uma proclamação (conhecida como Código Cornwallis) do lorde Cornwallis, o governador-geral britânico, estabeleceu "permanentemente" o tributo a ser pago pelos proprietários de terras ao Estado, concedendo-lhes imunidade contra o aumento de tributação, além de garantia da propriedade. Muitos desses proprietários de terras eram hindus, e ali prosperou uma classe deles que vivia do arrendamento da terra, mas que na verdade morava longe e não a cultivava diretamente. A maioria dos arrendatários, que pagavam aluguel aos proprietários e eram severamente explorados, era muçulmana. O Assentamento Permanente prejudicou de modo extraordinário a economia, acabando com qualquer incentivo para a melhoria da produção agrícola e congelando as desigualdades com base na propriedade da terra.

6

Ao crescer e começar a entender a importância das categorias de classe, foi ficando claro para mim o impacto duradouro dessas desigualdades econômicas entre hindus e muçulmanos na Bengala pré-partição. Minha mãe, fortemente influenciada por seus primos de sangue e casamento, todos militantes, dava-me informações fragmentadas sobre a distância social criada pela propriedade dos meios de produção, que nesse caso era basicamente a terra. Ela sem dúvida estava descobrindo coisa importante, mas nunca ia até o fim da sua linha de raciocínio, nem mesmo nas revistas que editou durante anos.

Minha família não tinha terras em quantidade significativa — e qualquer prosperidade de que desfrutasse vinha da renda de suas atividades profissionais —, mas ao longo dos anos, em Calcutá, conheci muitíssimos proprietários hindus que possuíam variadas quantidades de terras e delas obtinham renda regular. O historiador Ranajit Guha (posteriormente meu amigo e colega), que produziu um estudo definitivo e abrangente das origens do sistema perverso do Assentamento Permanente, reconheceu que como membro dessa classe de proprietários ausentes ele mesmo era beneficiário:

> Em sua primeira juventude, o autor, como muitos outros de sua geração em Bengala, cresceu à sombra do Assentamento Permanente: sua subsistência, como a da sua família, vinha de propriedades distantes, que jamais visitamos; sua educação foi orientada pelas necessidades de uma burocracia colonial que recrutava seus funcionários entre os rebentos dos beneficiários de lorde Cornwallis; seu mundo cultural era rigorosamente delimitado pelos valores de uma classe média que vivia da fartura da terra e divorciada da cultura local das massas de camponeses.[6]

Outro historiador importante, Tapan Raychaudhuri, descreve sua experiência como membro de uma família de proprietários, mas nesse caso dona de um patrimônio muito maior do que o da família de Guha, e que vivia perto de suas propriedades num distrito de Barisal. Raychaudhuri tinha fortes compromissos igualitários e chamou a atenção para as injustiças do sistema de propriedade da terra em Bengala com notável clareza:

> Ser *zamindar* [proprietário de terra] significava ser tratado como realeza pelos camponeses pobres nossos arrendatários... Quando nos encontrávamos com os *ryots* [agricultores], eles nos tratavam como seus senhores e patrões... os *zamindars* bengaleses... dominaram a sociedade rural e, até certo ponto, a urbana naquela parte do mundo por mais de um século.[7]

Alguns dos *ryots* subservientes eram hindus das camadas sociais inferiores, mas muitos — na verdade, a maioria — eram muçulmanos.

Em razão dessa desigualdade econômica, era fácil recrutar os muçulmanos bengaleses para a política da insatisfação, e o êxito temporário com que a

Liga Muçulmana em Bengala, em meados dos anos 1940, assegurou a lealdade dos muçulmanos bengaleses, importantíssima para a partição da Índia, estava estreitamente ligado à questão da propriedade da terra. No entanto, apesar da facilidade da exploração dos muçulmanos bengaleses pelas divisões comunais, eles continuaram a apoiar partidos políticos comunalmente integrados até 1943. Fazlul Hug serviu como primeiro-ministro de Bengala — cargo baseado na política eleitoral, mas com poderes limitados sob o Raj — em várias coligações, primeiro com a Liga Muçulmana e depois com o Hindu Mahasabha. Seu partido de origem era o secular Krishak Praja ("Partido dos Camponeses e Arrendatários"), dedicado à reforma agrária e à revogação do Assentamento Permanente de Cornwallis. Não era um partido comunal, mas, devido à natureza da economia de Bengala, a maioria dos seus seguidores era na verdade de muçulmanos bengaleses.

Fazlul Hug era atacado no Congresso como "comunalista". Os acusadores citavam sua declaração, repetida com frequência, de que era "primeiro muçulmano, depois bengalês" e de que foi convencido por Muhammad Ali Jihhaha a propor para discussão a diretiva separatista muçulmana Resolução de Lahore em 1940. Mas Hug continuou a defender suas próprias prioridades como líder dos muçulmanos bengaleses, que adotavam posição econômica muito diferente da dos muçulmanos de outras partes do subcontinente, e foi expulso da Liga Muçulmana por Jinnah em 1941.[8]

Sem dúvida os interesses dos muçulmanos bengaleses estavam firmemente associados a questões seculares de reforma agrária, revogação das injustiças e exploração na posse da terra em Bengala. O próprio Hug dava grande atenção aos interesses mais amplos e às glórias de Bengala. Para citar um pequeno exemplo, depois de um excelente desempenho nos exames, Tapan Raychaudhuri chegou a receber um telegrama de Fazlul Hug cumprimentando-o por promover "a glória de Barisal". Havia muita discussão entre pessoas da minha família sobre "o que Fazlul Hug realmente defende", mas como muitas, incluindo meu pai, o conheciam bem, e simpatizavam com seus compromissos básicos, Hug geralmente saía dessas discussões endossado e justificado.

7

Muitas coisas mudaram em Bengala desde meus tempos de menino, mas o que mudou mais radicalmente foi a remoção do peso morto e da injustiça do Assentamento Permanente. Tapan Raychaudhuri relata que o estilo de vida de proprietários abastados desapareceu "quase da noite para o dia em 1947-8". É lícito dizer que essa mudança "da noite para o dia" viabilizou um Bangladesh fortemente comprometido com o secularismo de uma forma talvez impossível nos anos 1940. No entanto, há muito mais nessa história, em particular o desenvolvimento de uma política secular muito bem pensada sob a liderança do xeque Mujibur Rahman (ou Bangabandhu), o grande estadista de Bangladesh.

Depois que a "questão da terra" — o grande ressentimento muçulmano que restringia o secularismo de Hug — ficou obsoleta, houve espaço para movimentos políticos bengaleses mais unificadores no Paquistão Oriental, entre os quais o movimento pela língua bengali (o *bhasha andolan*) foi pioneiro a partir de fevereiro de 1952, menos de cinco anos após a partição da Índia e o estabelecimento do Paquistão Oriental. Não quer dizer que o surgimento de movimentos não facciosos bengaleses fosse inevitável depois das mudanças nas injustiças agrárias. O que houve foi que se abriram possibilidades para eles, e não mais que isso.

A ideia de um Bangladesh secular e democrático precisava de cultivo político construtivo, o que se procurou fazer, com muita dificuldade, ao longo dos anos. Em última análise, isso exigia uma visão abrangente e afirmativa, que veio com Bangabandhu, xeque Mujibur Rahman. Foi muito importante Mujibur Rahman poder se utilizar da história especial de relações comunais em Bengala através dos séculos, e de seu passado recente de intensa violência sectária. Quando eu pensava na história cultural de Bengala — estivesse eu em Daca, Calcutá ou Santiniketan —, as conexões entre esses elementos pareciam bem relevantes para resolvermos a difícil questão de saber se era legítimo ou não falarmos em "povo bengalês".

A identidade bengalesa sempre foi importante para mim, sem ser suficientemente invasiva para eliminar minhas outras lealdades de profissão, política, nacionalidade e outras afiliações, incluindo a da minha humanidade comum com todas as outras. Um misto de diferentes fontes históricas de cultura é parte importante do que surgiu como identidade bengalesa. Quando, em suas Palestras Hibbert no começo dos anos 1930, Rabindranath Tagore disse a sua plateia oxfordiana, com evidente orgulho, que vinha de uma "confluência de três culturas, hindu, islâmica e britânica", essa declaração era tanto uma negação explícita de confinamento sectário como uma celebração implícita da dignidade de ter uma base ampla, em não ser escrupulosamente isolado.

A afirmação de secularismo político e cultural não tira dos muçulmanos bengaleses sua identidade religiosa, e isso é inteiramente compatível com a afirmação de que a identificação religiosa das pessoas pode ser separada de como elas se reconhecem politicamente. O mesmo se aplica a um hindu bengalês, seja em Bangladesh, seja na Índia.

8

Pensando nesses debates, o que devemos procurar na história de Bengala? Quando desapareceu como prática em boa parte da Índia depois de mil anos, o budismo continuou a prosperar em Bengala até o fim do século XI, com os reis budistas pala representando o último bastião do poder real budista no país. Depois de um breve período, o governo hindu foi suplantado pela chegada de conquistadores muçulmanos a partir do começo do século XIII. Ainda que esses primeiros governantes muçulmanos (os pathans), vindos do Afeganistão, tivessem uma história implacável de confronto e destruição, a dominação muçulmana em Bengala criou raízes num tempo relativamente curto. Na verdade, vários desses primeiros reis muçulmanos, que aprenderam o bengali apesar de suas origens em outros lugares, ficaram suficientemente impressionados com a história multicultural da região para encomendar boas traduções em bengali das epopeias sânscritas, *Ramayana* e *Mahabharata*. Isso foi no século XIV, e aquelas primeiras traduções ainda estão entre as versões mais lidas das epopeias antigas. Há relatos comoventes sobre um dos reis muçulmanos que queria ouvir as velhas histórias sânscritas sem parar, todas as noites. Não estavam de forma alguma, claro, abandonando suas crenças islâmicas, mas acrescentavam vínculos não religiosos à sua própria religiosidade, mostrando com grande clareza — setecentos anos atrás — que a identidade religiosa de alguém não precisa alijar todos os demais vínculos.

A energia dos novos muçulmanos que chegavam à região é descrita e celebrada no fim do século XVI (por volta de 1590) pelo principal poeta hindu, Mukundaram, em seu Chandimangal. Mukundaram observou ainda que suas atividades econômicas, além de renderem os benefícios costumeiros, tinham até mesmo expulsado os temíveis tigres da região:

Do oeste veio Zafar Mian
Junto com 20 mil homens.
Contas de Suleimânia nas mãos,
Cantavam os nomes de seu pir *e do Profeta.*
Tendo limpado a floresta,
Estabeleceram mercados.
Centenas e centenas de estrangeiros
Comiam e entravam na floresta.
Ouvindo o som do machado
Os tigres ficaram apreensivos e fugiram, rugindo.[9]

Empreendimentos industriais, como a fabricação de tecidos que envolviam altos níveis de habilidades especializadas, como a famosa musselina de Daca, cresceram rapidamente. E, ainda que a agricultura tenha chegado mais tarde ao leste do que ao oeste de Bengala, as regiões orientais logo passaram a competir com — e muitas vezes superar — a Bengala Ocidental em produtividade. A integração de muçulmanos e hindus nas atividades econômicas foi consolidada, mas já abrangia a disparidade na posse da terra que se aprofundaria e ampliaria drasticamente nos primeiros tempos do domínio britânico, em particular através do Assentamento Permanente de Cornwallis.

9

O que une os bengaleses em Bangladesh não é apenas uma história econômica e política compartilhada — que desempenha grande papel, claro — mas a língua bengali comum e o orgulho de sua riqueza e de suas realizações. A língua tem tido uma influência incrivelmente poderosa na identidade de bengaleses, como grupo, dos dois lados da fronteira política entre Bangladesh e Índia. Como já mencionei, a campanha politicamente separatista no que era o Paquistão Oriental levou à guerra pela independência e, em última análise, à formação do novo Estado secular de Bangladesh, encabeçada pelo "movimento da língua" em defesa da língua bengali. Os encontros pioneiros de 21 de fevereiro de 1952 em campi universitários, que as autoridades paquistanesas tentaram dissolver à força, com significativa perda de vidas, são amplamente comemorados em Bangladesh como "Dia do Movimento da Língua" — e também, em todo o mundo, como "Dia da Língua Materna", segundo a designação da ONU de 1999.

Uma das vozes mais poderosas, tanto pela qualidade de suas contribuições literárias como na defesa de sua visão integracionista, era a de Kazi Nazrul Islam, o poeta mais popular de Bengala depois de Tagore. A rigor, a atitude de Nazrul para com as divisões comunais não era diferente da de Rabindranath (Nazrul tinha a reputação, quando jovem, de grande recitador dos poemas de Tagore), mas ele escreveu com mais vigor, combinando sua visão humanista bengalesa com um forte compromisso esquerdista com igualdade econômica e social. Era amigo de Muzaffar Ahmad, por quem foi muito influenciado, e que já mencionei no começo deste capítulo como inspiração para meu tio Jyotirmoy Sengupta quando esteve preso num cárcere britânico na Índia. Ahmad também escreveu uma bela biografia de Nazrul Islam, em particular sobre seu compromisso com o humanismo secular e a justiça social.

Havia uma revista literária ligada ao Partido Comunista que se chamava *Langol* ("Arado"), fundada em 1925. O primeiro número trazia resenhas de uma biografia de Karl Marx e de uma tradução de *A mãe*, de Máximo Gorki, bem como alguns poemas de Nazrul que a revista prometia publicar com regularidade. O lema da *Langol*, que aparecia como uma espécie de cabeçalho, era tirado de Chandidas, poeta bengalês do século XV:

Shunoho manush bhai,
Shabar upor manush satya
Tahar upor nai.
(Escute-me por favor, irmão humano,
O homem é a mais alta verdade que buscamos,
Não há verdade maior do que esta.)

A influência de Nazrul no pensamento bengalês foi profunda. Sua reputação de *bidrohi kabi* ("poeta rebelde") lhe garantiu uma devoção especial, e em muitos contextos políticos até mesmo grandes fãs de Tagore prefeririam o forte chá Assam de Nazrul ao sabor delicado do Darjeeling de Tagore. Na minha época eram pouquíssimos os bengaleses que não sabiam recitar de cor um poema intitulado "Kandari Hushiyar", que pode ser traduzido livremente como "Cuidado, capitão do nosso barco". Uma exortação particular ao capitão o adverte: "Esta pessoa que se afoga é hindu ou muçulmana?, alguém pergunta. Líder, diga-lhe que a pessoa é um ser humano — o filho da minha mãe".

Uma vez que meu avô Kshiti Mohan Sen vivia, como já vimos, profundamente envolvido em pesquisar, lecionar e escrever sobre as extensas interações entre hindus e muçulmanos na cultura bengalesa, eu recebia em casa instruções regulares sobre o assunto, além de ler o que Kshiti Mohan escrevia. Ele tinha também muitas histórias para contar sobre a tacanhice dos separatistas culturais. Eu gostava muito de uma delas, tanto pela suave defesa da integração como por refletir uma desconfiança bengalesa comum acerca de sacerdotes. Era sobre uma noite em que o irmão mais velho de Kshiti Mohan, Abanimohan, e um amigo seu — um sacerdote muçulmano chamado Mahafizuddin —, conversavam em casa, fumando narguilé. Viram passar um sacerdote hindu chamado Chakravarty, e Mahafizuddin o convidou calorosamente para se juntar a eles. Chakravarty se recusou, chamando a atenção para a diferença que havia entre ele, um puro sacerdote brâmane, e o maulavi muçulmano. Os dois eram "muito diferentes", insistiu Chakravarty, e seria inapropriado fumarem juntos. O maulavi respondeu: "Amigo, na verdade não existe diferença entre nós. Você vive explorando as vulnerabilidades de hindus ignorantes, e eu vivo explorando as vulnerabilidades de muçulmanos ignorantes. Nosso negócio é exatamente o mesmo".

10

Quando estudante, muito me impressionou uma notável ilustração de integração multicultural em Bengala, agora esquecida, mas que na verdade tem uma história importante: o calendário bengalês chamado San. Trata-se do único calendário existente no subcontinente indiano em que ainda sobrevive a influência da frustrada tentativa do imperador Akbar de estabelecer um calendário não sectário totalmente indiano, o Tarikh-ilahi. No fim do século XVI, quando o fim do primeiro milênio do calendário lunar muçulmano, ou Hijri, se aproximava, Akbar queria um calendário multicultural para a Índia que fosse solar, como os calendários hindu, jainista ou persa, mas que incluísse importantes características do Hijri muçulmano. O ano zero foi fixado em 1556 d.C. (o ano em que Akbar subiu ao trono), que correspondia a 1478 no calendário Saka hindu e a 963 no Hijri muçulmano.

Apesar das altas esperanças de Akbar, o Tarikh-ilahi jamais pegou em Delhi ou Agra, apesar de ser usado na corte do próprio Akbar. Mas teve boa recepção no recém-adquirido acréscimo ao império de Akbar, Bengala, onde o velho calendário bengalês reformado, com forte influência do Tarikh-ilahi de Akbar, sobrevive robustamente até hoje e é de importância crucial para muitas cerimônias hindus. Rabisco estas linhas no ano de 1427 no San bengalês, uma identificação que comemora a mudança do profeta Mohammed de Meca para Medina, num sistema misto lunar-solar de contagem — lunar muçulmano até 963 e solar hindu a partir de então. Um hindu religioso pode não estar ciente dessa conexão com o Profeta do Islã quando invoca essa data numa cerimônia hindu.

Lembro que me impressionou e me divertiu muito essa combinação quando a história do San bengalês foi esclarecida, basicamente pelo brilhante cientista Meghnad Saha em meados dos anos 1950. No entanto, quarenta anos depois houve margem para mais reflexões quando a tese de Samuel Huntington do "choque de civilizações" despertou atenção mundial em 1996, com a publicação do seu livro *O choque de civilizações*. Um adepto da partição civilizacional segundo a linha separatista de Huntington precisa descobrir se o San bengalês faz parte da "civilização hindu" ou da "civilização muçulmana", entre as quais Huntington viu uma dissonância tão aguda. A resposta, claro, é que faz parte de ambas, e não pode caber na simplicidade arrasadora da categorização huntinghtoniana.

A história de Bengala é, portanto, um conto de integração, e não de partição religiosa e desintegração cultural. Essa filosofia, esse entendimento, é que faz de um Bangladesh unido e secular uma ideia viável e elevada, e lhe permite enfrentar o mundo em seus próprios termos.

9. Resistência e divisão

1

"Como vai Ranjit?", perguntou meu tio Shidhu (primo do meu pai) numa carta do cárcere de Burdwan para minha tia Bani. Ele se queixava da complexidade do nome Amartya, resmungando que, ao dar um nome de "quebrar os dentes" a um bebê, Tagore mostrou sinais de ter "enlouquecido completamente na velhice". "Eu vou chamá-lo de Ranjit", declarou tio Shidhu. "Como vai ele?" A carta carinhosa foi escrita em 22 de agosto de 1934, antes de eu completar um ano. Shidhu, ou Jyotirmoy Sengupta (seu nome verdadeiro), estava na prisão desde o verão de 1932, antes do meu nascimento. Foi condenado a sete anos pelo delito geral de trabalhar pela destruição do Império Britânico (o que certamente ele fazia) e pelo crime particular de ter ajudado a canalizar dinheiro do governo para um grupo revolucionário dedicado à rebelião violenta. Shidhu foi transferido várias vezes de uma prisão para outra: prisão de Daca, prisão central de Alipur, prisão de Burdwan, prisão central de Midnapur, entre outras. Quando pequeno, eu era levado com certa regularidade para visitar meu tio nessas diversas casas de encarceramento.

Quando foi condenado, ele preferiu encarar a prisão rigorosa, com correntes nas pernas e tudo o mais, ainda que, como prisioneiro político pertencente a uma família instruída de classe média, pudesse ficar no confinamento muito mais confortável e menos degradante que o sistema prisional britânico da Índia, com sua consciência de classe, permitia. Ele escrevia regularmente para a mãe dizendo que estava "excelentemente bem", mas a desnutrição a que foi submetido nas diferentes prisões na certa contribuiu para o sério caso de tuberculose que contraiu, perdendo peso de maneira assustadora, como seu companheiro de prisão Muzaffar Ahmad informou. Como a severidade da tuberculose punha sua vida em risco, e como jamais causou problemas para ninguém nas várias prisões onde esteve, Shidhu acabou sendo solto em dezembro de 1937, antes de cumprir a sentença de sete anos. Àquela altura, infelizmente, já não estava longe da morte. No entanto, felizmente para mim, tive muitas conversas com ele depois que foi solto, e guardo boas recordações de ouvi-lo discorrer sobre assuntos importantes, como a unidade da Índia e a trivialidade política da divisão entre hindus e muçulmanos. Minha mãe tinha enorme admiração por Shidhu e adorava saber que "Ranjit" podia conversar e aprender com seu tio visionário e corajoso.

2

Em meus anos de formação, eu ficava muito impressionado com o fato de tantos tios, incluindo o único irmão de minha mãe, Kankarmama, e vários primos dos dois lados, estarem nesta ou naquela prisão. Eram mantidos sob custódia não porque tinham feito alguma coisa, mas porque os governantes coloniais decidiram que eram capazes de causar danos ao Raj se ficassem soltos. Iam para a cadeia, portanto, em virtude da prática colonial amplamente usada de "detenção preventiva". Poucos deles tinham ligações com organizadores de acontecimentos violentos. Todavia, tanto escritos como discursos não violentos a favor da independência, em especial quando alinhados com o Mahatma Gandhi, já bastavam como qualificação para meus familiares serem preventivamente detidos pelo Raj.

Shidhu não era, porém, esse tipo de detido, mas o único dos meus parentes presos a ser condenado num tribunal. Seu crime foi ter contato com, e dado ajuda a, ativistas que roubaram em Daca um trem transportando num compartimento lacrado fundos governamentais para uso militar — fundos que os rebeldes descarregaram e transferiram para revolucionários. O saque foi executado quando o trem saía da estação em Daca. O grau de envolvimento direto de Shidhu no roubo não ficou claro, em absoluto, mas ele ajudou a levar o dinheiro para ativistas anti-Raj (o motorista do carro usado nessa transferência tornou-se "testemunha do Estado" numa delação premiada e, ao que tudo indica, identificou Shidhu).

Meu pai, Ashutosh Sen, jamais se envolveu, nem quis se envolver, nessas atividades. Admirava a coragem, a dedicação e o sacrifício desses rebeldes, em particular os que não matavam nem feriam ninguém, e estava sempre disposto a ajudar os ativistas nas privações de sua vida pessoal. Mas rebelião violenta não era com ele, que desaprovava o chamado "terrorismo" (segundo a terminologia preferida pelo Raj), quase sempre assumindo a forma de tentar atacar à bomba oficiais britânicos. Meu pai achava essas atividades brutais e horríveis, além de totalmente inúteis numa campanha para libertar a Índia do jugo colonial. Sua admiração pela coragem e dedicação desses ativistas não incluía admiração por sua moralidade e seus argumentos.

O dinheiro obtido no assalto ao trem foi repassado para os rebeldes na manhã seguinte, e meu pai quis saber de um dos primos envolvidos — não era Shidhu — onde eles tinham guardado o valor naquela noite, quando a polícia vasculhava todos os cantos de Daca. Meu pai ficou chocado, e nem um pouco satisfeito, quando o ativista lhe disse que guardaram o dinheiro na casa dele — quer dizer, na casa do meu pai — num velho baú enfeitado que ele costumava deixar na varanda do térreo ("sabíamos que nunca iriam procurar em sua casa"). Bem mais tarde eu aprendi, na maravilhosa peça de Tom Stoppard *Professional Foul* [Falta profissional], que estratégias parecidas para driblar as buscas autoritárias escondendo coisas procuradas entre os bens de pessoas de confiança são usadas no mundo inteiro. Pelo que entendi, Ashutosh repreendeu furiosamente o ativista por suas falhas morais e políticas, mas não foi além disso.

Shidhu passou por uma transformação política em seus anos de prisão, sofrendo forte influência das ideias políticas e sociais de Marx e Freud. Os dois o enfeitiçaram, mas foi Marx que aos poucos o convenceu de que o terrorismo era um grande erro, e o que se fazia necessário, no lugar dele, era incentivar movimentos populares organizados. Suas vastas leituras em várias prisões o levaram a rejeitar totalmente a loucura terrorista de mutilar ou matar funcionários britânicos, e ele continuou fazendo planos para uma vida futura dedicada à organização de operários e camponeses através de movimentos sindicais (o que tentou fazer no breve período que lhe restava depois de solto). Como já mencionei, na prisão ele conheceu Muzaffat Ahmad, um dos fundadores do Partido Comunista Indiano. Depois de solto, Muzaffar agitou em nome de Shidhu também, explicando que ele tinha rompido com qualquer vínculo que pudesse ter tido com os terroristas e pretendia se concentrar apenas no trabalho sindical.

3

Como eu visitava regularmente meus tios, e adorava conversar com eles, encantava-me o fato de que eram diferentes entre si e pertenciam a diferentes partidos políticos — Kankarmama era do Partido Socialista do Congresso (parte do Congresso em geral), Lankarmama do Partido Comunista, e assim por diante. Eu era levado para visitá-los por parentes adultos, e lembro de ter ficado muito comovido quando, numa dessas ocasiões, Kankarmama me disse que estava muito feliz por ter sido transferido para uma sala diante da qual havia uma árvore, coisa que fazia tempos que não via. "É uma visão muito tranquilizante", disse, "especialmente porque me lembra que existe uma vida normal fora dos muros altos da cadeia, onde novas folhas brotam na primavera."

Ele me disse que ficou satisfeito demais com a imagem de uns patos que eu desenhei e lhe mandei num cartão-postal — patos do nosso próprio condomínio. Certa ocasião eu lhe havia perguntado sobre a diferença entre comunistas e socialistas, e ele respondeu que, embora não pudesse ter uma conversa política ali na cadeia, na "hora de visita" rigorosamente monitorada, falaria comigo sobre o assunto logo que fosse solto. Fazia muitas críticas aos comunistas, especialmente por seu "servilismo" à União Soviética ("é uma espécie de falência política", disse ele).

Minha avó Didima, mãe de Kankarmama, sempre ficava muito emotiva ao despedir-se dele no fim da visita semanal. Meu avô Kshiti Mohan não ajudava muito ao parecer insensível e forte. Ele encurtava as visitas que já eram curtas (em especial para Didima), lembrando-nos, a intervalos regulares, que só tínhamos mais vinte minutos (ou quinze, ou dez, ou cinco) — "qualquer coisa importante que queiram dizer tem que ser agora" —, advertências que interrompiam qualquer conversa. Só descobri sobre sua tristeza perene pela prisão do filho quando ele e eu fazíamos longas caminhadas antes do amanhecer, com estrelas ainda brilhando.

Além de visitar o filho na cadeia, minha avó também apelava para alguns oficiais do Raj conhecidos seus (ou parentes), jurando que o filho era inocente e não deveria ficar detido de modo preventivo. Acompanhei-a certa ocasião em que ela visitou um conhecido funcionário do Serviço Civil Indiano, B. R. Sen, um parente distante. Binay Ranjan tinha sido magistrado distrital em Midnapur, mas quando Didima o visitou ele ajudava a coordenar as políticas alimentares do Raj. (Teve o azar de ser funcionário sênior com essa responsabilidade quando ocorreu a escassez de alimentos em Bengala.) Ficamos aguardando numa sala de espera externa, sendo informados de que ele atenderia Didima depois que fizesse a barba. Esperamos umas duas horas, durante as quais ouvimos pessoas conversando dentro dos seus aposentos, e de vez em quando risadas. Lembro de ter comentado com Didima que talvez a barba dele fosse muito espessa.

Finalmente ele teve tempo para atender minha avó — uns poucos minutos —, deixando-a explicar que o filho não estava envolvido em nenhuma atividade violenta. "Não posso ajudar", disse B. R. Sen, "a não ser que ele mude de atitude política com o governo. A acusação contra ele não é de violência, mas de que seus escritos criam insatisfação com o império. Ele será solto quando parar com isso." Voltei para casa com Didima, extremamente decepcionada, mas depois gostava de mencionar minha opinião mais positiva do encontro. "Ele estava muito bem barbeado", eu tinha dito a Didima.

Depois de 1947, quando os ex-funcionários do Serviço Civil Indiano que se haviam dedicado tanto a servir ao governo britânico (incluindo manter indianos rebeldes na cadeia) foram premiados com destacadas posições internacionais como representantes do país recém-independente, B. R. Sen tornou-se diretor-geral da Organização para Alimentação e Agricultura (FAO), sediada em Roma. Eficiente em tudo que fazia, serviu bem naquele cargo — como antes servira a seus patrões britânicos. Ao que tudo indica, tomou algumas iniciativas imaginosas para atacar os problemas mundiais de alimentação, mas guardiões da cultura do Raj ficarão aliviados de saber que na FAO ele manteve a tradição dos altos funcionários da Índia britânica de jamais ser vistos carregando a própria pasta — um ordenança, andando dois passos atrás, sempre a carregava para ele. Meus amigos italianos em Roma, que souberam como ele era, acharam isso muito engraçado. Eu tinha que lhes explicar a imutável "cultura de ordenanças" do Raj.

4

Quando eu era menino, os movimentos pela independência indiana começavam a ganhar força e determinação. Havia ações e agitações dos tipos mais variados, e em meus anos de formação eu queria tentar entender em que elas diferiam umas das outras — e por quê.

Então, de repente, a Segunda Guerra Mundial tornou-se uma grande preocupação dos governantes britânicos na Índia. Em 1939, lorde Linlithgow, o vice-rei da Índia, fez uma declaração unilateral anunciando que o país estava envolvido na guerra, naturalmente do lado dos britânicos. Quando o anúncio foi feito, eu tinha quase seis anos, e estávamos voltando de Mandalay para Daca, onde meu pai retomaria suas obrigações como professor na Universidade. A declaração de Linlithgow, feita sem nenhum tipo de consulta na Índia, foi imensamente criticada, e eu percebi, de alguma maneira, que apesar de parecerem bem contrários à Alemanha nazista, quase todos os adultos da família achavam que a Índia não deveria ser arrastada para a luta sem que primeiro se consultassem os indianos.

Não foi tanto a falta de simpatia pela posição da Grã-Bretanha contra o nazismo, mas o fato de negar-se à Índia o direito de ser consultada que causou tanta frustração e raiva. Havia outras questões ainda maiores, também, além do direito de ser consultada. O Congresso Nacional Indiano estava disposto a cooperar com os britânicos desde que a questão da independência do país fosse resolvida. A guerra foi levada a sério na Índia e logo chegaria à Birmânia, de onde acabávamos de retornar, mas muitos indianos já estavam cientes das histórias de atrocidades japonesas na China, motivo de muita condenação.

Para lidar com a crescente insatisfação na Índia, o governo britânico despachou em março de 1942 uma missão para conversar com líderes políticos indianos sobre uma cooperação maior com o esforço de guerra. Era encabeçada por Sir Stafford Cripps, uma das figuras mais importantes do Partido Trabalhista, que — entendi isso ouvindo meus pais e meus tios — era um "homem muito bom". Veio conversar com os líderes indianos e lhes pedir que cooperassem no esforço de guerra em troca da firme promessa de que a independência indiana seria seriamente examinada depois da guerra. Não haveria, porém, concessão imediata à independência indiana da parte dos governantes britânicos.

Gandhi considerou a falta de mudança imediata inaceitável, mas Cripps não estava autorizado pelo governo Churchill a oferecer algum acordo que pudesse ser bem-recebido pelos líderes indianos. As negociações, prometeu Cripps, começariam depois da guerra. Gandhi não se animou muito. Quando Cripps lhe perguntou por que parecia tão pouco impressionado, Gandhi teria dito que tentava entender o que poderia fazer com "um cheque pré-datado de um banco que estava quebrando". Houve muitas conjeturas sobre se Churchill tinha enviado Cripps à Índia não tanto para garantir a cooperação de líderes políticos indianos (o que Cripps não poderia conseguir, levando em conta o que estava autorizado a oferecer), mas para enfraquecer esse "homem muito bom" do Partido Trabalhista, cujo nome vinha sendo ventilado na época para assumir como primeiro-ministro alternativo, caso Churchill caísse.

Em 8 de agosto de 1942, depois do fracasso da Missão Cripps em abril, Gandhi lançou o movimento Quit India [Deixem a Índia]. Contou com a cooperação de líderes do Congresso, e no dia seguinte à declaração, quase todos eles — Gandhi, Nehru e outros — foram presos. No verão de 1942 mais de 30 mil pessoas estavam detidas como presos políticos em prisões britânicas na Índia. O "quadro de honra", como passou a ser chamado pelos nacionalistas rebeldes, incluía vários membros da minha família ampliada. Kankarmama e outros tios voltaram para a cadeia. A "rebelião de agosto" provocada pelo Quit India foi forte, principalmente em Bengala, e me lembro de ficar comovido com relatos do heroísmo dos participantes. No fim do ano, porém, a rebelião, agora praticamente sem líder — porque todos os líderes do Congresso estavam presos — terminou. O que não terminou foram os debates provocados em toda parte pelos acontecimentos agora mais acelerados, tanto em minha casa como em minha escola.

Com o ataque alemão à União Soviética em junho de 1941, o Partido Comunista Indiano também deu prioridade a ganhar a guerra contra as potências do Eixo, em detrimento da causa da independência indiana. Os comunistas sofreram imenso bombardeio dos nacionalistas por sua brusca mudança de atitude e experimentariam uma senhora derrocada nas eleições provinciais de

1946. Os debates sobre essa questão dividiam os adultos da minha família ampliada. Lankarmama, como membro atuante do Partido, esforçava-se ao máximo para apresentar razões plausíveis para a mudança de posição, mas nenhum outro membro tinha alguma simpatia pela virada comunista. Apesar disso, muitos simpatizantes achavam que a derrota da Alemanha nazista era mais importante do que qualquer questão "nacionalista" que ocupasse totalmente as atenções do Congresso.

Havia portanto críticas ao Congresso também. Até mesmo Kankarmama, que era do Partido Socialista do Congresso, me disse: "Precisamos lembrar que há mundo fora da Índia e da Grã-Bretanha". Mas ele criticava com muito mais veemência a inabilidade dos comunistas de "resistir aos soviéticos". Os comunistas não aderiram ao Quit India — e em muitos sentidos trabalharam contra ele —, e a rapidez com que o Partido obedeceu ao que alguns chamavam "seus patrões soviéticos" provocou fortes críticas nas discussões em família, das quais eu era ouvinte insaciável.

5

Um acontecimento interessantíssimo daquele período envolveu Subhas Chandra Bose, grande líder do movimento de independência (chamado "Netaji" — o líder). Bose era figura importante no Congresso e inspirava as pessoas a lutar pela independência da Índia; em 1938, foi eleito presidente do Congresso. Suas opiniões políticas radicais e seus compromissos seculares inarredáveis o haviam tornado popular em minha família ampliada. Havia algumas dúvidas, no entanto, sobre sua ambiguidade no tocante aos meios de conquistar a independência indiana, e os partidários de Gandhi na família (como Kankarmama) faziam-lhe reservas por essa razão. Em 1939 ele foi removido da função na liderança do Congresso. Essa exclusão foi obra de Gandhi, usando meios que podem ser tidos como desonestos.

Bose foi preso pelo Raj em Calcutá pouco depois de sua expulsão, e em seguida posto sob prisão domiciliar, da qual escapou em 1941 (com a ajuda audaciosa do sobrinho Sisir Bose). Conseguiu chegar ao Afeganistão e finalmente, em abril daquele ano, à Alemanha. Quis formar um exército de indianos, com ajuda alemã, para lutar pela independência. Só depois ficaríamos sabendo que Bose tinha uma namorada na Alemanha, arranjada numa visita anterior, em 1934, chamada Emilie Schenkl. Ele também queria muito voltar para ela. Os dois tiveram uma filha em 1942. Apesar de ajudar a fundar a rádio Índia Livre, o compromisso alemão com a independência indiana parecia muito pequeno a Bose. Ele decidiu mudar-se mais uma vez e acabou indo parar no Japão durante os primeiros meses de 1943, depois de uma perigosa travessia marítima, a maior parte dela em um submarino.

As coisas então ganharam velocidade. Bose — ou Netaji — conseguiu reunir um importante efetivo com soldados indianos capturados no sudeste da Ásia, de onde os britânicos tinham saído sob ataque japonês. Essa tropa, chamada Exército Nacional Indiano, ou Azad Hind Fauj, também tinha muitos soldados recrutados entre os indianos expatriados no sudeste da Ásia, o que lhe deu mais força. O Exército Nacional Indiano lutou lado a lado com os japoneses, e chegou a Imphal, no extremo oriente da Índia. Àquela altura a guerra vinha dando uma virada: o Exército Nacional Indiano, como o exército japonês, sofreu uma série de reveses e foi obrigado a retirar-se. Em 1945, tudo acabou, em consequência do lançamento das bombas atômicas em Hiroshima em 6 de agosto e em Nagasaki no dia 9. Pouco mais de uma semana depois, em 19 de agosto, Bose, que foi retirado do Japão por via aérea pelos japoneses antes da chegada dos aliados, morreu num desastre de avião. Três dias antes de morrer, em 15 de agosto (por coincidência exatamente dois anos antes da independência indiana), ele reiterou o objetivo que havia por trás de todas as suas atividades num discurso à nação, dizendo: "Não há poder na Terra que possa manter a Índia escravizada. A Índia será livre, e isso não demora".[1]

À medida que os movimentos e as ações de Netaji chegavam ao nosso conhecimento na Índia, havia muitos debates em minha escola e na minha família sobre a eficácia e a propriedade do que ele fazia. Havia quem ficasse profundamente comovido e animado; outros duvidavam que unir forças com o Japão e a Alemanha pudesse estar correto no contexto da guerra global; e outros, ainda, simplesmente não sabiam direito o que pensar de um problema tão difícil. Bose não foi, na verdade, admirador da Alemanha nazista, ou mesmo do militante Japão, e em seu discurso presidencial para o Congresso Nacional Indiano em Haripura em 1938 descreveu o expansionismo do Japão como "militante, agressivo e imperialista". Mas evidentemente, em vista do objetivo excepcional de pôr fim ao Raj britânico na Índia, Bose estava pronto para trabalhar com o Japão, que não tinha um passado imperial em suas relações com a Índia.

O Raj proibira as transmissões do Exército Nacional Indiano, e ouvi-las passou a ser considerado crime grave, mas é claro que muitos de nós sintonizávamos nossos rádios para escutar as comunicações proibidas. Nós nos reuníamos num quarto nos albergues de estudantes em Santiniketan, em Satish Kutir, e, com as janelas fechadas, ligávamos o rádio — baixo, mas claro. Havia animação até mesmo quando não conseguíamos acreditar totalmente no que nos dizia o porta-voz do Exército Nacional Indiano. Nem mesmo aqueles que duvidavam da sabedoria política das medidas tomadas por Bose podiam deixar de admirar o que ele e seus partidários tentavam fazer pela Índia — e assumindo grande risco pessoal, num mundo muito difícil.

Quando os governantes britânicos começaram a submeter oficiais capturados do Exército Nacional Indiano a julgamento militar, houve imenso descontentamento em todo o país, pois aqueles oficiais já eram vistos no país como patriotas. Lembro que, como a maioria dos estudantes da minha escola, eu usava crachás em defesa da libertação dos oficiais do Exército Nacional Indiano. Naquela altura, porém, o império indiano da Grã-Bretanha começava a entrar em colapso e os oficiais que aguardavam julgamento foram finalmente libertados.

6

Naquela época, provavelmente, nada foi tão importante para o futuro da Índia britânica do que o surgimento da Liga Muçulmana, sob a liderança de Muhammad Ali Jinnah, um político muito experiente. A Liga Muçulmana tinha começado como entidade política nos anos 1920, dizendo representar os interesses dos muçulmanos do subcontinente. Aos poucos se tornou uma importante força política, promovendo a ideia de que nada menos do que a partição do país — com uma Índia hindu e um Paquistão muçulmano — satisfaria os requisitos de tratamento justo para os muçulmanos indianos. Essa opinião não era, claro, popular na minha família ampliada, toda ela fortemente secular. Mas, ainda mais importante, a família — especialmente Kshiti Mohan Sen (como discutido no capítulo 8) — estava totalmente convencida de que a divisão entre hindus e muçulmanos, embora importante do ponto de vista das crenças religiosas, não tinha importância política (só podia ter significado político se as identidades religiosas fossem artificialmente inseridas na política).

No entanto, Jinnah se tornava bastante influente. Isso começou devagar. Nas eleições provinciais de 1937, a Liga não tinha conseguido maioria nem mesmo nos Estados majoritariamente muçulmanos de Bengala e Punjab. Mas cresceu muito em influência entre o fim dos anos 1930 e os anos 1940, e a Resolução de Lahore, de 1940, arranjada por Jinnah, acrescentou uma espécie de plano de partição da Índia com base em divisas religiosas.

Para muitos muçulmanos indianos, essa linha divisória de pensamento era completamente inaceitável. Como Rafiq Zakaria, um destacado analista político da Índia, disse em seu relato de *O homem que dividiu a Índia* (2001), Jinnah propôs sua "perniciosa teoria de Duas Nações" só para alcançar objetivos menores.[2] Propagou amplamente sua teoria de que hindus e muçulmanos formavam duas nações diferentes e usava isso para justificar a exigência de que a "Índia precisa ser repartida e os muçulmanos precisam receber uma pátria separada". Esse diagnóstico de perniciosidade era compartilhado por muitos muçulmanos indianos da época, mas aqueles que tendiam a aceitar positivamente a teoria das Duas Nações também cresceram numericamente nos anos 1940. Nas eleições provinciais de janeiro de 1946 em Bengala, apenas um ano antes da partição, a Liga Muçulmana conquistou, pela primeira vez, uma pluralidade convincente — embora não uma maioria — de todas as cadeiras.

Na época da Resolução de Lahore, em 1940, eu ainda não tinha sete anos. Mas esse momento decisivo foi crucial nas discussões ocorridas ao longo dos meus anos escolares. À medida que os confrontos entre hindus e muçulmanos se tornavam familiares no que antes era tido como uma Bengala bem integrada, a natureza incendiária da Resolução de Lahore entrava com força nas conversas à minha volta. Jinnah respaldou seu programa político em 1946 com a exigência de "ação direta" da parte dos muçulmanos para conseguir a partição do país. Houve uma gigantesca explosão de matança comunal — tanto de muçulmanos como de hindus — em Calcutá e em outras partes de Bengala, bem maior do que qualquer coisa que já tinha ocorrido. As opções políticas disponíveis para governança secular diminuíam rapidamente.

No entanto, culpar exclusivamente Jinnah e a Liga Muçulmana pelo começo da violência e dos confrontos tem duas limitações importantes. Em primeiro lugar, embora uma maioria esmagadora de líderes do Congresso — de Nehru a Abul Kalam Azad — estivesse comprometida com a política secular, a verdade é que na Índia pré-partição já havia muitas vozes que apoiavam — explícita ou implicitamente — o majoritarismo hindu. A própria teoria das Duas Nações foi proclamada primeiro não por Jinnah, mas por Vynayak Damodar Savarkar em seu discurso presidencial para o Partido Hindu Mahasabha em 1937. Savarkar era vigoroso partidário da política hindu: foi ele que cunhou o termo "Hindutya", que pode ser traduzido do sânscrito como "a qualidade de ser hindu", hoje em grande circulação. Seu pensamento continua tendo forte influência no majoritarismo hindu na Índia de hoje, mas ele não foi o único a propor um "Hindu Rashtra" (e o domínio político hindu) em lugar de uma Índia secular multirreligiosa. Uma figura importante do lado Hindutya era Madhav Sadashiv Golwalkar, que levou para o movimento a necessária liderança organizacional, bem como teorias bastante idiossincráticas sobre separatismo hindu.

Em segundo lugar, o Congresso fez muito pouco para preservar a lealdade dos seus seguidores muçulmanos. Como assinalou Rafiq Zakaria, "não havia uma abordagem racional comum da parte do Congresso para expor a jogada de Jinnah, que ameaçava colocar hindus e muçulmanos em teimosa disputa e, dessa maneira, enfraquecer o caráter complexo da nação".[3] Lembro que Kshiti Mohan se sentia frustrado com o fato de tantos séculos de trabalho colaborativo de muçulmanos e hindus merecerem pouca divulgação da parte dos líderes do Congresso, cujo preocupação não parecia ir muito além de uma tolerância passiva de cada lado. "Há muito mais coisa envolvida na Índia que construímos juntos do que vivermos juntos pacificamente", repetia Kshiti Mohan.

7

Pesquisa subsequente, em particular a realizada por Ayesha Jalal, revelou que o próprio Jinnah não tinha tanto interesse numa partição nítida. Queria um país condicionalmente partido, uma Índia de maioria hindu e um Paquistão de maioria muçulmana, com política externa e defesa comuns — bem longe do que acabou acontecendo. Jalal fez um comentário vigoroso sobre a ambiguidade de Jinnah a respeito da partição e dos problemas internos nas políticas que buscava. Perguntou ela: "Como é possível que o Paquistão que surgiu atenda tão mal aos interesses da maioria dos muçulmanos?".[4] Essa pergunta foi ficando relevante à medida que o tempo passava e o domínio dos militares no Paquistão se tornava mais e mais claro. Jinnah não era particularmente religioso (sua persona era a de um gentleman ocidental bebedor de uísque), e de fato ele fez um discurso pouco antes do nascimento do Paquistão, quando se tornou seu primeiro governador-geral, defendendo a liberdade religiosa e direitos iguais para todos. Mas, por ironia das circunstâncias, ajudou a criar uma entidade política nacional em que o apelo ao fundamentalismo islâmico rapidamente ganharia espaço. Lorde Mountbatten, o novo vice-rei da Índia, com a concordância de Nehru, parecia disposto a entregar a Jinnah mais do que ele de fato queria.

Os problemas de extremismo religioso e predomínio dos militares paquistaneses em nome da religião surgiriam gradualmente. Mas no mundo dos anos 1940 as políticas facciosas de muçulmanos e hindus fugiram do controle, resultando em caos e derramamento de sangue e transformando os confrontos entre muçulmanos e hindus em norma no país, em Bengala também. Finalmente, quando se deu a partição real, cerca de um milhão de pessoas morreram na violência dos confrontos e dos assassinatos comunais organizados, milhares de mulheres foram estupradas e 15 milhões de pessoas expulsas de casa. Saadat Hasan Manto, o brilhante escritor, capturou nosso senso de frustação ao escrever que seres humanos podem ser "escravos da intolerância... escravos das paixões religiosas, escravos dos instintos animalescos e da barbárie".

8

Quando a agitação pela partição da Índia ganhou ímpeto, meu pai ainda lecionava na Universidade de Daca. Mas por causa dos tumultos e das desordens era muito difícil dar aula em Ramna, a área de Daca onde ficava a universidade. Dois anos antes da partição, mas depois de meses de aulas e pesquisas interrompidas, vários professores universitários de Daca resolveram ir embora. Além de meu pai, o grupo incluía o físico Satyendra Nath Bose (da estatística de Bose-Einstein), o economista Amiya Kuma Dasgupta, o literato Buddhadeb Bose e muitos outros. Nossa querida casa de Wari em Daca foi trancada e meus pais se mudaram para Calcutá. Eu já estava em Santiniketan, que, como Calcutá, viria a fazer parte de Bengala Ocidental na Índia dividida. Daca seria a capital do Paquistão Oriental.

Mesmo depois de sair de Daca, meu pai continuou seriamente interessado na política de sua universidade. Estava farto da política do Congresso em Bengala, dominada por proprietários de terras hindus, e buscava uma alternativa mais humana. Um dos seus amigos mais próximos na universidade, Fazlur Rahman, que ingressara na Liga Muçulmana, mantinha-se em contato com ele. Apesar de sua filiação à Liga, alegava, no período de 1945-6, estar tentando alcançar algum tipo de secularismo genuíno. Ashutosh via a candidatura de Rahman nas eleições provinciais com simpatia, afirmando que se deveria dar mais valor à natureza e à "qualidade" de uma pessoa do que ao partido a que pertence. Ele e Amiya Dasgupta trocaram muitas cartas sobre as escolhas envolvidas. Na eleição provincial, Rahman venceu pela Liga Muçulmana no distrito eleitoral da Universidade de Daca, com o apoio de vários professores hindus, entre eles meu pai e Dasgupta.

Rahman era, obviamente, um homem decente, mas Ashutosh e os colegas que votaram nele deviam ser muito ingênuos para acreditar que, na atmosfera política de 1946-7, um membro da Liga Muçulmana tivesse liberdade para seguir algum tipo de linha política independente. Ashutosh foi um eterno otimista, com uma fé imensa na capacidade humana de pensar e agir com independência, e meus tios talvez tivessem razão quando concluíram que meu pai subestimava com persistência o papel dos partidos e das organizações.[5]

9

Com a partição cada vez mais inevitável, nós nos mudamos em tempo integral para Santiniketan e foi lá que continuei a vida de estudante. No entanto, meu pai precisava de uma fonte de renda, por isso meus pais foram morar de aluguel em Calcutá.

De início Ashutosh quis abrir um negócio, fabricar xícaras e pratos de porcelana baratos para uso diário. Tomou algum dinheiro emprestado e estabeleceu uma fábrica, dedicando-se com grande energia, mas evidentemente pouca habilidade para negócios. Não chegou a ser um sucesso, e dentro de um ano mais ou menos ele começou a procurar emprego como assalariado. Em seu negócio ficou horrorizado, segundo me disse, com o tratamento rude e cruel que os trabalhadores de Calcutá sofriam nas mãos de gerentes de fábrica (isso seria enfrentado — na verdade, mais do que enfrentado — pelos sindicatos que criaram raízes na cidade e formaram uma base sólida para um militante Partido Comunista a partir dos anos 1970). Ashutosh não pôde mudar as coisas em sua fábrica, mas também não conseguiu aceitar o que presenciou em sua "própria" fábrica. Passou a desejar veementemente largar aquilo em troca de alguma coisa mais aceitável do ponto de vista ético.

Por fim, Ashutosh conseguiu emprego como assalariado, ou — mais exatamente — uma promessa de emprego no governo central em Delhi, com a condição de que, em troca do compromisso de trabalhar para o governo por pelo menos cinco anos, ele estudaria nos Estados Unidos gerenciamento de projetos envolvendo agricultura. (A especialidade dele dentro da química era química do solo.) Assim sendo, com mais outros cinco, lá se foi ele estudar nos Estados Unidos durante mais ou menos cinco meses, visitando instituições como a famosa Tennessee Valley Authority. Mas enquanto meu pai e os outros recebiam treinamento americano, o governo mudou de ideia sobre o programa. Os trainees foram informados ao voltar de que seu acordo de cinco anos fora cancelado e o programa não ia contratar ninguém — na verdade, deixaria de existir. As incertezas do planejamento econômico indiano já começavam a ficar evidentes.

Nesse meio-tempo, Ashutosh tinha voltado dos Estados Unidos com um Chevrolet grande, porém barato, uma câmera de cinema para rodar filmes caseiros, um projetor (que tinha uma tendência a dar suaves choques elétricos no usuário) e umas canetas esferográficas recém-lançadas. Tudo isso era muito divertido, em especial para o resto da família, mas meu pai ainda precisava continuar procurando emprego. Felizmente, logo foi contratado pela administração local de Delhi para exercer uma função interessante com o grandioso título de Comissário de Desenvolvimento Agrário. A vida ao ar livre lhe caía bem, e o novo comissário andava com entusiasmo de um lado para outro nos arredores de Delhi, com um exército de tratores e máquinas pesadas, além do objetivo de obter boas habitações, cultivo eficiente e preservação ambiental.

Quando visitava Delhi, eu adorava andar pelo campo com ele, mas gostava mesmo era de estar na casa adorável que lhe foi cedida pela administração de Delhi na graciosa Alipore Road — ao norte de Nova Delhi, do outro lado de

Daryaganj. Eu amava passar as férias ali, de um lado do histórico Cimo, onde foram travadas algumas das últimas batalhas do Motim de 1857, com a Universidade de Delhi do outro lado. Eu me aventurava regularmente a atravessar a colina para o campus, onde mais de uma década depois eu viria a lecionar. Naquelas primeiras ocasiões, minha ambição se limitava a andar pelo campus, explorar a biblioteca com um passe válido por um dia e tomar xícaras de café frio na lanchonete. Durante as férias de verão, a temperatura lá fora era de 46 graus Celsius, o que fazia da minha viagem de subida e descida do Cimo fumegante uma árdua experiência.

10

Os britânicos acabaram deixando a Índia às pressas, e sua partição foi talvez a bifurcação mais rápida que um país experimentou antes ou depois. Sir Cyril Radcliffe teve menos de dois meses para traçar a famosa linha Radcliffe, que dividiu o país em dois, iniciando seu trabalho no fim de junho e terminando em meados de agosto de 1947. Foi guiado basicamente, claro, pelas proporções de muçulmanos e não muçulmanos em diferentes distritos da Índia britânica, mas muitas exceções tiveram que ser feitas, algumas das quais compreensíveis (como viabilidade geográfica), ao passo que outras pareciam insondáveis e arbitrárias. Eu simpatizava com o boato de que Radcliffe talvez tivesse caído no sono quando trabalhava tarde da noite, traçando sua linha. Ele voltou para a Grã-Bretanha tão rapidamente como havia chegado, sem apego visível à terra que tinha acabado de dividir.

Mas essa história tem um pós-escrito. Anos depois, em 1973, quando lecionava na London School of Economics, fui convidado a dar uma série de palestras, anunciadas com muito estardalhaço, a respeito de problemas econômicos na Universidade de Warwick, sob o título geral de "palestras de Radcliffe", em homenagem a Sir Cyril. Falei sobre a questão da desigualdade econômica.[6] Lorde Radcliffe (como já se tornara àquela altura) era, claro, figura importante na história indiana, e perguntei à universidade se poderia vê-lo, uma vez que morava perto do campus. Fui informado inicialmente de que ele não gostava muito de conversar com indianos visitantes, porém quando lhe disseram que eu não era um visitante, mas vivia em Londres, respondeu a meus anfitriões que estava disposto a tomar um chá comigo se eu não me demorasse muito. Sua resposta me deixou muito feliz (pois eu queria vê-lo), e aceitei aparecer para o chá. Mas, quando me preparava para deixar a sala do vice-reitor na Universidade de Warwick, fui avisado de que Sir Ciryl tinha mudado de ideia e não queria tomar chá naquela tarde com ninguém.

Isso me deu mais tempo para conversar com meu anfitrião, John Blackstock Butterworth, o primeiro vice-reitor da Universidade de Warwick — cativante acadêmico conhecido como "Jack Boa Praça", com quem tive uma conversa muito agradável. Ele comentou o desaparecimento do meu chá com lorde Radcliffe. Confessou que se divertia muito com a imprevisibilidade do "velho pessoal lá da Índia". "Sempre me pergunto", disse, "como é que essa turma conseguia administrar um império."

10. Grã-Bretanha e Índia

1

O Império Britânico na Índia foi de fato estabelecido na batalha de Plassey em 23 de junho de 1757. A batalha foi rápida, começando ao amanhecer e terminando à boca da noite. Era um dia normal de monção, com chuvas ocasionais nos mangueirais da cidade de Plassey, que fica entre Calcutá, onde os britânicos tinham sua base, e Murshidabad, a capital do reino de Bengala. Foi nesses mangueirais que as forças britânicas enfrentaram o exército de Nawab Siraj-ud-Doula e o derrotaram.

Um dos assuntos que nos ocupavam, à medida que nossos tempos escolares chegavam ao fim quase duzentos anos depois da batalha de Plassey, era a razão da facilidade da vitória britânica. Por que foi tão fácil para os britânicos derrotarem o Nawab em Bengala, um reino rico numa região bem conhecida na Europa? Os britânicos, apesar de terem um exército significativamente menor, tinham uma potência de fogo muito maior, e uma disciplina militar mais rigorosa. Esses motivos militares comuns foram sem dúvida importantes, mas apesar disso havia indagações sobre o papel desempenhado pela natureza dividida das forças de Siraj.

Durante a dominação britânica do subcontinente que se seguiu à batalha, muita importância seria dada à hostilidade supostamente irreconciliável entre hindus e muçulmanos na Índia (os britânicos estavam lá supostamente para manter essas comunidades separadas), e uma teoria proposta sustentava que a desunião entre os dois grupos ajudou a arruinar Siraj. Mas não foi isso, de forma alguma, o que se passou. Não havia hostilidade significativa entre hindus e muçulmanos em Bengala, e o governo de Siraj em Murshidabad não se afastara do tratamento imparcial de hindus e muçulmanos que tinha caracterizado o domínio islâmico de Bengala depois das assimetrias iniciais da conquista muçulmana. Siraj tinha dado a um hindu, Mir Madan, um dos cargos mais elevados da corte e Madan continuou sendo o único general leal a Siraj até o fim: morreu lutando contra os britânicos em Plassey. O ministro-chefe de Siraj, Mohan Lal, também era hindu, e permaneceu totalmente leal ao rei. O exército de Siraj tinha três divisões, encabeçadas por três conspiradores — dois muçulmanos, Mir Jafar (tio de Siraj) e Yar Latif Khan, e um hindu, Rai Durlabh.

Quando marchava para Plassey ainda fingindo buscar a paz (essa fraude era, claro, parte de sua estratégia), Robert Clive escreveu para Siraj propondo que suas disputas fossem submetidas à arbitragem de pessoas em quem o jovem Nawab confiasse, ou seja, como disse Clive, "Jagat Seth, Raja Mohan Lal, Mir Jafar, Rai Durlabh, Mir Madan e o resto dos seus grandes homens".[1] Na lista havia um muçulmano e quatro hindus no que Clive supunha ser o círculo de amigos do rei muçulmano de Bengala.

As divisões e intrigas em Murshidabad fomentadas por Clive não estavam conectadas à religião. Eram movidas pela busca de poder e de lucro. Com o declínio das potências imperiais anteriores em Bengala, as traições eram parte regular das atividades tanto dos fidalgos locais endinheirados como dos comerciantes europeus moradores no país. Isso incluía não só os comerciantes e financistas britânicos e indianos, mas também os franceses. Na verdade, os franceses continuaram aliados de Siraj até Plassey, e lhe reafirmavam periodicamente o seu apoio — mas não deram nenhuma ajuda quando Siraj mais precisava. Descobriu-se que a pessoa no centro dessa traição era o tio de Siraj, Mir Jafar, cujo desejo de tomar o trono foi crucial no combate militar. Bem no meio da batalha, a divisão que ele comandava do lado de Nawab de repente abandonou a luta. Simplesmente abandonou, aparentemente em combinação com Clive.

Na noite da vitória, Clive recebeu uma carta de parabéns de Mir Jafar, o principal conspirador: "Cumprimento-o pela execução do seu projeto". Clive em seguida executou Siraj, que se manteve corajoso e desafiador até o fim. Instalou Mir Jafar no trono, com poder apenas de fachada, à mercê dos seus patrões britânicos. O império começou portanto com um acontecimento estimulado não por alguma divisão religiosa, mas por uma conspiração elaborada, planejada, que recompensou a traição. Fosse Plassey uma partida de críquete, o capitão Clive teria sido impedido de participar em outros jogos durante muitos anos.

O domínio britânico terminou quase duzentos anos depois, com o famoso discurso de Jawaharlal Nehru sobre o "encontro [da Índia] com o destino" à meia-noite de 14 de agosto de 1947. Enquanto a bandeira britânica era arriada em todo o subcontinente, o que não faltou foi insatisfação com o antigo domínio, e não era preciso ficar acordado até tarde da noite ouvindo Nehru para compreender o feliz significado do término do colonialismo britânico. Não é segredo que muitos indianos achavam ótimo saber que a canção favorita do Exército Britânico era "Beating Retreat" [Batendo em retirada]. No entanto, em 1944, quando ouvi pela primeira vez essa música tocante, havia poucos indícios de que os britânicos estivessem prontos para uma retirada da Índia. Quando a independência veio, muito de repente, três anos depois, pondo fim ao "maior Império que já houve, sem exceções",[2] como o distinto historiador Niall Ferguson o descreve em seu envolvente livro *Empire* — história circunspecta, mas entusiástica do imperialismo britânico —, houve alguma surpresa e muita comemoração na Índia.

2

Duzentos anos é bastante tempo. O que os britânicos conseguiram na Índia, e o que não conseguiram? Na comunicativa vida de Santiniketan essas perguntas apareciam com constância em nossas discussões. Ainda hoje são importantes, principalmente porque o Império Britânico costuma ser invocado em conversas sobre governança global bem-sucedida. Tem sido invocado também (mais uma vez por Niall Ferguson) para tentar convencer os Estados Unidos a reconhecerem seu papel de maior potência imperial de hoje: "Deveriam os Estados Unidos tentar se livrar do — ou carregar o — fardo imperial que herdou?". É sem dúvida uma pergunta interessante, e Ferguson tem razão quando afirma que ela não pode ser respondida sem um bom entendimento da ascensão e queda do Império Britânico — e do que ele conseguiu fazer.

Quando discutíamos essas coisas em Santiniketan, incomodava-nos uma questão metodológica bem difícil. Como pensar no que a Índia poderia ter sido nos anos 1940 se o domínio britânico nunca tivesse acontecido? A frequente tentação de comparar a Índia de 1757 (quando o domínio britânico começava) com a Índia de 1947 (quando os britânicos estavam indo embora) nos diz pouca coisa, porque na ausência do domínio a Índia não teria continuado, claro, sendo a mesma que era na época de Plassey. O país não teria ficado parado no tempo se a conquista britânica não tivesse ocorrido. Mas como responder à pergunta sobre a diferença que fez a dominação colonial?

Para ilustrar a relevância dessa "história alternativa", podemos examinar outro caso — o caso de uma conquista imperial potencial que de fato não ocorreu. Pensemos no comodoro Matthew Perry da Marinha dos Estados Unidos, que em 1853 entrou na baía de Edo, no Japão, com quatro navios de guerra. Pensemos agora na possibilidade de Perry não estar apenas fazendo uma demonstração de força (como foi o caso, na verdade), mas ser a guarda avançada de uma conquista americana do Japão, estabelecendo um novo império na terra do sol nascente, mais ou menos como Clive fez na Índia. Se fôssemos avaliar as conquistas do suposto domínio americano do Japão usando o simples artifício de comparar o país antes dessa conquista imperial com o Japão depois do término de tal conquista — fosse quando fosse, e atribuindo todas as diferenças aos efeitos do império —, deixaríamos de fora as contribuições da Restauração Meiji a partir de 1868, e de outras mudanças globalizantes. O Japão não ficou parado; nem a Índia teria ficado.

Podemos considerar o que de fato ocorreu no Japão sob o governo Meiji, mas é extremamente difícil adivinhar com alguma confiança que rumo a história do subcontinente indiano teria tomado se a conquista britânica não ocorresse. Haveria a Índia avançado, como o Japão, para a modernização num mundo cada vez mais globalizado, ou teria continuado resistindo à mudança, como o Afeganistão, ou acelerando lentamente, como a Tailândia? São questões difíceis de responder. No entanto, mesmo sem reais cenários históricos alternativos, é possível resolver algumas perguntas restritas, o que talvez contribua para um entendimento inteligente do papel desempenhado pelos britânicos. Podemos perguntar: quais eram os desafios que o país tinha diante de si na época da conquista, e o que aconteceu nessas áreas críticas durante o domínio britânico? Havia, com certeza, necessidade de grandes mudanças numa Índia caótica e institucionalmente atrasada.

3

Para reconhecer a necessidade de mudanças na Índia em meados do século XVIII não somos obrigados a ignorar — como temem muitos supernacionalistas indianos — as grandes realizações do passado do país, com sua história extraordinária de grandes conquistas na filosofia, na matemática, na literatura, nas artes, na arquitetura, na música, na medicina, na linguística e na astronomia. A Índia também alcançou sucesso substancial na construção de uma economia próspera, com um comércio florescente, bem antes do período colonial — a riqueza econômica indiana era amplamente reconhecida por observadores britânicos como Adam Smith (como discutimos no capítulo 2). O fato é que, a despeito dessas conquistas, em meados do século XVIII a Índia, em muitos aspectos, tinha ficado para trás em relação ao que se conseguia na Europa. A natureza e o significado exatos desse atraso eram temas frequentes de animados debates nas noites da Escola de Santiniketan.

Quando refletíamos sobre isso, um arguto ensaio sobre a Índia que Karl Marx publicou no *New York Daily Tribune* em 1853 chamou a atenção de alguns de nós. Marx ressaltava o papel construtivo do domínio britânico, argumentando que a Índia precisava de um reexame e de um autoexame radicais. E a Grã-Bretanha de fato serviu como o principal contato ocidental do país, particularmente ao longo do século XIX. Seria difícil negar a importância dessa influência. A cultura nativa globalizada que lentamente emergia na Índia tinha uma grande dívida não só para com textos britânicos, mas também para com livros e artigos em outras línguas europeias que se tornaram conhecidas por meio dos conquistadores. Veja-se, por exemplo, o importante exemplo citado por Christopher Bayly (em seu abrangente livro *The Birth of the Modern World, 1780-1914* [O nascimento do mundo moderno, 1780-1914]) sobre o filósofo calcutaense Ram Mohan Roy, nascido em 1772, que "deu em duas décadas um salto impressionante do status de intelectual estatal do fim do período Mughal para o do primeiro liberal indiano... [ele] abordou independentemente temas que estavam sendo simultaneamente desenvolvidos na Europa por Garibaldi e Saint-Simon".[3] Para compreender a criatividade de Roy é preciso levar em conta que suas amplas deliberações foram influenciadas não só por seu conhecimento tradicional de textos em sânscrito, árabe e persa, mas também, muito vigorosamente, pela crescente familiaridade de intelectuais indianos com textos ingleses que circulavam em Calcutá sob o patrocínio da Companhia das Índias Orientais.

Ram Mohan Roy era apenas um entre muitos intelectuais radicais. Depois dele, na própria Bengala, houve também Ishwar Chandra Vidyasagar, Michael Madhusudan Dutta e várias gerações de Tagores e seus seguidores, que reexaminavam a Índia por eles herdada à luz do que viam acontecer na Europa nos séculos XVIII e XIX. Sua principal — às vezes única — fonte de informações eram os livros (geralmente em inglês) que circulavam na Índia graças ao domínio britânico. Essa influência intelectual, cobrindo uma grande variedade de culturas europeias, ainda hoje sobrevive de maneira vigorosa, embora o poder militar, político e econômico dos britânicos tenha declinado drasticamente. Para mim, Marx estava basicamente correto em seu diagnóstico da necessidade de alguma mudança radical na Índia quando sua velha ordem desmoronava por não ter feito parte da globalização intelectual e econômica iniciadas pelo Renascimento e pela Revolução Industrial no mundo inteiro (ao lado, infelizmente, do colonialismo).

Talvez houvesse, no entanto, um defeito grave na tese de Marx, em particular o pressuposto implícito de que a conquista britânica foi a única janela para o mundo moderno possivelmente aberta para a Índia. O país precisava naquela época de mais globalização construtiva, e isso não é sinônimo de imperialismo. A distinção é importante. No decorrer da longa história da Índia, o país fez diversas permutas de ideias, assim como de mercadorias, com o mundo exterior. Comerciantes, colonos e eruditos movimentavam-se entre a Índia e o Extremo Oriente — China, Indonésia, Malásia, Camboja, Vietnã, Tailândia e outros lugares — durante muitos séculos, desde mais de 2 mil anos atrás. A vasta influência desse movimento — de modo especial em língua, literatura e arquitetura — pode ser amplamente confirmada ainda hoje. Havia também imensas influências globais em decorrência da atitude indiana de fronteiras abertas, recebendo fugitivos — e outros colonos de fora — desde seus primeiríssimos tempos.

A imigração judaica para a Índia começou logo depois da queda de Jerusalém no século I e continuou por centenas de anos. Judeus de Bagdá, como os altamente bem-sucedidos Sassons, chegavam em grupos numerosos até fins do século XVIII. Os cristãos começaram a aparecer no século IV, pelo menos — possivelmente bem mais cedo. Há lendas pitorescas sobre isso, como a que diz que a primeira pessoa conhecida pelo apóstolo São Tomé quando chegou à Índia, no século I, foi uma moça judia tocando flauta na costa de Malabar. Adorávamos essa historieta evocativa — sem a menor dúvida apócrifa — em nossas conversas em Santiniketan, porque ela ilustrava para nós as raízes multiculturais das tradições indianas.

Os persas começaram a chegar no começo do século VIII — logo que a perseguição teve início em sua pátria. Mais tarde, ainda naquele século, os armênios deixaram suas primeiras pegadas na Índia, de Kerala a Bengala. Comerciantes árabes muçulmanos eram presença substancial na costa oeste indiana a partir mais ou menos da mesma época — bem antes da chegada dos conquistadores muçulmanos, séculos mais tarde, através do árido território do noroeste do subcontinente. Os bahaistas perseguidos no Irã só vieram no século XIX.

Já descrevi as antiquíssimas ligações comerciais, que remontavam a quase 2 mil anos perto da foz do Ganges — nas imediações do lugar de onde a Companhia das Índias Orientais partiu para sua primeira conquista da Índia no século XVIII. Na época de Plassey, havia negociantes, comerciantes e outros profissionais de numerosos países europeus já bem estabelecidos ali. Ser subjugado ao domínio imperial não é, portanto, a única maneira de estabelecer ligações e aprender com países estrangeiros. Quando a Restauração Meiji instalou um novo governo reformista no Japão, em 1868 (que não deixava de ter relação com o impacto político interno da demonstração de força do comodoro Perry uma década antes), os japoneses foram imediatamente aprender com o Ocidente, sem estar sujeitos ao imperialismo. Despacharam pessoas para treinar nos Estados Unidos e na Europa, e fizeram mudanças institucionais claramente inspiradas na experiência ocidental. Não esperaram ser globalizados por coerção imperialista.

4

Pensando nisso tudo em nossos debates sobre o domínio britânico na Índia na época da independência, tentávamos usar bastante a história mundial de que a Escola de Santiniketan tanto gostava, andando para cima e para baixo em nossa biblioteca aberta a qualquer hora do dia. Concluímos que os britânicos provavelmente deram à Índia um impulso de que o país muito necessitava, mas o despertar poderia ter vindo de outras maneiras também.

No entanto, não dispúnhamos de nenhuma narrativa sólida para defender como alternativa ao domínio britânico. Já as reformas que vieram dos administradores britânicos eram, em comparação, admiravelmente concretas. A Grã-Bretanha veio a ser o mais importante contato ocidental da Índia, o que, sem dúvida, estava intimamente associado ao Império. Reconhecer isso não é, de forma alguma, ignorar as trajetórias alternativas que a Índia poderia ter seguido, se não tivesse ficado presa ao jugo britânico — essa é uma questão importante, mas totalmente diversa. No entanto, o que ocorreu — o processo de mudança que de fato ocorreu — certamente merece atenção especial.

O que nos diz essa linha de indagação? Uma das conquistas a que os teóricos do imperialismo tendem a dar grande ênfase é o papel dos britânicos na produção de uma Índia unida. De acordo com essa análise, o país era uma coleção de reinos fragmentados até o domínio colonial juntar esses regimes diversos numa só nação. Argumentava-se que a Índia antes disso não era, de forma alguma, um país, mas um território completamente dividido. Foi o Império Britânico, segundo esse argumento, que fundiu a Índia numa nação. Winston Churchill chegou a comentar que, antes da chegada dos britânicos, não havia nação indiana. "A Índia é um termo geográfico. Não é uma nação mais unida do que o Equador."

Se for verdade, o Império deu uma contribuição indireta para a modernização da Índia, exercendo uma função unificadora. As reformas do tipo que o Japão fez na era Meiji teriam sido difíceis num país sem a mesma unidade. No entanto, a grandiosa afirmação sobre o papel desempenhado pelo Raj na construção de uma Índia unida está correta? Quando a Companhia das Índias Orientais de Clive derrotou o Nawab de Bengala em 1757, não havia um poder solitário que governasse toda a Índia. Ainda assim, da história subsequente da Grã-Bretanha impondo um regime único e unido (como de fato ocorreu) até a grandiosa afirmação de que somente os britânicos poderiam ter criado uma Índia unida a partir de um conjunto de Estados díspares vai uma grande distância.

Essa maneira de ver a história indiana iria firmemente de encontro à realidade dos grandes impérios internos que haviam caracterizado a Índia por mais de um milênio. Os imperadores ambiciosos e dinâmicos que vieram a partir do século III a.C. (a começar por Chandragupta Maurya) só concebiam seus regimes como completos quando o grosso do que consideravam um país estivesse unido sob seu controle. Houve grandes papéis aqui para Ashoka Maurya, os imperadores Gupta, Alauddin Khalji, os Mughals e outros. A história indiana mostra uma sequência de impérios internos intercalados com conglomerados de reinos fragmentados. Não devemos, portanto, cometer o erro de supor que a governança fragmentada de meados do século XVIII, na época de Clive, era uma situação típica do país ao longo de sua história, até os britânicos chegarem, benévolos, para uni-lo.

Apesar de os manuais de história considerarem os britânicos sucessores dos mogols, é importante notar que os primeiros, na verdade, não enfrentaram os segundos quando eles eram uma força difícil de derrotar. O domínio britânico começou quando o poder mogol já havia declinado, embora, formalmente, até o Nawab de Bengala, que os britânicos derrotaram, ainda fosse súdito deles. O Nawab jurava lealdade ao imperador mogol, sem prestar muita atenção aos seus ditames. O status imperial da autoridade mogol sobre a Índia continuava a ser amplamente reconhecido, embora o próprio império, antes poderoso, já não existisse.

Quando o chamado "motim dos sipaios" ameaçou os alicerces da Índia britânica em 1857, as diversas forças antibritânicas que participavam da rebelião conjunta puderam ser organizadas graças à aceitação da parte de todas elas da legitimidade formal do imperador mogol como governante. O imperador, na verdade, relutava em chefiar os rebeldes, mas isso não os impediu de declará-lo imperador de toda a Índia. O monarca mogol de 82 anos, Bahadur Shah II, conhecido como Zafar, estava muito mais interessado em ler e escrever poesia do que em travar guerras ou governar o país. Havia pouco que pudesse fazer para ajudar os 1400 civis desarmados de Delhi que os britânicos mataram quando o motim foi brutalmente esmagado e a cidade, destruída. O imperador-poeta foi expulso para a Birmânia, onde morreu cinco anos depois.

Quando morei na Birmânia na minha meninice, nos anos 1930, fui levado por meus pais para ver o túmulo de Zafar em Rangum, que ficava perto do famoso Pagode de Shwegadon. Não se permitiu que o túmulo fosse nada mais do que uma laje de pedra indistinta coberta de ferro ondulado. Lembro de ter comentado com meu pai que os governantes britânicos da Índia e da Birmânia deviam morrer de medo do poder evocativo dos restos mortais do último imperador mogol. A inscrição no túmulo informava apenas que "Bahadur Shah foi ex-rei de Delhi" — sem nenhuma menção a "império". Só muito tempo depois, nos anos 1990, é que Zafar pôde ser honrado com algo mais próximo de um túmulo decente para o último imperador mogol.

5

Na ausência do Raj britânico, os sucessores mais prováveis dos mogols seriam provavelmente a recém-surgida potência dos maratas hindus perto de Bombaim, que periodicamente saqueavam Delhi, a capital mogol, e exerciam seu poder para intervir em qualquer lugar da Índia. Já em 1742, a Companhia das Índias Orientais tinha construído um imenso "fosso marata" nos arredores de Calcutá, para retardar os ataques-relâmpago da cavalaria marata, capaz de atravessar rapidamente 1,5 mil quilômetros ou mais. Mas os maratas ainda estavam bem longe da elaboração de qualquer coisa que se assemelhasse ao plano de um império para toda a Índia.

Já os britânicos, ao contrário, só ficaram satisfeitos quando se tornaram a potência dominante na maior parte do subcontinente, e nisso não estavam apenas trazendo de fora a nova visão de uma Índia unida, mas também agindo na qualidade de sucessores de impérios internos anteriores. O governo britânico se espalhou para o resto do país a partir de suas fundações imperiais em Calcutá, começando quase de imediato depois de Plassey. Com o poder da Companhia expandindo-se pela Índia, Calcutá tornou-se a capital do recém-surgido império, posição que ocuparia de meados do século XVIII até 1911, quando a capital foi transferida para Delhi. Em Calcutá, a conquista das outras partes da Índia foi planejada e dirigida. Os lucros obtidos pela Companhia das

Índias Orientais em suas operações econômicas em Bengala financiaram, em grande medida, as guerras que os britânicos travaram em toda a Índia em seu período de expansão colonial.

O que tem sido chamado, amplamente, de "sangria financeira de Bengala" começou logo depois da batalha de Plassey. Com os Nawabs sob controle, a Companhia ganhou muito dinheiro não só com receitas territoriais, mas também graças ao privilégio exclusivo de fazer comércio sem pagar impostos alfandegários na rica economia bengalesa — mesmo sem contar os chamados "presentes" que a Companhia extorquia regularmente de comerciantes locais. Quem quiser se inspirar nas glórias do Império Britânico faria bem se evitasse ler *A riqueza das nações*, de Adam Smith, incluindo sua discussão sobre o abuso do poder estatal por uma "companhia mercantil que oprime e intimida nas Índias Orientais".[4] Como observou o historiador William Dalrymple:

> As cifras econômicas falam por si. Em 1600, quando a Companhia das Índias Orientais foi fundada, a Grã-Bretanha gerava 1,8% do PIB mundial, enquanto a Índia produzia 22,5%. No auge do Raj, esses números estavam mais ou menos invertidos: a Índia foi reduzida de principal país manufatureiro do mundo a símbolo de escassez de alimentos e privações.[5]

Embora a maior parte do saque da sangria financeira fluísse para funcionários da companhia britânica em Bengala, havia participação generalizada dos líderes políticos e empresariais da Grã-Bretanha: quase um quarto dos membros do Parlamento em Londres adquiriu ações da Companhia das Índias Orientais depois de Plassey. Os benefícios comerciais do império indiano da Grã-Bretanha chegavam bem dentro do establishment britânico. A síntese ladrão-governante acabou cedendo a vez ao que se tornaria um caso clássico de colonialismo, com o reconhecimento da necessidade de lei e ordem e de um fiapo de governança razoável. Mas o mau uso inicial do poder do Estado pela Companhia das Índias Orientais submeteu a economia de Bengala a tremenda pressão. O que em 1703 o cartógrafo John Thornton, em seu famoso mapa da região, tinha descrito como "o rico reino de Bengala" sofreu gigantesca escassez de alimentos durante o período de 1769-70. Estimativas da época sugeriam que mais ou menos um terço da população bengalesa morreu. Isso é quase certamente exagero, e gastávamos um bom tempo em Santiniketan tentando descobrir qual teria sido o número real. Não há dúvida, entretanto, de que foi uma catástrofe colossal, com desnutrição e mortalidade em massa — numa região onde por muito tempo ninguém sabia o que era fome.

Esse desastre teve pelo menos dois efeitos importantes. A injustiça do domínio britânico inicial na Índia deu motivo a críticas políticas consideráveis na própria Grã-Bretanha. Na época em que Adam Smith declarou enfaticamente em *A riqueza das nações* que a Companhia das Índias Orientais estava "totalmente despreparada para governar seu patrimônio territorial",[6] muitas outras vozes britânicas fizeram críticas parecidas. A acusação mais forte veio de Edmund Burke, em seu discurso parlamentar no impeachment de Warren Hastings em 1789. A denúncia de Burke foi ao mesmo tempo poderosa e eloquente, mas suas ideias sobre a perfídia pessoal de Hastings estavam profundamente equivocadas. Hastings tentou, e até certo ponto conseguiu, conter a vasta pilhagem britânica da Índia, em contraste com seus antecessores encarregados da Companhia, incluindo Clive, por quem — curiosamente — Burke tinha a maior admiração. No entanto, o diagnóstico geral de Burke do grau de malignidade da Companhia no governo da Índia não estava errado. O declínio econômico de Bengala acabou arruinando o negócio da Companhia também, prejudicando com isso os próprios investidores britânicos, e dando aos poderes constituídos em Londres uma boa razão para transformar seus negócios na Índia numa operação mais normal conduzida pelo Estado. Na época em que Burke denunciou Hastings, o período da chamada "pilhagem pós-Plassey", com a qual o domínio britânico começou, estava sendo substituído pela espécie de submissão colonial que logo se tornaria o padrão imperial, e com a qual o subcontinente se acostumaria cada vez mais no século e meio seguinte.

6

E até que ponto foi bem-sucedida essa longa fase de imperialismo clássico na Índia britânica, do fim do século XVIII até a independência, em 1947? Os britânicos alegavam um enorme conjunto de realizações, incluindo democracia, o estado de direito, ferrovias, a sociedade por ações e o críquete, mas a distância entre a teoria e a prática — com exceção do críquete — continuou grande durante toda a história das relações imperiais entre os dois países.[7] Somando tudo na avaliação dos anos pré-independência, era fácil ver que as conquistas deixavam muito a desejar quando comparadas com a retórica das realizações.

Na verdade, Rudyard Kipling captou admiravelmente bem a nota narcisista do administrador imperial britânico em seu famoso poema sobre imperialismo:

Tome o fardo do homem branco
As guerras selvagens pela paz
Encha a boca de Fome
e mande a doença cessar.[8]

Infelizmente, acabar com as epidemias de fome e remediar a saúde ruim não fizeram parte das altas conquistas do domínio britânico na Índia. Nada poderia nos desviar do fato de que a expectativa de vida dos recém-nascidos, quando o Império terminou, era horrivelmente baixa — quando muito, 32 anos.

A moderação com que o governo colonial investia em educação básica reflete a visão adotada pelos administradores dominantes sobre as necessidades da nação subjugada. Havia uma imensa assimetria entre governantes e governados. O governo empenhou-se cada vez mais seriamente, no século XIX, em dar alfabetização universal para a população nativa britânica. Comparativamente, os índices de alfabetização na Índia sob o Raj eram muito baixos. Quando o Império findou, os índices de alfabetização entre os adultos eram inferiores a 15%. As únicas regiões da Índia com alfabetização relativamente alta eram os "reinos nativos" de Travancore e Cochim (formalmente fora do Império Britânico), que depois da independência passaram a formar o núcleo do estado de Kerala. Esses reinos, embora dependentes da administração britânica em política externa e defesa, tinham permanecido tecnicamente fora do Império e desfrutavam de considerável independência em política interna, que exerceram favorecendo mais educação escolar e mais saúde pública.

Os duzentos anos de domínio colonial foram também um período de colossal estagnação econômica, praticamente sem avanços no PIB per capita real. Esses fatos sombrios foram bem divulgados depois da independência na mídia recém-libertada, cuja rica cultura era em parte — é preciso reconhecer — herança da sociedade civil britânica. Muito embora a mídia indiana fosse com frequência amordaçada durante o Raj — principalmente para proibir críticas ao governo imperial, por exemplo, na época da escassez de alimentos de 1943 em Bengala — a tradição de uma imprensa livre, cuidadosamente cultivada na Grã-Bretanha, oferecia um bom modelo para a Índia seguir depois de conquistar sua independência.

A rigor, a Índia recebeu muitas coisas admiráveis da Grã-Bretanha que não foram — não puderam ser — muito úteis antes da independência. A literatura em línguas indianas inspirou-se na literatura inglesa, da qual tomou gêneros emprestados, incluindo a próspera tradição de escrever em inglês na Índia. Sob o Raj, havia restrições sobre o que podia ser publicado e divulgado (até mesmo alguns livros de Rabindranath Tagore foram proibidos). Nos dias atuais, o governo indiano não tem essa necessidade, mas, infelizmente, por razões totalmente diversas, de política interna autoritária, as restrições às vezes não são menos indesejáveis do que durante o domínio colonial.

Nada é talvez tão importante nesse sentido como o funcionamento de uma democracia multipartidária e de uma imprensa livre. Mas muitas vezes essas dádivas não puderam ser exercitadas sob a administração britânica nos tempos imperiais. Só se tornaram viáveis quando os britânicos deixaram o país — ou seja, foram fruto do que se aprendeu com a experiência da própria Grã-Bretanha e que a Índia só foi capaz de usar livremente depois que o período do Império terminou. O domínio colonial tende a exigir certa dose de tirania: o poder assimétrico quase nunca está associado à imprensa livre, nem à democracia por contagem de votos, uma vez que nenhuma das duas coisas é compatível com a necessidade de manter súditos coloniais sob controle.

7

Convém adotarmos um ceticismo parecido no que diz respeito à alegação britânica de que eles eliminaram a fome em territórios dependentes, como a Índia. A governança britânica da Índia começou com uma gigantesca epidemia de fome em 1769-70 e a escassez de alimentos ocorreu com regularidade ao longo de todo o período de dominação britânica. O Raj também chegou ao fim com uma terrível epidemia de fome em 1943, da qual já tratei no capítulo 7. Em contraste com isso, jamais houve crises de escassez de alimentos na Índia depois da independência, em 1947.

Mais uma vez a ironia é que as instituições que ajudaram a acabar com a escassez de alimentos na Índia independente — a democracia e uma imprensa relativamente livre — vieram diretamente da Grã-Bretanha. A ligação entre essas instituições e a prevenção das crises de falta de alimentos é simples de entender. As epidemias de fome são fáceis de prevenir, uma vez que a distribuição de uma quantidade de alimentos relativamente pequena, ou a oferta de empregos públicos pagando salários relativamente modestos (que dão aos beneficiários de emprego público a capacidade de comprar comida), permitem que os ameaçados pela fome evitem a fome absoluta. Portanto, qualquer governo deveria ser capaz de impedir a ameaça da escassez de alimentos — grave ou moderada — e fazê-lo é do interesse de um governo, numa democracia que funcione, diante de uma imprensa livre. Uma imprensa livre torna conhecidos de todos os fatos de uma potencial crise de falta de alimentos, e uma eleição democrática torna difícil ganhar eleições durante — ou após — uma epidemia de fome, dando, dessa forma, mais um incentivo ao governo para enfrentar o problema sem demora.

A Índia não teve a liberdade de escapar da fome enquanto os direitos democráticos do seu povo foram negados, mesmo sendo ela governada pela principal democracia do mundo, com uma imprensa notavelmente livre na metrópole — mas não nas colônias. Essas instituições voltadas para a liberdade destinavam-se aos governantes, mas não aos súditos imperiais.

Na vigorosa acusação ao governo britânico na Índia apresentada por Rabindranath Tagore em 1941 (numa palestra dada por ocasião do que seria seu último aniversário), ele afirmou que o país tinha ganhado muito na associação com a Grã-Bretanha, por exemplo nas "discussões em torno do drama de Shakespeare e da poesia de Byron e, acima de tudo... o generoso liberalismo da política inglesa do século XIX". A tragédia, ele apontou em sua última palestra ("Crise na civilização"), veio do fato de que aquilo que havia "de melhor em nossa própria civilização, a proteção da dignidade das relações humanas, não tem lugar na administração britânica deste país".[9] A distinção entre o papel da Grã-Bretanha e o do imperialismo britânico não poderia ser mais clara. Enquanto a bandeira britânica era arriada em toda a Índia, nós tínhamos profunda consciência dessa distinção.

PARTE III

O autor, por volta de 1953.

11. A urbanidade de Calcutá

1

Rudyard Kipling a chamou de "a cidade da noite terrível". Calcutá (ou "Kolkata", como agora se escreve em inglês, na tentativa de coerência com a pronúncia em bengali), notória pela pobreza, pela miséria e pela sordidez, levaria mais tarde a santa Madre Teresa a trabalhar com seus sofredores e seus pobres. Ainda é vista no mundo de hoje como a encarnação da miséria urbana. Era, como observei anteriormente, a "cidade grande" no horizonte da minha meninice, pela qual passávamos em nossas andanças entre Daca e Santiniketan, e onde fiquei tão impressionado com a variedade de estilos de vida coexistentes. Foi em Calcutá que, com nove anos, fiquei acordado até tarde da noite para ver as bombas japonesas caírem nas docas e onde, no ano seguinte, vi pessoas morrerem de fome nas ruas. Foi principalmente em Calcutá que visitei familiares mantidos em "detenção preventiva" pelo Raj e onde comecei a refletir sobre a injustiça da tirania imperial.

Quando estudava na Escola de Santiniketan o que então se chamava "curso de ciências", com a intenção de obter o bacharelado em física e matemática, a ideia de ir a Calcutá veio, basicamente, da vontade de estudar na Faculdade da Presidência. Eu sempre conversava com meus colegas estudantes (Dipankar

Chatterjee, Mrinal Datta Chaudhuri, Tan Lee, Amit Mitra, Shiv Krishna Kar, entre outros) sobre a excelente educação que a Faculdade da Presidência aparentemente oferecia, e sobre sua notável atmosfera acadêmica. Mas me atraía também a própria cidade grande, a *Mahanagar* (literalmente, "a grande cidade"), como Satyajit Ray a chamou em seu maravilhoso filme, descrevendo carinhosamente Calcutá como um lugar "monstruoso, fervilhante, inexplicável".

A condenação de Calcutá feita por Rudyard Kipling tinha muitos elementos distintos. Um deles era a sua incapacidade de compreender por que Job Charnock, um comerciante inglês, preferiu fundar o que viria a ser uma cidade moderna num lugar tão terrível, à beira do rio Ganges (ou Hooghly):

Onde o cólera, o ciclone, e o corvo
Vão e vêm;
...
Fica uma Cidade — Charnock escolheu — empacotada
Perto de uma Baía —
Tornada fétida pelo esgoto, pelo esgoto
tornada impura,
pela selva insalubre, pelo pântano
Úmida e miasmática;
E a Cidade e o Vice-rei, como vemos,
Não concordam.[1]

O espanto de Kipling ante a decisão de Charnock de desenvolver uma cidade no que era visto como um lugar muito desfavorável tem sido compartilhado por muitos outros, até os dias de hoje. Geoffrey Moorhouse, autor de uma história bem pesquisada e bem escrita da cidade, descreveu-a como "decisão idiota".[2] Idiota ou não, a decisão de Charnock foi importantíssima. Em agosto de 1690, pouco mais de trezentos anos atrás, Charnock navegou até uma aldeia chamada Sutanati (muitas vezes escrita como "Chuttanutti" pelos ingleses inseguros) e efetivamente estabeleceu ali a sede da Companhia das Índias Orientais. Sutanati era uma das três cidadezinhas que formavam uma aglomeração em torno da qual cresceu Calcutá, sendo as outras duas Gobindapur e Kalikata.

Nos cem anos que se seguiram, a cidade deixou de ser a sede de uma empresa comercial para se tornar a capital da Índia britânica. Antes da Batalha de Plassey, a sede do governo de Bengala tinha sido Daca, seguida por Murshidabad, onde o Nawab de Bengala tinha sua base. Depois que Clive derrotou e executou Siraj-ud-Dnoula, Calcutá tornou-se o lugar natural para governar o território da companhia na Índia, pois era ali que os britânicos já estavam estabelecidos.

2

Calcutá logo se tornou a "segunda cidade do império". Era, sem dúvida, maior do que qualquer outra candidata ao título até meados do século XX. Imagino que isso já fosse razão suficiente, mas a atração que Calcutá exercia sobre mim nada tinha a ver diretamente com sua história imperial. Para qualquer pessoa interessada em educação, em especial em ciência, Calcutá era praticamente insuperável. Além da Faculdade da Presidência, havia muitas outras faculdades boas no nível de graduação, como a Faculdade de São Xavier, a Faculdade da Igreja Escocesa, a Faculdade da Cidade e a Faculdade Asutosh, além de muitas outras instituições de pesquisa e centros de ensino superior. A Universidade de Calcutá, fundada em 1857, já era famosa. Havia a Real Sociedade Asiática de Bengala (depois Sociedade Asiática), o Instituto Indiano de Estatística, a Associação Indiana para o Cultivo da Ciência, o Instituto Saha de Física Nuclear, a Faculdade Técnica de Bengala (que serviria de base para a nova Universidade de Jadavpur, onde eu trabalharia de 1956 a 1958, iniciando minha vida de professor), a Faculdade de Engenharia de Bengala, a Faculdade de Medicina, e muitas outras. Tudo isso criava uma sensação de vida intelectual agitada.

Foi também em Calcutá que o chamado "renascimento de Bengala" introduziu aspectos de cultura moderna numa terra antiga, basicamente através de interações da cultura indiana (ou culturas indianas) com contribuições da Europa. Como Sushobhan Sarkar, o grande historiador que lecionava na Faculdade da Presidência (e inspirou muitos estudantes como eu), tinha afirmado de modo vigoroso, houve um despertar intelectual básico produzido pela influência dialética dos britânicos sobre as tradições locais, cujo impacto profundo na vida e nas atitudes em Bengala dá plausibilidade ao termo "renascimento". Os tradicionais recursos intelectuais de Bengala foram envolvidos nesse processo radical, possibilitando o bom uso da erudição bengalesa, sânscrita e persa presente entre muitos bengaleses instruídos e residentes em Calcutá.

As mudanças já estavam em andamento no fim do século XVIII, especialmente depois que Warren Hastings — que pode ter sido responsável por algumas atrocidades coloniais, como aconteceu com quase toda a cúpula da Companhia das Índias Orientais, mas foi também um grande patrono da cultura e das tradições indianas — assumiu a administração britânica em Calcutá. A fundação da Real Sociedade Asiática de Bengala em Calcutá em 1784 não só expandiu muito o interesse, entre os britânicos, pela Índia antiga, assim como os estudos acadêmicos sobre ela, mas também aumentou de maneira espetacular as interações entre estudiosos europeus e indianos. A partir do começo do século XIX faculdades foram criadas, bibliotecas instaladas, a prática jurídica sistemática recebeu atenção e apoio, teatros foram montados para um crescente público urbano e havia um espírito geral de animação sobre a necessidade de mudança e a possibilidade de progresso.

Através da influência exercida por Ram Mohan Roy, Ishwar Chandra Vidyasagar, Bankim Chandra Chattopadhyay, Michael Madhusudan Dutt, Rabindranath Tagore, Kazi Nazrul Islam e por gerações mais recentes de escritores bengaleses (como Buddhadeb Bose, Bishnu Dey, Jasimuddin, Shamsur Rahman, entre outros), Bengala tem sido um grande lugar de transformação cultural. Muitos desses escritores contestaram ideias e modos de expressão antigos, e desenvolveram outros, enfrentaram antigos preconceitos e novas críticas, e ajudaram a estabelecer culturas urbanas e rurais das quais o debate e a disputa, assim como a criação literária e cultural, tornaram-se características definidoras. Em meados do século XX, essa fermentação intelectual em Calcutá tinha dado à cidade uma reputação difícil de igualar.

Quando me mudei para Calcutá, em julho de 1951, levando todos os meus bens terrenos num velho baú de aço enferrujado, a cidade estava alagada após dois dias de fortes chuvas de monção. Evitando as poças e buscando um caminho razoável através da água, senti que a vida que eu tinha pela frente seria um desafio.

3

Embora os britânicos tivessem estabelecido a Calcutá moderna, muitos deles, talvez até a maioria, não gostavam da cidade. Orgulhavam-se do que tinham feito ali — e no resto da Índia, a partir de Calcutá —, mas não se sentiam muito satisfeitos com o rumo que o desenvolvimento da cidade tomava. Calcutá adquiriu, no entanto, a reputação de ser a "cidade dos palácios". Existiam palácios, na maioria novos, construídos pelos próprios britânicos, com participação indiana, uma vez que havia pouco a herdar do passado da Índia nas aldeias em torno das quais Calcutá foi construída. Nisso a cidade era bem diferente de Daca e Murshidabad. A frase surgiu no fim do século XVIII, mas foi James Atkinson que lhe deu a expressão literária mais famosa em 1824, num poema intitulado "A cidade dos palácios":

Fiquei parado como um estrangeiro maravilhado no Ghaut,
E, olhando à minha volta, contemplei o esplendor de torres
E palácios, como uma aparição mágica;
Todos cintilando à luz do sol.[3]

Esse poema, que em certa época foi muito louvado, não captura a imagem da Calcutá que existe hoje na imaginação popular, e talvez nunca tenha capturado. Os palácios não me interessavam muito, ainda que gostasse do grande edifício de mármore chamado Victoria Memorial Hall, no meio do *maidan* (o vasto espaço aberto separando os setores comerciais de Calcutá do Ganges). Para mim, a realidade da cidade foi mais bem capturada pela apreensão de Kipling do que pela admiração de Atkinson. "A Tale of Two Cities" (1922), de Kipling, contrasta Calcutá muito desfavoravelmente com Simla:

Como o fungo brota caótico do seu leito,
Assim ela se propaga —
Dirigida pelo Acaso, erguida pelo acaso, situada e construída
No lodo
Palácio, estábulo, casebre — pobreza e orgulho —
Lado a lado;

E, acima da cidade compacta e pestilenta,
A morte olhou para baixo.

Ved Mehta observa que o ponto de vista de Kipling, "quando não o de um imperialista, era o de um lahori pragmático com, talvez, um traço da espiritualidade de Allahabad".[4] Apesar dessa e de outras conjeturas sobre o que Kipling despejou na denúncia de Calcutá, suas opiniões ainda são bem lembradas, em grande parte porque, como diz Mehta, "a passagem dos anos só preservou e multiplicou os horrores da cidade".

Será que Kipling a viu corretamente? Se viu, por que Calcutá é tão amada não só pelos que acabaram indo morar lá, mas também por aqueles que tiveram a chance de refletir e a oportunidade de escolher, e apesar disso tomaram a firme decisão de ficar? A riqueza cultural e intelectual certamente tem a ver com isso, o que de forma alguma elimina a pobreza e o caos de Calcutá. Mas os que adoram viver na cidade ali estão pelas muitas coisas positivas que ela oferece.

Embora o renascimento de Bengala tenha sido consequência direta da resposta das tradições locais à chegada do pensamento europeu, através do domínio britânico, os britânicos mal percebiam o que se passava. Isso em parte se devia à falta de interesse genuíno do lado dos colonizadores, mas também ao fato de que muito do que se passava era dito numa língua — o bengali — que os governantes e comerciantes britânicos não compreendiam, nem tentavam aprender.

Amit Chaudhuri (agora professor em Oxford) observa a estranheza do fenômeno:

> Para o inglês, tanto a modernidade indiana como o moderno indiano eram invisíveis. Em certo sentido, portanto, Calcutá para ele era invisível. Kipling, escrevendo no meio do Renascimento, povoa suas histórias mágicas da Índia com lobos, tigres, chitas falantes e crianças indianas órfãs que não têm a menor dificuldade para se comunicar com animais. Ninguém saberia, lendo Kipling, que Bagheera, Sher Khan e Mowgli são vizinhos e contemporâneos do romancista Bankim Chandra Chatterjee e do poeta Michael Madhushdan Dutt. No universo de Kipling — e até certo ponto no da Grã-Bretanha — o Renascimento e a modernidade bengalesa e indiana poderiam jamais ter ocorrido no fabuloso e ininterrupto tempo da Índia.[5]

4

Teria fundamento a acusação de Kipling referente à estupidez da escolha de Calcutá como lugar para a capital da Companhia das Índias Orientais? A pergunta "por que ali?" me interessava bem antes de eu me mudar para Calcutá, e foi um dos temas das minhas pesquisas informais na biblioteca de Santiniketan — "meu lugar favorito", como eu confessara a meu avô. Kshiti Mohan foi de grande ajuda no desenvolvimento do meu interesse pela longa história da região de Calcutá. A pergunta pode ser dividida em duas partes: por que, genericamente, ali — perto do extremo sul da Bengala gangética, mais ou menos nas imediações do rio Hooghly? E por que especificamente naquele ponto, na margem oriental do Hooghly, no território que abrigava as três cidadezinhas de Sutanati, Gobindapur e Kalikata? A segunda pergunta pode ser respondida sem grande dificuldade. Os britânicos tinham o sítio mais ao sul entre as feitorias então existentes, mais perto do mar do que as dos fabricantes e comerciantes portugueses e holandeses, e mais bem localizadas para exportar produtos. Outra vantagem da localização perto da foz do rio era que qualquer ataque hostil pelo norte — por exemplo, dos mogols, se eles decidissem contestar o que acontecia em Bengala — teria que passar primeiro pelos holandeses e pelos portugueses. Além disso, escolhendo um lugar do lado leste do rio, Job Charnock também ficava em melhor posição para enfrentar exércitos de base terrestre vindos do oeste — fosse de Murshidabad ou de Delhi, ou da potência emergente dos maratas, perto de Bombaim.[6]

A grande questão, no entanto, é a escolha da região de Calcutá. Quando a Companhia das Índias Orientais — fundada por um grupo de comerciantes em Londres em 1600 — chegou à Índia logo depois, foi com o objetivo de comercializar. A conquista e o estabelecimento de um império indiano estavam distantes das intenções inglesas naquela época, embora seja exagero dizer, como já se afirmou em certa época, que o Império Britânico foi criado num "surto de distração". Durante mais ou menos catorze anos antes de ser mandado para Bengala, Charnock esteve em outras partes da Índia — principalmente em Patna, desenvolvendo o comércio britânico de salitre. Com suas funções na Companhia se ampliando, ele teve que assegurar e expandir o negócio muito mais lucrativo do comércio com vários produtos da indústria indiana feitos localmente, como artigos de algodão, musselina e seda, famosos e produzidos em Bengala, mas também mercadorias do norte da Índia que desciam o Ganges, o Jamuna e seus tributários, a fim de ser despachadas para o exterior.

Charnock estava ansioso para conseguir a autorização das atividades da Companhia pelos mogols em Delhi (e conseguiu), mas também percebeu o frouxo controle exercido, naquela altura, pelos funcionários mogols encarregados de Bengala. Não havia como confiar na proteção deles para tornar mais segura sua base ali. Charnock sabia da importância do comércio fluvial para a Companhia e do quanto a própria Bengala era significativa como província mais rica da Índia na época. A famosa carta do rio Hooghly, traçada por Thornton em 1703, com um mapa das abundantes cidades e postos comerciais ao longo do baixo Ganges, descrevia a província em letras graúdas e enfáticas como "o Rico Reino de Bengala".

E, claro, os ingleses não eram, de forma alguma, os únicos estrangeiros a entender a importância econômica da região. Os portugueses tinham chegado quase um século antes, em 1518, e construído três assentamentos diferentes no mesmo distrito do Hooghly. Os holandeses vieram em 1632 e estabeleceram uma feitoria na vizinha Chinsurah. Como explicou J. J. A. Campos em sua *História dos portugueses em Bengala*, publicada cem anos atrás: "Na história indo-europeia não existe, certamente, cidade indiana mais interessante do que Hooghly porque ali, num raio de alguns quilômetros, sete países europeus lutaram pela supremacia: os portugueses, os holandeses, os ingleses, os dinamarqueses, os franceses, os flamengos e os prussianos".[7]

A escolha de Charnock da área geral de Calcutá dificilmente seria vista como excêntrica.

5

A história da região de Calcutá e seu papel econômico remonta a bem antes do período em que os europeus começaram suas atividades ali. As *Mangal Kavyas* bengalesas (narrativas em verso), escritas a partir do século XIII, insistem nisso com riqueza de detalhes. Quando menino li a mais famosa delas, *Manasamangal*, de Bipradas, que aparentemente viveu no século XV perto de onde hoje fica Calcutá. Bipradas se refere tanto a Kalikata como à vizinha Kalighat (local de um velho tempo de Kali) como cidades que seu herói rebelde Chand, mercador naval e comerciante oceânico, ia descrevendo enquanto descia o rio em direção ao mar.

Talvez, de maneira mais significativa, a região tenha tido assentamentos urbanos desde pelo menos o século II a.C. Há sítios antigos a curta distância de Calcutá, e as escavações arqueológicas em um deles, chamado Chandraketugarh (a apenas trinta quilômetros da cidade), estavam em andamento quando me mudei para a cidade; aos poucos revelavam vastos resquícios de uma povoação antiga, incluindo fortificações e edifícios públicos. Na prática, quase toda escavação séria na região parecia trazer à tona mercadorias para uso em ambiente urbano — enfeites, estatuetas, exposições e, claro, utensílios — remontando ao período Sunga, mais de 2 mil anos atrás (florescendo entre 185 e 73 a.C.), e ao período Kushana, que veio em seguida.

Continuei a ler sobre as escavações, mas não arranjava tempo e oportunidade para ir ver com meus próprios olhos. O transporte rodoviário em Bengala sempre foi pobre, e mesmo os trinta quilômetros para Chandraketugarh — em linha reta — teriam tomado muito tempo nas estradas absurdamente ruins. Acabei dando um jeito de ir lá em 2005, depois que um amigo, Gopal Gandhi (neto do Mahatma Gandhi, e de outro grande estadista, C. Rajagopalachari), tornou-se governador de Bengala. Fomos juntos no carro dele: levamos duas horas em estradas ainda precárias. Eu tinha o maior interesse em ouvir Gopal descrever suas próprias pesquisas sobre a história da região — atividade inusitada para um governador.

Resquícios antigos dessa parte do passado de Bengala estão espalhados pela região de Calcutá, mas sua presença dentro da própria cidade — o sítio atual do antigo complexo urbano — só recentemente veio à tona, como resultado em primeiro lugar não de interesse arqueológico, mas das demandas do moderno planejamento urbano. Quando o sistema subterrâneo do metrô foi construído, entre 1972 e 1995 pela Indian Railways (a primeira ferrovia subterrânea da Índia), a escavação desenterrou cerâmica e materiais de ornamentação e utensílios de mais de 2 mil anos atrás. Então, em 2001, quando a cidade tomou a decisão de restaurar a casa onde Robert Clive viveu, as escavações naquele local produziram vestígios de uma civilização urbana do mesmo período Sunga-Kushana, incluindo cerâmica antiga, tecidos finos, tijolos para construção, um piso de cal e ladrilho, uma lareira, e moedas e carimbos que denotavam uma vigorosa atividade comercial a partir, pelo menos, do século

II a.C. As descobertas não chegaram a ser uma surpresa absoluta, levando em conta o que já se sabia sobre a região de Calcutá, mas não deixaram dúvida de que Charnock decidiu sediar seu negócio numa área que tinha sido importante centro de transporte e comércio por muitíssimo tempo.

Certa vez me senti tentado a considerar a possibilidade de escrever uma "verdadeira história de Calcutá" — e talvez ainda venha a fazê-lo. Com base em minhas leituras na biblioteca de Santiniketan, eu já tinha certeza de que a cidade para onde me mudaria não tinha apenas trezentos anos, como se costuma dizer. Estava claro que a fundação não se deu apenas porque a Companhia das Índias Orientais levara o comércio global para lá, mas porque a região levava o comércio global para a Companhia — que decidiu instalar-se numa área de vida urbana estabelecida e com uma longa história de atividade econômica.

6

No começo de 1951, eu estava cada vez mais animado com a expectativa de ingressar na Faculdade da Presidência e morar em Calcutá. Um problema que exigia solução imediata era onde ficar. A Faculdade da Presidência dispunha de dois albergues para estudantes, mas o sistema de albergues dava continuidade à política britânica de preservar as divisões comunais entre muçulmanos e hindus, o que significava perpetuar o velho lema de "dividir para governar". Ofereceram-me acomodações no chamado Albergue Hindu. A ideia não me entusiasmou muito. Na verdade, eu achava as divisões comunais incompatíveis com a Índia secular pós-independência e com a natureza totalmente não sectária da própria Faculdade da Presidência. Ainda que a faculdade tivesse sido designada Faculdade Hindu no começo do século XIX, jamais foi reservada apenas para hindus, e nunca discriminou estudantes com base em religião. Na verdade, em 1855 — quase cem anos antes da minha chegada — havia abandonado o nome sectário. Tendo visto tanta carnificina comunal em meus anos escolares, eu resistia até mesmo ao aspecto simbólico de me instalar num lugar — o Albergue Hindu — com uma clara identificação comunal.

Assim sendo, encontrei um lugar — um quarto compartilhado (e mais tarde um modesto quarto individual) — num albergue da YMCA em Mechua

Bazar, o que implicava uma caminhada de vinte minutos até a faculdade. Mudei-me para lá no começo de julho de 1951. A YMCA não se destinava especificamente a cristãos — havia lá estudantes de todas as religiões. E os residentes, todos eles estudantes, pesquisavam diferentes assuntos em várias faculdades de Calcutá. Essa diversidade me agradou e eu adorava conversar com os outros moradores. Costumávamos ficar até altas horas conversando nas espaçosas varandas da velha YMCA.

Calcutá é uma grande cidade para bate-papos — que os bengaleses chamam de *adda* —, uma discussão não programada sobre qualquer assunto que apareça. Logo descobri que eu adorava *adda* mais do que praticamente qualquer outra forma de passar o tempo. Tive uma bela *adda* com o supervisor da YMCA no dia da minha chegada. O sr. Mukherjee, cristão devoto, explorava a ideia de votar no Partido Comunista nas próximas eleições. "O senhor concorda com as políticas do Partido?", perguntei. "Não", respondeu, "eles não são muito legais com as pessoas de quem não gostam, e são contra todas as religiões, e na verdade eu sou contra eles. Mas provavelmente podem fazer muita coisa boa pelo estado de Bengala Oriental, onde o Partido do Congresso não parece querer executar coisa alguma." Quando me sentei para minha primeira refeição noturna, conversando com o sr. Mukherjee, decidi que gostava dessa abordagem tipo ponto-contraponto. De alguma forma, ela correspondia à minha imagem de Calcutá e às minhas expectativas da cidade. Meu ceticismo inicial, de que o sr. Mukherjee pudesse ser um conversa-fiada, logo deu lugar a uma admiração genuína por alguém que claramente queria pensar fora da maneira convencional sobre política e sociedade e sobre as demandas políticas da religião, apesar, como deduzi, de sua rigorosa criação religiosa.

O caminho mais conveniente para ir a pé de Mechua Bazar para College Street, onde fica a Faculdade da Presidência, passava por áreas muito pobres, e por outras com lojas bem abastecidas e escritórios, particularmente na Harrison Road (agora chamada de Mahatma Gandhi Road). Então, já perto da Faculdade da Presidência, quando eu dobrava a esquina da Harrison Road com a College Street, havia uma imensa constelação de livrarias de todos os tipos. De livros protegidos por prateleiras envidraçadas dentro de lojas solidamente construídas a montes e montes de volumes precariamente equilibrados em pedestais improvisados na calçada, eram milhares de livros chamando a minha atenção. Eu tinha a maravilhosa sensação de haver chegado ao lugar certo na Terra.

7

Surpreendeu-me a rapidez com que me acostumei a morar em Calcutá. Como criança crescida em Daca, eu tinha, claro, algum senso de rivalidade com moradores de longa data — "calcuttans", como eram chamados então, ou "Kolkata-*basi*" (residentes de Kolkata) em bom bengali. A Índia tinha sido dividida quatro anos antes e os bengaleses se instalaram em dois países diferentes. A hostilidade entre hindus e muçulmanos, boa parte da qual, como já discuti antes, tinha sido politicamente arquitetada, àquela altura cedia a vez (dos dois lados da fronteira) a um senso revigorado de unidade bengalesa, ainda que, de vez em quando, sectários políticos fizessem o possível para semear a discórdia.

Calcutá era, e é, uma cidade maravilhosa do ponto de vista multicultural. Os bengaleses, claro, são a maioria da população, mas há grandes comunidades de biaris, tâmeis, malaialas, oriyas, marwaris, anglo-indianos (euroasiáticos), chineses, nepaleses, tibetanos, armênios e outros. Entre as línguas amplamente faladas estão bengali, híndi, inglês, boiapuri, maithili, urdu, chinês e muitas outras. Se Calcutá pode se orgulhar de alguma coisa é de não ter precisado lidar, ao contrário de outras cidades metropolitanas, com movimentos significativos anti-imigração. Comparativamente, na política de Bombaim (ou Mumbai, como passou a chamar-se), ativistas a favor, digamos, dos maarastrianos, têm muitas vezes sido vigorosamente antitâmeis. Houve poucas tentativas desse tipo de política anti-imigração em Calcutá.

Particularmente notável também era ver que o legado cultural britânico em Calcutá, causa de grandes ressentimentos anteriores, tinha sido absorvido na memória tolerante de uma história calorosamente multicultural. Movimentos nacionalistas contra a dominação britânica tinham contado com forte apoio em Calcutá a partir da segunda metade do século XIX. A vigorosamente nacionalista Associação Indiana, encabeçada pelo famoso Surendranath Banerjee, foi criada na cidade em 1883, dois anos antes da primeira reunião do Congresso Nacional Indiano em Bombaim. Subhas Chandra Bose também veio de uma família solidamente calcutaense. Nacionalistas inquietos, desejosos de considerar o uso da rebelião violenta na batalha pela independência indiana, foram, de maneira significativa, mais numerosos em Bengala do que em qualquer outra parte da Índia.

Apesar disso, as relíquias do domínio britânico estão entre os pontos de referência mais estimados da cidade. A bela sede da prefeitura, construída em 1813 para reuniões sociais de europeus nos tempos da Companhia das Índias Orientais, foi cuidadosamente restaurada pela municipalidade de Calcutá, que reconstruiu em detalhes uma réplica do velho prédio. Da mesma forma, o Victoria Memorial Hall, construído de 1905 a 1921, é muito bem preservado, repleto de materiais e ilustrações da época em que os britânicos comandavam. Seu museu recebe mais visitantes por dia do que qualquer outro da cidade — na verdade, pelo que me dizem, mais do que qualquer outro museu de qualquer tipo em qualquer lugar da Índia.

8

Calcutá foi a primeira cidade onde morei sozinho e experimentei a vida de estudante universitário. A sensação de liberdade que tive ali talvez refletisse um elemento de libertação da minha família, mas eu adorava também as oportunidades de uma boa *adda* no café perto da minha faculdade, nos espaços públicos do albergue da YMCA, e, claro, na casa de amigos. Mas além disso logo descobri que Calcutá é uma ótima cidade para caminhadas, especialmente ao anoitecer, depois que o trânsito de veículos diminui. E, como eu estava deixando de ser o madrugador de Santiniketan para adotar a vida de "dormir tarde" da cidade grande, dava para conversar com amigos em suas casas e voltar andando para a YMCA bem depois da meia-noite. Ao contrário do Trinity College, em Cambridge, para onde eu iria depois, e onde as portas da faculdade fechavam às dez da noite, a YMCA não tinha toque de recolher, nem hora limite para retornar, embora devêssemos avisar ao supervisor se fôssemos voltar tarde. Eu adorava aquelas longas caminhadas noturnas pela cidade sossegada. Um dos resultados da partição foi que muitos amigos e parentes se mudaram do novo Paquistão Oriental para a Índia — uma imensa proporção deles para Calcutá. Essa nova proximidade permitiu que as antigas relações se estreitassem e ficassem mais acessíveis. Antes de mudar para Calcutá, jamais imaginei que minha amizade com primos como Mejda, Miradi, Khokonda, Ratnamala, Babua, Rabida, Piyali, Dula e outros pudesse ser tão agradável. Eu às vezes pulava uma geração para conversar com primos dos meus pais também, como

Chinikaka, Chotokaka, Kankarmama e outros, todos envolvidos em diferentes profissões. Como meus amigos imediatos na Faculdade da Presidência ou na YMCA eram quase invariavelmente jovens, a mudança geracional aumentava bem o alcance das nossas conversas.

Andar em Calcutá era sempre agradável. Embora às vezes eu passasse por áreas conhecidas pela criminalidade, jamais — absolutamente jamais — encontrei alguém que tentasse me roubar, ou mesmo me parar. Eu não sabia na época, como minhas investigações posteriores das estatísticas urbanas revelaram, que Calcutá tinha não apenas o mais baixo índice de crimes graves da Índia, mas uma das menores taxas de homicídio entre todas as grandes cidades do mundo. É uma característica estranha numa das cidades mais pobres de qualquer país, e levanta sérias dúvidas sobre a pobreza como importante causa da criminalidade.

Se essa rara característica de Calcutá fica em grande parte oculta — e em grande parte mal apreciada —, sua distinção em relação a livros, teatros e outras formas de cultura era mais facilmente identificada. Calcutá abriga há muitos anos a maior feira de livros (ou *boi mela*) do mundo, na qual centenas de milhares de pessoas se reúnem dia após dia durante duas semanas ou mais. (A afirmação de o *boi mela* ser a maior feira de livros do mundo baseia-se, claro, no número de pessoas que comparecem ao *mela* — não no volume de transações financeiras, galardão que deve pertencer a Frankfurt ou Londres.) A imensa multidão de visitantes aparece para ver os novos livros, e até mesmo para ler um pouco, sem ter dinheiro para comprar. O *boi mela* é um gigantesco evento cultural, que traz para a cidade uma nova explosão de vida no começo da primavera.

Quando me mudei para Calcutá, em 1951, o *boi mela* anual tinha terminado, mas o teatro era certamente fonte de muita comoção e envolvimento. A reputação da cidade como lugar de teatros estava àquela altura bem estabelecida — era a única na Índia onde, em qualquer noite, podia-se escolher entre várias peças em diferentes teatros. Os calcutaenses orgulhavam-se disso, com razão, e, como novo morador, eu também me orgulhava. Os ingressos eram baratos e acessíveis, e por isso eu ia com frequência. Era uma alegria poder escolher entre peças em bengali todas as noites, muitas delas com fortes temas sociais e políticos.

O primeiro teatro de Calcutá foi o Teatro Calcutá, fundado em 1779 por iniciativa dos britânicos, embora peças tradicionais, conhecidas como *jatra*, já viessem atraindo muitos seguidores ao longo dos séculos. Em 1795, um dramaturgo russo, Herasim Lebedef, chegou a Calcutá para encenar duas peças em bengali, em colaboração com artistas bengaleses. Sua casa de espetáculos, o Teatro Hindu, fez tanto sucesso que, quando pegou fogo, circularam boatos na cidade de que os invejosos britânicos tinham reduzido o prédio a cinzas (na verdade não havia nenhuma verdade nisso). Mas no século XIX muitos outros teatros foram estabelecidos.

Uma das características do teatro bengali em Calcutá era que as mulheres podiam desempenhar papéis femininos décadas antes de terem permissão para fazê-lo em qualquer outra cidade da Índia. Apesar dessa tendência modernista e inusitada, que distinguia Bengala de boa parte do resto da Índia, ainda havia uma pequena nobreza em Calcutá que a desaprovava, convencida de que era impróprio para mulheres de "boa família" subir ao palco. Como minha mãe, vinda de uma família de acadêmicos, desempenhou o papel principal em várias danças dramáticas de Tagore nos anos 1920, eu estava bem ciente dos debates em torno do assunto desde muito jovem (já discuti essa heterodoxia cultural neste livro). As apresentações de minha mãe tinham sido vistas como um escândalo em alguns círculos — felizmente muito limitados — e como motivo de comemoração e admiração em outros.

Os círculos conservadores em Calcutá não só não gostavam de ver mulheres "respeitáveis" no palco, como muitas vezes se opunham até mesmo aos *jatras* em Bengala. Eu adorava participar de debates sobre o assunto, e achei particularmente divertido saber de um famoso educador bengalês, Heramba Maitra, reitor da Faculdade da Cidade em Calcutá, que se viu diante de um dilema moral quando um jovem lhe perguntou na rua se ele sabia onde ficava o Teatro Minerva. Aborrecido com o gosto lamentável do jovem (Minerva era um dos teatros em que se apresentavam regularmente atrizes), Maitra respondeu com desdém que não sabia. Então, percebendo que tinha acabado de mentir, voltou correndo, amuado, para alcançar o perguntador, segurá-lo pelo ombro e falar: "Eu sei, mas não digo".

9

Mahatma Gandhi, que em muitos sentidos era um moralista tradicional, adotou uma atitude liberal para com o teatro, e na verdade, ao passar por Calcutá, ia ver peças em bengali, apesar da barreira da língua. A primeira visita de Gandhi à cidade foi em 4 de julho de 1896, quando chegou de navio proveniente de Durban, mas foi embora no mesmo dia. Ao voltar em 31 de outubro daquele ano, decidiu ver uma peça na primeira noite, apesar, imagino eu, do cansaço da longa viagem. Impávido diante da dificuldade da língua, foi novamente assistir a outra peça em bengali, em 7 de novembro.

Naquela época eu não sabia as datas certas desses eventos, mas sabia que Gandhi tinha visto peças em bengali ao passar pela cidade, e fiquei curioso para saber o que ele assistira. Essa curiosidade só foi satisfeita quando as notas que Mahatma Gandhi escreveu naquela época foram estudadas por seu neto Gopal.[8] Graças à pesquisa de Gopal sobre a história cultural de Calcutá, sabemos que seu avô teve a opção de escolher entre quatro peças em bengali representadas naquelas noites nos teatros Real de Bengala, no Emerald, no Star e no Minerva (embora não possamos saber, infelizmente, qual dessas Gandhi de fato escolheu). Apesar disso, está claro que o teatro pioneiro em bengali podia orgulhar-se da preferência demonstrada por uma pessoa que gostamos de ver — por boas razões — como "o pai da nação".

10

Quando vim morar em Calcutá, a voz da esquerda se tornara particularmente forte em questões culturais, situação na qual a Associação Indiana de Teatro Popular (IPTA) desempenhou papel de destaque. Isso ocorreu em resposta a vários acontecimentos influentes. A epidemia de fome de 1943 em Bengala levou diretamente a uma peça em bengali de grande sucesso intitulada *Nabanna* ("Nova colheita", nome de um festival tradicional de colheita), que apresentava uma crítica contundente tanto ao governo colonial como à desumanidade dos manipuladores do mercado. Foi escrita por Bijon Bhattacharya e dirigida por Sombhu Mitra — ambos muito ativos no IPTA — e fez imenso sucesso. Isso inspirou outras peças e um maravilhoso filme em hindi de 1946 chamado *Dharti Ke Lal* ("Filhos da terra"), dirigido por Khwaja Ahmad Abbas. Os novos movimentos teatrais reconheceram as poderosas causas sociais que necessitavam de enunciação literária, e isso teve efeito inspirador na população de frequentadores de teatro de Calcutá — que definitivamente me incluía.

A indústria cinematográfica ainda estava muito presa a convenções em toda a Índia, mas isso também começava a mudar. Um forte filme de crítica de esquerda, *Udayer Pathe*, apareceu em 1944 e era revisto com frequência no começo dos anos 1950. Uma grande moda na minha época era o cinema neorrealista italiano, que incluía *Ladrões de bicicleta* (1948) e *Milagre em Milão* (1951), ambos dirigidos por Vittorio de Sica. A tradição neorrealista italiana, que começou com Luchino Visconti e Roberto Rossellini, era imensamente popular e muito discutida em nossos círculos estudantis. É difícil exagerar o impacto desses filmes sobre os jovens de Calcutá. Um dos influenciados foi Satyajit Ray, também estudante da Faculdade da Presidência dez anos antes de mim. Ele ficou profundamente emocionado com *Ladrões de bicicleta*. Ray viu o filme em Londres — antes de podermos ver em Calcutá — e escreveu: "Percebi imediatamente que se eu algum dia fizesse *Pather Panchali* — e a ideia já estava na minha cabeça há algum tempo — seria naquele estilo, usando locações naturais e atores desconhecidos".[9] Logo em seguida foi exatamente o que ele fez.

11

Apesar de tudo que Kipling relacionou em suas acusações, rapidamente me apaixonei pela cidade, mais ou menos como acho que ocorreu com Satyajit. Discutindo a escolha de material para seus filmes, Ray pergunta como eles deveriam ser:

> O que deveria colocar em seus filmes? O que deixar de fora? Deixaria a cidade para trás e iria para a aldeia onde vacas pastam nos campos infindáveis e o pastor toca flauta? Você poderia fazer um filme aqui tão puro e fresco, e com o ritmo tão fluido quanto uma canção de barqueiro.
>
> Ou prefere voltar no tempo — voltar até as Epopeias, onde os deuses e os demônios tomam partido na grande batalha em que irmão matava irmão e o

senhor Krishna reanimou um príncipe desconsolado com as palavras do *Gita*? Podem-se fazer coisas emocionantes aqui, usando a grande tradição mimética do *Kathakali*, como os japoneses usam seu Nô e seu Kabuki.

Ou prefere ficar onde está, no momento presente, no coração desta cidade monstruosa, fervilhante, inexplicável, e tentar orquestrar seus contrastes estonteantes de imagem, som e atmosfera?[10]

Esses "contrastes estonteantes" me afetaram profundamente. Compreendi a rapidez com que essas variações e esses contrastes se tornaram parte da minha vida quando me mudei para Calcutá. Pude perceber que tinha sido cativado, e até sabia como isso acontecera.

12. College Street

1.

O longo histórico da Faculdade da Presidência no preparo de alguns dos melhores cientistas do país lhe conferia um brilho acadêmico que a tornava única em meus tempos — o que na verdade ela ainda é. Havia uma galáxia de figuras excepcionais que tinham estudado na Faculdade e depois produzido obra original da mais alta importância. Entre as que eu conheci bem, Satyendra Nath Bose é lembrado por numerosos avanços na física, incluindo o desenvolvimento da "estatística de Bose-Einstein" e por realmente categorizar metade das partículas do universo. Paul Dirac, o grande físico, que conheci mais tarde em Cambridge, insistia em chamar essas partículas de "bósons" em reconhecimento da importância crucial da obra de Bose. Tive a oportunidade de conversar rapidamente com Dirac sobre isso quando Piero Sraffa me apresentou a ele, em 1958 (acho eu), quando por acaso andávamos juntos nos campos esportivos de St Johns, a faculdade de Dirac. Ele era bem mais conhecido do que Bose, e muito me impressionava sua preocupação em garantir que o jovem Bose tivesse o reconhecimento que merecia.

Satyen Bose foi um físico e matemático que teve grande impacto na física teórica. Era amigo da família e colega do meu pai na Universidade de Daca, de onde os dois saíram juntos em 1945. O que veio a ser conhecido como estatística de Bose-Einstein foi formulada pela primeira vez por Bose quando ele dava uma palestra em Daca. De início achou que tivesse cometido um erro, mas logo reconheceu que fizera uma imensa descoberta. Sempre que eu visitava Satyen Bose em sua casa, e tinha oportunidade de conversar com ele, ficava fascinado com seu intelecto. Também me agradava muito o fato de ele parecer que tinha todo o tempo do mundo para conversar — de modo descontraído — e na verdade sua generosa disposição para isso me fazia pensar em quando Bose achava tempo para fazer suas pesquisas.

Um cientista de tipo bem diferente, mas que também lecionava na Faculdade da Presidência (antes da minha época ali), era Prasanta Chandra Mahalanobis. Não satisfeito com o excelente trabalho que desenvolvia em física, ele se tornou um dos fundadores da recém-surgida disciplina de estatística. Mahalanobis era não só amigo muito próximo da família, mas também uma grande personalidade em Santiniketan. Tinha trabalhado durante alguns anos como secretário acadêmico de Rabindranath Tagore (opção de emprego extraordinária para um cientista de ponta no auge da sua criatividade) e eu o conhecia desde o tempo em que aprendi a andar. (O álbum de minha mãe tinha várias fotos em que apareço ainda criança nos ombros de Mahalanobis, com ar muito satisfeito, supostamente por causa da grande altura que eu tinha alcançado.) Na época em que comecei a falar em ir para a faculdade, Mahalanobis dirigia sua nova instituição acadêmica, o Instituto Indiano de Estatística, por ele transformado num dos principais centros de pesquisa e ensino de estatística no mundo. Mas foi na Faculdade da Presidência que surgiram suas ideias de estender os limites da estatística, especialmente na teoria da amostragem.

O fato de coisas incríveis poderem ser feitas com conjuntos de números através do raciocínio fundacional em estatística me veio por intermédio de um dos amigos mais próximos, Mrinal Datta Chaudhuri, que gostava de acompanhar os avanços em estatística fundacional. Interessava-se pelo trabalho que Mahalanobis desenvolvia com amostragem, tanto no nível teórico como em aplicações específicas a dados indianos aleatoriamente colhidos sobre assuntos como colheitas, alimentos e pessoas. Mrinal começou suas próprias investigações sobre a estrutura analítica subjacente ao raciocínio estatístico ainda na nossa escola de Santiniketan, e lembro de manter com ele conversas fascinantes sobre se havia algo necessitando de explicação no fato de que as estradas ficam desertas a maior parte do tempo, apesar de haver tantos carros. Eu entendia alguma coisa de distribuição aleatória de diferentes tipos, mas me perguntava se poderíamos realmente obter informações *empíricas* sobre o mundo (como estradas relativamente desertas) com base em expectativas formadas mediante raciocínio *analítico* (incluindo ideias de aleatoriedade). Mrinal e eu passávamos um bom tempo discutindo se o que parece raciocínio analítico não seria apenas uma descrição turbinada do que estamos observando. Assim como eu, Mrinal mudou-se da Escola de Santiniketan para a Faculdade da Presidência em julho de 1951, mas, como era de prever, decidiu estudar estatística.

2

Foi num dia chuvoso de monção em julho de 1951 que fiz minha matrícula em economia, com matemática, na Faculdade da Presidência. De início meu plano era estudar física e matemática, mas mudei de campo de estudos em parte por influência do amigo Sukhamoy Chakravarty, que já começara a cursar economia na Presidência. Sukhamoy tinha visitado Santiniketan várias vezes durante meu último ano lá. No começo ia como convidado de um aluno brilhante (Bheltu, cujo nome próprio era Subrata) com quem — e com seu irmão Chaltu — eu costumava passar muito tempo em Santiniketan. Conheci Sukhamoy nessa época, e tivemos conversas realmente interessantes. Ele passou a fazer visitas mais ou menos regulares, para conhecer melhor o lugar — gostava particularmente de ver as pinturas de Mukul Dey, que morava em Santiniketan. Eu jamais tinha conhecido alguém que soubesse tanto e que pudesse raciocinar sobre qualquer assunto com tanta facilidade e tanto domínio. Era visível também que Sukhamoy se preocupava tanto quanto eu com as desigualdades sociais na Índia.

Sukhamoy me perguntou: "Por que não vem comigo estudar economia?". Lembrou que economia estava ligada mais diretamente aos meus interesses políticos — e aos dele —, e que essa área do conhecimento me oferecia tanto espaço para o pensamento analítico e matemático (que ele sabia que eu adorava) quanto as ciências naturais. Além disso, a economia era humana e divertida. E, detalhe que não poderia ser ignorado (acrescentou ele), as tardes eram livres de trabalho em laboratório (ao contrário do que ocorria com os alunos de ciência), e com isso poderíamos ir ao café em frente à faculdade. Aos argumentos de Sukhamoy eu poderia acrescentar o atrativo de estar na mesma sala que ele, e a oportunidade de conversarmos regularmente. Aos poucos fui convencido a estudar economia (junto com matemática), em vez de física.

Diferentemente da maioria das universidades da Índia, na Faculdade da Presidência o estudo da matemática já era visto como uma necessidade para a economia e um jeito de tornar o assunto mais interessante. Além disso, ela se integrava mais facilmente com meus interesses do tempo de escola, que incluíam matemática juntamente com sânscrito. E cada vez mais eu reconhecia que a economia me seria de grande utilidade em razão de meus interesses sociais e de meu envolvimento político. Eu já alimentava a ideia de trabalhar para uma espécie diferente de Índia — não tão pobre, nem tão iníqua e de forma alguma tão injusta como o país à minha volta. Saber um pouco de economia seria essencial no trabalho de reformular a Índia.

Tive conversas maravilhosas sobre esses assuntos com o professor Amiya Dasgupta, outro amigo íntimo da família e economista notável. Amiyakaka, como eu o chamava, era professor de economia da Universidade de Daca, de onde saiu em 1945 (junto com Satyen Bose e meu pai, entre outros). Amiyakaka ficou muito satisfeito quando soube que eu estava pensando na possibilidade de estudar economia, em vez de física. Deu-me livros de John Hicks, que li com grande interesse: *Value and Capital* [Valor e capital] e *The Social Framework* [A estrutura social]. O primeiro era um modelo de análise lúcida em teoria econômica, lidando com alguns problemas fundamentais da teoria dos preços, e o segundo uma tentativa bastante ampla de ver como as relações econômicas numa sociedade funcionam de fato por meio de sua interdependência. Eu gostava muito de ler Hicks — a clareza e a lucidez de suas análises eram irresistíveis — e passei a tê-lo na conta de um dos principais pensadores de economia do século XX. Bem mais tarde, quando eu já conhecia bem Hicks no All Souls College em Oxford (onde fomos colegas) e lhe falei das minhas primeiras leituras, ele comentou com um largo sorriso: "Agora eu sei, Amartya, por que são arraigadas suas ilusões sobre economia!".

3

Ainda que tenha se tornado uma instituição do ensino do governo um século antes da minha chegada ali, a Faculdade da Presidência começou como organização educacional fundada por iniciativa da sociedade civil em Calcutá quase duzentos anos atrás. A Faculdade Hindu (como se chamava até 1855, embora, como já disse, jamais tenha sido apenas para hindus) acolhia estudantes de todas as comunidades em Calcutá, e em poucas décadas abrigava uma boa mistura de diferentes níveis sociais. Seu comitê de fundação foi presidido por Raja Ram Mhan Roy — grande erudito (em sânscrito, persa, árabe, latim e várias outras línguas europeias) e incansável reformador social. A iniciativa de estabelecer a faculdade foi um esforço conjunto de destacadas figuras intelectuais da cidade, e, embora os reitores e diretores fossem todos indianos, seu estabelecimento foi muito inspirado nos esforços de um notável relojoeiro escocês que morava em Calcutá naquela época, David Hare, trabalhando em estreita colaboração com um intelectual local, Radhakanta Deb. O processo também recebeu grande ajuda do trabalho de um dos ativistas da cidade, Buddinnath Mukherjee, que conseguiu o apoio de Sir Edward Hyde East, o presidente da Suprema Corte em Calcutá. East organizou uma reunião de "cavalheiros europeus e hindus" em sua casa em maio de 1816 para planejar a faculdade, que começou a funcionar no ano seguinte, em 10 de janeiro de 1817, com vinte alunos. Em 1818 o número de matriculados tinha subido para quatrocentos.

Essa iniciativa social foi um dos primeiros módulos de um movimento intelectual radical em Calcutá, muito deliberadamente denominado Jovem Bengala (o exemplo do Jovem Inglaterra quase contemporâneo deve ter sido uma espécie de inspiração). Era encabeçado por um grupo muito radical de pensadores, solidamente anticonservadores, que não acreditavam muito no pensamento tradicional nem na Índia nem na Europa. Sendo não sectário em atitude, era natural que quando a Faculdade Hindu foi transformada em Faculdade da Presidência, em junho de 1855, ele reafirmasse com grande clareza que ofereceria oportunidades de educação para não hindus tanto quanto para hindus. Dois anos depois, quando a Universidade de Calcutá foi fundada, a Presidência tornou-se uma das suas faculdades. Quase um século depois, em 1953, foi da Universidade de Calcutá que recebi o diploma de bacharel em economia com matemática.[1]

4

É importante reconhecer o papel da Faculdade da Presidência no surgimento do Jovem Bengala. O membro mais destacado era um euroasiático de ascendência indiano-portuguesa chamado Henry Derozio, formalmente cristão, mas na verdade um cético que se identificava como ateu. Nascido em abril de 1809, Derozio foi nomeado professor da faculdade em maio de 1826, quando tinha acabado de completar dezessete anos. Sua precocidade era extraordinária e ele se tornou uma poderosa influência intelectual em Calcutá, como legendário professor de história e literatura. Todas as conquistas de Derozio — uma variedade espantosa de realizações — ocorreram numa vida muito breve: ele morreu subitamente de cólera em 1831, com 22 anos. Além de grande professor e reformista rebelde, Derozio era um poeta de considerável talento. Mais importante ainda, era incansável defensor do pensamento livre e destemido, e grande inspiração para seus alunos, assim como para muitos colegas na faculdade e na elite de Calcutá. Apesar de tão jovem, Derozio exerceu profunda influência no desenvolvimento da tradição de livre pensar da Presidência. Quase um século e meio depois ele aparecia com grande frequência em nossos debates na faculdade, pois continuávamos celebrando sua distinção intelectual e sua liderança social.

Derozio queria que as sociedades conservadoras à sua volta na Índia fossem reformadas de maneira radical. Defendia as ideias que embasaram a Revolução Francesa (ocorrida apenas algumas décadas antes), opondo-se firmemente ao peso geral das opiniões vigentes, em especial nos círculos britânicos de Calcutá. Mas era também um nacionalista indiano, disposto a tornar seu país destemido no pensamento e liberal na prática — livre de todas as restrições irracionais. Num poema intitulado "À Índia, minha terra natal," escrito em linguagem deliberadamente esotérica, Derozio contrastava as conquistas históricas da nação com seu presente apagado de modo considerável:

Meu país! Em teus dias de glória passados
Uma auréola de beleza circundava tua testa
E eras adorado como um deus
Onde está aquela glória, cadê aquela reverência?
Tua asa de águia foi finalmente acorrentada

E rastejando na poeira estás:
Teu menestrel não tem coroa para te tecer
Salvo a história triste da tua miséria![12]

Os alunos de Derozio empolgavam-se com sua atitude crítica e com sua vasta imaginação. Os chamados "derozianos" ajudaram a estabelecer o espírito de crítica, de indagação racional da Faculdade, e foram influenciados por suas leituras de David Hume, Jeremy Bentham, Thomas Paine e outros pensadores racionalistas: Derozio obviamente gostava muito mais de Voltaire do que de quaisquer pensadores religiosos de ambos os continentes. Também ofendia as pessoas quando recomendava que seus estudantes lessem Homero em vez dos textos cristãos. Em conflito com a ortodoxia hindu e com o establishment cristão, sua defesa franca do pensamento não religioso, racionalista, acabou custando a Derozio seu emprego.

Os novos movimentos intelectuais que brotavam em Calcutá naquela época nem sempre eram hostis à religião. Uma nova sociedade que rapidamente se expandiu, a Brahmo Samaj, encabeçada pelo reformador erudito Raja Ram Mohan Roy, tornou-se um vigoroso movimento religioso, de tipo solidamente reformista, fazendo interpretações relativamente livres de antigos textos hindus; algumas dessas interpretações guardam notável semelhança com os escritos unitaristas. Derozio foi essencial para o surgimento de uma robusta tradição de livre pensar na Faculdade da Presidência — tradição da qual gerações de estudantes muito se beneficiariam.

5

Meus novos interesses em economia foram amplamente recompensados pelo extraordinário ensino da matéria em nossa faculdade. Fui particularmente influenciado por Bhabatosh Datta e Tapas Majumdar, ambos teóricos de economia, mas havia outros professores excelentes, como Dhiresh Bhattacharya, que dava aulas brilhantes sobre economia aplicada, especialmente relacionada à economia indiana. Instrução em política vinha de Upendranath Ghosal e Ramesh Ghosh, que eram também muito empenhados e tinham grandes habilidades pedagógicas. Eu achava maravilhoso poder conversar com professores tão distintos — em economia, política e matemática, mas também em história. Em particular, Sushobhan Sarkar, historiador visionário, com tendência à análise marxista, era uma forte inspiração.

Bhabatosh Datta foi provavelmente o mais lúcido professor de economia que eu já ouvira. Problemas extraordinariamente complexos em teorias do valor e distribuição eram analisados com notável clareza e acessibilidade. Eu adorava suas aulas, mas me surpreendia que parecesse tão pouco inclinado a querer dar uma contribuição pessoal para a pesquisa. Era homem muito modesto, e imagino que se sentisse feliz como magnífico intermediário intelectual, pondo ao nosso alcance complicadas teorias econômicas. Nada poderia diminuir a gratidão com que ouvíamos Bhabatoshbabu (como o chamávamos), e aprendíamos com ele, mas me lembro de pensar que, se eu tivesse o talento criativo que ele tão obviamente tinha, gostaria de fazer alguma pesquisa por conta própria.

A abordagem didática de Tapas Majumdar era diferente da de Bhabatosh Datta. Tapasda (como eu o chamava) era um professor muito jovem, que tinha acabado de terminar seus estudos. Tanto pela qualidade do próprio intelecto, como, imagino eu, por influência de Bhabatoshbabu (que ele sempre tratava como uma espécie de guru), Tapasba era sempre magnificamente claro e lúcido. Empenhava-se muito em desenvolver a autoconfiança intelectual dos alunos, e além disso realizava pesquisas próprias muito interessantes. Posteriormente, Tapasda deu uma contribuição notável para a economia da educação e para a teoria da escolha social. Mostrou de um jeito muito imaginativo como a teoria da escolha social pode contribuir para o planejamento e o desenvolvimento educacional.

Como eu preferia contestar a aceitar sem questionar as ideias e os conhecimentos ali oferecidos, e às vezes punha em dúvida o que estávamos tirando de livros e artigos conceituados, me sentia muito atraído pela abordagem mais ousada de Tapasda, menos respeitosa das tradições dominantes. Um dia, depois de cerca de uma hora tentando demonstrar por que me parecia errado o conteúdo de um artigo sobre o qual Tapasda acabava de discorrer, ele disse: "Se alguma teoria analítica que você leu lhe parece errada, pode ser que você não tenha acompanhado o raciocínio (e precisa checar isso), mas pode ser também — não rejeite essa possibilidade — que o argumento recebido, apesar da crença comum, esteja simplesmente incorreto". Foi uma senhora munição para ajudar a fortalecer minha determinação argumentativa. Lembro de ter pensado que se aprendesse a lecionar com Bhabatoshbabu, precisava aprender também a questionar com Tapasda.

Passei a conhecê-lo bem logo depois de sua primeira aula, quando continuamos discutindo o que ele acabara de nos ensinar. Eu costumava visitá-lo — o que exigia uma longa viagem de ônibus a partir da College Street — em sua casa em Dover Lane, no sul de Calcutá, onde morava com a mãe, a quem chamava de Mashima — uma pessoa maravilhosa, com quem era muito divertido conversar. O pai de Tapasda, Nani Gopal Majumdar — arqueólogo bastante talentoso, um dos principais exploradores de sítios da civilização do Vale do Indo —, tinha morrido jovem. Como a arqueologia me interessava muito, era um prazer escapar um pouco da economia e conversar com eles sobre a exploração arqueológica do passado da Índia e do mundo. Mashima e Tapasda eram extremamente tolerantes com um universitário que chegava sem avisar (telefones eram uma raridade na Calcutá daqueles tempos) para conversar por um longo tempo bebendo chá quente e saboreando as delícias preparadas por Mashima.

6

Guardo as melhores recordações dos professores e dos estudantes da Presidência. Tive a grande sorte de contar com colegas maravilhosos, incluindo, claro, Sukhamoy, mas também muitos outros, como Suniti Bhose, Tushcar Ghosh, Samir Ray (nós o chamávamos de Samirda, porque era um pouco mais velho e se juntou a nós depois de ter passado um tempo fora da faculdade) e Jati Sengupta, que mais tarde faria nome, merecidamente, no novo assunto da "programação estocástica". Havia outros alunos brilhantes que não estudavam economia, como Partha Gupta, Barun De e Binay Chaudhuri, em história. Na verdade, havia um grupo estupendo de magníficos estudantes numa notável diversidade de assuntos na Presidência daquela época, como Nikhilesh Bhattacharya, verdadeiro astro em matemática e estatística. Havia ainda Jyotirmoy Datta em literatura inglesa e Minakshi Bose em filosofia, que mais tarde se casariam. Os estudantes se encontravam com frequência em reuniões sociais. Havia um círculo de poesia muito dinâmico que se reunia regularmente e no qual eu era bastante ativo, juntamente com Jyotirmoy, Minakshi, Mrinal e vários outros. O círculo de poesia se juntava não para escrever poesia ou criticar as obras uns dos outros, mas para apreciar; isso muitas vezes envolvia discussões de poetas esquecidos — por exemplo, eu sempre impunha aos demais um dos meus favoritos, Andrew Marvell.

A Presidência era também mista, tendo admitido mulheres desde 1897 — assim como Santiniketan, que já nasceu mista. (Na verdade, até me mudar para a Inglaterra e ir para o Trinity College, Cambridge, eu nunca tinha estudado num colégio só masculino.) Havia uma constelação de alunas talentosas em nossa turma na faculdade, e eu não deixava de notar, além disso, que algumas eram muito charmosas e bonitas. Mas encontros individuais eram difíceis de arranjar, devido às convenções da faculdade — e da sociedade — naquela época. Nossos encontros se davam principalmente em restaurantes, incluindo o café da College Street e, de vez em quando, em cinemas ou no maidan.

Os albergues proibiam que visitantes do sexo oposto fossem aos quartos. Isso valia também para o meu albergue na YMCA, e eu tive uma surpresa muito agradável — na verdade, fiquei perplexo — quando uma amiga que eu conhecia bem conseguiu me visitar em meu quarto numa ocasião em que eu me sentia ligeiramente indisposto. Perguntei-lhe como tinha conseguido entrar. E ela me respondeu: “Informando ao supervisor que você está doente, talvez gravemente doente, e precisa de cuidados imediatos”. O supervisor lhe disse: “Você deve entrar e descobrir se ele precisa de alguma coisa. Por favor cuide dele e me diga se tenho que ajudar em algo”. Ao sair, ela apresentou um “relatório” sobre minhas condições de saúde para o supervisor. A notícia dessa novidade logo circulou amplamente na Presidência.

7

Os desafios intelectuais apresentados pela faculdade eram empolgantes, mas eu estaria descrevendo mal minha vida ali se desse a impressão de que ela girava principalmente em torno das aulas e dos estudos formais. Para começar, as conversas no café absorviam uma parte quase tão grande do meu tempo quanto as aulas.

O café tinha sido inicialmente uma cooperativa operária. Depois foi adquirido pela Indian Coffee Board, e mais tarde voltou a ser uma cooperativa.

Era um lugar incrível para a *adda*, bem como para o aprendizado sério. Lembro de centenas de discussões sobre política e sociedade, geralmente sem nenhuma relação com os assuntos dos nossos estudos. Não consigo explicar de maneira adequada quanto aprendi com outros, na maioria colegas estudantes, que me falavam do que tinham lido ou descoberto de alguma outra maneira, incluindo aulas a que assistiram (sobre vários assuntos — de história e economia a antropologia e biologia — numa ou noutra faculdade). No entanto, mais que a transmissão direta de estilhaços de conhecimento, havia o impacto notável das discussões acirradas, uns pondo em dúvida a compreensão e as convicções de outros. O esplêndido historiador Tapan Raychaudhuri, que foi aluno da Presidência nos anos 1940, só exagerou um pouco ao escrever: "Alguns de nós recebemos toda a nossa educação de nossos colegas naquela universidade (o café), sem jamais nos darmos ao trabalho de atravessar a rua para assistir a aulas na outra instituição".[3]

A clientela do café não era apenas da Faculdade da Presidência, mas de toda a Universidade de Calcutá, grande parte da qual também ficava localizada na College Street e imediações, incluindo a Faculdade de Medicina, a da Igreja Escocesa, a de Sânscrito, a Central de Calcutá (que anteriormente se chamava Faculdade Islamia, e mais tarde mudou novamente de nome para Faculdade Maulana Azad), entre outras. Um estudante notável, que sempre estava no café, vinha regularmente de uma faculdade um pouco mais distante, a São Xavier, e mais tarde da Faculdade de Ciência da Universidade. Era um astro em ascensão da antropologia — André Bétteile — um pouco mais novo que eu. Vim a conhecê-lo bem, posteriormente, quando voltei para Calcutá, em 1956, mas já então me impressionava sua criatividade intelectual.

Logo mergulhei de cabeça na multidão de livrarias que pontilhavam a esquina no café na College Street, o que era outra fonte de alegria e de educação. Minha favorita era a Das Gupta, estabelecida em 1886, que eu utilizava como uma espécie de biblioteca. O proprietário-gerente era muito tolerante e nos permitia, a mim e Sukhamoy, passar muito tempo em sua loja lendo livros recém-chegados. Era uma fantástica oportunidade, pois não tínhamos dinheiro para comprar muita coisa. Às vezes ele nos deixava até levar livros para casa, por uma noite, com a condição de que os devolvêssemos como os encontráramos (ele costumava cobrir as capas com jornal). Uma vez um amigo que me acompanhava na livraria lhe perguntou: "Você não liga que Amartya não tenha dinheiro para comprar livros?". Ele respondeu: "Por que você acha que vendo livros em vez de ganhar muito mais dinheiro vendendo joias?".

8

A lembrança da epidemia da fome de Bengala em 1943, em que de 2 milhões a 3 milhões de pessoas morreram, e que eu tinha observado quando criança, ainda estava fresca na memória quando cheguei à Faculdade da Presidência em 1951. Impressionara-me, em particular, o caráter totalmente relacionado às classes sociais da epidemia da fome. Calcutá, apesar de sua vida intelectual e cultural imensamente rica, sempre nos fazia lembrar da proximidade da insuportável miséria econômica. Como não podia deixar de ser, a comunidade estudantil da Presidência era muito ativa politicamente. Embora eu não tivesse entusiasmo suficiente para me filiar a algum partido em específico, a qualidade de simpatia e compromisso igualitário da esquerda me atraía muito, assim como atraía a maior parte dos meus amigos e colegas. O tipo de pensamento rudimentar que me inspirara, em Santiniketan, a dirigir escolas noturnas para crianças analfabetas da zona rural nos vilarejos vizinhos agora parecia precisar de implantação sistemática em todo o país. Como muitos contemporâneos, eu passava horas na Federação Estudantil, uma ampla aliança de estudantes de esquerda estreitamente vinculada ao Partido Comunista. Por um tempo, exerci o papel ativo de líder da Federação Estudantil, apesar das muitas restrições que fazia à austera estreiteza do Partido Comunista.

Apesar dos elevados pontos de vista morais e éticos de sua comiseração social, de sua dedicação política e do seu profundo compromisso com a igualdade, havia algo perturbador na política esquerdista daquela época, em particular sua descrença nos procedimentos democráticos que permitiam um pluralismo respeitoso da liberdade. As grandes instituições da democracia não recebiam mais crédito das organizações de esquerda do que uma espécie de reconhecimento banal, em decorrência do fato de verem essas estruturas como típicas de uma "democracia burguesa". O infame poder do dinheiro nas práticas democráticas mundo afora era corretamente identificado, mas a alternativa — incluindo os terríveis abusos de políticas autoritárias sem oposição — não recebia um exame crítico forte o suficiente. Havia ainda a tendência a ver a tolerância política como uma espécie de "fraqueza da vontade" que poderia desviar os líderes políticos da promoção do bem social, sem impedimento ou obstáculo.

Enquanto estive na faculdade, e a rigor antes de chegar lá, eu possuía fortes convicções sobre o papel construtivo da oposição e da dissidência, e um compromisso com a tolerância e o pluralismo em geral. Eu tinha uma séria dificuldade para integrar aquelas convicções à forma de ativismo de esquerda que caracterizava a política estudantil convencional em College Street. Parecia-me que ao criar uma sociedade civil construtiva e ao tentar compreender uns aos outros, nós deveríamos não só reconhecer os argumentos políticos liberais que tinham surgido tão claramente na Europa e na América pós-Iluminismo, mas também dar atenção aos valores tradicionais de tolerância e pluralidade defendidos ao longo dos séculos em tantas culturas diferentes — especialmente na Índia. Ver a tolerância política simplesmente como uma inclinação liberal ocidental me parecia um erro gigantesco.

Ainda que esses problemas me inquietassem, fiquei feliz ao perceber que ali, naquele momento, eles me obrigavam a encarar questões políticas fundamentais que de outra forma eu talvez tivesse posto de lado. Além de antipatizar com todo tipo de autoritarismo, eu começava a desconfiar da ortodoxia política, tão presente à minha volta.

Quando a veneração surgia em lugares inesperados, às vezes havia nela alguma coisa chocante. Por exemplo, todos nós admirávamos imensamente os escritos de J. B. S. Haldane, e muito me atraíam seus sentimentos esquerdistas, igualitários, que complementavam os princípios rigorosamente científicos do seu trabalho acadêmico. Aprendi muito lendo-o, em especial sua série de artigos sobre "Uma teoria matemática da seleção natural e artificial". Por isso foi um golpe descobrir que ele disse: "Sofri de gastrite por cerca de quinze anos, até ler Lênin e outros escritores que me mostraram o que havia de errado em nossa sociedade. Nunca mais precisei de antiácidos". Foi um comentário feito em 1940 para um jornalista, e muitos dos meus companheiros de esquerda em Calcutá gostavam de citá-lo com aprovação — dentro e fora de contexto. Talvez a intenção de Haldane fosse apenas fazer uma observação casual, mas se ele realmente achava que era uma observação política ou científica séria, então eu teria de me afastar — definitivamente — do seu pensamento. Na minha concepção, os antiácidos eram mil vezes preferíveis à veneração política.

Saí da Faculdade da Presidência e fui para Cambridge em 1953, o ano da morte de Stálin e bem antes de as malfeitorias do seu regime na União Soviética serem postas sob os refletores por Krushchev no Vigésimo Congresso do Partido Comunista da União Soviética de 1956. Mas mesmo no início dos anos 1950 já era difícil, para leitores sofisticados dos assuntos internacionais, pensar nos "expurgos" e nos "julgamentos" como algo mais do que confissões forçadas de supostas culpas que eram punidas da forma mais dura e injusta. Essas questões costumavam surgir em discussões no café, e eu às vezes me sentia abandonado pelos amigos. Entre os direitistas segundo os quais Marx estava errado por completo (diagnóstico bastante equivocado) e os "verdadeiros esquerdistas" que julgavam não existir tirania na Rússia, só o funcionamento da "vontade democrática do povo" (convicção de insondável ingenuidade, achava eu), alguns de nós passávamos por grandes apertos. Comecei a pensar na necessidade de ser menos dependente de chegar a um acordo com os demais, por mais agradável que isso sempre seja.

Embora continuasse a apoiar profundamente a ideia da remoção das desigualdades e das injustiças do mundo, e continuasse desconfiando do autoritarismo e da ortodoxia política, logo decidi que jamais poderia ser membro de qualquer partido que exigisse submissão. Meu ativismo político teria que assumir outra forma.

9

Quando meus estudos e minha nova vida em Calcutá iam bem, fiz uma descoberta intelectual que influenciaria os rumos da minha obra pela maior parte da vida. O estudo pioneiro de Kenneth Arrow sobre a teoria da escolha social, *Social Choice and Individual Values* [A escolha social e os valores individuais], foi publicado em Nova York em 1951, quando Sukhamoy e eu fazíamos o primeiro ano dos nossos estudos de graduação. Sukhamoy imediatamente tomou emprestado um exemplar do livro — o único que chegou a Das Gupta, imagino —, leu rapidamente e formou sua opinião. Isso aconteceu logo depois da publicação e, enquanto batíamos papo no café, Sukhamoy chamou minha atenção para o livro e manifestou sua admiração pela obra de Arrow sobre a teoria da escolha social. Tanto Sukhamoy como eu sabíamos pouca coisa sobre esse campo de estudos, que matemáticos franceses do século XVIII, como o marquês de Condorcet, haviam iniciado. Sukhamoy sabia mais do que eu, e melhorei minha compreensão conversando com ele.

E o que vem a ser teoria da escolha social? Podemos introduzir muitas ligações matemáticas e conexões formais, mas para atingir certa compreensão dessa disciplina bastante técnica talvez o melhor seja pensar nela nos seguintes termos: uma sociedade consiste de um grupo de pessoas, cada qual com algumas prioridades e preferências. Para tomar decisões sociais adequadas em nome de todo o grupo, é preciso levar seriamente em conta as opiniões e os interesses — possivelmente diversos — das pessoas. A teoria da escolha social vincula o que pode ser visto razoavelmente como prioridades e preferências sociais às preferências dos indivíduos que formam a sociedade.

Esses vínculos podem assumir diferentes formas, que podemos expressar em requisitos axiomáticos. Por exemplo, um axioma pode exigir que, se cada membro da sociedade prefere *x* a *y*, então *x* tem que ser socialmente preferido a *y*. Outro axioma pode exigir que se todo mundo considera *x* e *y* exatamente da mesma maneira, tanto na situação A como na situação B, então a preferência social por *x* e *y* deve ser exatamente a mesma nas duas situações (A e B), ainda que outras alternativas (ou seja, nem *x* nem *y*) sejam classificadas de modo diferente nas duas situações. E assim por diante.

Arrow estabeleceu um incrível "teorema da impossibilidade" mostrando, basicamente, que nenhum mecanismo de escolha social não ditatorial pode render decisões sociais consistentes quando certos requisitos elementares de procedimentos aparentemente razoáveis (como os dois sugeridos no parágrafo acima, e outros parecidos) têm que ser atendidos. Trata-se de um extraordinário teorema matemático: poderoso, inesperado e elegante.

Em alguns sentidos o teorema da impossibilidade de Arrow pode ser visto como extensão de um resultado estabelecido anteriormente pelo marquês de Condorcet, o matemático e pensador social francês já mencionado. Condorcet tinha mostrado no século XVIII que decisões majoritárias podem ser inconsistentes, e em certas situações de votação pode não haver vencedor majoritário. Por exemplo, numa comunidade de três pessoas, se a pessoa 1 prefere *x* a *y*, e *y* a *z*, e a pessoa 2 prefere *y* a *z*, e *z* a *x*, e a pessoa 3 prefere *z* a *x*, e *x* a *y*, então, na comparação majoritária, *y* será derrotado por *x*, enquanto *x* é derrotado por z e, por último, z é derrotado por y. Portanto não há vencedor por maioria nesse caso.

Sukhamoy me deu o exemplar do livro de Arrow que tinha tomado emprestado na livraria Das Gupta. Ele me emprestou o volume por algumas horas — e fiquei totalmente absorto. A demonstração do formidável "teorema da impossibilidade" de Arrow era muito complicada, e precisaria ser simplificada mais tarde (como de fato foi). Tínhamos que manter uma argumentação bem acirrada em lógica matemática para compreender direito o teorema e como, exatamente, surge o resultado inesperado. Era um tipo de matemática bem diferente da que estudávamos na faculdade, projetada para atender às necessidades da física e que insistia num grau de precisão das variáveis envolvidas mais alto do que se poderia esperar nos fenômenos sociais (assunto do teorema de Arrow).

Deixando de lado a matemática e a demonstração, havia também a seguinte questão: até que ponto o resultado era significativo? Será que realmente oferecia uma desculpa para o autoritarismo, como muitos comentaristas alegavam? Lembro, em particular, de uma longa tarde que passei sentado perto de uma janela no café enquanto Sukhamoy discorria sobre interpretações alternativas do resultado de Arrow, com seu rosto inteligente brilhando à suave claridade do sol de inverno em Calcutá. Em sua opinião, não ficava claro de imediato quais seriam as implicações do teorema de Arrow para a democracia política e para julgamentos sociais integrados, e havia muito a ser feito para que se encontrasse um jeito de passar do espantoso resultado matemático de Arrow para o mundo prático da escolha social e das decisões políticas e econômicas. Mais tarde, quando tentava fazer exatamente isso, eu pensava com frequência no pessimismo inicial de Sukhamoy.

Aqueles foram os anos formativos no desenvolvimento da minha própria compreensão do raciocínio matemático sistemático a respeito da escolha social. Aqueles exercícios, e outros relacionados, estabeleceram um interesse em mim que durou toda a vida. Na Índia recém-independente, que procurava ser uma democracia bem-sucedida, a viabilidade de consistentes políticas democráticas era uma questão de importância crucial. Poderíamos ter consistência democrática ou isso não passava de uma quimera? Em muitas discussões acadêmicas em Calcutá naquela época, as ideias de Arrow conseguiram bastante divulgação. Uma interpretação comum era que simplesmente não se pode ter consistência democrática. Em particular, precisávamos examinar com atenção a aparente situação de razoabilidade das condições — ou axiomas — que Arrow tendia a impor. Eu não estava de forma alguma convencido de que não podíamos escolher outros axiomas que também fossem razoáveis e permitissem escolhas sociais não ditatoriais. Havia, eu estava seguro, uma necessidade de (para tomar emprestada a frase de Hegel) alguma "negação da negação".

Problemas de escolha social, como investigados por Arrow, tornaram-se parte importantíssima do meu compromisso intelectual de longo prazo. Quando olho para trás, fico feliz ao lembrar que isso começou já no meu primeiro ano em Calcutá, como aluno de graduação, com um livro pertencente a uma livraria local que um amigo me emprestou para ler da noite para o dia.

13. O que fazer com Marx

1

Nos círculos acadêmicos da College Street, em meus tempos de estudante, ninguém rivalizava com Karl Marx em prestígio e estatura intelectuais. Muitas pessoas politicamente ativas se consideravam "marxistas", enquanto outras insistiam em dizer enfaticamente que eram "não marxistas" ou até mesmo "antimarxistas". Embora certas almas corajosas declarassem rejeitar toda classificação baseada em Marx, eram poucos os que não tinham sua opinião sobre a solidez — ou penúria — das afirmações do filósofo.

Eu também tinha grande interesse pelas ideias de Marx desde a adolescência. Isso não acontecia apenas porque alguns parentes meus se consideravam marxistas (e o citavam com frequência), mas principalmente porque, no conjunto dos escritos de Marx, eu encontrava conceitos que me pareciam importantes e bons para discutir. Além do significado dos problemas que ele propunha ao mundo, discutir Marx era divertido.

No entanto, Marx não era muito discutido nas aulas de economia da Faculdade da Presidência — ou, a bem da verdade, de qualquer outra faculdade de Calcutá. Era mais visto como o herói de uma espécie de economia alternativa. Lembro de tentar entender essa exclusão quase completa de Marx dos cursos de economia comuns — com sua gigantesca presença visível na periferia. Havia algumas hipóteses simples sobre a sua ausência nos cursos de economia que nos davam na faculdade, uma das quais era que os economistas modernos detestavam a lealdade de Marx à "teoria do valor-trabalho," que muitos julgavam ingênua e simplista. Numa das versões dessa hipótese, alegava-se, aparentemente, que os preços relativos das mercadorias refletiam a quantidade de trabalho envolvida na produção desses bens ou serviços, o que indicaria a existência de "exploração". Os capitalistas conseguem produzir coisas graças ao uso da mão de obra, mas o que os próprios trabalhadores recebem como pagamento é bem abaixo do valor da mão de obra que investem na produção das mercadorias. O lucro (ou excedente) vem da diferença entre o valor-trabalho do que os operários produzem e a pequena soma (às vezes até mesmo uma bagatela) que os empregadores lhes pagam na forma de salários.

Os que se opunham à economia marxista tendiam a acreditar que a "teoria do trabalho" se baseava num erro elementar — tão elementar que era quase constrangedor ter que mostrá-lo. Há certamente outros fatores além do trabalho que contribuem para a produção, e o uso de recursos que não são trabalho tem que ser incluído no preço do que se produz. Os preços relativos das mercadorias não refletem apenas a quantidade de trabalho usada na sua produção. É verdade que a teoria do trabalho pode até nos dar uma primeira abordagem aproximada dos preços, ignorando recursos independentes do trabalho, mas isso não chega a ser uma opção cativante. Assim, por mais atraente que a teoria do trabalho tenha sido para os primeiros economistas "clássicos" (como Adam Smith, que veio antes de Marx e muito o influenciou), Marx deveria ter abandonado a defeituosa teoria do valor-trabalho em vez de adotá-la. Uma compreensão mais completa, com fatores de produção não relacionados ao trabalho incluídos no cômputo junto com o trabalho, teria tornado mais difícil diagnosticar a exploração, uma vez que os preços das mercadorias devem também incluir recompensas para recursos não relativos ao trabalho, como o capital, com o qual os capitalistas contribuem para o processo de produção. Uma vez reconhecidos esses fatores adicionais, não há como ter uma teoria de preços que leve em conta só o trabalho, e a teoria da exploração dos trabalhadores desamparados também desaparece. E chega de Marx, diziam os professores de economia tradicional, satisfeitos consigo mesmos, enquanto passavam chá e biscoitos uns para os outros na sala dos professores.

Essa rejeição do entendimento marxista de valor e exploração é convincente? Explica por que Marx era tão ignorado no currículo padrão de economia em faculdades e universidades, incluindo a nossa? Além da natureza jardim de infância desses argumentos desdenhosos, há pelo menos dois problemas nessa explicação sumária da ausência de Marx no currículo de economia. O primeiro é que muitas das ideias de Marx não eram de forma alguma sobre a teoria do valor-trabalho (examinaremos algumas em seguida), de modo que a utilidade da economia marxista não dependia exclusivamente de a teoria do valor ser ou não ser uma interessante teoria de preços. O segundo é que, quando utilizava a teoria do valor-trabalho, será que Marx a considerava de fato uma boa teoria de preços? Isso, portanto, levanta outra pergunta: por que Marx usava a teoria do valor-trabalho?

Paul Samuelson, o grande economista que eu gostava muito de ler em meus anos de Faculdade da Presidência e de YMCA (ele lecionava no MIT, nos Estados Unidos) deu algum esclarecimento no tocante a boas e más aproximações. Ele aceitava que a teoria do trabalho fosse tratada como uma aproximação da teoria de preços, mas não como uma boa aproximação — assim, por que usá-la? Dobb cita Samuelson apresentando este argumento aparentemente convincente: "A ciência e a economia modernas estão repletas de primeiras aproximações simplificadoras, mas logo admitimos que são inferiores às segundas aproximações, e as abandonamos quando contestadas". Portanto, por que usar a teoria do trabalho quando poderíamos facilmente desenvolver teorias bem mais penetrantes? Por que nos apegar a uma teoria que, na melhor das hipóteses, oferece grosseiras aproximações? Por que não abandonar de vez a teoria do trabalho (como Samuelson teria preferido)?[1]

Esse repúdio simples da teoria do valor — como primeira aproximação ruim — foi cuidadosamente ponderado por Maurice Dobb, economista marxista de Cambridge, num artigo intitulado "Os requisitos de uma teoria do valor", que apareceu em seu livro *Economia política e capitalismo*.[2] Afirmava ele que uma primeira aproximação não precisa ser rejeitada com sensatez se "existe alguma coisa na primeira aproximação que falte em aproximações posteriores". Mas o que é essa "alguma coisa"?

Dodd sustentava que a teoria do valor-trabalho poder ser efetiva quando a função do trabalho na produção é enfatizada. A teoria do trabalho pode ser vista de perspectivas diferentes. Como teoria de preços, não passa de uma primeira aproximação — e não se trata de uma boa aproximação. Como teoria normativa, de conteúdo moral, ela nos diz alguma coisa sobre as desigualdades no mundo e mostra que os trabalhadores pobres recebem tratamento injusto no capitalismo. Cada uma dessas perspectivas pode ter relevância, mas — indo um pouco além — a teoria do valor-trabalho também pode ser vista, basicamente, como uma teoria descritiva, delineando a função do trabalho humano na produção de bens e serviços. Marx insistia em dar atenção especial ao envolvimento humano em praticamente tudo que estudava. Aproveitando essa deixa de Marx, Dobb afirmava que a teoria do trabalho é "uma descrição factual de uma relação socioeconômica". O fato de enfatizar o trabalho humano em particular não torna falsa essa descrição: ela reflete uma maneira particular — e importante — de ver a relação entre diferentes agentes sociais — trabalhadores, capitalistas e assim por diante.

Isso pode ser comparado a outras descrições com base no trabalho existentes em generalizações históricas, como a feliz caracterização feita pelo historiador Marc Block do feudalismo como sistema no qual senhores feudais "viviam do trabalho de outros homens". Viviam mesmo? Há um acerto na descrição — concentrada especificamente no trabalho (em particular o trabalho manual) — que não nega que a terra de propriedade dos senhores feudais seja produtiva também. Mas a declaração de Block fundamentava-se na assimetria das diferentes funções de diferentes pessoas na produção, e no fato de que talvez não haja comparação entre o trabalho duro dos servos no processo de produção, de um lado, e a contribuição dada pelos senhores feudais ao permitirem que a terra de sua propriedade fosse usada para fins produtivos, de outro. Tanto "trabalhar duro" como "permitir que a terra de propriedade de alguém seja usada" podem ser coisas produtivas, mas são tipos diferentes de atividade produtiva. Podemos ir muito além da simetria mecânica na qual se concentra o que os economistas chamam de "produtividade marginal" — sem fazer distinção entre diferentes tipos de uso de recursos.

Para um exame de outro tipo de distinção dentro do processo produtivo veja-se o caso da famosa estátua de Davi em Florença. Podemos dizer, realisticamente: "Michelangelo fez esta estátua de Davi". A verdade da declaração não depende de negar a necessidade do mármore, dos cinzéis, dos martelos, na produção da estátua (Michelangelo sem dúvida precisou disso tudo). Numa descrição com múltiplos fatores, esses diferentes "fatores de produção" são todos incluídos na produção da estátua. No entanto, introduzimos outro aspecto crucial do processo produtivo se nos concentrarmos particularmente no artista, Michelangelo, e não equiparamos seu papel ao que é fornecido pela reunião de mármore, martelos e cinzéis.

A produção pode, portanto, ser descrita de muitas formas. Concentrarmo-nos no trabalho envolvido é, sem dúvida, legítimo, e deve ser visto como apropriado, dependendo do objetivo e do contexto da descrição. Ao apresentar sua caracterização do feudalismo, Marc Bloch não precisou se desculpar, ou confessar um erro, por escolher um aspecto particular — a saber, o trabalho pesado — para iluminar o fato de que senhores feudais "viviam do trabalho de outros homens". Marx não precisava confessar nenhuma mancada — nem Dobb. A relevância da teoria do valor-trabalho depende da perspectiva que se tenta enfatizar.

Lembro-me vivamente de uma longa noite em que digeri o artigo de Dobb, "Os requisitos de uma teoria do valor". Terminei de ler tarde da noite, achando que eu agora poderia ver de um jeito diferente o uso dado por Marx à teoria do valor-trabalho. E tomei também uma decisão muito pessoal: se algum dia fosse à Inglaterra, eu tinha que me encontrar com Maurice Dobb.

3

Abordarei mais adiante outros aspectos dos escritos de Marx que me parecem particularmente interessantes. Mas, antes disso, quero mencionar rapidamente algumas de suas idiossincrasias, que foram ficando cada vez mais claras para mim, à medida que eu lia sua obra. Em comparação com as exaustivas análises econômicas nas quais Marx estava obviamente interessado — envolvendo a teoria do valor-trabalho, a propriedade desigual dos meios de produção, a exploração generalizada do trabalho, a queda da taxa de lucro e assim por diante — seu exame da organização política parecia estranhamente rudimentar. É difícil imaginar uma teorização mais esbaforida do que a ideia da "ditadura do proletariado", com uma caracterização não especificada de quais são (ou deveriam ser) as demandas do proletariado, e muito pouca coisa sobre como funcionariam os arranjos políticos reais debaixo dessa ditadura. Na verdade, parecia-me haver uma notável falta de interesse nos escritos de Marx pelo problema de como dar o salto das preferências e prioridades do povo para decisões sociais e ações governamentais reais — aspectos importantes da "escolha social". Como eu me interessava cada vez mais em compreender a escolha social, a evidente relutância de Marx em entrar muito no assunto era frustrante.

Existe, além disso, uma lacuna importante no tratamento dado por Marx à democracia. Como bem nos explicaria John Kenneth Galbraith, a democracia será muito bem servida se um grupo poderoso exercer "poder compensatório" sobre outro, para que nenhum grupo potencialmente irresistível se fortaleça demais. As ideias de Galbraith começaram a surgir em minha cabeça como um bom suplemento para Marx na compreensão de como a democracia poderia de fato funcionar.

Não é justo, claro, culpar Marx (como às vezes ocorre) pelas práticas autoritárias dos regimes comunistas que alegam se inspirar no pensamento dele, uma vez que ele nem os concebeu nem os recomendou. Mas Marx certamente teria razões para reconhecer que sua relutância em dizer de que maneira o poder deveria ser distribuído ou exercido numa sociedade pós-capitalista deixou lacunas passíveis de serem preenchidas com acréscimos perigosamente autoritários. O papel construtivo de políticas opositoras parece ter escapado significativamente à atenção de Marx.

Além disso, Marx não poderia ser acusado de indiferença à liberdade, ou à liberdade de escolha. Na verdade, ele se interessava muito pela liberdade de escolha. No entanto, seu descaso pela organização política e pelas salvaguardas contra o autoritarismo pode muito bem ter contribuído para uma distorção das demandas por liberdade através da função não abordada de grupos de pressão e do uso irrestrito do poder político. A ausência de liberdade, que tem sido problema persistente dos regimes com credenciais marxistas, talvez não tenha sido de forma alguma defendida por Marx, mas, a despeito disso, encontrou clima favorável para se desenvolver como resultado de sua reticência em fazer comentários sobre poder e grupos de pressão.

E é fato que na famosa defesa da liberdade de escolha individual feita por Marx (no livro de 1846 *A ideologia alemã*, escrito em parceria com Friedrich Engels) ele capturou ideias importantes que muitos autores — na verdade, a maioria dos autores — tendiam a deixar passar. Ilustrou vigorosamente seu elogio por esse tipo de liberdade colocar "as condições para o livre desenvolvimento e atividade de indivíduos sob seu [próprio] controle", observando que "torna possível, para mim, fazer uma coisa hoje e outra amanhã, caçar de manhã, pescar à tarde, criar gado à noite, fazer críticas depois do jantar, exatamente como pretendo, sem jamais me tornar caçador, pescador, vaqueiro ou crítico".[3] Há uma maravilhosa expressão, aqui, da natureza e da importância da liberdade individual, ainda que a confiança que se tenha no conhecimento empírico do mundo rural, da parte de Marx, seja posta em dúvida por sua evidente convicção de que a noite é uma hora esplêndida para criar gado. Ele pisa em terreno mais familiar quando cita "fazer críticas depois do jantar" (coisa que deve ter praticado com grande regularidade). Não pode haver dúvida de que Marx tinha uma grande compreensão da importância da liberdade de escolha — e de quanto era necessária para a riqueza da vida que as pessoas levam.

4

Marx tinha sua cota nas minhas horas noturnas depois do jantar na YMCA, embora precisasse competir com outros, como Aristóteles, Adam Smith, Mary Wollstonecraft e John Stuart Mill. Em meu segundo ano, quando me estabelecia numa espécie de equilíbrio em minha filosofia política (com algumas ideias influenciadas por Marx e outros bem distantes dele), resolvi que precisava ser mais claro ao anotar as ideias de que eu gostava e para as quais Marx tinha dado grande contribuição. Sua esclarecedora distinção entre o princípio da "não exploração" (pelo pagamento de acordo com o trabalho, em sintonia com a contabilidade estabelecida por sua versão da teoria do valor-trabalho) e o "princípio das necessidades" (organizar o pagamento de acordo com as necessidades das pessoas, e não do seu trabalho e da sua produtividade) era uma vigorosa aula de pensamento radical.

Em seu último livro, *A crítica ao Programa de Gotha*, publicado em 1875, Marx repreendeu o Partido Social-Democrata dos Trabalhadores da Alemanha por ver "direitos iguais de todos os membros da sociedade" como o direito dos trabalhadores a ficar com "os produtos integrais do trabalho". O congresso do Partido dos Trabalhadores alemão deveria realizar-se na cidade de Gotha: o "Programa de Gotha" era o manifesto proposto pelo partido a ser apresentado ali. Embora os direitos iguais estivessem inteiramente de acordo com medidas para evitar a exploração, Marx ressaltou severamente que essa não era a única maneira de ver as reivindicações e os direitos das pessoas (chegou a descrever esse tipo de direito como "direito burguês"). Em seguida examinou um princípio rival segundo o qual cada pessoa deveria receber o que necessitava. Marx discutiu ainda argumentos alternativos que pudessem ser apresentados a favor, respectivamente, de cada um dos princípios rivais. Criticou a evidente incapacidade de o Partido observar que os dois princípios eram totalmente distintos, e competiam um com o outro, e explicou que levavam a duas abordagens bem diferentes da maneira de organizar a sociedade; um movimento de trabalhadores tem que escolher lucidamente qual dos dois princípios deve ter prioridade — e por quê.

Marx acabou preferindo o princípio das necessidades — uma vez que as pessoas têm necessidades importantes que podem variar, seria injusto ignorar as diferenças — mas também observou que talvez fosse muito difícil combinar esse princípio com um sistema adequado de incentivos ao trabalho. Se o que alguém ganha não está relacionado ao seu próprio trabalho, esse alguém pode perder o incentivo para se empenhar. Assim sendo, depois de apresentar uma vigorosa defesa do princípio das necessidades, Marx passou a vê-lo apenas como um objetivo de longo prazo — num ponto remoto do futuro, quando as pessoas estivessem menos motivadas pelos incentivos do que naquele momento. Embora considerasse o princípio das necessidades fundamentalmente superior, Marx admitia que num futuro próximo não seria possível ter um sistema nele baseado. Portanto, prontificou-se a apoiar, na época, a demanda do Partido Social-Democrata pelo pagamento de acordo com o trabalho, mas continuava sendo importante reconhecer que a distribuição com base no trabalho é, em última análise, inadequada para a justiça social.

A defesa de Marx do princípio das necessidades não foi esquecida no diálogo público desde aquela época. Sua força moral garantia que fosse debatido no mundo inteiro, repetidamente. Uma tentativa arrojada, mas em última análise desastrosa, de romper a barreira da viabilidade veio com os esforços de Mao Tsé-tung para conseguir o chamado Grande Salto Adiante quando uma versão do princípio das necessidades foi imposta sem que se esperasse o advento de uma cultura mais cooperativa e menos egoísta. Quando isso fracassou (o Grande Salto Adiante foi um fracasso, como Marx poderia ter previsto), Mao tentou forçar uma grande Revolução Cultural, buscando uma mudança radical no futuro imediato, mais uma vez sem esperar, como Marx tinha sugerido, uma transição cultural de longo prazo. A tentativa de Mao de ser mais Marx do que o próprio Marx foi finalmente encerrada, sem nenhum êxito evidente.

A impraticabilidade do princípio das necessidades como objetivo político abrangente significava que ele teria que ser posto de lado no curto prazo. Apesar disso, o reconhecimento da importância das necessidades numa forma menos abrangente — à qual a ética marxista dava lugar de destaque — recebeu, ainda que de modo lento, um lugar aceitável entre as ambições e aspirações políticas de todo o mundo moderno. Por exemplo, o Serviço Nacional de Saúde (NHS), que a Grã-Bretanha adotou em 1948 e que passou a funcionar plenamente pouco antes da minha chegada ao país, foi uma tentativa heroica e pioneira de implementar um elemento crucial do princípio das necessidades, em particular no que dizia respeito à saúde pública. Como bem diz o criador e defensor convicto do NHS, Aneurin Bevan, que estudou os escritos de Marx como aluno do Central Labour College, em Londres: "Nenhuma sociedade pode legitimamente chamar-se civilizada se nega atendimento médico a uma pessoa doente por falta de recursos".[4] Além disso, todo o conceito do Estado de bem-estar social europeu baseia-se — na medida do possível — na lealdade ao princípio das necessidades.

Se é correto afirmar que o lema atribuído a Marx e frequentemente repetido — "de cada um segundo sua capacidade, a cada um segundo suas necessidades" — é incompatível com o que Marx achava realmente viável num futuro próximo, também é correto dizer que alguma versão de uma ética marxista da necessidade e da liberdade está entre os grandes princípios progressistas e esclarecidos que tiveram profunda influência na Europa depois da devastação da Segunda Guerra Mundial.

Em outra direção, tentativas recentes — em especial depois da crise financeira de 2007-8 — de impor "austeridade" a muitos países europeus, com resultados desastrosos, têm sido estreitamente associadas ao imperativo percebido (quase sempre teorizado de forma errada, em particular desdenhando os insights keynesianos) de rejeitar o princípio das necessidades em favor das demandas imediatas do gerenciamento econômico, especificamente para lidar com altos níveis de dívida pública. A briga entre as demandas da necessidade e as demandas do incentivo (e direitos relativos ao trabalho) continua tão viva hoje como na época em que Marx escreveu sua importante *A crítica ao Programa de Gotha*.

Eu deveria acrescentar que no contexto da distinção entre diferentes princípios de pagamento, Marx comenta alguns fatos gerais para os quais a identidade plural dos seres humanos é importante. Afirmava que precisamos ver os seres humanos de muitas perspectivas diferentes.

Sua crítica ao Partido Social-Democrata incluía o fato de que, ao interpretar "direitos iguais de todos os membros da sociedade" apenas em relação ao que alguém produz como trabalhador, há um descaso para com os outros aspectos e identidades desse alguém. Ser trabalhador não pode ser a única identidade de ninguém. Como diz Marx, ao concentrar-se exclusivamente nos direitos dos trabalhadores e na não exploração, o Programa de Gotha acaba vendo os seres humanos "apenas como trabalhadores, e nada se vê neles além disso, tudo o mais sendo ignorado". Na famosa conclamação que fez no Manifesto Comunista de 1848 — "Trabalhadores do mundo, uni-vos!" — não há eliminação do fato de que todo trabalhador também é um ser humano, com muitos aspectos diferentes.

Por causa do destaque dado a atribuir uma identidade única às pessoas no tumultuoso mundo de hoje, com "tudo o mais sendo ignorado" (como disse Marx), podemos encontrar uma mensagem de importância vital em sua determinação de não querer ver indivíduos como seres unidimensionais. O que era apenas um comentário passageiro de Marx em 1875, no contexto de um debate em andamento, ganhou relevância muito maior para os conflitos de base identitária que tanto dominam as batalhas da nossa época.

5

Havia outras diferenças no pensamento de Marx que me atraíam. Uma ideia que eu achava animadora e profundamente intrigante era seu conceito altamente original de "ilusão objetiva", e, ligada a isso, sua discussão da "falsa consciência". Ilusão objetiva é uma realidade aparente que pode parecer objetivamente verdadeira de determinado ponto de vista, mas que, a rigor, precisa ser complementada com outras observações para passar por um exame crítico e ser decidido, depois de uma investigação adequada, se o que parece verdade da posição inicial é mesmo verdade. Por exemplo, o Sol e a Lua podem parecer mais ou menos do mesmo tamanho quando vistos da Terra. Mas concluir, dessa observação, que o Sol e a Lua são de fato do mesmo tamanho em massa ou volume físico seria, claro, um erro total. Apesar disso, negar que parecem do mesmo tamanho quando observados da Terra também seria um erro. A investigação da ilusão objetiva feita por Marx (aquilo que ele chamava de "a forma externa das coisas") é uma contribuição pioneira para a compreensão das implicações epistêmicas da dependência posicional de observações e reflexões com base na observação.

A ideia de ilusão objetiva era importante para a análise social e econômica de Marx. Há verdades que podemos estabelecer combinando observações com exame crítico que podem não se refletir de imediato numa avaliação baseada numa posição particular. Marx via como exemplo de ilusão objetiva a relação aparentemente justa e equânime entre trabalhadores e capitalistas graças à livre troca. Mas na realidade, afirmava ele, há exploração econômica pela falta de poder de barganha dos trabalhadores. Estes não recebem o valor do que produzem por causa da maneira como os mercados funcionam, com imensas desigualdades na propriedade dos meios de produção. Marx defendia melhores formas de pensar sobre as demandas da troca justa.

O que resulta da contabilidade baseada no trabalho feita por Marx está longe do que observamos de fato num mercado, que dá a impressão de "valores iguais" sendo trocados de modo igualitário. Para examinar um exemplo proposto por Maurice Dobb, caso se descubra (depois talvez de algum litígio) que você é dono de um portão que permite — ou proíbe — o movimento de um lado de uma fábrica para outro, você talvez possa cobrar uma enorme quantia pelo uso do portão por causa da "produtividade" existente no ato de abri-lo. É possível submeter essa "produtividade" a exame exaustivo, e possivelmente devastador. O portão localizado num ponto crucial, que nada produz além da capacidade potencial de atrapalhar a produção, não é, na realidade, um meio de produção, apesar do aparente "produto marginal" que vem de abster-se de usá-lo. Ele pode gerar a ilusão de produtividade, mas é possível rejeitar essa ilusão com argumentos racionais.

Essa ideia de ilusão objetiva, que teve muitas implicações além do uso que

Marx fez dela, causou impacto profundo em meu pensamento de jovem, entre outras coisas em meu entendimento das desigualdades de classe e gênero. Essas desigualdades talvez não sejam óbvias à primeira vista, uma vez que com frequência pode parecer que pessoas diferentes — trabalhadores e capitalistas, ou mulheres e homens — estão sendo tratadas da mesma forma, quando na verdade há graves discriminações que são sutis, porém fortes e (na falta de uma discussão política séria) ignoradas. À medida que meus dias de faculdade prosseguiam, eu ia ficando cada vez mais interessado em políticas de fomento à igualdade, e passava um bom tempo examinando casos de ilusão objetiva — particularmente a enganadora incapacidade dos trabalhadores, numa sociedade desigual, de entender com clareza a natureza da sua exploração.

6

Havia muita coisa a tirar da obra de Marx, e ele poderia, certamente, ser visto como uma fonte pujante de economia alternativa. Há, no entanto, um perigo em considerá-lo de uma perspectiva estritamente convencional — por exemplo, vê-lo como um "materialista" que supostamente interpretava o mundo do ponto de vista da importância das condições materiais, ao mesmo tempo que negava o significado das ideias e das crenças. Essa interpretação materialista é com frequência adotada, mas é uma visão seriamente equivocada de Marx, que insistia nas relações de mão dupla entre ideias e condições materiais. Seria triste também deixar escapar o vasto papel das ideias na compreensão social sobre a qual Marx jogou tanta luz.

Vou ilustrar o argumento com um debate sobre explicação histórica que ganhou destaque mais ou menos na época em que eu me mudava para Cambridge. Num dos seus ensaios brilhantes, mas menos conhecidos, "Where Are British Historians Going?", publicado na *Marxist Quarterly* em 1955, Eric Hobsbawm sustentava que a consciência de Marx das relações de mão dupla entre ideias e condições materiais continha lições bem diferentes no século XX, em comparação com as oferecidas no mundo que Marx via à sua volta no século XIX, quando o empenho intelectual predominante — como o adotado por Hegel e pelos hegelianos — concentrava-se em ressaltar a influência unidirecional das ideias nas condições materiais. Respondendo a esse entendimento equivocado — e resistindo a essa má utilização —, a caracterização de Marx das relações tendia a concentrar-se muito mais na direção oposta da influência — a das condições materiais sobre as ideias — nos debates empíricos dos quais de fato participava. Esse foco corretivo de Marx, para corrigir o viés predominante no seu próprio tempo (que enfatizava a influência das ideias nas condições materiais, ignorando o oposto), não é adequado para o nosso tempo, nem justo para com o interesse de Marx pelo fato de as influências se darem em ambas as direções.

O foco dominante tende a mudar em nossa própria época. A tendência das mais destacadas escolas de história em meados do século XX, observou Hobsbawm (citando as obras imensamente influentes de Lewis Namier), foi adotar um tipo de materialismo que via a ação humana como quase inteiramente motivada por uma simples espécie de interesse material, em particular um interesse egoísta estreitamente definido. Em virtude desse tipo totalmente diferente de viés, em muitos sentidos o oposto das tradições idealistas de Hegel e outros pensadores influentes da época de Marx, Hobsbawm dizia que uma visão equilibrada de mão dupla precisava ressaltar, em particular, a importância das ideias e sua influência sobre as condições materiais, uma vez que isso tinha sido desconsiderado. A análise marxista no século XX precisaria, portanto, tomar uma direção diferente daquela que Marx propôs em sua própria época, sem se afastar do diagnóstico de uma relação de mão dupla entre ideias e condições materiais.

É importantíssimo reconhecer, por exemplo, que a influente crítica de Edmund Burke (nas famosas audiências de impeachment) à má conduta de Warren Hastings na Índia estava diretamente relacionada às ideias de justiça e imparcialidade firmemente esposadas por Burke, ao passo que os historiadores materialistas com foco no interesse próprio, como Namier, não viam na insatisfação de Burke com as políticas de Hastings nada além da influência das suas preocupações financeiras na administração da Companhia das Índias Orientais. A ênfase excessiva no materialismo — e no materialismo de uma espécie particularmente tacanha — necessitava de uma retificação séria da perspectiva marxista mais ampla. Como sustentava Hobsbawm:

> Nos tempos pré-Namier, os marxistas viam como uma de suas principais obrigações históricas chamar a atenção para a base material da política... Mas como

historiadores burgueses tinham adotado uma forma específica de materialismo vulgar, os marxistas precisavam alertá-los de que a história é a luta de homens por ideias, bem como um reflexo do seu ambiente material. O sr. Trevor-Roper [famoso historiador conservador] não está simplesmente errado quando acredita que a Revolução Inglesa foi o reflexo das fortunas em declínio dos gentlemen do país, mas também quando acredita que o Puritanismo foi simplesmente um reflexo de sua iminente insolvência.[5]

Quando estudante em Calcutá, fui tomado de um sério interesse pelas ideias apresentadas por Burke nas audiências do impeachment de Warren Hastings, e me incomodava que a ética de Burke parecesse desempenhar papel tão pequeno no que era tido como interpretações históricas "inteligentes" — de Namier e outros — daquele impeachment. Eu achava que Burke se perdera ao atacar Hastings e elogiar Robert Clive (que era, na minha opinião, um homem muito mais sórdido, e muito mais imperialista, do que Hastings). Mas me comovia a tolerante simpatia de Burke pelos súditos indianos nos primeiros tempos do domínio britânico, e achava difícil ver sua eloquente crítica anti-imperial simplesmente como reflexo dos seus próprios interesses financeiros. Quando li Hobsbawm a respeito de Namier e Burke em Cambridge, tive a sensação de uma ficha caindo.

7

Em nossos estudos de economia convencional — tanto em Calcutá como, mais tarde, em Cambridge — éramos fortemente incentivados a supor que todo mundo colocava seus interesses próprios em primeiro lugar, sem que quaisquer outros valores influenciassem nossas preocupações e decisões. Isso me parecia ao mesmo tempo tosco e errado. Marx também teria partido desse pressuposto, absorvendo, portanto, uma versão distorcida da teoria econômica convencional, em vez de contestar um pressuposto tão limitador sobre o comportamento humano?

A lição geral que lentamente criava raízes em minha mente era a importância de prestar atenção, de maneira adequada, na vasta pedagogia de Marx sobre o comportamento humano. O que precisava ser evitado era o estreitamento das ideias dele com fórmulas simples — particularmente em relação à prioridade do materialismo (em especial na forma de um pressuposto universal de interesse egoísta). Esse estreitamento deveria ser difícil de defender, uma vez que Marx discorreu exaustivamente sobre muitos tipos diferentes de motivação (como em *A ideologia alemã*) e escreveu de modo comovedor a respeito do surgimento de valores cooperativos ao longo do tempo (por exemplo, em *A crítica do Programa de Gotha*). O comentário de Hobsbawmn sobre Marx também jogou luz sobre esse assunto.

O ensaio de Hobsbawm saiu mais ou menos na época de minha formatura em Cambridge. Eu tinha ciência de algumas de suas primeiras obras antes de ir para a Inglaterra, e quando ali cheguei quis me encontrar com ele. Felizmente isso não foi muito difícil, uma vez que como jovem fellow [membro docente] do King's College, Eric era muito acessível, e pedi a meu amigo Prahlad Basu, que era do King's, que nos convidasse para um chá (junto com Morgan Forster, que tornou a ocasião mais memorável). Lembro da animação daqueles primeiros encontros em Cambridge, numa época em que muito me impressionava o alcance intelectual do marxismo, mas sem me sentir tentado a tornar-me marxista. Para mim havia muitas outras fontes de ideias, nem todas em harmonia com os preceitos marxistas. Em geral, no entanto, incomodava-me o que me parecia a decadência de uma grande, e noutros tempos criativa, tradição marxista muito envolvida, nos anos 1950, na produção de análises previsíveis e conformistas de literatura, economia e história. Eric, vigorosamente marxista como era, estava imune a essa deterioração intelectual — assim como Maurice Dobb e Piero Sraffa, entre outras figuras inspiradoras em Cambridge. Mais tarde, Eric se tornou um amigo muito próximo. Eu ficava feliz ao tentar aprender com a riqueza da tradição marxista refletida em seu pensamento e em sua obra, ao mesmo tempo que rejeitava os lugares-comuns defendidos por seus praticantes mais mecânicos.

8

Recentemente, Gareth Stedman Jones, ótimo historiador, escreveu um esplêndido reexame de Marx, *Karl Marx: grandeza e ilusão*. Ele ressalta algumas das razões da distorção de um entendimento de Marx, a partir do século

XIX até o século XX, que levou a uma visão dele como líder infalível do pensamento e guru incontestável de política. Stedman Jones diz assim:

> A figura que emergiu foi a de um patriarca e legislador severo e ameaçador, um pensador barbudo de implacável consistência, com uma imperiosa visão do futuro. Esse era o Marx tal como o século XX — de maneira bastante equivocada — o veria.[6]

O objetivo do livro de Stedman Jones é "restituir Marx ao seu ambiente no século XIX, antes de qualquer elaboração póstuma de seu caráter e de suas realizações".

Para entender e interpretar os escritos de Marx precisamos, de fato, vê-lo em seu ambiente, como o faz Stedman Jones de modo tão esclarecedor. Ele discute todas as contingências que circunscreveram a escolha, por Marx, de deliberações, debates e engajamentos políticos — e (eu acrescentaria) raiva e alegria. Para tanto, porém, precisamos acrescentar ainda um argumento inspirado em Hobsbawm, que dá ênfase alternativa, e motivação, ao entendimento de Marx, paralelamente à perspectiva de Stedman Jones. Também devemos reconhecer que as ideias relevantes de Marx em outros tempos — em específico, em nosso mundo dos séculos XX e XXI — essas ideias não podem ser plenamente compreendidas nos termos da aplicação dada pelo próprio Marx a sua tese geral em seu século XIX. Se precisamos de contextualização para determinados propósitos, também precisamos de descontextualização, ou de uma mudança de contexto, quando as circunstâncias mudam. Para entender o alcance e a força das análises marxistas em contextos bem diferentes dos do próprio Marx, precisamos utilizar uma versatilidade compatível.

O imenso poder das ideias na mudança das condições materiais é tema totalmente marxista, como demonstra Hobsbawm, mas não é tema ao qual Marx tenha dado a atenção que poderia dar se tivesse evitado engajar-se em batalhas contra as ideias contrárias em sua própria época. Na verdade, eu diria que alguns dos usos mais fecundos das ideias de Marx em nosso mundo, hoje — o alcance da descrição coerente, a relevância da ilusão objetiva, a pluralidade de metas distributivas, o papel duplo de ideias e condições materiais —, têm que se basear em suas reflexões gerais, às vezes até em suas observações casuais, que ele expressava e brevemente ilustrava, geralmente sem as explorar mais profundamente.

Para tirar o máximo possível de Marx, eu começava a me convencer, temos que ir além das prioridades refletidas em seus próprios escritos. Muitas das nossas discussões no café da College Street tentavam examinar essa filosofia mais ampla. Nem sempre tínhamos êxito em nossas reinterpretações, mas tentávamos ver até onde poderíamos chegar no mundo obcecado por Marx que vinha com o café nosso de cada dia.

14. Uma batalha inicial

1

A hipocondria era minha amiga havia muito tempo, mas nunca imaginei que essa amizade salvaria minha vida. Ao completar dezoito anos, notei que tinha um caroço na boca — na parte anterior do céu da boca, mais ou menos do tamanho de uma ervilha partida ao meio. Não doía, nem me incomodava, mas era bem diferente de qualquer coisa que eu já tinha visto. Fiquei preocupado.

Foi em novembro de 1951. Àquela altura, eu estava bem instalado no albergue da YMCA em Calcutá e por isso fui ver o médico que supostamente cuidava de todos nós. Ele concluiu que o caroço não era nada e disse que ia desaparecer por conta própria. Eu não precisava me preocupar. Sua falta de preocupação me preocupou, uma vez que ele não deu nenhuma explicação sobre o que aquele caroço poderia ser, ou sobre o que poderia tê-lo causado. Essa apreensão se intensificou quando, em resposta ao meu pedido de explicação plausível, ele disse: "Nós, médicos, às vezes não compreendemos os traços minúsculos do mundo que Deus criou para nós, mas não entramos em pânico". Lembrando do meu companheiro intelectual de longa data, a antiga filosofia materialista de Lokayata, pensei numa de suas hipóteses centrais, segundo a qual "acontecimentos materiais têm causas materiais — não procure mundo nenhum além deles". Não vi razão para ignorar esse conselho do século VI a.C.

O caroço continuava lá quando voltei para o albergue em janeiro, depois das férias de Natal — na verdade, parecia até ter crescido um pouco. Resolvi explorar o assunto melhor. A palavra "tumor" não me saía da cabeça, e usei a biblioteca da universidade para consultar alguns livros populares sobre câncer e sossegar a mente. Isso na verdade teve o efeito contrário e, levado por minhas leituras, comecei a pensar numa coisa estranha chamada "carcinoma". Eu queria saber tudo sobre aquilo e, como não tinha condição de buscar atendimento médico caro (meus pais ainda estavam em Delhi e nada sabiam a respeito), fui ao departamento ambulatorial do hospital Carmichael, um dos grandes hospitais públicos de Calcutá. (Mais tarde seria absorvido no grande complexo da R. G. Kar Medical College and Hospital.) O lugar tinha a reputação de contar com excelentes médicos e cirurgiões e de tratar indigentes com dignidade.

Fiquei umas duas horas na fila. Quando entrei na sala do médico, que parecia imponente, ele sorriu com simpatia. Eu lhe disse que tinha um caroço no palato duro e achava que podia ser um carcinoma. Ele abriu um largo sorriso, de maneira muito amistosa, e começou a me apaziguar, evidentemente inclinado a rejeitar o diagnóstico médico de um estudante de economia. "Claro, claro, entendo", disse ele, "você pensa que tem um carcinoma! Nesse caso acho melhor examiná-lo com cuidado, mas antes disso me diga se em sua cabeça você tem outras suspeitas de doença grave."

"Não", respondi com firmeza, "só carcinoma." Então ele me examinou com uma lâmpada forte que me iluminava o céu da boca. Falava pouco, até que lhe perguntei: "Vai fazer biópsia?". "Não, seria inútil. Não há nada sério aqui. É só uma pequena inflamação, que certamente vai sumir. Se quiser acelerar o processo, pode usar um antisséptico — talvez um gargarejo com Dettol."

"Mas" ele continuou depois de uma breve pausa, "tenho uma ideia melhor. Se ficar por aí até o fim da tarde, quando tenho umas cirurgiazinhas marcadas, posso remover o caroço com anestesia local." O caroço desapareceria, assim como "seus temores e seu pânico". Minhas poucas leituras sobre câncer me ensinaram o suficiente para achar que a ideia era extraordinariamente ruim — ter o caroço extraído de modo abrupto por alguém que nem sequer achava que podia estar lidando com um possível caso de câncer. Agradeci, saí e fui direto para o albergue, mais deprimido do que tranquilo. A ideia de que eu podia estar com câncer, e apesar disso não conseguia um diagnóstico conclusivo, começou a me distrair dos estudos, e até mesmo dos bate-papos descontraídos no café.

Eu me perguntava se não estaria agindo como um idiota. Dois médicos inteiramente qualificados já haviam examinado a fonte das minhas preocupações e nenhum dos dois viu nada suspeito. Eu sabia, claro, que minha tendência a suspeitar de uma ou outra doença séria era incorrigível, e motivo de piadas entre meus amigos. Lembrei-me de um episódio que me marcara como "impossivelmente preocupado", como dissera o médico da nossa escola em Santiniketan (soa melhor em bengali, mas não é uma expressão positiva). Esse comentário justificado foi provocado por um acontecimento que me mostrava à luz mais desfavorável. Eu tinha decidido, certo dia, que talvez tivesse contraído cólera, por causa de uns sintomas relacionados ao estômago, que não vou descrever agora, mas que os imperialistas britânicos acuados costumavam chamar de "barriga de Delhi". O médico da escola me garantiu que eu não tinha cólera nenhuma, e fez uma observação muito interessante. Disse que em sua atividade clínica tinha notado que pacientes de cólera tendem a ser muito otimistas, e o fato de eu ter entrado em pânico era mais uma prova de que eu não tinha cólera.

Achei o comentário muito consolador. Parei de entrar em pânico e me tornei otimista. E então, claro, fui tomado por uma nova crise de pânico, porque meu otimismo certamente era um indicador, pelo critério do médico, de eu ter tido, em vez de não ter tido, cólera. Quando compartilhei com ele minha ideia, o médico ficou exasperado e disse: "Amartya, nós, claramente, não temos como tranquilizá-lo, mas você precisa parar com essa mania de preocupar-se!". Quando me lembrei do conselho anos depois, em Calcutá, a hipocondria fortaleceu minha resolução. Disse a mim mesmo que eu tinha um motivo — por mais baixa que fosse a probabilidade — de pensar que talvez tivesse uma doença séria na boca. Precisava ver o que era aquilo, ainda que apenas fosse para tirar a preocupação da cabeça.

2

Havia um morador muito inteligente e simpático na YMCA que estudava medicina na Faculdade de Medicina de Calcutá. (Digo com tristeza que não consigo lembrar agora o seu nome, mas isso aconteceu 68 anos atrás.) Tive uma longa conversa com ele e, depois de explicar minha aflição, perguntei se o colega poderia dar uma olhadela no meu caroço bucal. "Não terminei meus estudos", disse ele, dando uma espiada em meu céu da boca, "mas para mim tem a aparência do que poderia ser um carcinoma." Foi a primeira pessoa que conheci que respondeu à minha preocupação. Na manhã seguinte ele passou pela biblioteca da Faculdade de Medicina e me trouxe dois livros sobre carcinomas.

Recolhi-me na cama à noite com os dois grossos volumes. Era quase meia-noite quando, depois de uma leitura atenta, me convenci por completo — por razões puramente morfológicas — de que eu tinha um carcinoma de células escamosas em forma de caroço. Disse a mim mesmo que precisava ver um especialista em câncer sem demora. Mas quem? Havia um primo da minha mãe, o dr. Amiya Sen, Amiyamama (como eu o chamava), que era médico excelente e cirurgião famoso em Calcutá. Morava na parte sul da cidade, em Ballygunge, e, depois de ligar para ele e dizer que precisava de seus conselhos, peguei um ônibus de dois andares que fazia a rota do lado norte da cidade e saltei perto de sua casa. Lembro de pensar, vendo a ensolarada Calcutá do andar de cima, que num dia maravilhosamente brilhante eu poderia ter a confirmação terrível do meu receio de que um mundo muito sombrio esperava por mim.

Amiyamama levou o caroço a sério e disse que uma biópsia talvez fosse necessária, mas que poderia haver outras explicações além de câncer; por isso queria tentar primeiro um antisséptico local. Acho que ele me deu um, chamado mercurocromo, um líquido vermelho, que tendia a escorrer um pouco de dentro da boca e deixar um ou dois pontos coloridos nos lábios. Isso me deu a fama, entre os colegas de sala, de andar beijando muito meninas que usavam batom forte. "Eu diria beijando pelo menos uma", comentou um amigo, que explicou que se opunha também a extremismo em política.

O líquido vermelho não produziu nenhum efeito, portanto, a conselho de Amiyamama, me inscrevi no recém-inaugurado hospital do câncer em Calcutá, o Chittaranjan Cancer Hospital, para cirurgia e biópsia com anestesia local. Já estávamos no começo de março, e Calcutá começava a aquecer para o verão. O próprio Amiyamama fez a excisão do caroço, cauterizando sua base com diatermia, e o mandou para exame laboratorial. Isso foi dois dias antes de ele viajar a Londres para uma conferência seguida por dois meses de compromissos profissionais na Inglaterra. Quando o diagnóstico saiu, foi difícil falar com ele, e depois de algumas tentativas desisti.

Enquanto isso acontecia, e eu aguardava os resultados da biópsia, meus pais se mudaram de Delhi para Calcutá. Eu não tinha contado nada, e a mudança foi pura coincidência — meu pai arranjara novo emprego como membro da Comissão de Serviço Público de Bengala Ocidental, cuja tarefa era entrevistar candidatos a empregos no governo e fazer seleções para nomeações públicas. Gostava do trabalho, e tanto ele como minha mãe gostavam de Calcutá, assim como minha irmã Manju, que se juntou a eles, e eu estava feliz por poder me mudar do albergue para a nova casa. Tudo era uma animação só, mas eu estava preocupado com a demora dos resultados. Então contei a meus pais o que tinha acontecido, demonstrando o máximo de entusiasmo. Eles queriam entrar em contato com Amiyamama de imediato, mas o médico continuava na Inglaterra, e inacessível.

O hospital me informara que o resultado da biópsia podia ser mandado pelo correio, mas se houvesse alguma urgência eles poderiam telefonar. Nada aconteceu. Era óbvio que eu teria que ir buscar. Mas não era fácil penetrar no hospital Chittaranjan, e eu sabia que não gostavam de entregar resultados diretamente a pacientes, em especial se fossem jovens. Depois de alguma discussão em família sobre o assunto, um primo do meu pai, Ashoke Sen (a quem eu chamava de Chinikaka), foi buscar o laudo.

Meus pais viram o laudo antes de mim. Quando cheguei da faculdade, havia uma atmosfera fúnebre em casa. Minha mãe estava chorando (ainda que tentasse esconder); meu pai tinha se transformado na estátua da melancolia; minha irmã Manju parecia horrivelmente taciturna. E Chinikaka estava lá, sentado, com uma expressão muito carregada. "Os resultados da biópsia chegaram", anunciou meu pai. "Lamento muito ter que dizer que é carcinoma de células escamosas." Eu fiquei, claro, deprimido de um modo medonho, mas também triunfante. "Eu sabia!" falei. "Eu diagnostiquei primeiro", insisti, com algum sentimento de orgulho científico.

Fiquei arrasado. Tivemos um jantar silencioso, e meu pai disse que tinha um compromisso de manhã no Hospital do Câncer, mas ia direto do seu escritório para lá, e eu não precisava — na verdade não devia — acompanhá-lo, para que os médicos se sentissem à vontade para lhe dizer coisas que talvez não quisessem me dizer.

Deitado na minha cama naquela noite — meu quarto mais parecia um escritório por causa das estantes de livros em volta da cama —, tanto minha aflição como o fato de ter diagnosticado primeiro rodavam na minha cabeça. Lembro de pensar que eu era na verdade duas pessoas. Uma era o paciente que tinha acabado de receber uma notícia terrível; mas era também o agente encarregado do paciente, que diagnosticara cuidadosamente a enfermidade do paciente lendo livros, insistindo na realização de uma biópsia e conseguido um resultado que tornava possível, com sorte, a sobrevivência da vítima. Eu não devia deixar o agente que existia em mim desaparecer e não podia — absolutamente não podia — permitir que o paciente tomasse conta. Não era, claro, um consolo — nada poderia ser —, mas era um pensamento inspirador. Eu precisava daquela energia, disse a mim mesmo, para a minha batalha nos meses seguintes. Acabou — e eu não sabia então — durando décadas. A primeira tarefa, disse o agente ao paciente, era descobrir qual seria o melhor tratamento, e que chances o paciente tinha.

Quando finalmente peguei no sono, já amanhecia. Um pobre vendedor ambulante que ia de porta em porta já apregoava em voz muito alta, tentando vender alguma coisa — hortaliças cultivadas no próprio quintal, acho eu. Estava imbuído de muita determinação, apesar das adversidades da vida. Sua presença vocal e sua luta para sobreviver me incentivaram, dando-me também um senso de resolução. Havia, além do mais, alguma coisa de reconfortante no começo de um novo dia — de sol brilhante. Eu precisava de sono, mas não queria que fosse longo — nem para sempre.

3

O laudo, datado de 14 de maio de 1952, dizia: “Carcinoma de células escamosas grau II”. Eu já sabia o suficiente para entender que grau II não era um bom número. Carcinoma de grau I tinha células cancerosas muito parecidas com células não cancerosas: eram, como dizia o laboratório, “bem diferenciadas”, quase como células normais. Nos graus III e IV elas são mal diferenciadas, com tudo para se tornar vigorosas e terríveis. As que eu tinha eram “moderadamente diferenciadas” — um caso intermediário. Não era a ruína automática, mas havia motivos para preocupação e pressa. E foi isso que o Chittaranjan Cancer Hospital disse a meu pai. Achavam que eu deveria receber tratamento de radiação quanto antes.

Fui ao hospital com meu pai falar com o diretor, dr. Subodh Mitra. O dr. Mitra conhecia câncer em geral, mas não tinha nenhuma expertise particular em câncer de boca. Na verdade, era um ginecologista conceituado, com um trabalho inovador em cirurgia vaginal (não era bem o que eu precisava). Começava a ficar conhecido graças ao que viria a ser chamado "a Operação Mitra" (mais prosaicamente, histerectomia radical vaginal estendida), sobre a qual vários artigos tinham aparecido em revistas médicas. Recebeu uma espécie de prêmio em Viena, quando eu ainda estava sendo tratado em seu hospital.

Eu quis saber quem eram os especialistas em câncer de boca no hospital, mas não consegui uma resposta satisfatória, embora vários nomes fossem mencionados, sem atribuição de nenhuma especialidade. Disseram-me que o radiologista cuidaria de mim — que eu não me preocupasse. Meu pai não sabia bem como avaliar tudo aquilo, mas estava muito abalado com o diagnóstico da minha doença e queria agir com a máxima rapidez. Além disso, surpreendeu-me ver que meu pai, geralmente muito reservado, falava um pouco demais, interrompendo as conversas dos médicos reunidos (no que talvez fosse uma "clínica de tumor"), e impedindo, com isso, que suas inteligentes perguntas recebessem a atenção que mereciam.

Minhas leituras sobre carcinoma oral me haviam convencido de que eu deveria esperar ser submetido a cirurgia, seguida de radiação. Mas o que estava sendo prescrito era apenas dose forte de radiação. Isso me preocupava um pouco, assim como me preocupava, em geral, o fato de o Chittaranjan Cancer Hospital ser muito novo — tinha sido inaugurado dois anos antes, em janeiro de 1950. Um dos médicos me disse que o hospital fora inaugurado por Marie Curie, que ganhou duas vezes o prêmio Nobel, de física e de química. Isso, no entanto, não me tranquilizou muito — em parte porque pedigree não se traduz em tratamento médico especializado, e em parte porque eu sabia que Marie Curie tinha morrido em 1934 (de anemia aplástica perniciosa, uma espécie de leucemia causada por seu trabalho com material nuclear) e não poderia ter inaugurado um hospital, ou feito qualquer outra coisa, em Calcutá em 1950.

Mais algumas pesquisas revelaram que foi a filha de Marie, Irène Joliot-Curie, também ela ganhadora de um prêmio Nobel de química, que inaugurou o Chittaranjan. Gostei de saber disso, mas minha pergunta continuava de pé: quem ofereceria a orientação especializada para o meu tratamento? A resposta era, obviamente, pelo menos por eliminação, o próprio radiologista residente. Com muita insistência, consegui arranjar dois encontros com ele. Pareceu-me muito inteligente, e um tanto inusitado por ter cabelo levemente ruivo, coisa rara entre bengaleses. Apesar de ele ter sido importante o suficiente em minha vida para que seu nome ficasse gravado de maneira indelével em minha memória, lamento muito não lembrar como se chamava.

O radiologista foi muito convincente. Carcinomas de boca são difíceis de eliminar, e o fato de o meu ser grau II não ajudava nada. Quando insisti nas estatísticas de cura, ele relutou em responder, mas acabei sabendo que o número que eles costumavam esperar, em casos como o meu, era por volta de 15% de chance de sobreviver cinco anos. Isso era desanimador, ainda que o radiologista me garantisse que cada caso de câncer era diferente, e que ele tinha certeza (por razões não citadas) de que eu me sairia bem melhor do que as estatísticas sugeriam. O tratamento agressivo que planejavam para mim com certeza funcionaria, disse ele em tom confiante.

Por que não operar? O radiologista disse qualquer coisa sobre a possibilidade de a disseminação das células cancerosas ser maior com a cirurgia — e haveria ainda um atraso resultante da radiação (quando a rapidez era importante, ressaltou ele). A maioria dos carcinomas de boca responde muito bem à radiação pesada, afirmou. A pergunta que fiz — e se o meu não fosse do tipo que responde bem? — não recebeu uma resposta que eu pudesse chamar de racional, mas ele, por alguma razão, achava que o meu era do tipo que responderia. O hospital tinha acabado de adquirir um molde de rádio [*radium mould*] que eles usariam numa caixa de chumbo para que os outros tecidos da boca não fossem afetados. Passei muito tempo então construindo um molde de chumbo com uma câmara côncava para colocação do material radioativo.

Fui informado de que precisaria de muita radiação — 8000 rad. Eu sabia que isso era excepcionalmente alto. Perguntei-lhe por que uma dose tão pesada, e ele respondeu: "Não posso repetir este tratamento, e preciso atingir o tumor com a maior força possível, o máximo que você puder aguentar. Estou procurando um mínimo necessário para matar o câncer, mas que também esteja dentro do máximo que você é capaz de tolerar". Disse-lhe qualquer coisa sobre estar familiarizado com outros problemas "máximos" em matemática, e voltei para casa muito apreensivo, embora também com certa determinação. Depois eu soube que o tipo de radiação que recebi de rádio, elemento que a própria Marie Curie tinha descoberto (junto com outro elemento chamado polônio — que recebeu esse nome em homenagem às origens polonesas dela), não penetrava muito fundo, e logo se tornaria obsoleto, à medida que raios-X mais profundos eram desenvolvidos. Eu não sabia então que o trabalho com aceleradores lineares médicos, que geram radiação mais penetrante — com melhor foco — estava sendo iniciado no começo dos anos 1950, justamente enquanto eu era tratado com o bom e velho rádio.

Num período de sete dias, segundo uma prática radiológica antiquada, eu ia receber o suficiente para matar a doença, mas não para me matar. Meu tratamento era parte de uma nova aventura para o hospital: fui um dos primeiros casos a receber uma dose pesada de radioterapia com o seu recém-adquirido molde de rádio. Fiquei sabendo que eles estavam muito animados com isso. Consequentemente eu também estava, claro.

4

Em 26 de junho, quando o período das monções começou em Calcutá, fui internado no Chittaranjan Cancer Hospital. Ficava numa rua muito movimentada, a S. P. Mukherjee Road, perto de uma esquina com outra rua de tráfego pesado, a Hazra Road. Havia um terreno do outro lado da rua, em frente ao hospital, onde crianças jogavam futebol num campo pequeno demais e com uma bola macia demais para o futebol de verdade. Meus pais vieram me instalar, e além disso recebi visitas de um casal de amigos e de um monte de parentes. A irmã mais velha do meu pai — minha *pishima* — me mandou um objeto de prata com uma marca escarlate que tinha sido benzida de alguma forma (eu não imaginava como) e que me daria sorte, segundo me disseram.

Para tornar tudo ainda mais triste, um frágil paciente de câncer de Daca também chegou naquela noite para um tratamento de "último recurso", e morreu no dia seguinte, antes de o tratamento começar. Na primeira manhã, andei pela enfermaria e vi muitos jovens — até crianças pequenas — sofrendo de cânceres dos mais variados tipos. Com dezoito anos, eu me achava comparativamente adulto.

A radiação era uma experiência fatigante — não por ser dolorosa (não era), mas por envolver um confinamento extremamente tedioso numa cadeira de metal instável, com o molde de rádio dentro da cavidade da caixa de chumbo alojado em minha boca, todos os dias, durante sete dias. Eu precisava segurá-lo firmemente contra o céu da boca e ficar sentado, sem me mexer, durante cinco horas por dia. Havia uma janela a certa distância, pela qual eu conseguia ver um triste conjunto com muitas latas de lixo e uma árvore solitária com pouquíssimas folhas. Gostei muito de ver aquela árvore e lembrei que meu tio Kankarmama tinha me contado que ficou desbragadamente feliz quando os governantes britânicos o transferiram, como "detido por prevenção", de uma prisão sem janelas para outra onde havia uma janela e uma árvore lá fora.

Com medo do tédio gerado pelas sessões de radiação, sentado rigidamente numa cadeira durante cinco horas seguidas todos os dias, eu tinha levado alguns livros. Não eram livros de economia, mas de contos e peças de George Bernard Shaw — as que eu ainda não tinha lido — e algumas peças não lidas de Shakespeare. Reli *Coriolano*: achei que precisava daquela determinação — daquela insubordinação — e me perguntava onde ela poderia ser encontrada sem a atitude desdenhosa do protagonista para com outras pessoas e seu irrefletido senso de superioridade. Como acontece com todas as peças de Shakespeare, a tensão subjacente repetidamente girava em minha cabeça. Li também alguns dos primeiros escritos de Eric Hobsbawm, e consegui material de esquerdistas locais sobre os planos para uma nova revista de história, *Past & Present*, que estava sendo lançada na Inglaterra.

No primeiro dia da radiação, minha bondosa *pishima* pediu a graça divino do jeito que ela sabia, e me lembro de desejar que ela soubesse como trazer boa sorte, de que eu certamente precisava. Também me lembro de ler um conto de Shaw sobre as dificuldades de um repórter de Londres enviado para investigar um caso no qual os religiosos de uma obscura aldeia alegavam que depois de terem sepultado um bêbado pecador num cemitério de igreja à beira de um rio, a igreja tinha se mudado da noite para o dia para o outro lado do rio, afastando-se do pecador. O repórter — acho que era de *The Times*, no conto de Shaw — fora enviado para escrever uma reportagem sobre a influência da superstição na cabeça dos aldeões ignorantes. O jornalista teve um problema, porém, quando descobriu que os aldeões estavam certos, e que a igreja tinha de fato atravessado para o outro lado do rio.

Assim sendo, ele escreveu para a redação, que rapidamente lhe informou que ele estava lá para mostrar que os aldeões eram irracionais, e não para confirmar suas crenças idiotas: não poderia esperar manter o antigo emprego se voltasse de lá também enfeitiçado por superstições. Diante da perspectiva de perder o emprego, o repórter fez a única coisa inteligente possível. No meio da noite, abriu a sepultura do bêbado no antigo local (de onde a igreja tinha saído para atravessar o rio) e levou o caixão para o novo sítio da igreja. Logo que o alcoólatra foi sepultado no novo local, a igreja rapidamente atravessou o rio de volta para seu antigo lugar. O repórter então escreveu para a redação confirmando que a igreja ainda estava onde sempre estivera, e denunciando enfaticamente a superstição dos aldeões. Eu me permitia pensar que um milagrezinho parecido, que desafiasse a ciência, seria muito bem-vindo na minha situação.

Saí daquela provação ao fim de sete dias no começo de julho e voltei para casa. Não houve reação imediata à radiação e espiando o céu da boca com um espelho vi que a base do tumor extirpado parecia exatamente a mesma. Mas dois dias depois um verdadeiro inferno teve início na minha boca. Toda a área inchou e virou uma espécie de papa, e eu não conseguia comer nada, nem tocar no rosto, nem me reconhecer no espelho, nem — e isso fazia minha mãe chorar o tempo todo — falar ou sorrir sem que me saísse sangue da boca traumatizada. Havia muita dor (da qual eu tinha sido avisado, embora talvez não de forma adequada), mas acima de tudo uma sensação peculiar de desconforto, inusitada demais para ser prevenida por qualquer aviso.

Eu tinha lido muito a respeito de Hiroshima e Nagasaki, bombardeadas apenas sete anos antes, e de repente consegui me ver como parte de uma população atacada daquela forma. Houve, subitamente, até mesmo mais sentimento de simpatia pelas vítimas japonesas do que já havia. Eu não conseguia deixar de pensar que aquilo seria, seguramente, o meu fim — o radiologista devia ter calculado mal a tolerância máxima à radiação. Ele me disse, depois, que houve, de fato, dificuldade para prever a resposta. Esperava qualquer coisa severa, como parte do processo de cura, mas não previra bem aquele grau de reação. A radiação mata células cancerosas por ser mais destrutiva para os tecidos jovens — as células cancerosas são novas no corpo. No entanto, como eu era bem moço, todas as minhas células eram relativamente jovens — daí a reação exagerada. Entendi que os horrendos acontecimentos na minha boca talvez contribuíssem para aumentar a compreensão médica no novo Chittaranjan Cancer Hospital sobre o tratamento de radiação em pacientes jovens. Não podia, no entanto, alegar que esse pensamento elevado predominasse em minha cabeça, enquanto penosamente bebericava o alimento líquido que minha mãe me preparava — e que era tudo que eu conseguia enfiar na boca.

Duas semanas depois, os médicos ficaram eufóricos quando viram que o resto do tumor submetido a biópsia tinha desaparecido completamente. Também fiquei muito feliz, mas não tinha como saber o que mais havia sido eliminado do meu corpo de modo tão devastador. Meus pais e minha irmã foram maravilhosamente solidários e fizeram o possível para me ajudar a manter o otimismo — acreditar que as coisas seriam resolvidas "logo logo". Minha boca começou, aos poucos, a reaparecer, e dois meses depois — foram meses terríveis, aqueles — eu estava mais parecido com quem eu era antes de ser internado no Chittaranjan. No primeiro dia que ousei sair de casa para ir ao gramado, recebi a visita de Satyen Bose, o físico. Ele sentou-se numa cadeira perto de mim e puxou muitos assuntos, tendo até contado como foi parar na pesquisa em física ("Você não deveria ter abandonado", disse, para me incentivar). Acrescentou que a adversidade às vezes nos torna mais determinados a continuar nosso trabalho.

Minha saída forçada da vida de faculdade me dera tempo para pensar muito sobre meus próprios compromissos de trabalho, e sobre o que deveria fazer no futuro, se sobrevivesse. Tive tempo suficiente para pensar também em meus planos e esperanças — e esforços — de fazer alguma coisa para combater o analfabetismo e a pobreza na Índia. Eu estava ficando cada vez mais ansioso para voltar à Faculdade da Presidência e ao convívio com os amigos. Tinha perdido muitas aulas, mas durante todo o período os amigos me relatavam o que havia acontecido, e até passavam anotações das aulas que perdi. Samirda, em particular, me visitava quase todos os dias, dando conta do que se passava. Havia um boato na faculdade de que eu estava no meu leito de morte, e foi particularmente legal, para mim e para meus amigos, quando pude reaparecer e acabar com todas as especulações.

5

Voltei para College Street em setembro — e que volta mais alegre! Meu mundo foi recuperado. Os prazeres de bater papo com os colegas, de discutir acirradamente sobre política, foram restabelecidos. As meninas me pareceram tão inteligentes e charmosas como eram quando saí, e o café tão estimulante como nunca. Fui calorosamente recebido no Círculo de Poesia e Jyotirmoy me deu alguns livros raros com poemas comovedores.

Logo depois, com meu amigo Partha Gulta, brilhante aluno de história e homem maravilhoso, fui a Baharampur, a cerca de duzentos quilômetros de Calcutá, para uma competição de debates de toda Bengala. Fizemos algum sucesso, e fiquei particularmente feliz por ter conseguido retomar com Partha, durante a viagem de trem, nossas antigas conversas sobre política. Entre outros assuntos sombrios, falamos do tratamento dado pelos soviéticos à Europa Oriental e das notícias de expurgos e julgamentos na União Soviética — assunto muito controvertido para esquerdistas como Partha e eu. Partha disse que John Gunther, o jornalista americano, tinha informado em seu livro *Inside Europe* que Bukharin e outros, submetidos a julgamento público, pareciam muito saudáveis, como se não tivessem sido torturados.[1] Eu disse a Partha que se ele acreditava nos relatos de Gunther era porque acreditava em qualquer coisa.

Partha não precisava ser convencido. Como eu, estava muito preocupado com a possibilidade de que o stalinismo (embora ainda não usássemos esse termo) estivesse destruindo a promessa de liberdade que o comunismo proclamara no início. Meus dias na faculdade, depois da volta da radioterapia, foram repletos de discussões políticas, incluindo pôr alguns assuntos em dia.

Houve outro debate, mais pessoal, de que eu não poderia me furtar, à medida que fazia progressos em minha recuperação da radiação. Eu era razoavelmente bem conhecido nos círculos acadêmicos de Calcutá, e meu tratamento tornou-se assunto de muita discussão entre aqueles grupos. Corria o boato de que minha doença tinha sido diagnosticada erroneamente, e de que, portanto, eu tinha sido tratado erroneamente. Dizia-se até que as autoridades do Chittaranjan Cancer Hospital insistiram com meu pai para aceitar o tratamento de radiação por determinado preço (embora fosse um hospital público), conseguindo com isso algum dinheiro para a instituição, bem como encontrar alguma utilidade para o recém-adquirido molde de rádio, que estava só aguardando uma vítima ingênua para ser utilizado. Os boatos iam mais longe ainda: diziam que quase fui morto pelo hospital, uma vez que não tinha nada que precisasse ser tratado, especialmente com algo letal como a radiação pesada.

Nisso tudo não havia verdade alguma, salvo, claro, o fato de que a decisão para fazer radioterapia foi sem dúvida precipitada. Nosso médico de família em Calcutá (dr. Kamakhya Mukherjee), ausente durante o período de decisão, ficou muito aborrecido com o que fora decidido e escreveu em seu relatório: "Os pais de Shri Sen ficaram muito ansiosos [com o laudo da biópsia] e, sem ouvir uma segunda opinião ou mandar examinar um segundo espécime para confirmação, apressadamente decidiram pelo tratamento em junho de 1952". Poderia de fato haver motivo para uma segunda opinião e uma segunda biópsia. Mas havia também a necessidade de urgência, e boas razões para agir rápido, em vista do diagnóstico, o que dificultava uma decisão. Eu não via motivos para questionar o que fizemos. Achava que meus pais tinham agido com sensatez e que o hospital dera o melhor de si, com a ajuda do dinâmico radiologista, que compensava a falta de experiência com leituras exaustivas. Além disso, depois da radiação, eu não via sentido em ficar remoendo o que já tinha acontecido. Na verdade, se ficasse demonstrado que eu tinha passado desnecessariamente pelas aflições da radiação — devido a um erro médico — isso teria aumentado muito minha angústia, em vez de reforçar a sensação de que eu de fato tinha passado por todo aquele sofrimento por um bom motivo.

6

Uns doze anos depois da minha radiação, o grande cientista J. B. S. Haldane morreu de câncer retal depois de ser tratado em outro hospital de Calcutá. Haldane se tornara cidadão indiano no começo dos anos 1960, e morava, com a esposa, Helen Spurway, em Bhubaneshwar. Nós nos conhecemos no período entre o meu câncer e o dele, e para mim foi uma grande emoção poder conhecê-lo um pouco: seus escritos, que eu lera nos tempos de escola, me influenciaram muito. Lamento não ter dado um jeito de viajar de Delhi, onde eu lecionava, para ir vê-lo quando adoeceu.

Haldane escreveu um poema sobre câncer quando estava acamado no hospital em Calcutá. Imagino que esse notável poema, publicado no *New Statesman* em 21 de fevereiro de 1964, tenha sido escrito para animá-lo, não com uma cega fé afirmativa, mas com raciocínio crítico, como seria de esperar. Ele começava notando a alta incidência de câncer:

Câncer é engraçado:
Eu só queria ter a voz de Homero
Para cantar o carcinoma retal,
Que mata muito mais camaradas
Do que os assassinados no saque de Troia.
...
Sei que o câncer costuma matar,
Mas carros também, e pílulas para dormir;
E ele pode nos fazer suar frio
De tanto machucar. Dentes ruins
Também, e dívidas não pagas.
Um lugar de risadas, tenho certeza,
Geralmente acelera
A cura; por isso vamos nós,
Pacientes, fazer a nossa parte
Para ajudar o cirurgião a nos colocar em forma.

Haldane talvez tenha superestimado o valor médico de uma atitude positiva — as provas estatísticas de quanto isso ajuda estão muito divididas. Mas, embora em 1952 eu não tivesse lido seu poema (que ainda nem tinha sido escrito), segui o conselho que Haldane daria, tentando manter o otimismo. Pode não ter feito diferença alguma no resultado, mas acho que eu não teria sobrevivido facilmente aos rigores de uma dose quase letal de radiação se não cultivasse um otimismo deliberado. A ideia de ter que "fazer a minha parte" certamente contribuiu para a vida que eu estava tentando levar, apesar das adversidades.

Se Haldane tinha ou não tinha razão ao esperar que uma cura real fosse ajudada pela atitude afirmativa, o certo é que ela torna toleráveis a experiência do tratamento e seu rescaldo, de uma forma que o pessimismo não torna. Isso talvez não seja um detalhe menor, como algumas pessoas podem pensar. Nossa vida consiste de uma série de experiências, e um período de tratamento médico é parte dessa sequência. Temos, portanto, de pensar não apenas no "resultado final" — se vamos ou não vamos morrer da doença que nos aflige — mas também na vida que levamos enquanto lutamos contra nossa aflição. Em outras palavras, temos motivo para nos preocupar não apenas com a vida depois da batalha — se houver vida — mas também com a vida durante a batalha, que no caso do câncer pode ser um período bem prolongado.

Os paliativos são importantes, claro, mas o veredicto que os médicos às vezes gostam de apresentar — com grande ênfase — de que um tratamento é "apenas paliativo" (entendendo-se que "não faz diferença no resultado"), talvez favoreça menos uma boa vida do que a atenção à experiência geral, incluindo nosso conhecimento e nossas preocupações, e nossos temores e esperanças (talvez até esperanças descabidas). Acho que Haldane estava certo quando via o júbilo como parte da batalha contra o câncer.

7

Voltando à Faculdade da Presidência e ao café, retomei minha antiga vida na College Street — lendo, argumentando, debatendo. Sentia-me completamente feliz. A ameaça do câncer não desapareceria, claro, e os danos causados pela radiação aos ossos e tecidos teria suas próprias consequências, necessitando de atenção e de supervisão durante décadas. Mas, por ora, eu poderia dar uma folga à hipocondria. Eu agora sentia a necessidade premente de tocar a vida — e de tocar a vida vigorosamente. Voltei a discutir assuntos importantes não só para mim (como era o caso do carcinoma), mas para o mundo. Eu queria comemorar a vitória sobre o inexorável egocentrismo imposto pelo câncer.

Sentado na borda de uma varanda na Faculdade da Presidência certa noite, no começo de outubro de 1952, eu pensava em Henry Derozio, separado de mim por mais de um século, que tinha dado à comunidade acadêmica de Calcutá um pontapé inicial tão vigoroso, por ser exigente e destemido em suas ideias sobre educação. Achava que ele teria compreendido meu estado de espírito de então, que permitia a meu senso de celebração superar as minhas preocupações. Não havia nada entre mim e as alegrias da deliberação intelectual, tomando café com os amigos do outro lado da rua — nada, exceto filas e filas de livrarias e de bancas entupidas de livros ao longo da College Street. Foi um momento de altíssimo astral.

15. Para a Inglaterra

1

A ideia de ir para a Inglaterra estudar germinou inicialmente na cabeça do meu pai. Ele tinha adorado os três anos que passou fazendo doutorado em química industrial na Universidade de Londres, trabalhando principalmente no Rothamsted Research, em Harpenden, Hertfordshire. Quando eu fazia radioterapia para tratar do câncer, ele e minha mãe quiseram me dar um objetivo para quando a comoção médica terminasse. Meu pai me perguntou se eu gostaria de ir para a Faculdade de Economia de Londres (LSE), sobre a qual ouvira avaliações positivas. "Seria ótimo", respondi, "mas temos condições de pagar?" Tratava-se de uma pergunta natural, uma vez que a família não era rica, e como professor universitário o salário de meu pai só podia ser bem modesto.

Meu pai disse que havia feito algumas contas e chegara à conclusão de que tinha condição de me manter na Inglaterra por três anos, incluindo as taxas da universidade. Praticamente não havia bolsas de estudos para Londres naquele tempo, e certamente nada que eu pudesse disputar, mas felizmente as taxas da universidade eram extraordinariamente baixas — menos do que uma fraçãozinha do que são hoje, mesmo levando em conta a inflação.

Isso me fez pesquisar no que eu deveria pensar quando os efeitos debilitantes das altas doses de radiação passassem. Além disso, conversei com Amiya Dasgupta, já mencionado aqui. Amiyakaka achava que eu deveria ir para a Inglaterra — não para a LSE (onde ele fizera o seu doutorado no começo dos anos 1930), mas para Cambridge, que na sua opinião era naquela época a melhor escola de economia do mundo.

Fui, portanto, à biblioteca do British Council para obter informações sobre faculdades e universidades na Inglaterra. Essa biblioteca era um dos meus redutos favoritos — charmosa e muito fácil de usar.[1] Quando examinava o material sobre diferentes faculdades em Cambridge, Trinity pulou em cima de mim. Eu sabia alguma coisa sobre a faculdade por várias razões diferentes. Meu primo Buddha tinha passado seis meses lá como trainee no Serviço Administrativo Indiano logo depois da independência. Eu gostava muito de Buddha, desde quando, menino, o ouvia contar as histórias que estavam por trás das peças de Shakespeare (era para mim a personificação dos *Contos de Shakespeare*, de Mary e Charles Lamb) — antes mesmo de eu saber ler em inglês. Mais tarde, como menino grande de dezesseis anos, registrei na memória a admiração de Buddha por Trinity, logo que ele voltou de lá. Diverti-me até com sua história sobre o relógio da faculdade no Grande Pátio, que marcava as horas alternando vozes masculinas e femininas (ou seja, tons graves e agudos).

Além disso, eu sabia um bocado sobre Newton e Bacon, sobre Russell, Whitehead, Moore e Wittgenstein, para não falar nos poetas de Trinity (Dryden era o meu predileto, seguido de Marvell, Byron, Tennyson e Housman), nos matemáticos de Trinity (Hardy e Littlewood, e o formidável Ramanujan) e nos físicos e fisiologistas de Trinity.

O momento decisivo foi quando descobri que Maurice Dobb, talvez o economista marxista mais criativo do século XX (de quem eu lera alguns escritos), estava lá, bem como Piero Sraffa — grande pensador tanto em economia como em filosofia, que tinha sido amigo e parceiro do grande pensador marxista Antonio Gramsci. A eles era preciso acrescentar o nome de Dennis Robertson, o principal economista utilitarista e brilhante pensador conservador que tinha produzido obra extremamente original sobre economia agregativa, de certa maneira pressagiando as ideias associadas a John Maynard Keynes. A possibilidade de poder trabalhar com Dobb, Sraffa e Robertson era sensacional. Eu tinha tanta certeza da minha escolha que não apenas solicitei admissão em Trinity como não solicitei admissão em nenhuma outra faculdade. Na verdade, eu tinha decido que era "Trinity ou nada".

2

E, de imediato, foi nada. Trinity rejeitou meu pedido com notável rapidez, dando uma explicação convencional de que "este ano" havia um número excessivo de bons candidatos da Índia. Foi triste. Assim sendo, planejei continuar meus estudos na Universidade de Calcutá. Estava terminando o segundo ano na Faculdade da Presidência, o que levaria a um diploma de bacharel no fim do ano (eu tinha dezenove anos, e acabei conseguindo), mas em mais dois anos eu poderia obter um diploma universitário sério, que — apesar de chamar-se diploma de mestrado — seria mais ou menos equivalente a um bacharelado em Cambridge. Dizia a mim mesmo que talvez até fosse para Trinity mais adiante, para o pós-doutorado, mas agora poderia desfrutar mais dois anos agradáveis em Calcutá com os amigos — Sukhamoy Chakravarty, Mrinal Datta Chaudhuri, Jyotirmoy Datta, Minakshi Bose, Barun De, Jati Sengupta, Suniti Bhose, entre outros — que estudavam os mais diversos assuntos (eu sabia que, infelizmente, outro amigo, Partha Gupta, não estaria presente, pois conseguira vaga em Oxford e já se preparava para ir embora). Nas refrescantes chuvas de monção de 1953, o fracasso da opção Trinity não parecia tão ruim assim.

De repente, certa manhã de agosto, chegou um telegrama de Trinity dizendo que um dos candidatos indianos aceitos tinha desistido e que eu poderia estudar lá finalmente, se pudesse estar em Cambridge até o começo de outubro. Tudo teve que ser arranjado às pressas. Fui com meu pai à BOAC, precursora da British Airways. Eles foram muito educados, mas descobrimos que não teríamos condição de pagar a passagem aérea, que era muito cara naqueles tempos. No entanto, descobrimos que ir de navio de Bombaim a Londres era bem mais barato do que o voo mais barato, apesar de dezenove dias de acomodações confortáveis, comida e vinho à vontade (eu ainda não começara a beber, embora estivesse curioso), distrações no convés e até bingo todas as noites (para quem quisesse jogar o jogo mais chato do mundo). Meu pai comprou para mim uma passagem no *SS Strathnaver* da P&O, que chegaria a Londres a tempo.

Depois disso fizemos algumas compras — paletós, gravatas, um sobretudo e outros coisas de que jamais precisei em Calcutá. Meu pai estava animado, quase como se ele mesmo fosse voltar para a universidade na Inglaterra. Levantava-se no meio da noite e fazia listas de coisas de que eu precisava. Finalmente partimos juntos de trem para Bombaim, para pegar o navio — meus pais, minha irmã Manju e eu. Na estação ferroviária de Calcutá (a estação Howrah, o nome oficial), vi alguns outros que iam para Bombaim pegar o mesmo navio. Tapanda, o historiador, me cumprimentou afetuosamente, e houve uma espécie de festança estudantil quando nos instalamos para a viagem de trem de dois dias até Bombaim. A festa me lembrou, de modo um tanto sinistro, uma cena inicial do filme neorrealista italiano *Arroz amargo* (*Riso amaro*, de 1949, popular entre os estudantes na College Street, e não só por causa da estonteante Silvana Mangano), quando os recém-empregados ceifadores que iam para o vale do Pó se juntaram alegremente na estação ferroviária antes de serem atingidos por uma tragédia em seu lugar de destino.

3

Em Bombaim ficamos três dias com um primo de minha mãe, Ajay Gupta — Ajaymama para mim —, filho de Tuludi, irmã da minha avó, que em meus primeiros tempos de escola costumava me manter incentivado com um fluxo constante de quebra-cabeças. Eu também gostava muito de Ajaymama, e em particular admirava sua sábia decisão de juntar-se aos dedicados esforços de uma empresa indiana de produtos farmacêuticos, a CIPLA. Fundada em 1935 por um nacionalista indiano com grandes aptidões científicas, Khwaja Abdul Hamied, a CIPLA tentava rivalizar com empresas ocidentais, ambição que agora está basicamente satisfeita, e com ela Ajaymama esteve estreitamente envolvido desde os primeiros tempos.

Parte desse grande sucesso veio apenas muito recentemente, após a morte de Ajaymama. Pensei nele quando a CIPLA conseguiu a grande façanha de detonar o cartel mundial da medicina retroviral, indispensável para o tratamento da aids, reduzindo drasticamente os preços internacionais do remédio. O novo produto genérico causou imensa comoção, sendo vendido nos países em desenvolvimento da África à América Latina por uma fração minúscula do preço anteriormente cobrado, tornando o tratamento retroviral da aids muito mais acessível no mundo inteiro. A CIPLA continua a trabalhar com determinação para levar a medicina a pessoas dela privadas por razões de inacessibilidade. Agora, se um paciente com uma infecção urinária resistente a drogas (mesmo nos Estados Unidos) quiser usar um antibiótico especial chamado Zemdri — originariamente desenvolvido pela Achaogen, hoje falida e varrida do mapa —, a fonte de abastecimento tem que ser a CIPLA, que continua a produzir esse remédio eficaz.

Enquanto eu me preparava para a viagem de navio, tive vários bate-papos com Ajaymama, que falava em fazer o que estivesse ao seu alcance para tornar a Índia um êxito econômico. O pensamento era, em certo sentido, nacionalista, mas o que ele dizia não tinha nenhum toque de exclusividade. Expressava sua admiração não só pelos talentos e dons de Hamied, mas também por sua mente generosa. O fato de que Hamied, um muçulmano, tivesse casado com uma mulher judia era apenas mais um exemplo dessa visão vasta (e eu mais tarde viria a conhecer bem seu filho Yusuf, que àquela altura tinha muito habilmente assumido o comando da CIPLA). Ajaymama também admirava Hamied por responder ao domínio colonial dos produtos farmacêuticos pelos países ocidentais tentando superá-los na fabricação e no comércio, em vez de tramar para impedir a concorrência através de controle governamental. Como esquerdista convicto, manifestava surpresa pelo fato de que gente de esquerda na Índia achava o comércio internacional uma coisa tão negativa; eu concordava com ele em que havia um grande déficit intelectual nisso.

Algumas das nossas conversas diziam respeito também a questões práticas, nas quais Ajaymama cumpria seus deveres de parente mais velho. Um conselho que guardei na memória era sobre não criar confusão prometendo mais do que seria capaz de razoavelmente cumprir, o que para ele era um problema crônico de estudantes indianos na Grã-Bretanha. Isso incluía, segundo ele, relações com namoradas. Queria que eu entendesse a imensa distinção entre uma relação genuína com uma parceira e a frivolidade da diversão impensada. Aceitei a solidez epistêmica dessa distinção, mas não consegui descobrir se Ajaymama achava que a diversão impensada e a espontaneidade pudessem ter algum mérito na vida normal também.

Senti que não sabia o suficiente sobre Ajaymama — além de suas opiniões políticas e econômicas. Sua vida em Bombaim parecia solitária, e eu não tinha conhecimento de algum envolvimento pessoal que ele pudesse ter tido quando estudava fora. O mistério foi belamente resolvido quando sua charmosa namorada escocesa Jean chegou a Bombaim para ficar com ele. Os dois logo casaram e produziram três filhos maravilhosos. Mas nosso contato ficou mais difícil, porque depois de alguns anos em Bombaim eles resolveram ir morar na Austrália. Tudo isso ocorreu anos depois das nossas conversas na véspera da minha partida para Cambridge.

4

Era um entardecer ensolarado quando embarquei no *SS Strathnaver*, pronto para partir para Londres. Fomos todos juntos até o cais, onde me despedi da família. Sentia uma estranha mistura de animação e indefinida ansiedade. Sabia que a viagem transcontinental era cara demais para permitir que eu voltasse à Índia antes de ter terminado meu curso de graduação em Cambridge. E, claro, eu sabia que estava deixando para trás pessoas muito importantes para mim — tanto nos dias de felicidade como nos dias de dificuldade.

Em pé no navio olhando para o que conseguia ver da Índia que se afastava ao sol poente, lembrei de uma coisa que tinha lido nas memórias de Máximo Gorki sobre a época em que chegou para ingressar na Universidade de Moscou acompanhado do pai. Ele segurou a mão do pai enquanto subia os famosos degraus da frente da Universidade. Quando se viu sozinho depois de dar adeus, teve uma sensação de isolamento de um tipo que não conhecia. Compreendi melhor Gorki, pensei. Além da Índia, eu só tinha conhecido a Birmânia, e isso numa idade muito tenra. A emoção de ir para um lugar novo — para a Grã-Bretanha e para Cambridge — misturava-se à tristeza de deixar o país ao qual eu tinha uma sensação tão forte de pertencer.

Não menos importante do que isso, eu estava ansioso para ir à metrópole do império que aprendi a combater desde os meus primeiros dias. Isso foi apenas seis anos depois da independência, e as relações entre o ex-império e seus antigos súditos coloniais ainda não estavam normalizadas. Minhas lembranças de ficar sentado nas salas de espera das prisões britânicas na Índia para ver meus tios e primos em "detenção preventiva" ainda estavam frescas e muito vivas. Observando uma turma de homens brancos comandando o navio e nos dando ordens, recordei-me de uma pequena experiência vivida por meu pai, sem nenhuma grande importância especial, quando fazia seu doutorado em Londres nos anos 1920. Ele me disse que gostava muito de estar na Grã-Bretanha, mas pensava constantemente na peculiaridade das relações entre governantes e governados. Houve uma ocasião em que ele se preparava para enviar uma carta e tentava descobrir se o selo que tinha colocado no envelope era adequado. Quando perguntou em voz baixa a um vizinho que não o ouviu claramente — estavam numa movimentada estação ferroviária —, um menino (meu pai achava que não devia ter nem dez anos) veio correndo e lhe disse: "Sim, está certíssimo — é o mesmo valor em qualquer parte do nosso império". Meu pai achou divertida a ideia de que aquele menino tivesse um império, muito embora, claro, o menino só quisesse ajudar.

No *Strathnaver* não me faltavam companheiros de viagem que eu conhecia bem — havia uns vinte estudantes indianos que iam estudar na Inglaterra. Entre eles estavam Tapan Raychaudhuri e Partha Gupta, ambos a caminho de Oxford. No verão, antes da nossa partida, Partha e eu tínhamos passado as férias juntos na cidade de Darjeeling, nas montanhas. Fazíamos longas caminhadas em regiões adoráveis e montanhosas, conversando sobre uma inacreditável variedade de assuntos, incluindo a problemática política de esquerda na Índia. Ambos nos identificávamos basicamente com a esquerda, mas tínhamos consideráveis dúvidas sobre as credenciais democráticas de partidos comunistas mundo afora. Tivemos uma longa conversa, entre outros assuntos, sobre o tratamento dado a Bukharin, o principal filósofo leninista da União Soviética, que acabou tendo que confessar-se traidor e foi executado. Ainda que Calcutá estivesse repleta de admiradores de Ióssif Stálin, Partha e eu nos perguntávamos o que ele, de fato, representava.

Tapan era alguns anos mais velho que eu (e eu o chamava Tapanda, segundo o costume bengalês de tratar os mais velhos), e eu só o tinha visto uma vez em Calcutá antes de partirmos para a Grã-Bretanha. Seus escritos posteriores sobre a propriedade da terra, que citei no capítulo 8, explicavam em parte por que ele veio a ser um legendário professor de história em Delhi e Oxford.

Havia outra historiadora extremamente talentosa a bordo chamada Romila Thapar, que pertencia à classe alta e a uma parte mais inteligente da sociedade de Delhi. Combinava uma crescente reputação intelectual com outros talentos: seu estilo de vida elegante, incluindo habilidades em dança de salão.

Eu não a conhecia antes, e lamento dizer que não consegui conversar com ela a bordo, ainda que a visse frequentemente andando de um lado para outro, graciosa, com seus bem escolhidos sáris. Nossos mundos eram diferentes — eu nem sequer sabia dançar sem pisar no dedão da parceira (arrancando-lhe uivos). Mas Romila e eu ficaríamos amigos muitos anos depois, em Delhi.

Enquanto atravessávamos vastidões de água do mar da Arábia, rumo ao Mediterrâneo, tive conversas imensamente gratificantes com Tapanda e Partha Gupta, em especial sobre temas contemporâneos. À medida que a viagem prosseguia, Tapanda foi ficando ofendido com o que lhe parecia um tratamento arrogante que os estudantes indianos recebiam do pessoal britânico e australiano do navio, especialmente os garçons nos restaurantes. Queixou-se a um funcionário do navio que ouviu suas reclamações com grande paciência, sem que notássemos alguma ação para corrigir o caso.

Viajava também no navio o time indiano de hóquei feminino, que ia à Grã-Bretanha participar de uma competição internacional. Muitas delas me pareceram bem acessíveis e maravilhosas. Passei horas em sua companhia, tendo que dar satisfações à perplexidade intelectual do meu amigo Partha: "Não é difícil para você, Amartya, passar horas batendo papo com essas jogadoras de hóquei?".

Uma das moças do time, particularmente charmosa, que parecia gostar muito de tomar café e conversar comigo, perguntou: "Você está indo para a Inglaterra estudar?". Fiquei levemente constrangido por ter que confessar um objetivo tão desinteressante, mas disse que era isso mesmo que eu pretendia fazer. "Jura?", acrescentou ela. "Sempre detestei escola. De que serve estudar?" Eu não sabia bem como reagir a um ceticismo tão fundamental, mas consegui dar uma resposta qualquer. "É que não sei jogar hóquei. Por isso tive que escolher os estudos." "Oh, jogar hóquei é fácil", disse ela. "Eu lhe ensino." Brinquei: "Mas se fizesse isso seria educação também — você estaria me educando". "Sim", concordou ela, "mas seria muito divertido — muito mais do que a chatice da matemática que você passava a tarde toda estudando no convés." Tive que reconhecer minha derrota.

5

Havia muita gente da Índia e do Paquistão no navio, com quem conversei bastante. Talvez a amizade mais valiosa que fiz a bordo tenha sido com um jovem paquistanês oriental de Bengala chamado Kaiser Murshed. Os Murshed eram bem conhecidos no subgrupo intelectual da parte mais anglicizada de Calcutá. O pai de Kaiser, K. G. Murshed, era alto funcionário público, um dos célebres membros do quadro de Servidores Civis Indianos (ICS), que cuidavam de grande parte da administração do país em nome de Londres. Eu tinha ouvido falar que K. G. era o mais inteligente de todos, demonstrando muita humanidade no exercício do poder que o Raj delegava àqueles funcionários.

Certa manhã Kaiser veio falar comigo quando eu estava parado no convés vendo o mar da Arábia ficar um pouco turbulento. Ele me cumprimentou e, com uma barrinha bem enrolada na mão, perguntou: "Você gosta um pouco de chocolate?". Eu nunca tinha ouvido ninguém oferecer alguma coisa daquele jeito — "você gosta?" (O inglês ainda era minha terceira língua, depois do bengali e do sânscrito). Lembro de ter ficado em dúvida se ele estava me fazendo uma pergunta sobre meus gostos (eu gostava de chocolate como objeto de consumo?) ou me oferecendo um presente (eu queria um pedaço?). Como eu desejava conversar com aquela pessoa evidentemente agradável, respondi simplesmente "sim, obrigado", mesmo não gostando muito de chocolate. Logo recebi um pedaço do delicioso chocolate suíço. Aproveitei bem a oportunidade de conversar com frequência com aquela pessoa notável e inteligente, e a amizade durou muito mais do que a viagem.

Kaiser tinha estudado em São Xavier, em Calcutá, onde os residentes que falavam inglês preferiam estudar. Estava a caminho de Oxford para cursar direito, perspectiva que o empolgava, de um modo geral, mas não entendi direito o que o motivava. Depois eu soube que ele não fez carreira como advogado, apesar de se sair muito bem em Oxford, e de qualificar-se para a Lincoln's Inn e ter obtido de maneira brilhante um mestrado em direito em Harvard. Em vez disso, ingressou no Serviço Civil Paquistanês, onde se destacou, tanto no Paquistão Oriental como, mais tarde, em Bangladesh. Embora sem dúvida tenha dado uma grande contribuição pública em sua vida e em seu trabalho, não pude deixar de sentir, mais tarde, uma tristeza corporativa, pelo fato de o mundo acadêmico não ter sabido recrutar um pensador tão extraordinariamente promissor.

Havia também uma jovem muito esperta, de Odisha, chamada Lily, que viajava com a mãe, tão animada quanto a filha. Descobri que Lily pretendia obter uma formação jurídica na Inglaterra, mas, segundo explicou, o jeito de conseguir isso ainda não estava muito claro em sua cabeça. Como eu sabia, com alguma segurança, o que ia fazer na Inglaterra — estudar economia no Trinity College com Mautice Dobb e Piero Sraffa — achei a disposição de Lily de examinar novas ideias agradavelmente desconcertante.

Diante das charmosas ruminações de Lily e das incertezas bem ponderadas de Kaiser eu me perguntava se minha própria certeza sobre o que queria fazer era, realmente, tão normal quanto eu até então tinha pensado. Enquanto atravessávamos as águas azuis do mar da Arábia, indagava a mim mesmo se de fato eu sabia mais do que Colombo para onde estava indo.

6

Nossa primeira escala depois de atravessar o mar da Arábia foi Áden, no Iêmen, naquela época país pouco conhecido, mas hoje, infelizmente, bem reconhecido como um lugar onde as pessoas passam por dificuldades terríveis, incluindo bombardeios arrasadores lançados do exterior. Em 1953, ainda era pacífico, e fomos levados de ônibus para ver essa parte do mundo excepcionalmente árida e de uma beleza severa. Então, depois de atravessar o Golfo e o mar Vermelho, o *SS Strathnaver* chegou ao porto de Suez. Fomos informados de que faríamos uma parada de um dia e que poderíamos desembarcar se as autoridades egípcias deixassem. Enquanto esperávamos uma decisão, ouvi duras palavras de crítica ao suposto caos da administração egípcia vindas de um grupo que conversava no convés num inglês decididamente de classe alta. No ano anterior, o rei Farouk, leal ao Ocidente, tinha sido deposto e um novo governo revolucionário do Egito, encabeçado pelo presidente Naguib, assumira o comando. Dentro desse governo provisório, Gamal Abdel Nasser já era uma grande força — e ele assumiria a presidência um ano depois. Havia disputas sobre o controle e o uso do canal de Suez. A animosidade nas relações anglo-egípcias já era muito forte, embora só viesse a explodir em guerra declarada três anos depois.

Houve, portanto, alguma tensão enquanto aguardávamos a bordo, torcendo para que os oficiais egípcios viessem logo, como acabaram vindo, todos vestidos com apuro, em uniformes brancos muito engomados. Nós, os passageiros, tínhamos formado uma longa fila, do convés que dava acesso à terra ao topo do navio. Eu estava espremido entre dois grupos de homens que falavam muito alto sobre a letargia e outros defeitos dos egípcios, e a ingenuidade dos ingleses que gostavam do Egito, como T. E. Lawrence e o arqueólogo Leonard Woolley.

Um oficial egípcio subiu os degraus, parou, olhou para mim e perguntou de onde eu era. Quando respondi que era da Índia, ele me levou direto para fora do navio até a fila dos ônibus, onde me juntei a um grupo de pessoas de cor (para usar um termo moderno não utilizado naquela época) que estavam entrando. Foi a única ocasião em toda a minha vida em que minha cidadania indiana resultou em tratamento favorável num controle de fronteira. Como até agora só tenho mesmo a cidadania indiana, estou acostumado a esperar em longas filas para mostrar passaporte, responder a perguntas sobre eu talvez ficar tentado a permanecer no país por onde estivesse passando. Na época não entendi quanto esse episódio de tratamento favorável era inusitado.

Nossos ônibus foram saindo um depois do outro, e quando voltei para o navio depois de um maravilhoso dia de passeio não pude deixar de ouvir conversas em voz alta sobre o suposto tratamento descuidado e humilhante dado aos passageiros britânicos e australianos, que demoraram demais no controle de fronteira do Egito e só tiveram tempo para um curto passeio. "Precisamos tirar o canal das mãos deles", disse uma voz aguda. Anos depois, quando contei esse incidente para um amigo egípcio em Cambridge — na verdade, um egípcio cristão —, ele me perguntou se "os britânicos ficaram mesmo zangados". Respondi: "Acho que sim". "Bom", disse meu amigo egípcio, "muito, muito bom."

7

Passamos lentamente por Port Said, com uma parada rápida, e seguimos pelo Mediterrâneo. Vislumbrávamos a Europa de vez em quando, e uma noite até avistamos Stromboli, o vulcão, que cuspia fogo — justificando sua reputação de "farol do Mediterrâneo". Passamos pelo estreito de Gibraltar e atravessamos o golfo de Biscaia, e depois, contornando a cabeça da Bretanha, fizemos uma escala oficial em Cherbourg, na costa francesa. Estar ali me comoveu, e eu desci para olhar. Havia uma troca de mercadorias entre homens do navio e algumas figuras indistintas em terra, através de uma portinhola lateral. Eu acompanhava isso fascinado quando um oficial perguntou: "O que diabos está fazendo aqui?". Minha resposta de que queria ver a Europa foi rejeitada como imprópria e fui rapidamente mandado de volta.

E então, depois de um pouco mais de viagem, finalmente chegamos ao cais de Tilbury. Era um dia úmido, chovendo de vez em quando. Um oficial insuportável da embaixada indiana subiu a bordo e nos deu um sermão — a nós, estudantes indianos — sobre como os nativos se comportavam (coisas como não falar alto), e que deveríamos imitar. Foi um tipo de conselho que, se tivesse sido dado ao capitão Cook em tempo, talvez lhe salvasse a vida, mas nos pareceu imensamente inapropriado e extraordinariamente longo, quando não víamos a hora de descer do navio e pisar na Inglaterra.

Enfim partimos num vagaroso trem para Londres. Quando chegamos à estação St. Pancras, brilhava um suave sol vespertino. A elegante estrutura da St. Pancras, com o sol entrando aqui e ali, formava uma visão sedutora.

Um primo do meu pai — conhecido na família como Khyapa Jyatha, que significa, literalmente, "o tio doido" (nome não muito lisonjeiro, mas os apelidos bengaleses muitas vezes têm essa qualidade falsamente depreciativa) — estava parado na plataforma com um jovem indiano que trabalhava com ele em sua empresa. Passando de carro por Londres para a casa de Jyatha, em Hampstead, a fim de jantar, observei que o crepúsculo dava uma aparência sonhadora a prédios e parques. A tranquilidade contrastava com o choque que eu esperava ter quando visse — finalmente — a metrópole de onde meu país e tantas partes do mundo tinham sido governados.

Depois do jantar com a família de Khyapa Jyatha, fui me alojar numa casa de hóspedes em Kilburn que tinha sido arranjada por Narayan Chakravarty, ex-aluno de Santiniketan. Enquanto pegava no sono, eu me perguntava se não deveria estar mais eufórico por ter chegado a Londres. Não é que estivesse decepcionado, mas eu achava que um pouco mais de agitação urbana teria me agradado mais. "Isso fica para amanhã", disse a mim mesmo, e me senti bastante animado na manhã seguinte quando fui acordado por crianças falando alto umas com as outras lá fora, na rua.

8

Tive uma conversa agradável com minha senhoria de manhã, enquanto consumia um enorme breakfast inglês. Pela primeira vez me dei conta de que se deve tratar com respeito um tomate cozido, uma vez que é muito parecido com uma garrafa de água quente e espirra líquido fervente em cima do desavisado que resolve atacá-lo à faca. Durante o dia, aprendi a usar o metrô e fiz algumas compras essenciais em lojas de departamentos da Oxford Street, controlando com cuidado o exíguo orçamento. E, claro, fiz alguns passeios turísticos. Passei horas em Bloomsbury e Regent Park, absorvendo a beleza da cidade. Depois, eu viveria feliz em Londres por mais de duas décadas e perceberia que minhas primeiras impressões haviam me dito mesmo alguma coisa.

À noite recebi a visita de uma mulher chamada Winifred Hunt, que — como fui informado por meus pais antes de partir para a Grã-Bretanha — tinha sido namorada de meu pai em seus tempos de estudante, décadas antes. Winifred foi extremamente simpática e me deu os mais úteis conselhos, ficando para jantar comigo em meu alojamento. Ela contou algumas coisas esclarecedoras sobre meu pai, em sua juventude. "Eu sentava na garupa da sua moto rodando pelo país", disse Winifred, "mas era difícil convencer Ashu que ele tinha uma tendência a correr demais." Poucos anos depois, em conversa com um amigo da família, Anil Chanca, que também conheceu meu pai na Inglaterra, ele confirmou essa paixão por velocidade — "Eu diria que de 110 a 130 quilômetros por hora é muito rápido nas estradas inglesas."

Mais tarde, houve uma ocasião em que eu estava aconselhando minha própria filha Nandana, que é atriz (e autora de livros para crianças), a observar as tradições de família em seu comportamento. Nandana estava rodando um filme — um "filme de ação", como era apropriadamente descrito — no qual tinha que saltar do 22º andar de um prédio para o 22º de outro prédio, vizinho. Quando a gente vai do 22º andar de um prédio para o 22º andar de um prédio vizinho, dizia-lhe eu, a tradição de família consiste em pegar um elevador para o térreo do primeiro prédio, andar até o outro e pegar um elevador para o 22º. Nenhum outro trajeto é permitido. Mas, quando fazia essa preleção para a minha filha, lembrei-me dos comentários de Winifred e não tive muita certeza do que meu dinâmico pai teria feito em sua juventude.

Winifred nasceu quacre (e ainda era quacre), e sua família, em especial os homens, tinha sido duramente criticada durante a Primeira Guerra Mundial por se recusar a lutar. Seus críticos escreviam com constância a palavra *conshy* nas paredes de sua casa. Ser descrito como "objetor de consciência" era, imagino, muito ruim quando a intenção era insultar. Winifred disse que não tinha tanta certeza assim sobre as demandas morais na época da Segunda Guerra Mundial, em razão do que ficou sabendo sobre os terrores e extermínios do regime nazista. "Mas", acrescentou, "acho que eu continuaria sendo *conshy*."

A visita de Winifred foi uma forma um tanto inesperada de passar minha primeira noite em Londres. Mas foi importante, tanto porque me deu a sensação de que Londres — e na verdade a Inglaterra — estava longe de ser um lugar estranho, como porque conversamos sobre a inaceitabilidade da violência, mesmo quando em nome de uma boa causa, questão que tinha sido bastante contenciosa na Índia na batalha contra o Raj. Ali estava eu, no centro do império (ainda que fosse apenas Kilburn), discutindo a necessidade universal da não violência, do mesmo jeito que os militantes pela independência, sob a liderança de Gandhi, compartilhavam a mesma convicção. Eu não conhecia Kilburn, disse a mim mesmo, mas entendia por que alguém podia ser *conshy*.

PARTE IV

Na Grande Corte do Trinity College, c. 1958.

16. Os portões de Trinity

1

Duas manhãs depois da minha chegada a Londres, em setembro de 1953, peguei o trem lento de King's Cross para Cambridge. Naquele tempo, os trens mais rápidos saíam de Liverpool Street, mas para mim era mais fácil chegar a King's Cross com minha bagagem pesada. Havia um grande baú que tinha pertencido a meu pai quando ele esteve em Londres como estudante, e agora, além de roupas e objetos pessoais, continha montes de livros sobre economia e matemática que eu imaginava que ia precisar. O trem lento para Cambridge levava cerca de duas horas, e eu ficava olhando, apreensivo, para ler os nomes das estações pelas quais passávamos. Finalmente apareceu a placa de Cambridge. Um carregador muito prestativo me ajudou a levar o baú para um táxi, e me dirigi para uma pousada tipo bed and breakfast que me fora reservada em Park Parade.

Trinity me colocara num alojamento — um quarto numa casa com uma senhoria — e não num quarto na faculdade. Era a convenção na época — alunos do primeiro ano iam para alojamentos, e, à medida que se tornavam veteranos, tinham licença para se mudar para a faculdade. Achei o sistema terrível, pois é muito mais difícil para um estudante recém-chegado viver num lugar desconhecido, numa cidade estranha. A casa ficava na Priory Road, longe da

Huntingdon Road — uma boa distância de Trinity. Mas o quarto só estaria pronto no começo de outubro e estávamos em 29 de setembro. Foi por isso que fiquei temporariamente em Park Parade, perto do centro de Cambridge, com vista para um parque maravilhoso — verde e convidativo, como tantos outros parques e campos ingleses no verão.

O quarto em Park Parade tinha sido arranjado para mim por um amigo paquistanês da família em Daca, chamado Shahabuddin. Ele estudava direito em Cambridge e prontamente concordou em ajudar; estava de mudança para novos alojamentos, mas me conseguiria um quarto por duas noites no lugar onde se hospedava. Diferentemente da agradável senhoria em Londres, a daquele local era só lamúrias. Shahabuddin saiu de manhã para estudar na biblioteca da Faculdade de Direito, e a senhoria queria que eu transmitisse uma queixa ao "seu amigo". "Você sabe que um banho custa um xelim, pois água quente é cara, não é?" Respondi: "Agora eu sei, e vou lhe pagar, claro, um xelim por meu banho de ontem à noite". "Não é essa a questão", disse a senhoria. "Seu amigo é um vigarista. Toma banho quatro vezes por dia, e mente dizendo que não toma. Diz que só toma um banho, e das outras vezes apenas lava os pés. Que mentiroso!" Tive que lhe explicar as exigências de limpeza antes das preces muçulmanas.

A senhoria era intransigente. "Para que lavar os pés com tanta frequência?" Falei um pouco mais sobre a necessidade de purificação antes de rezar. "Você faz isso?" perguntou ela, agressiva. Tentei tranquilizá-la: "Não, eu não sou muçulmano e não rezo — não acredito em Deus". Isso me jogou da frigideira ao fogo. "Você não acredita em Deus?", exclamou ela horrorizada, e eu comecei a me perguntar se não seria o caso de começar de imediato a arrumar meu baú. Mas a crise acabou passando: os interesses comerciais prevaleceram e ela me perguntou se eu conversaria com meu amigo para lhe lembrar que um banho custa um xelim. Prometi que sim. Quando vi Shahabuddin aquela noite, aconselhei-o a ter uma conversa mais séria com a senhoria. "Ela é maluca", disse ele. "Estou saindo desta casa amanhã." De fato, nós dois deixamos Park Parade na manhã seguinte, e pensei comigo que a senhoria provavelmente se sentia uma mulher de sorte por não ter que alojar inquilinos mentirosos ou ateus — ou talvez as duas coisas.

2

Minha senhoria de longo prazo em Priory Road se mostrou bem diferente. A sra. Hanger era muito bondosa e interessada no mundo. No entanto, confessou que muito a preocupava me ter em casa pois jamais conhecera uma pessoa não branca (embora tivesse visto pessoas não brancas em trens e ônibus, acrescentou). Na verdade, ela tinha avisado ao Trinity que preferiria não ficar com uma pessoa de cor, ao que a faculdade lhe respondeu propondo tirar o seu nome da lista de senhorias. Ela entrou em pânico e disse que não fazia objeções a ninguém, em absoluto. O funcionário responsável por alojamentos provavelmente se divertiu um pouco mandando de imediato uma pessoa inegavelmente de cor para sua casa.

Na verdade, o medo que a sra. Hanger sentia das pessoas de cor tinha alguma base racional no seu jeito de entender a ciência. No primeiro dia, depois de me receber de modo caloroso, ela puxou o assunto: "Sua cor sai com o banho — quero dizer, com um banho realmente quente?". Tive que lhe garantir que minha cor era saudável e duradoura. Então ela me explicou como a eletricidade funciona, e como eu poderia ser visto de fora num cômodo bem iluminado se não fechasse as cortinas, mesmo quando o que eu vejo lá fora é escuridão. Uma vez resolvidas essas questões, todos os seus esforços se concentraram em tornar-me feliz e melhor. Uns dois dias depois, ela decidiu que eu estava magro demais (que lembrança nostálgica para mim agora) e seriamente desnutrido, por isso pediu leite gorduroso para que eu tomasse. "Você tem que beber isto, Sen, todas as manhãs, por mim — pelo menos um copo, por favor: precisamos deixar você mais forte."

3

No meu primeiro dia em Cambridge, quando ainda estava em Park Parade, fui procurar minha faculdade e me vi diante do Grande Portão de Trinity, erguendo-se majestoso e alto, exatamente como eu tinha visto em fotografias. Eu sabia vagamente que o Grande Portão de Trinity era anterior à própria faculdade, uma vez que fora construído originariamente durante o período da King's Hall, fundada em 1317. Em 1546, o Trinity College foi estabelecido por

Henrique VIII com a fusão de duas faculdades preexistentes: King's Hall e Michaelhouse. King's Hall é, na verdade, a segunda faculdade mais antiga de Cambridge, depois de Peterhouse. Com essa fusão, os portões de King's Hall passaram a ser o Grande Portão de Trinity. Não foi só a história especial daquele grande portão (o nome King's Hall está inscrito em latim no Grande Portão de Trinity), mas também a sua elegância que tanto me impressionaram desde que o vi pela primeira vez.

Passei pela menor das duas portas do Grande Portão — a maior estava fechada, como quase sempre está. Fui primeiro à cabine dos porteiros, logo atrás do portão. Eles foram extremamente simpáticos e manifestaram grande prazer em me ver ali, e certa surpresa por eu não ser chinês. O vice-porteiro-chefe disse: "Recebemos alguns Sens da China, mas todos preferiam ser chamados pelo primeiro nome". "Podem me chamar pelo primeiro nome também", respondi, "e sem o 'senhor'." O porteiro balançou a cabeça e acrescentou, dando uma risada: "Não vai dar. Além disso, eu já vi qual é o seu primeiro nome, e para nós é muito mais fácil lidar com o senhor Sen". Em seguida, me deu um pequeno mapa de Cambridge e me mostrou onde ficava tudo.

Dirigi-me à capela, e, diante de mim, encontrei a história da faculdade em três dimensões — uma estátua do pensativo Isaac Newton ao lado de estátuas de Francis Bacon e Thomas Macaulay, além de monumentos a outros luminares de Trinity. Mas, quem sabe ainda mais importante, vi pela primeira vez, gravados nas paredes, os nomes de todos os membros da faculdade mortos na Primeira Guerra Mundial. Impressionou-me aquele número extraordinário de vítimas. Mal pude acreditar que tantos homens de Trinity tinham tombado, e tentei assimilar o fato de que todos eles vinham "só de uma faculdade, de uma faixa etária em particular, numa guerra que durou apenas quatro anos". Havia tantos nomes de 1914-8 que eles precisaram encontrar espaço no vestíbulo da capela para os que tombaram na Segunda Guerra Mundial. Embora eu conhecesse os números, jamais tinha percebido a dimensão da carnificina. Tive que me sentar num dos bancos de madeira da capela para tentar entender a brutalidade envolvida. Quando a Segunda Guerra começou, os líderes da maioria dos países beligerantes encontraram maneiras de transferir o grosso das baixas para a população civil — de Coventry e Dresden a Hiroshima e Nagasaki.

Foi nesse estado de espírito um tanto sacudido que voltei à beleza do Grande Pátio, e que vi em seguida pela primeira vez, além dos alambrados, a elegância estupenda do Pátio de Nevile, projetado por Sir Christopher Wren. A Biblioteca Wren, que fica num dos lados do Pátio de Nevile, era um dos prédios mais lindos que eu já tinha visto. Quando entrei na biblioteca e vi as estantes de livros antigos, e a luz do sol entrando pelas janelas altas, questionei se seria possível tratar um ambiente de beleza tão extraordinária como o local de trabalho diário de alguém.

"Você é um dos novos alunos?", perguntou uma jovem muito animada, que obviamente trabalhava na biblioteca. "Eu nem tinha me dado conta de que o verão acabou e de que o novo semestre já vai começar. Venha comigo, vou lhe mostrar o lugar" — o que ela fez com a maior eficiência. Fiquei pensando se haveria algo mais sedutor do que a possibilidade de trabalhar num lugar como aquele — com a gente escolhendo o horário. Previ que seria um frequentador assíduo. Embora eu entenda errado muitas coisas, essa eu acertei cem por cento.

4

De manhã fui ver meu tutor, o sr. John Morrison, que me recebeu com grande animação e calor humano. Os tutores das faculdades de Cambridge não lecionam, mas são encarregados da nossa vida na escola e nos dizem quem devemos procurar para nos ensinar. Morrison não era economista, mas um destacado classicista e conceituado erudito em grego antigo. Quis saber da viagem e das minhas instalações em Cambridge, e me disse que eu deveria conversar com o sr. Sraffa, que seria meu diretor de estudos — a pessoa incumbida dos meus arranjos acadêmicos e de me encaminhar aos meus supervisores.

Como parte da recepção de boas-vindas, o sr. Morrison também me ofereceu uma dose de xerez, que recusei. Disse ele: "Certíssimo — faça o seu trabalho, mas precisa vir a minha festa de xerez dentro de alguns dias — eu lhe mando um convite". Apareci na festa e conheci muitos colegas orientandos. Mas se um problema envolvendo líquidos era evitar o leite gorduroso arranjado pela sra. Hanger em Priory Road, agora eu enfrentava outro. O sr. Morrison pôs na minha mão um grande copo de xerez doce. Xerez é uma bebida que detesto de maneira apaixonada, e xerez doce, com um sentimento ainda mais forte do que a paixão cega. Mas eu era tímido demais para lhe dizer isso, e tive que recorrer a um vaso de planta na passagem entre duas salas. Quando me viu de copo vazio, o sr. Morrison imediatamente veio enchê-lo. Com isso, depois de hesitar um pouco, voltei à passagem entre as duas salas. Então reuni coragem para lhe dizer: "Muito obrigado, mas para mim é suficiente, por favor". Em minhas visitas seguintes a suas acomodações eu conferia, um tanto nervoso, se a planta ainda estava no vaso, e incólume. Felizmente, florescia.

Quando fui conversar com meu diretor de estudos, Piero Sraffa, às dez da manhã no Pátio de Nevile em minha segunda manhã em Cambridge, ele tinha acabado de tomar o café da manhã mas ainda estava tentando, segundo me disse, acabar de acordar. Pediu-me para voltar uma hora depois, o que fiz. Ele me informou que meu supervisor imediato seria o sr. Kenneth Berrill, um jovem fellow da Faculdade St. Catherine. Acabei adorando trabalhar com Berrill, e desenvolvi com ele uma excelente amizade, mas naquele momento tive uma decepção. Eu havia ido a Trinity para trabalhar sob a orientação de Maurice Dobb e do próprio Sraffa. Não consegui esconder minha decepção. Sraffa foi compreensivo, e me tranquilizou: "Você vai gostar de Ken Berrill — economista muito inteligente e maravilhoso historiador de economia. Mas vá bater um papo com Maurice Dobb também, e lembre-se de que pode vir falar comigo quando quiser".

As supervisões semanais com Ken Berrill eram muito boas (como previsto), mas assim mesmo mandei um bilhete para Maurice Dobb e fui visitá-lo. Não sei bem se ele gostou muito de saber que eu tinha opiniões sobre vários escritos seus, e pareceu surpreso com o fato de que eu pudesse tê-lo lido ainda na distante Calcutá. Nos meus muitos anos de Trinity College, quando me tornei amigo de Maurice Dobb, eu o ouvia contar que ficou espantado com o que chamava de "seu estranho gosto em leitura". No meu segundo ano, Maurice passou a ser meu principal supervisor, embora a faculdade tivesse arranjado também para que eu assistisse às aulas de Aubrey Silberston sobre a economia britânica (minha ignorância no assunto, imagino, era óbvia para todos). Aubrey também se tornou amigo — uma amizade que durou até sua morte, em 2015. Às vezes eu me espantava com a rapidez com que adquiria mentores.

5

Quando Piero Sraffa me disse para ir vê-lo sempre que quisesse, não sei se esperava me ver com a frequência com que me via. Na verdade, eu o tratei como se fosse um supervisor extra. Além das aulas de economia que me dava, ele me apresentou a algumas coisas muito agradáveis, como os méritos do *ristretto* (o primeiro fluxo do café expresso que jorra nos segundos iniciais, depois do que você tem que interromper a extração). Foi para mim uma mudança de gosto, quase tão iluminadora quanto o primeiro conselho que me deu sobre os motivos de tratar com ceticismo pelo menos parte da economia ensinada em Cambridge.

Disse-me Sraffa: "Você veio para um lugar onde os economistas adoram propor novas teorias o tempo todo, o que pode ou não ser ruim, mas é preciso entender que nenhum economista de Cambridge acha que o trabalho está completo enquanto sua teoria não estiver reduzida a um lema de uma linha. É uma coisa que você precisa evitar — por mais difícil que seja". Esse conselho se mostrou muito útil, em especial ao percorrer um campo minado de slogans econômicos em Cambridge.

Mais tarde, quando me tornei um prize fellow de Trinity, tive muitas oportunidades de conversar com Sraffa e entendi o papel que teve em afastar Wittgenstein de seu pensamento no *Tractatus* rumo a uma concentração pioneira nas regras da linguagem — mudança que também envolveu o amigo de Sraffa, Antonio Gramsci. Voltarei a esse debate.

Também aprendi alguma coisa com Sraffa sobre autoexame e autocrítica. Fiquei empolgado quando, como estudante de graduação, descobri um erro claro num artigo de um conhecido economista publicado em *The Economic Journal* — importante revista em nossa disciplina. Escrevi uma refutação, levei-a para mostrar a Sraffa e perguntei-lhe se achava que *The Economic Journal* publicaria. Piero deu uma olhada no artigo errado na revista e depois na minha refutação, e disse: "Receio que vão publicar, sem a menor dúvida". E acrescentou: "Você não deve fazer isso. Quer mesmo começar suas publicações acadêmicas com uma correção — por melhor que seja — num assunto tão banal?". Minha primeira tentativa de ver um artigo meu numa revista profissional respeitável foi reprimida dessa maneira, mas fiquei muito grato a Sraffa por me impedir de cometer um grave erro de julgamento sobre o que poderia sensatamente publicar.

6

Meus professores em Trinity eram ótimos economistas e cada um deles original — e inspirador — à sua maneira. Mas não concordavam entre si. Dennis Robertson tinha simpatia pelos conservadores, mas me disse que votava nos liberais. Sraffa e Dobb eram de esquerda — Dobb era, na verdade, membro do Partido Comunista da Grã-Bretanha. Os três se davam muito bem uns com os outros, apesar dessas divergências significativas.

Quando Robertson transmitiu a Dobb uma oferta de emprego em Trinity, Dobb aceitou no ato, mas — segundo me contou Sraffa — sentiu-se obrigado a escrever para Robertson no dia seguinte: "Quando você me ofereceu o emprego, eu não lhe disse, e por isso lhe peço desculpas, que sou membro do Partido Comunista da Grã-Bretanha. E se, diante disso, quiser retirar sua bondosa oferta, quero que saiba que não levarei a mal". Dobb recebeu de Robertson uma resposta curta: "Meu caro Dobb, desde que me avise com quinze dias de antecedência que vai explodir a capela, está tudo certo".

O que era para ser uma estada de dois anos em Trinity para um diploma de bacharel rapidamente obtido (depois do que eu tinha feito em Calcutá) acabou sendo meu primeiro período de dez anos na faculdade, de 1953 a 1963 — primeiro como aluno de graduação, depois como aluno pesquisador, depois como prize fellow e finalmente como professor e staff fellow. Mesmo depois de ter deixado Trinity, em 1963, a faculdade continuou sendo a minha base sempre que eu ia a Cambridge.

Bem mais tarde — 45 anos depois de ter passado por ele pela primeira vez — fiquei esperando, formalmente vestido, fora do Grande Portão firmemente fechado. O porteiro-chefe abriu a porta pequena e perguntou: "Quem é o senhor?", ao que respondi, no tom mais confiante possível: "Sou o novo mestre da faculdade". O porteiro-chefe perguntou então: "O senhor tem aí a carta patente?" (a carta da Rainha me nomeando Master of Trinity). Tive que responder: "Sim, tenho", e entreguei-lhe a carta. Em seguida, o porteiro-chefe fechou a porta pequena com uma pancada depois de me informar que todos os fellows estavam reunidos no grande pátio para conferir a autenticidade do documento. As cartas patentes, acho eu, eram então submetidas à inspeção dos fellows, enquanto eu andava lentamente de um lado para outro fora do Grande Portão. Depois que a autenticidade do documento real foi estabelecida, a porta maior do Grande Portão se abriu e o vice-mestre veio na minha direção, tirou o chapéu e disse: "Seja bem-vindo, mestre". Depois de ser apresentado aos demais fellows (muitos dos quais eu já conhecia, claro), tive que andar lentamente até a capela para ser empossado numa encantadora cerimônia.

Enquanto esperava, do lado de fora do Grande Portão, que os fellows checassem a autenticidade da minha nomeação, não pude deixar de recordar a primeira vez que passei pela pequena porta do portão de Trinity em outubro de 1953. Mais tarde, durante a cerimônia na capela, li novamente os nomes nos monumentos, nomes que eu tinha visto no meu primeiro dia na faculdade. Agora um vínculo me ligava aos homens de Trinity que tombaram, mortos numa guerra europeia totalmente desnecessária, muito antes de eu nascer, numa terra distante.

As complexidades das nossas identidades múltiplas iam ficando mais claras para mim à medida que meus laços com Trinity, e com a Inglaterra, se ampliavam. Tinham começado no British Council em Theatre Road, em Calcutá, e continuaram quando embarquei, apreensivo, no *SS Strathnaver* em Bombaim. Ao passar pelos portões de Trinity, senti que esses laços se aprofundavam, assim como um poderoso apego e uma extraordinária sensação de pertencimento.

17. Amigos e círculos

1

O primeiro — e por algum tempo único — investimento que fiz em Cambridge foi comprar uma bicicleta. Andar até Trinity e até o centro da universidade a partir da Priory Road levava muito tempo. Além disso, eu precisava ir a diferentes partes da cidade — visitar colegas, assistir a palestras, consultar bibliotecas, encontrar meus amigos e assistir a reuniões políticas, sociais e culturais. Infelizmente meu orçamento não me permitiu comprar uma bicicleta de marcha. Comprei uma simples, de segunda mão — e disse a mim mesmo, a título de consolação, que subir Castle Hill na volta para os meus alojamentos em Priory Road naquela máquina antiquada me proporcionaria justamente o exercício de que precisava.

Conheci Mahbub ul Hag, do Paquistão, antes de comprar a bicicleta — ele estava na King's, a uma pequena caminhada de Trinity, e nos encontramos quando eu me dirigia à primeira aula a que assisti em Cambridge. O semestre tinha começado e eu seguia às pressas por King's Parade para ouvir Joan Robinson, a famosa economista cujo livro *A economia da concorrência imperfeita* (1933) eu tinha lido com grande admiração em Calcutá, e cuja aula estava ansioso para ouvir. Era uma bela manhã de outono, e Mahbub, vestido com elegância (na verdade, com estilo), caminhava rapidamente pela King's Parade a caminho da aula de Joan Robinson, exatamente como eu.

Estávamos ambos um pouco atrasados (Joan Robinson, na verdade, estava mais atrasada ainda) e pusemo-nos a conversar enquanto mantínhamos o passo. Para sorte minha, a conversa, iniciada de maneira um tanto esbaforida durante aquele encontro de outubro de 1953, continuou pelo resto da vida, até a morte súbita e trágica de Mahbub, em 1998. Fora das salas de aula, quando andávamos juntos no Backs, perto do rio Cam, ou conversávamos em seu quarto ou no meu, resmungávamos muito contra a economia tradicional. Por que ela se interessava tão pouco pela vida dos seres humanos? Mahbub e eu não só gostávamos um do outro (mais tarde, vim a conhecer bem sua animada esposa, Bani, ou Kandija — bengalesa do Paquistão Oriental) como também tínhamos muitos interesses intelectuais em comum. O trabalho pioneiro de Mahbub no lançamento dos Relatórios sobre Desenvolvimento Humano nos anos 1990 refletia sua paixão — uma paixão completamente submetida à razão — por ampliar o território da economia.

Lal Jayawardena, do Sri Lanka, também estava na King's. Lal e eu também desenvolveríamos uma amizade duradoura, combinando afeição com um compromisso de tentar ampliar o alcance do pensamento econômico. Muitos anos depois, Lal daria forma a esse compromisso como diretor-fundador do instituto de pesquisa da Universidade das Nações Unidas em Helsinque, estabelecido em 1985. Por um tempo, trabalhei com ele ali, mas mesmo antes disso o ajudei a escolher um nome adequado para a instituição. Concordamos que se chamaria Instituto Mundial para Pesquisa Econômica do Desenvolvimento, belamente reconhecido pela sigla Wider — uma boa descrição do que Lal esperava da economia e das ciências sociais. Quando penso nas iniciativas globais com as quais estive envolvido, percebo que tive a sorte de conhecer, ainda como colegas de graduação, as pessoas que mais tarde as fundariam e dirigiriam — Mahbub e Lal, em particular.

Outra razão para frequentar a King's em minhas primeiras semanas era conversar com Michael Bruno, de Israel, que então estudava matemática, mas que mudaria para economia logo depois. Sua família judia saíra da Alemanha em 1933, quando ele tinha um ano, a tempo de evitar o massacre que se seguiu. Bruno, excelente economista, entre outras funções serviu como diretor notavelmente bem-sucedido do Banco Central de Israel. Como presidente da Associação Econômica Internacional, quando teve que organizar o Congresso Mundial da instituição, com grande coragem — e êxito — escolheu o estado árabe da Tunísia, rejeitando numerosas propostas alternativas na Europa e nos Estados Unidos. Em virtude de sua política democrática e de tendência esquerdista, concordávamos em muitas questões mundiais, mas discordávamos sobre o que provavelmente aconteceria com os residentes árabes da Palestina.

Michael, muito comprometido com a paz e a tolerância, era, infelizmente, otimista demais quanto à situação entre Israel e Palestina. Com minha experiência do terrível derramamento de sangue entre hindus e muçulmanos nos anos 1940, eu estava bem ciente da facilidade com que se pode gerar hostilidade e violência atiçando as chamas da divisão e produzindo artificialmente confrontos de identidade. Quando Michael e eu discutíamos sobre a Palestina nos anos 1950, eu esperava que seu otimismo se justificasse. Não me dá prazer algum descobrir que o meu pessimismo estava certo.

2

Apesar de vir a conhecer bem muitos alunos fora de Trinity, meu círculo principal, no primeiro ano, era dentro da faculdade. Meus amigos incluíam alguns matemáticos cativantes, em particular David Epstein, da África do Sul, e Allan Hayes. Havia também historiadores — um deles, Simon Digby, tornou-se grande especialista em estudos islâmicos, muito admirado na Índia e no Paquistão. (Seu avô, William Digby, ficou famoso ao denunciar o domínio britânico por gerar pobreza na Índia.) E tive a grande sorte de conhecer, mais ou menos de imediato, Ian Hacking, que mais tarde teve grande influência na filosofia. Felizmente pude contar com nossa amizade ao longo da vida.

Descobri que, em geral, eu andava com um grupo de estudantes estrangeiros recém-chegados que organizavam reuniões regulares, nenhuma delas sossegada. Havia Salve Salvesen, da Noruega, Jose Romero, das Filipinas, Hisahiko Okazaki, do Japão (para nós, Chako), e numerosos outros naquele grupo animadíssimo (com a possível exceção de Chako), o que para mim era muito conveniente, e eu passava horas conversando em grupos grandes e pequenos.

De vez em quando vinha juntar-se a nós Anand Panyarachum, da Tailândia, pensador extremamente talentoso, que já estava em Trinity havia um ano quando nós, os novatos, chegamos.

Mais tarde na vida, membros desse grupo de estrangeiros de Trinity fizeram carreira de sucesso. Anand foi duas vezes primeiro-ministro da Tailândia. Chako foi um diplomata importante e durante algum tempo chefiou o escritório de relações exteriores do Japão. Já aposentado, tornou-se diretor do Instituto Okazaki em Tóquio, que recebeu esse nome em sua homenagem. Jose Romero tornou-se embaixador. Bem mais tarde, numa visita ao alojamento do mestre, ele me disse que teve alguma dificuldade para assimilar minha nova função na faculdade. ("Onde foi parar o seu ceticismo com relação a regras e regulamentos?") Jose continuou ativo em muitas instituições de ensino, comunicação e ação social nas Filipinas depois de sua aposentadoria oficial.

Em 1953 a Segunda Guerra Mundial ainda estava fresca na memória. As opiniões sobre ela variavam muito entre meus amigos asiáticos — por exemplo, entre os japoneses e o pessoal das Filipinas. Nada disso era surpreendente, claro. Chako era descrito por nossos amigos como "conservador", embora eu não soubesse bem o que isso significava no Japão do pós-guerra dominado pelos americanos. Em nossa primeira conversa prolongada, na sala Junior Parlor da Trinity, ele me perguntou se eu tinha conhecimento do parecer discordante que o jurista indiano Radhabinod Pal proferiu no julgamento dos crimes de guerra japoneses pelo tribunal militar internacional.

Eu estava bem informado sobre o julgamento, que tinha sido muito discutido na Índia. O ministro Pal — único na equipe de juízes (embora os membros francês e holandês do tribunal tenham manifestado alguma simpatia por partes do parecer dele) — achou que os réus não eram culpados dos crimes de guerra mais sérios (chamados "classe A"). Pal tinha posto em dúvida a legitimidade do tribunal instalado pelos vitoriosos da guerra para julgar os líderes militares derrotados de acordo com os recém-especificados crimes de guerra "classe A", promulgados "ex post facto" [literalmente, "a partir de fato passado", ou fato anterior à promulgação da lei]. Não negava que algumas ações japonesas tinham sido terríveis, incluindo o massacre de Nanquim — até descreveu alguns atos dos militares japoneses como "diabólicos e extremamente cruéis" —, mas queria que esses atos terríveis fossem descritos como "crimes de guerra" de um tipo mais costumeiro, comuns na maioria das guerras. Além disso, argumentava que o uso das bombas atômicas em Hiroshima e Nagasaki também foi um crime de guerra sério.

A declaração pela qual o ministro Pal divergia do julgamento do tribunal, apresentada em 1946 (pouco antes da independência da Índia), tornou-se banida de imediato nos últimos dias da Índia britânica e só foi publicada completamente após o fim do Raj. Eu nunca tinha lido o texto do voto dissidente de Pal na íntegra (fiquei apenas com o sumário depois que descobri que o texto tinha 1235 páginas), mas em meus tempos de estudante em Calcutá tínhamos discutido seus principais argumentos, segundo o que saía na imprensa, em diversas ocasiões no café da College Street. Chako disse que ficou surpreso — e satisfeito — com o fato de eu conhecer os argumentos de Pal. Tive que lhe dizer que só concordava em parte com Pal, em especial na questão da criminalidade dos atos dos Aliados em Hiroshima e Nagasaki.

Se a lembrança do voto dissidente do ministro Pal permaneceu viva na memória foi porque o assunto era muito polêmico. Os indianos gostaram de ver o Japão, uma potência asiática, emergir para enfrentar os colonialistas europeus. Além disso, o Exército Nacional Indiano, formado por Netaji Subhas Chandra Bose com soldados do Exército Britânico Indiano, que se renderam aos japoneses e passaram a lutar lado a lado com eles, ocupava um lugar positivo em alguma parte da imaginação política indiana. Finalmente, o uso das bombas atômicas no Japão pelos Aliados provocou nada menos do que horror na cabeça da maioria dos indianos.

Os próprios japoneses levaram o ministro Pal muito a sério, ainda que em 1953 o apoio não fosse muito estruturado. Mais tarde, em 1966, o imperador do Japão lhe concederia a Ordem do Tesouro Sagrado, e agora existem monumentos dedicados a ele em dois santuários japoneses (o santuário Yasukuni e o santuário Ryozen Gokoku de Quioto). Em 2007, o primeiro-ministro Shinzo Abe esteve com o filho do ministro Pal, Prasanta (ele próprio um conceituado advogado), durante uma visita de um dia a Calcutá.

Chako e eu conversamos sobre muitas outras coisas, assuntos sérios como a rota que o budismo tomou para chegar ao Japão (via Coreia, não através da China, como se costuma supor) e assuntos menos importantes, incluindo inevitavelmente o que pensávamos das pessoas que conhecíamos. Chako estava àquela altura no começo da carreira diplomática e para mim não havia dúvida de que levaria para ela seu agudo intelecto, e uma perspectiva talvez um tanto nacionalista.

3

Salve Salvesen era um norueguês dotado de bom senso de humor, com quem as conversas eram invariavelmente engraçadas, e por vezes também instrutivas. Ele dedicava uma parte incrivelmente ínfima do seu tempo aos estudos (que considerava loucura "livresca"), e esforçava-se para gostar de economia, o assunto que escolhera. A mãe de Salve, Sylvia, foi ver o filho e nos levou para um excelente jantar num restaurante caro (que diferença das comidas da faculdade!), onde puxou conosco conversas eletrizantes. Os Salvesen vinham da camada superior da sociedade norueguesa e eram próximos da família real, mas o ativismo político de Sylvia também implicava radicalismo e coragem, que encontraram expressão destemida em sua resistência à dominação nazista da Noruega durante a Segunda Guerra Mundial. Ela nos descreveu os dias que passou lutando contra a ocupação alemã, sendo repetidamente presa. Na última ocasião, foi mandada para o campo de concentração de Ravensbrück, na Alemanha, via Hamburgo. Felizmente, sobreviveu à provação e pôde servir de testemunha nos julgamentos de Ravensbrück, em Hamburgo, para crimes de guerra no fim do conflito.

Achei muito comovente o livro de Sylvia, *Forgive — But Do Not Forget* [Perdoe — mas não esqueça], que discutimos com certa profundidade. Trazia uma discussão extremamente sábia sobre como lidar com criminosos que aterrorizaram a vida das pessoas comuns no passado. Embora não comparável diretamente, os pensamentos de Sylvia eram também relevantes para as relações pós-imperiais que se seguiram ao fim do Raj. Naquela época — começo dos anos 1950 —, estávamos no meio da reconstrução das relações indo-britânicas. Mais tarde percebi que seus pensamentos eram até mais relevantes para estratégias da África do Sul pós-apartheid, sob a liderança de Nelson Mandela e Desmond Tutu.

Apesar de antinazista, Sylvia Salvesen não era, de forma alguma, socialista, e tinha medo da influência do pensamento socialista na Noruega do pós-guerra. Uma vez me disse rindo: "Mandei meu filho para a segurança do aristocrático Trinity College e para longe dos socialistas noruegueses, e imediatamente o College o manda aprender com alguém do Partido Comunista da Grã-Bretanha!". Quando contei essa história a Maurice Dobb, ele a achou muito divertida e comentou: "Preciso dar um jeito de Sylvia entender que Salve e eu conversamos mesmo é sobre economia clássica padrão!".

4

Talvez a amizade mais íntima que desenvolvi dentro de Trinity em meus tempos de estudante tenha sido com Michael Nicholson, que conheci ainda no primeiro ano, mas passei a conhecer muito melhor no segundo. Além da personalidade simpática e da mente brilhante, impressionavam-me a humanidade e o universalismo de Michael. Conversávamos muito sobre nossas preocupações quando estudantes de graduação, e felizmente nosso contato continuou pelas décadas seguintes. Mais adiante na vida, ele se empenhou em descobrir formas de resolver disputas e choques entre países e grupos com análises penetrantes da natureza e das fontes dos conflitos. Fiquei muito feliz quando ele foi ver-me no alojamento do mestre depois que me mudei para lá no começo de 1998. Para grande tristeza minha, Michael morreu de repente, de câncer, em 2001, não muito tempo depois de uma de suas visitas.

Michael, como eu, não era religioso, mas vinha de uma família fervorosamente cristã de Beverley, Yorkshire, perto da famosa catedral. Quando o visitava em sua casa, e ficava hospedado com seus pais, excepcionalmente amáveis, eu via quanto a humanidade cristã pode ser comovente e intuitiva. Mas, como os pais de Michael eram muito religiosos, ele me levou ao vilarejo mais próximo para uns copos de cerveja num pub, evitando com isso que fôssemos vistos num pub em Beverley. Não era um preço alto, pensei comigo, por ter pais tão maravilhosos, que nutriam um carinho espontâneo e uma forte simpatia por todo mundo que encontravam — e, na verdade, por gente no mundo todo. A mãe de Michael fazia o melhor pudim de Yorkshire que provei na vida — a ser comido sem mais nada, claro, como primeiro prato.

Outro amigo próximo em Trinity era um marxista italiano, Pierangelo Garegnani, que tinha ido a Trinity para estudar com Piero Sraffa, chegando lá mais ou menos quando cheguei. Tratava-se, porém, de um estudante pesquisador, não um graduando como eu. O mundo do marxismo italiano me interessava muito, e conversávamos com frequência. Pierangelo era um grande devoto de Gramsci e ostentava essa devoção de uma forma ligeiramente católica, com um retrato de Gramsci pendurado sobre sua escrivaninha, aparentemente de olho no trabalho do discípulo. Embora eu fosse um admirador convicto de Sraffa, Pierangelo era mais que isso. Ele mal tolerava qualquer crítica à economia de Sraffa, mesmo quando a crítica vinha, como no meu caso, de um enorme admirador.

Preciso mencionar também minha amizade com Luigi Pasinetti, que chegou a Cambridge um pouco depois, tendo primeiro estudado em Oxford. Ele e eu mantivemos uma amizade duradoura, que ainda floresce. Além de dar grandes contribuições à teoria do capital e à teoria do crescimento econômico, Pasinetti fez grandes progressos no entendimento da economia neokeynesiana, que começou com Keynes, mas ultrapassou as ideias do próprio Keynes. Pasinetti se interessava por Marx (como a maioria dos economistas daquele tempo), mas não era marxista em nenhum sentido. Além disso, foi claramente influenciado por Sraffa e muito se esforçou para que a perspectiva econômica do mestre fosse compreendida — assunto que voltarei a abordar dentro em breve.

5

Outro economista italiano, Nino (Beniamino) Andreatta, não era sraffiano, nem marxista, nem sequer keynesiano, mas buscava uma economia mais tradicional, e predominante, como professor visitante da Economics Faculty em Cambridge. Era politicamente ativo — viria a ser ministro sênior do gabinete de um governo italiano de centro-direita, e mais tarde inspiraria um primeiro-ministro centrista da Itália, Enrico Letta. Foi um dos principais iniciadores da coalizão Ulivo (de centro-esquerda) em 1996, ao lado de Romano Prodi, e tentaria resistir à ascensão de Berlusconi ao poder político.

Lembro com carinho das conversas que tive com Nino. Era simpatizante das causas de esquerda, mas as considerava rígidas demais e, como homem bem-humorado, era capaz de manifestar seu ceticismo contando historinhas divertidas. Tinha grande interesse pela Índia, que mais tarde visitou, em nome do MIT, para dar consultoria à Comissão de Planejamento então chefiada por Jawaharlal Nehru.

Continuamos nossas conversas quando ele esteve em Delhi, e, como iconoclasta experiente, aplicou seu ceticismo de costume à minha tese de que talvez achasse seus empregados indianos submissos demais. "Como de hábito, você está errado, Amartya", disse Nino poucos dias depois, "como acabo de confirmar quando instalava uma campainha nos aposentos dos empregados. A instalação foi feita enquanto Giana [sua esposa] e eu estávamos fora de casa, e quando voltamos e resolvemos checar se a parte elétrica estava pronta, o eletricista nos disse que tudo tinha sido feito, e mais ainda." A pedido do empregado deles, Pradeep, outra campainha tinha sido instalada na sala de estar de Andreatta, com um botão no quarto dos empregados. Pradeep deu a seguinte explicação à esposa de Nino: "Senhora, isto é muito conveniente: quando a senhora precisar de Pradeep, a senhora toca a campainha branca na sala de estar, e quando Pradeep precisar da senhora ele toca a campainha branca instalada no quarto dele". Além de gostar de saber que meu amigo Nino não tinha perdido o senso de humor, diante de uma vida de tantos sucessos, achei a história das duas campainhas muito animadora para o futuro de uma Índia em transformação.

6

Os sul-asiáticos formavam um grupo bem distinto na Cambridge dos meus tempos de graduação. Conheci dois indianos antes mesmo de chegar lá, tendo-os encontrado durante suas visitas a Calcutá: Prahlad Basu e Dipak (Hapan) Mazumbar, que foram para Cambridge um ano antes de mim. Procurei-os ao chegar e ambos se tornaram bons amigos. Prahlad mais tarde entrou na administração, tornando-se um dos principais funcionários públicos da Índia, enquanto Dipak seguiu carreira acadêmica, como eu — na verdade, fomos colegas no corpo docente da London School of Economics nos anos 1970. Dipak e eu costumávamos nos reunir com sua viva e espirituosa esposa Pauline, pesquisadora médica com um agradável senso de humor.

Conheci muitos outros indianos e paquistaneses e me reunia com eles no campus, quase sempre à noite. Aparna Mehta, que se casaria com Prahlad, tornou-se amiga próxima e solidária, quase como alguém da família. Passara a infância em Calcutá e falava bengali fluentemente. Conversávamos muito sobre nossos respectivos problemas. Segundo os amigos, formávamos uma "sociedade de admiração mútua de duas pessoas", embora talvez fosse mais exato descrevê-la como "sociedade de aconselhamento mútuo".

Outro indiano que vim a conhecer bem foi Dipankar Ghosh, um estudante de direito muito inteligente, cujo pai, Dwarkanath Ghosh, tinha sido um dos grandes economistas da Índia. Eu já conhecia a família, mas Dipankar só conheci quando fui para Cambridge. Ele tinha estudado na Faculdade La Martinère em Calcutá, que atraía alunos com um inglês mais fluente do que minha formação educacional permitia. Fui ver Dipankar no dia em que o semestre começou, e nos encontramos num restaurante indo-paquistanês (inevitavelmente chamado "Taj Mahal"), mais ou menos em frente ao Grande Portão de Trinity. Dipankar se saía esplendidamente como aluno de direito em Cambridge (embora fosse difícil descobrir em que momento ele de fato estudava). Pertencíamos a um grupo de amigos comuns que se reuniam com grande regularidade.

Dilip Adarkar, filho de outro destacado economista da Índia, pertencia ao grupo e, embora eu só viesse a conhecê-lo em meu segundo ano, nós rapidamente nos tornamos amigos. Durante o nosso segundo e terceiro anos fizemos muitas coisas juntos, incluindo uma viagem a Noruega, Suécia, Dinamarca, Alemanha e Holanda. Essa proximidade nos foi muito útil quando minha esposa, Nabaneeta, e eu visitamos a Universidade de Stanford no verão de 1961, onde ele e sua esposa, Chitra, terminavam seus cursos de graduação.

Alguns indianos que eu conhecia bem também estavam em Trinity. Penso em Kumar Shankardass, grande advogado na Suprema Corte da Índia, em Delhi — serviu também como presidente da International Bar Associaton durante os anos 1980, e continuou sendo um bom amigo. Havia também Samir Mukherjee, que passava muito tempo ouvindo jazz em vários ambientes duvidosos da cidade. Quando conversei com ele pela última vez em Calcutá — deve ter sido mais de duas décadas atrás — entendi que depois de recuperar-se de um ataque de pólio, dedicava-se basicamente a escrever peças de esquerda para o teatro de Calcutá (o que era surpreendente, levando em conta as origens empresariais de classe alta anglicizada de sua família). O irmão Prabir, também em Trinity (outra pessoa imensamente agradável), desconfiava de qualquer ideia política que discutíssemos.

7

Indianos e paquistaneses se misturavam muito naqueles tempos em Cambridge, e embora não houvesse uma Sociedade da Índia ou Sociedade do Paquistão, havia uma próspera *Majlis* (o termo persa significa "assembleia") que acolhia qualquer pessoa do sul da Ásia. Dela participavam, entre meus amigos mais próximos, Rehman Sobhan, do Paquistão Oriental (mais tarde Bangladesh), e Mahbub ul Haq e Arif Iftekhar (talvez o melhor debatedor que já vi), do Paquistão Ocidental. A partir do segundo ano a Majlis se tornou parte central da minha vida e substituí Rehman Sobhan como seu presidente, tendo sido tesoureiro (responsável por seus tesouros inexistentes) durante o mandato presidencial de Rehman. Rehman é provavelmente o mais próximo dos amigos de longa data que tive, e a Majlis teve papel importante em nos manter constantemente juntos em meados dos anos 1950.

Realizamos algumas reuniões conjuntas com a Majlis de Oxford, e em certa ocasião Rehman e eu estivemos lá para discutir a guerra fria com eles. Oxford era bem representada por Kamal Hossain, que estudava direito e viria a ser muito ativo na formação de Bangladesh; foi o primeiro ministro do Exterior de Bangladesh independente, em 1971. Kamal nos contou que tinha sido avisado de que dois oradores de esquerda muito veementes estavam chegando da Majlis de Cambridge e preparou-se devidamente para nos receber. Confessou certa decepção quando viu que Rehman e eu não éramos assim tão ferozes.

8

A Majlis de Cambridge era bem vigorosa no recrutamento dos novos estudantes, que chegavam a cada outubro. Rehman tinha uma conversa convincente pronta para ser desfechada com esse objetivo em cima de qualquer calouro sul-asiático. Em outubro de 1955, quando a impressionante Salma Ikramullah chegou do Paquistão para a Faculdade Newham, Rehman demonstrou interesse excepcional em recrutá-la. Insistiu para que eu o acompanhasse quando reuniu coragem para visitar Salma e tentar convencê-la a ingressar na Majlis. Ela sorria enquanto Rehman expunha seus bem ensaiados argumentos sobre as razões pelas quais um sul-asiático recém-chegado tinha que ingressar imediatamente na Majlis, para não levar uma vida cultural e politicamente empobrecida. Salma ouvia com curiosidade enquanto Rehman se esforçava, nem um pouco convencida por sua conversa agressiva. Seus olhos refletiam um divertido ceticismo, mas apesar disso decidiu juntar-se a nós.

Eu não tinha como saber naquela época, claro, quanto aquela reunião seria importante na vida do próprio Rehman, e na vida de muitos outros no subcontinente e no mundo. Salma mais tarde casou com Rehman, juntando-se a ele em empreendimentos muito maiores, e muito mais importantes, do que as nossas pequenas Majlis. Veio a ser uma ativista pioneira na defesa dos direitos humanos e teve grande impacto nas causas progressistas em Bangladesh, apaixonadamente decidida a combater a desigualdade social em geral e a desigualdade de gênero em particular. Como professora estimulante e muito admirada do departamento de direito da Universidade de Daca, Salma apareceu com ideias novas e profundas sobre a importância dos direitos humanos, incluindo os direitos das mulheres, e tinha muito a dizer sobre formas e meios práticos de combater e superar a injustiça social. Além disso, enriqueceu notavelmente a perspectiva de gênero e a compreensão feminista das desigualdades sociais em Bangladesh e em outras partes do mundo. Entre tantas instituições importantes, fundou o Ain O Salish Kendra (Centro de Direito e Reparação Jurídica), dedicado a trabalhar pelos direitos dos que recebem pouco apoio jurídico das fontes normais, para combater desvantagens relacionadas a gênero.

Por trás desse trabalho havia uma profunda análise intelectual das raízes das privações. Embora quase sempre se precise de legislação em defesa dos que têm poucos direitos reconhecidos, até mesmo as provisões legais podem, na prática, ser inúteis quando se trata de pessoas seriamente desprivilegiadas, em virtude de outras desvantagens, como o analfabetismo e a indigência. Essas desvantagens podem impedir que os oprimidos invoquem e utilizem a força protetora do direito — se você não consegue ler o que diz a lei, está inevitavelmente incapacitado de usá-la. Lado a lado com amigas e colegas (Sultana Kamal, Hameeda Hossain e outras) que eram — e são — imensamente dedicadas a essas causas, Salma lançou as bases de uma abordagem abrangente para resistir a violações dos direitos humanos e defender as reivindicações dos membros mais oprimidos da sociedade. Salma morreu de repente em dezembro de 2003, mas o Ain O Salish Kendra, com seu alcance intelectual, e sua dedicação prática, continua sendo um legado duradouro de sua visão e de sua iniciativa.

9

Conheci Claire Royce, estudante de economia, no começo do meu segundo ano. Sua beleza física e sua inteligência eram fáceis de perceber na biblioteca Marshall — a biblioteca de economia — então localizada em Downing Street. Tive ótimas conversas com ela fora da biblioteca, enquanto tomávamos café, e eu sabia que meu amigo Michael Nicholson a adorava. Não muito tempo depois de nos conhecermos, Claire me perguntou se eu tinha algum plano para as festas de fim de ano, e se eu gostaria de juntar-me a ela e sua família em Coventry no Natal. Aceitei com alegria seu convite: o namorado de Claire, Bev Pooley, também iria, e ela havia convidado Ken Pollak, da África do Sul, e meu amigo Lal Jayawardena. Formávamos um grupo bastante cosmopolita. Diana, a cativante irmã mais nova de Claire — animada e imensamente charmosa —, encontrava-se lá também.

Eu estava acostumado às luzes e aos sons de um Natal inglês, mas não sabia muita coisa sobre o seu lado divertido e bagunceiro. Esse déficit foi certamente corrigido pelas festividades em Coventry. Os pais de Claire, Henry e Eleanor, foram imensamente simpáticos, e a conversa com eles era fascinante. Interessavam-se pela Índia, e além disso se mostraram curiosos e carinhosos sobre as experiências que eu tinha vivido até então longe de casa. Senti-me muito à vontade com a família Royce e passei um tempo extraordinariamente alegre naquele feriado.

Eu já conhecia Lal Jayawardena, claro, mas na casa dos Royce pudemos conversar mais à vontade sobre sua vida e seus interesses. Lal tinha interesse em ser de esquerda — essa é a melhor maneira de definir, acho eu, uma vez que nem em seus instintos herdados, nem em seu estilo de vida, ele estava destinado a ser de esquerda. Vinha de uma família de banqueiros rica e muito bem-sucedida de Colombo, com uma casa enorme, num lugar seleto em Colombo-7, mas sua humanidade e suas reflexões igualitárias constantemente o empurravam numa direção diferente. Naquela época estava escrevendo um interessante artigo sobre Marx (o título, acho eu, era "Marx — um homem muito difamado"). Mais tarde casaria com uma intelectual de esquerda politicamente ativa, Kumari, que combinava o fogo da política com uma beleza notável.

Durante aquele nosso Natal em Coventry, Lal me contou que estava preocupado com o fato de sonhar em inglês, o que o fazia sentir-se distante do povo do Sri Lanka. "Em que língua você sonha?", me perguntou. Quando eu disse "bengali, basicamente", ele replicou: "Eu queria fazer exatamente isso". Rebati: "Isso você não vai conseguir, pois não sabe bengali". "Eu quis dizer em cingalês, claro", esclareceu Lal, "mas não é fácil, pois não consigo controlar meus sonhos." Nos anos 1980, quando se tornou o primeiro diretor do Instituto Mundial para a Pesquisa do Desenvolvimento Econômico (Unu-WIDER), em Helsinque, Lal deu início a numerosos projetos importantes na agenda global para a pesquisa do desenvolvimento, e senti muito orgulho de poder trabalhar com ele. Seus interesses e seus desejos nasciam de seus compromissos igualitários, e continuamos amigos até sua morte, em 2004.

Diana Royce tornou-se uma amiga muito próxima a partir do nosso tempo juntos em Coventry e em subsequentes visitas a Cambridge. Gostávamos da companhia um do outro e essa proximidade enriqueceu minha vida de muitas formas diferentes. A própria Diana mais tarde se envolveu com o Partido Conservador local, mas dedicava a maior parte do tempo a trabalhar de graça por boas causas sociais. Meu amigo John Bradfield, de Trinity, me explicou que Diana era muito comprometida e eficiente em seus esforços para melhorar o hospital Addenbrooke, em Cambridge. Se me surpreendi quando ela se tornou uma política conservadora (e me surpreendi mesmo), sua dedicação ao bem-estar social em geral e à assistência médica em particular nada tinha de surpreendente. Diana casou com um homem muito simpático chamado George Abbott que, depois de estudar em Cambridge, administrava uma pequena mas acolhedora agência de viagens no centro da cidade.

Claire também continuou sendo uma amiga próxima, e em diferentes fases desempenhei vários papéis em sua vida pitoresca, incluindo o de lhe passar descomposturas num momento mais complicado. Mas minha maior contribuição na vida de Claire foi certamente apresentá-la a Luigi Spaventa. Luigi, economista brilhante, foi meu primeiro aluno pesquisador (do qual eu tinha o maior orgulho). Chegou a Cambridge depois de estudar na Universidade de Roma (La Sapienza) em 1957, ano em que fui eleito para uma prize fellowship em Trinity. Quando voltei de Calcutá para Trinity no ano seguinte, e comecei a dar aulas além de pesquisar, Luigi me pediu para ser seu supervisor — ele se interessava principalmente pela natureza das privações na região mais pobre do sul da Itália (o chamado Mezzogiorno). Era só um pouco mais novo do que eu, e aprendi tanta coisa nas conversas com ele — sobre economia, política, vinhos italianos e os problemas sociais da Europa — quanto qualquer assunto que ele talvez pudesse aprender comigo. Luigi não submeteu sua tese para um doutorado em Cambridge, ainda que pudesse ter feito isso com pouquíssimo esforço extra ("Não tem muita utilidade para mim na Itália", explicou), e tornou-se professor em várias universidades italianas — processo pelo qual o sistema daquele país obriga a passar —, terminando como docente em sua velha Universidade de Roma. Tornou-se atuante também na política, e foi membro do Parlamento italiano de 1976 a 1983, pelo Partido Comunista, que então se metamorfoseava em Partido Democrático de Esquerda. Serviu dois períodos como ministro de gabinete e depois disso assumiu vários cargos oficiais de liderança em economia, incluindo o de chefe da Consob, a comissão governamental que supervisiona a operação das empresas, regula o mercado de valores mobiliários e a bolsa de valores da Itália.

Certa manhã, acredito que em 1960, Claire apareceu no meu alojamento no Pátio Novo em Trinity, que dava para a avenida do rio Cam. Eu supervisionava — ou pelo menos fingia supervisionar — Luigi. Ficou claro que eles causaram uma boa impressão imediata um no outro, mas de início não admitiram isso. Quando Claire saiu, Luigi fez um comentário sobre a "garota inglesa muito certinha". Claire, no mesmo tom, me disse, não muito tempo depois, que meu amigo era "comportado demais, e bem informado demais, e deve ter nascido com o *Manchester Guardian* debaixo do braço". Tive uma surpresa agradável quando, mais ou menos um ano depois, eles me disseram que iam casar, o que fizeram. Seguiu-se uma maravilhosa vida a dois, com enorme intimidade, apoio recíproco e complementaridade.

10

Entre minhas novas amizades, houve uma que nasceu de uma necessidade médica. Eu tinha ido para Cambridge apenas um ano depois das pesadas doses de radiação para o tratamento do câncer bucal. Sabia-se que o risco de recorrência era alto, e os perigos de danos da radiação também eram consideráveis. Meu hospital em Calcutá — Chirrajanjan — tinha sido tão desorganizado que não consegui tirar dele um prontuário médico para levar a Cambridge. Anos depois, quando visitei o hospital para saber que registros eles guardavam da minha doença e do tratamento que recebi, fui informado de que não conseguiram encontrar absolutamente nada.

Felizmente meu pai, sistemático como era, tinha guardado páginas e páginas de anotações sobre o diagnóstico e as consultas médicas, os tratamentos alternativos que foram considerados, a quantidade precisa de radiação que me era aplicada e quais foram minhas reações pós-radioterapia. Quando parecia que eu estava recuperado, meu pai juntou tudo numa pasta, amarrou-a — lembro disso perfeitamente — com um barbante vermelho e me disse: "Espero, na verdade tenho certeza, que não venhamos a precisar abrir esta pasta novamente". Mas precisei abri-la, pois ela se mostrou uma fonte de valor inestimável diante da negligência com que o Hospital do Câncer Chittarranjan mantinha seus registros. O primo da minha mãe, Amiyamama, o cirurgião que fez a biópsia inicial, também me passou uma página e meia de história resumida, ainda que ele estivesse ausente de Calcutá quando as decisões sobre radiação foram tomadas.

Eu tinha guardado esses papéis, mas não sabia quem procurar em Cambridge. Não houve mudanças físicas, por um tempo, em minha boca submetida à radiação. Meu clínico geral, o dr. Simpson, leu as anotações, e depois de examinar meu céu da boca muito bem curado decidiu não fazer coisa alguma. Mas poucos meses depois da minha chegada a Cambridge, o céu da boca parecia estar encolhendo nas bordas e meus dentes superiores, muito amolecidos (resultado comum do tratamento radioterápico), causavam bastante dor. Assim sendo, fui ver um dentista, que queria arrancar os dentes de imediato, com anestesia local. Mas Amiyamama me havia dito para ser extremamente cuidadoso e não fazer nada na boca sem antes consultar um especialista, e principalmente não usar anestesia local, por causa dos efeitos da radiação. O dentista não pareceu muito impressionado com essas palavras de advertência, mas, percebendo a minha preocupação, disse que ia dar um jeito de arrancar meus dentes em sua pequena sala de cirurgia no hospital Addenbrooke. Se estava de fato preocupado com algum perigo desconhecido, eu poderia conversar com um dos médicos do Centro de Radioterapia (RTC) no hospital.

Cheguei ao Addenbrooke um pouco cedo para a cirurgia, e insisti em ver um especialista em radioterapia antes de extrair os dentes (o que, obviamente, irritou meu dentista). Mas minha insistência deu resultado, e alguém do RTC foi falar comigo. Isso provocou uma forte reação. Pediram-me que esperasse e não fizesse nada, e logo um oncologista sênior do RTC chegou à sala de cirurgia do dentista. Rapidamente assumiu o comando e insistiu que eu o acompanhasse. Repreendeu o dentista por não ter entrado em contato com eles mais cedo, e me disse que no futuro eu não deveria em hipótese alguma ir a um dentista sem antes falar com o RTC. "Você pode criar um problemão para você mesmo se começar a mexer muito nessa boca depois de tanta radiação", disse ele. "Sabemos muito pouco sobre o que acontece na região que recebeu essa radiação. Qualquer coisa que queira fazer na boca, precisa falar conosco primeiro."

A partir daquele momento fiquei sob custódia do RTC, com check-ups regulares, exames rigorosos e alguns procedimentos menores, mas cuidadosamente planejados. Não consigo me expressar adequadamente quanto fiquei impressionado com o National Health Service — com a qualidade da assistência, a cautela médica e a humanidade deles.

Minhas relações com o RTC passaram a ser uma das ligações mais importantes da minha vida. De 1953 a 1963 (meus anos em Cambridge), houve épocas em que precisei ir lá várias vezes por mês, para acompanhar alguma ocorrência que parecesse potencialmente suspeita. O primeiro oncologista que cuidou de mim, com cuidado e habilidade excepcionais, foi um jovem chamado dr. Levison. Quando ele se mudou para um hospital de Londres, o professor J. S. Mitchell, catedrático de medicina, ficou com essa responsabilidade. Era um cientista magnífico e um clínico muito bondoso. Além de lidar com qualquer coisa que aparecesse na minha boca, ele fazia, a cada seis meses, um exame físico completo — em conformidade (pensava eu) com o título da sua cátedra [Physic]. Explicou que era melhor ter certeza de que nada de inoportuno estava acontecendo em qualquer outra parte do corpo. Acho que jamais fui examinado com um cuidado tão intenso. Fora a necessidade de cuidado geral de que tinha falado, ele queria ter certeza de que nenhum problema secundário se desenvolvia em qualquer outra parte (muito embora raramente cause metástase, o carcinoma de células escamosas tende a matar por proliferação local e em último caso por asfixia).

O professor Mitchell também tinha opiniões fortes sobre o que eu podia comer e beber. Recomendou que eu evitasse alimentos fritos e bebesse chá fraco e com muito leite. "É para impedir que o câncer volte?", perguntei. "Não", respondeu ele, "é para evitar outros problemas de saúde que possam aparecer se você tiver maus hábitos alimentares." Não beber chá forte é coisa difícil para indianos (Mitchell desconfiava ainda mais de café forte), e sua tentativa de me manter longe do álcool — totalmente longe — também deparou com alguma resistência interna em mim.

As instruções do professor Mitchell sobre vida boa me intrigavam e perguntei ao dr. David Bratherton, que tomou conta de mim no RTC depois, o que achava delas. O dr. Bratherton sorriu um pouco sobre o rigor dos conselhos do catedrático, dizendo: "Você precisa lembrar que o professor Mitchell é abstêmio". Quando respondi "mas isso, claro, não tem nada a ver com seu conselho científico, tem?", Bratherton simplesmente continuou sorrindo, coisa que percebi ser uma observação muito profunda em epistemologia.

Acho difícil descrever o grau de atenção pessoal que recebi de todos no RTC. Passei mais tempo com o dr. Bratherton, que para mim se tornou como alguém da família. Visitei sua casa numerosas vezes, e ele foi jantar comigo em Trinity quando obtive a prize fellowship em 1957. Passou muito tempo depois do jantar fazendo perguntas sobre minha vida na Índia e minhas experiências na Grã-Bretanha. Bem mais tarde, depois que sua esposa morreu e ele começou a morar sozinho em sua vasta casa em Grantchester Meadows, passei um agradabilíssimo fim de tarde a seu lado, e ele tocou piano, de modo cativante, para mim. A música era magnífica, mas havia muitas notas melancólicas, refletindo seu estado de espírito na época, o que também me deixou triste.

Bratherton não só acompanhou de perto meus problemas médicos mesmo depois que saí de Cambridge, em 1963, como seguiu minha vida profissional — e acadêmica — com o maior interesse pessoal. Lamentavelmente, morreu em 1997, um ano antes da minha volta de Harvard para Cambridge — de modo que meus planos de recebê-lo no alojamento do mestre nunca se materializaram. Acho que ele teria gostado de ver que o menino vulnerável de quem cuidou tão bem estava levando vida normal, finalmente.

Quando passo andando por Grantchester Meadows, olho para a casa de David com uma forte sensação de perda, mas também com um imenso sentimento de gratidão. Quando desembarquei no cais de Tilbury não fazia ideia de quem seriam meus amigos. A intimidade vinha em parte da proximidade física, em parte da proximidade de origem, em parte da afinidade política, ou da simpatia pessoal, ou ainda — como no caso dos meus médicos do Centro de Radioterapia — da minha profunda vulnerabilidade. Refletindo sobre a minha nova vida em Cambridge, entendi que era maravilhoso o fato de a fraqueza — e não só a força — poder aproximar tanto as pessoas.

18. Que economia?

1

No verão de 1954 recebi novas acomodações em Trinity, no pátio Whewell, do outro lado da rua Trinity, em frente ao Grande Portão. As acomodações eram espaçosas, com um bom dormitório e uma sala de estar de tamanho razoável. Mas, como na maioria das faculdades daquela época, eu tinha que atravessar o pátio para chegar a um lavabo, e atravessar a rua Trinity de toalha na mão para chegar ao Grande Pátio e tomar um banho de chuveiro. Como não havia água quente (ou, na verdade, água corrente de qualquer espécie) em meus cômodos, a pessoa que arrumava a cama trazia duas jarras de água quente e fria todas as manhãs, com uma grande bacia branca para que eu as misturasse e pudesse me lavar e fazer a barba.

Eu estava feliz de finalmente poder morar na faculdade, embora me sentisse triste por sair da casa da sra. Hanger em Priory Road. Acabei gostando muito dela. Sempre foi amável, mas durante o ano que ali fiquei ela se transformara numa paladina da igualdade racial. De temerosa em outubro de 1953 — quando cheguei — de que minha cor pudesse sair em seu banheiro, quando saí ela já fazia preleções para qualquer um no bairro sobre a necessidade de compreender que "todas as pessoas são iguais".

Em meu quarto de estudante no Trinity College, Cambridge, 1955.
Fotografia tirada por meu primo Baren Sen.

Quando fui me despedir, em junho de 1954, ela me deu uma xícara de chá com alguns biscoitos caseiros, dizendo que ia sentir muito a minha falta. Disse ainda umas coisas muito progressistas sobre as relações raciais, e contou que tinha irritado uma inglesa num clube de dança aonde ia regularmente por não querer dançar com um africano que procurava uma parceira ("Fiquei muito chateada — por isso peguei o homem e dancei com ele mais de uma hora, até ele dizer que queria ir para casa.").

Anos depois, em janeiro de 1998, quando voltei a Cambridge, quis vê-la novamente e achei que ela pudesse gostar de tomar um chá no alojamento do mestre, mas não consegui encontrar seu nome na lista telefônica. Por isso fui a Priory Road, mas ninguém soube me dizer para onde os Hanger tinham ido. Isso aconteceu 44 anos depois da minha última visita, e era tolice minha achar que ela ainda pudesse estar lá. Mas fiquei muito triste por não poder sequer vislumbrar minha carinhosa e simpática senhoria.

2

Quando me mudei para o pátio Whewell, fui acolhido por outro estudante de graduação, Simon Digby, cujo alojamento ficava perto do meu. Ele ingressara em Trinity dois anos antes de mim, em 1951, e tínhamos amigos em comum, embora não conhecêssemos um ao outro antes de nos tornarmos vizinhos. Fiquei comovido quando vi que Simon tinha preparado comida indiana para me dar as boas-vindas. Infelizmente eu me atrasei no dia da mudança e só cheguei lá, com minha bagagem, quase à meia-noite. Claro, eu não tinha ideia de que Simon esperava por mim com um camarão ao curry. Tivemos uma refeição deliciosa — embora fosse meu segundo jantar naquela noite, e imaginei que dele também.

O envolvimento e a crescente experiência de Simon em história indiana, particularmente na história islâmica pré-mogol, já me impressionavam — nossas conversas eram, na verdade, seminários gratuitos para mim. Não concordávamos, no entanto, em política contemporânea, uma vez que Simon queria ver a Índia como um país hindu da mesma maneira que o Paquistão pode ser visto como um país muçulmano. Uma das suas maiores antipatias era Jawaharlal Nehru, especialmente pelo que entendia como pretensões de Nehru a historiador ("É impossível fazer coisa pior do que seu *Glimpses of World History* [Vislumbres da história mundial], sabia?", comentou). Simon também discordava totalmente da política de Nehru. Minha afirmação de que ser uma democracia secular tinha grandes méritos era uma tese que ele achava difícil aceitar, pelo menos naquela altura. Acho que suas opiniões mudaram um pouco quando, mais tarde, encontrou boa acolhida para seus estudos islâmicos na Índia, depois de ter sido (por algum motivo) esnobado no Paquistão. Simon, infelizmente, se foi, porém muitos seguidores seus continuam sua obra, sediados na Índia.

3

O que eu tinha aprendido em meus estudos na Faculdade da Presidência me parecia suficiente para dar conta do primeiro ano de economia em Cambridge, a não ser pelas novas divergências, como o livro que Joan Robinson estava terminando e que se chamava *The Accumulation of Capital* [Acumulação de capital]. A primeira aula a que assisti em Cambridge tinha sido dada por ela. Mas, apesar das nossas relações pessoais amigáveis e carinhosas, que incluíam passar muito tempo com ela e sua família, não se formou entre nós um vínculo acadêmico. Isso me chateava, pois eu gostava muito dela, sempre afetuosa, acolhedora e solidária.

Joan tinha forte ligação com a Índia, que visitara quando jovem. Casou com Austin Robinson, que no fim dos anos 1920 servira como professor particular de um príncipe indiano, o filho do marajá de Gwalior. Isso foi bem antes de Austin ir para Cambridge e tornar-se um professor bastante conhecido e universalmente amado. Joan adorou o tempo passado na Índia, visitando muitos locais históricos (com e sem Austin), e fazendo muitos amigos. Se o gosto de Joan por praticamente tudo que tinha relação com a Índia — ela costumava vestir-se com roupas indianas — era um traço bem visível da sua personalidade, sua atitude para com a teoria econômica era muito mais seletiva. Estava bem convencida dos acertos e erros na economia, e decidiu que era seu dever ajudar o lado certo a ganhar. Sua rejeição da economia padrão — geralmente chamada "economia predominante" ou "economia neoclássica" — era tão completa quanto resoluta, mas, por outro lado, achava o pensamento econômico marxista — apesar de promissor — irremediavelmente errado. Gostava particularmente de criticar — e até ridicularizar — seu colega de Cambridge Maurice Dobb que — como eu já disse — era o principal economista marxista da Grã-Bretanha naquela época.

Confesso que não estava particularmente convencido da compreensão de Marx por Joan, nem pela nova obra sobre crescimento econômico e teoria do capital de que ela se ocupava quando cheguei. No entanto, eu tinha suficiente curiosidade por suas ideias — e por ela mesma — para querer que fosse uma supervisora extra durante meus estudos de graduação, juntamente com Dobb. Isso foi em 1954-5, o segundo dos meus dois anos como estudante de graduação em Cambridge.

Joan estava terminando *The Accumulation of Capital*, que saiu em 1956. Ela via sua obra como uma destruição definitiva da teoria do capital predominante, bem como da teoria do crescimento econômico "deles" a qual tinha a pretensão de substituir pelo que esperava ser uma nova forma de ver o capital e o crescimento. Minha curiosidade levou-me a aceitar sua sugestão inusitada de, em vez de escrever artigos semanais para que ela comentasse (como é de hábito no sistema didático de Cambridge), eu lesse um capítulo do seu novo manuscrito a cada semana e lhe submetesse minha crítica. Adorei aquelas leituras e os encontros subsequentes. Suas ideias eram certamente originais e interessantes, ainda que eu não as achasse convincentes.

Um dos resultados do meu envolvimento com o novo livro de Joan Robinson naqueles termos foi o de ter me convencido de que, apesar da minha admiração, eu não seria um dos seus "seguidores", como acho que ela esperava. Eu me sentia honrado pela fé que Joan depositava em mim, e lhe tinha grande respeito, mas não conseguia me convencer de que estivesse no caminho certo. Discuti com ela algumas vezes, mas inutilmente — ela era bem melhor para falar do que para ouvir. Na verdade, Joan não era apenas dogmática: havia, praticamente, uma determinação da sua parte de não levar em conta argumentos contrários, como se uma recusa pudesse de alguma forma fazê-los desaparecer. Eu não podia deixar de pensar que a tradição argumentativa tão persistentemente defendida nos debates filosóficos indianos, e que incluía saber ouvir com atenção, podia ter dado alguma contribuição às convicções de Joan sobre o que dá força a uma tese. Eu achava que seu desdém pelas teorias predominantes carecia de uma defesa bem fundamentada, assim como sua rejeição imediata das perspectivas marxistas cuidadosamente desenvolvidas por Dobb, Sraffa e Hobsbawn.

4

Embora as ligações nem sempre fossem claras, os escritos de Joan eram visivelmente influenciados pela rejeição de John Maynard Keynes (particularmente sua obra sobre os pontos mais profundos das recessões e sobre depressões) da adequação da economia de mercado. Muitos dos grandes debates sobre economia política em Cambridge eram firmemente orientados para os prós e contras da economia keynesiana e os avanços decorrentes da abordagem de Keynes. Havia nítidas diferenças, ruidosamente proclamadas, entre os seguidores de Keynes (como Richard Kahn e Nicholas Kaldor, além de Joan), e, do outro lado, os economistas "neoclássicos" (incluindo, em diferentes formas, Dennis Robertson, Harry Johnson, Peter Bauer, Michael Farrell e outros).

Se Richard Kahn era, em geral, o mais agressivo desses neokeynesianos, e Joan Robinson a mais eloquente e franca, Nicky Kaldor, cuja convincente apresentação da teoria do capital o tornava mais alinhado com o pensamento keynesiano, era o mais original e criativo deles. Via a batalha entre as diferentes escolas com transparente ironia e bom humor, e parecia considerá-la uma série de pequenas escaramuças que não deixariam marcas indeléveis em nossa compreensão da economia. Minha própria faculdade, Trinity, era um oásis em meio a essas discórdias constantes, com três economistas notáveis de opiniões políticas bem diferentes aparentemente felizes de poder coexistir e com frequência interagir. O marxista Maurice Dobb e o neoclássico conservador Dennis Robertson realizavam seminários conjuntos, e muitas vezes somavam forças com Piero Sraffa, cujo ceticismo parecia aplicar-se a todas as escolas de pensamento econômico.

Os principais debates sobre economia em Cambridge naquela época giravam em torno, substancialmente, de agregados econômicos — incluindo o valor agregado do capital. Os descritos como "neokeynesianos" (às vezes, para nos confundir mais, também chamados de "neo-ricardianos") eram totalmente contra qualquer uso de "capital agregado" em modelagem econômica; a utilidade do conceito de capital na forma de agregado produtivo é um artifício de representação, cujo êxito depende dos seus méritos circunstanciais. Havia, sem dúvida, dificuldades — até mesmo contradições internas — com a ideia de capital agregado como fator de produção, as quais Sraffa expôs com clareza cristalina. Tentativas de contorná-las já se haviam revelado inúteis. Vários colegas estudantes e amigos trabalhavam nessas questões, e dois em particular — Luigi Pasinetti e Pierangelo Garegnani — deram contribuições analíticas definitivas.

No entanto, apesar de muito envolvida em assuntos como esse, a economia em Cambridge estava muito menos preocupada com outras questões importantíssimas, como desigualdade, pobreza e exploração. A economia em Cambridge pretendia ser politicamente de esquerda — causa à qual, de certa maneira, se dedicava. Para mim, apesar disso, era difícil acreditar que a queda do capitalismo, se viesse a ocorrer, seria causada por algum erro sofisticado da teoria do capital e não pela forma vil com que o capitalismo trata os seres humanos. A. C. Pigou (ainda vivo naquela época, morando em Cambridge, e que costumava ser ignorado pelos neokeynesianos como um economista neoclássico antiquado, porque contestara Keynes em muitas de suas afirmações sobre macroeconomia) mostrou ter compreendido o problema bem melhor quando disse: "Não é a curiosidade, mas o entusiasmo social que se revolta contra a sordidez das áreas mais pobres e violentas e a infelicidade de vidas deterioradas que está na origem da ciência econômica".[1]

Nessas questões, Joan Robinson assumiu a posição — agora muito popular na Índia — de que, em relação a prioridades, temos de nos concentrar primeiro em maximizar o crescimento econômico. Depois de crescer e enriquecer, poderemos, então, nos voltar para a assistência médica, a educação e tudo o mais. Essa abordagem é, acho eu, um dos mais profundos equívocos do pensamento desenvolvimentista, uma vez que a necessidade de boa saúde e boa educação é maior justamente quando o país é pobre.

Além disso, ainda que o crescimento econômico seja importante, a busca obcecada desse objetivo — ao mesmo tempo que se negligencia a educação, a saúde e a nutrição — é não apenas terrível para a qualidade de vida do povo, mas também uma estratégia de tiro no pé, uma vez que elementos cruciais de uma vida humana decente são também ingredientes importantes para a produtividade humana, como Adam Smith observou muito tempo atrás. De alguma forma, Joan tinha pouca simpatia pela compreensão smithiana integrada do desenvolvimento econômico. Por exemplo, ela criticava com veemência o Sri Lanka por oferecer alimentação subsidiada para qualquer pessoa por razões nutricionais e em nome da boa saúde, ainda que isso ao mesmo tempo contribuísse para a expansão econômica. Rejeitava essa estratégia mista fazendo uma analogia falaciosa: "O Sri Lanka está tentando provar o fruto na árvore sem fazê-la crescer".

As divisões entre escolas de pensamento econômico pareciam desempenhar um papel hipnótico na retórica de Cambridge, particularmente na classificação dos economistas em duas categorias distintas: amigos e inimigos. O contraste entre economistas neoclássicos e neokeynesianos muitas vezes surgia nessas disputas. "Neoclássico" no contexto da economia era um termo que eu desconhecia antes de ir para Cambridge, mas um exemplo de neologismo que pegou e tinha vasto uso nesses debates. Qualquer esperança que eu tivesse de adivinhar o que realmente significava ser "neoclássico" em economia, por analogia com o uso mais comum do termo nas artes, na escultura, na arquitetura, era frustrada. Recordar exemplos de arte neoclássica que eu tinha visto, como a magistral pintura de Jacques-Louis David *O juramento dos Horácios*, e a escultura *Psiquê reanimada pelo beijo de Cupido*, de Antonio Canova, não me ofereciam nenhuma pista.

Um pouco de pesquisa revelou que o uso original de "neoclássico" em economia, aparentemente por Thorstein Veblen em 1900, parece ter servido de prelúdio a uma crítica do que era assim descrito e ainda é difícil dissociar o termo do seu uso pejorativo original. Concluí que era muito mais fácil pensar em neoclássico simplesmente como a economia predominante, com um aglomerado de agentes maximizadores — capitalistas, trabalhadores, consumidores e assim por diante — seguindo regras mecânicas de maximização pela equiparação de marginal isto com marginal aquilo.

Veblen era um pensador fecundo, com muito mais clareza em assuntos que não fossem seu confuso delineamento da economia neoclássica: nós lhe devemos ideias importantes como "consumo conspícuo" e "classe ociosa".[2] Lembro de ter ficado impressionado com a semelhança entre a abordagem de Veblen da "classe ociosa" e a caracterização por Marc Bloch de pessoas que "vivem do trabalho de outras" (discutida no capítulo 13, em relação a uma importante interpretação da teoria do valor-trabalho). Era, sem dúvida, importante fugir das abordagens estereotipadas da crítica popular (implícita, por exemplo, na ideia do neoclassicismo) e buscar uma caracterização mais clara nas críticas da economia padrão.

5

Embora houvesse muitos excelentes professores em Cambridge não tão envolvidos nessas intensas disputas entre diferentes escolas de pensamento (como Richard Stone, Brian Reddaway, Robin Matthews, Kenneth Berrill, Harry Johnson, Aubrey Silberston, Robin Marris e Richard Goodwin), as linhas políticas eram em geral firmemente — e de maneira bizarra — traçadas. Os keynesianos, vistos como à esquerda dos seguidores da economia clássica, eram algo bem no espírito de "mas fica entendido que só nisso", uma vez que os neokeynesianos se opunham com firmeza a marxistas e a outras escolas de pensamento de esquerda.

Logo ficou claro para mim que não havia como categorizar diferentes economistas em apenas uma dimensão da esquerda para a direita. Dobb, astuto economista marxista, costumava ser visto por keynesianos e neokeynesianos como "muito brando" em relação à economia neoclássica. Brando ou não, minhas observações indicavam que quase sempre havia mais espaço para relações amistosas entre economistas marxistas e neoclássicos do que entre economistas neokeynesianos e neoclássicos. O marxista Dobb, por exemplo, um dos poucos professores de economia de Cambridge interessados, naquela época, em economia do bem-estar, era muito amigo de Peter Bauer, o economista neoclássico conservador que mais tarde seria nomeado membro tory da Câmara dos Lordes — e conselheiro econômico de Margaret Thatcher.

Apesar de minhas inclinações esquerdistas pessoais, percebi logo depois de chegar a Cambridge que Bauer não apenas era o melhor professor de economia do desenvolvimento, mas também, e de longe, o mais talentoso pensador sobre o assunto existente na universidade. Na verdade, ele era um dos mais originais economistas do desenvolvimento do mundo, e muito do que consegui compreender sobre "como se dá o desenvolvimento" foi resultado de nossas conversas regulares. Eu me sentia muito privilegiado por Peter ter se tornado meu amigo desde que eu era estudante, e vir tomar café comigo quase toda semana — "para nos encontrarmos e discutirmos", como costumava dizer, o que era uma fonte de crescimento para mim. Minha amizade com Bauer durou até o fim da sua vida. O fato de os neokeynesianos verem pouca coisa em sua obra não diz muito a favor deles, acho eu.

6

Apesar de impressionado com a obra de muitas escolas diferentes de economia, meu interesse pela economia do bem-estar — incluindo a avaliação de até que ponto uma sociedade se sai bem — continuava forte. Esse campo dentro da economia avalia diretamente o bem-estar de membros individuais de uma sociedade e faz uma avaliação agregativa do bem-estar da sociedade como um todo. Ficava claro para mim que esse era um assunto pelo qual eu tinha particular interesse.

Como determinar se uma sociedade vai bem? Ou, para usar a linguagem do bem-estar, como avaliar o bem-estar social? Como falar de modo sensato sobre a melhoria do bem-estar de uma sociedade? Uma vez que a sociedade contém muita gente, o bem-estar de toda ela deve estar relacionado, de uma forma ou de outra, ao bem-estar dos indivíduos que a compõem. Qualquer tentativa de fazer julgamentos comparativos sobre bem-estar social deve, portanto, envolver agregação de muitos indivíduos, e isso tem que envolver de alguma maneira a teoria da escolha social.

Avaliar o bem-estar coletivo dos indivíduos que compõem uma sociedade é um tipo de problema de escolha social. A agregação social utilitária, como defendida por Jeremy Bentham, dá prioridade ao total de utilidades sem se preocupar com a distribuição. Em contraste com isso, a teoria da justiça defendida pelo famoso filósofo John Rawls presta mais atenção às desigualdades e, ao mesmo tempo, põe fim à concentração exclusiva nas utilidades (levando em conta outras preocupações, como liberdade). Há muitas maneiras possíveis de caracterizar o bem-estar social e muitas maneiras diferentes de fazer o exercício de agregação e julgá-las comparativamente.

Outra abordagem é a de um mecanismo de votação. Diferentes indivíduos podem exigir nosso apoio e é possível que tenhamos uma ou outra regra para escolher entre alternativas sociais rivais, incluindo a escolha entre diferentes líderes de uma sociedade. O voto majoritário é um exemplo bem conhecido de regra de escolha social. Há também muitos outros exemplos de problemas de escolha social.

Cada exercício dessa escolha pode envolver problemas de tipo particular. Por exemplo, mesmo o altamente conceituado voto majoritário pode levar a inconsistências (o que se costuma chamar de "ciclos majoritários") e à ausência de um vencedor majoritário. Em consonância com o que foi brevemente discutido no capítulo 12, podemos usar a regra da maioria para entender as demandas de inconsistência. Por exemplo, se três eleitores, 1, 2 e 3 respectivamente, classificam em ordem decrescente três alternativas como [*x*, *y* e *z*], [*y*, *z*, *x*] e [*z*, *x*, *y*], então numa votação majoritária *x* derrotará *y*, enquanto *y* derrotará *z* e *z* derrotará *x*, de tal maneira que não haverá de forma alguma um vencedor por maioria. Portanto, seria impossível encontrar uma solução convincente para o problema usando a regra da maioria. Kenneth Arrow mostrou em 1950 que esse problema, identificado pelo marquês de Condorcet no século XVIII, estava presente de forma generalizada em exercícios de escolha social, com isso tornando impossível, aparentemente, uma escolha democrática, se insistirmos em certas regras firmes de consistência. Teóricos da escolha social precisam, portanto, buscar formas sensatas de enfrentar o desafio geral da inconsistência — bem como os problemas de impossibilidade relacionados. Isso se aplica tanto a julgamentos sobre bem-estar social como a decisões de votação.

7

Quando cheguei à Inglaterra vindo da Índia tentei ver se podia estabelecer uma conexão intelectual entre meus principais interesses acadêmicos em economia enquanto ainda estava em Calcutá e aquilo em que eu esperava me concentrar quando estivesse estudando em Cambridge. Foi mais difícil do que eu pensava. Depois de ler *Social Choice and Individual Values* [Escolha social e valores individuais], de Arrow, em Calcutá e de examinar a recém-surgida literatura relacionada ao assunto (bem como pensar bastante sobre o novo tema da teoria da escolha social por conta própria), vi que meu interesse nesse campo se tornava cada vez mais forte. Mas não consegui convencer ninguém no corpo docente de Cambridge a interessar-se por escolha social, ou a incentivar-me a trabalhar em algo que a ela se relacionasse.

Talvez houvesse um jeito de usar a economia do bem-estar para ligar a teoria da escolha social e as disciplinas econômicas mais rotineiras reconhecidas em Cambridge, mas ali a economia do bem-estar não chegava a ser uma disciplina. Não muito antes de eu chegar, o brilhante economista sul-africano Johannes de Villiers Graaff (conhecido como "Jan") tinha mostrado numa tese cativante que, sem avaliar julgamentos de valor sobre bem-estar social, não havia muita coisa que se pudesse dizer em economia do bem-estar.[3] Isso poderia, claro, ter sido o começo de uma investigação crítica sobre como julgamentos sociais podem estar ligados a avaliações de bem-estar individual (ou julgamentos de valor individual), exatamente como Arrow tinha tentado fazer mediante o uso de axiomas sensatos em teoria da escolha social. Em vez disso, a análise de Graaff era vista como o fim do assunto, particularmente porque a maioria dos economistas de Cambridge não compreendia de maneira adequada a natureza do teorema da impossibilidade de Arrow. Na verdade, a conclusão de Arrow era tida como devastação completa, e não como um convite a examinar os axiomas propostos e suas combinações. Assim sendo, depois de Graaff, a economia do bem-estar era vista, tipicamente, como uma vala irreparável, e não como um campo a ser cultivado de modo proveitoso.

Quando eu disse a Joan Robinson que pretendia trabalhar em economia do bem-estar, ela respondeu: "Não sabe que isto é assunto morto?". Contou-me a história de que economistas inteligentes estavam tentando fazer economia do bem-estar, mas "o mais inteligente de todos, Jan Graaff, mostrou que isso não passa de bobagem". Eu disse a Joan que ela talvez estivesse equivocada em sua interpretação da obra de Graaff: em primeiro lugar, porque Graaff jamais demonstrou que a economia do bem-estar era bobagem; em segundo, porque ele mesmo jamais disse que tinha demonstrado. Joan não só não se convenceu, como não quis nem saber de ouvir minhas ideias sobre o assunto. Disse que seria melhor eu trabalhar em alguma coisa mais útil.

Procurei encontrar um ou dois professores de Cambridge que se juntassem a mim no interesse pela teoria da escolha social, mas não consegui. Ninguém era capaz de achar um bom motivo para me incentivar. Richard Kahn, como Joan, era hostil. Nicholas Kaldor fez o que normalmente costumava fazer, ou seja, incentivar-nos com base na ideia de que certo grau de loucura na vida era necessário para fortalecer o caráter. O único membro do corpo docente de economia em Cambridge que dava aulas de economia do bem-estar era Maurice Dobb. Alguns colegas seus de esquerda viam nisso um grande erro da parte de Maurice ("uma concessão à direita", era como costumavam resumir, de modo confuso, o que ele fazia). Dobb era bastante alérgico ao raciocínio matemático, como muitos outros membros do corpo docente de economia naquela época, mas quis que eu lhe explicasse a substância do teorema de Arrow e por que esse teorema era interessante. Escutou-me com muita atenção, mas de repente me disse que o assunto era matemático demais para trabalharmos nele juntos. No entanto, estava pronto — na verdade ansioso — para conversar comigo sobre as partes da teoria da escolha social que compreendia. "Vai ser uma bela excursão para mim", disse ele.

O outro professor que se interessou por meu envolvimento com a teoria da escolha social era marxista também, embora de um tipo bem diferente, ou seja, Piero Sraffa. Sraffa tinha sido (como eu já disse) muito próximo de Antonio Gramsci, o grande intelectual de esquerda que estabeleceu o Partido Comunista Italiano. Sraffa disse que queria discutir comigo a natureza da comunicação que a teoria da escolha social por certo renderia, e isso — apesar de bastante negligenciado por Arrow — acabou sendo um desafio muito interessante.

8

O rigor financeiro que padeci como estudante de graduação desapareceu em grande parte quando me tornei aluno pesquisador, depois da formatura. Eu agora contava com a cobertura de duas bolsas. Uma delas era uma coisa chamada Wrenbury Scholarship, concedida com base no desempenho nos exames de bacharelado, mas implicava algumas formalidades esquisitas. Descobri que era obrigação de Dennis Robertson, como professor de economia política em Cambridge, escrever algumas linhas cada semestre sobre o que eu fazia. "Por que você mesmo", perguntou-me ele, "não escreve alguma coisa na terceira pessoa sobre seu próprio trabalho, para que eu possa despachar? Mas não use de humor, eles não gostam disso na secretaria!"

Usar de humor não teria sido fácil mesmo, uma vez que eu achava difícil decidir onde começar minha pesquisa e que assunto escolher para a tese de doutorado. Joan Robertson queria que eu me juntasse a ela fazendo teoria do capital. Disse-me: "É onde um trabalho realmente original pode ser feito", e acrescentou "Vamos juntos enfiar o último prego no caixão da economia neoclássica". Quando contei a Maurice Dobb sobre o conselho de Joan, ele respondeu: "Deixe que ela enfie o prego, e faça o que mais interessa a você".

Eu disse a Dobb que gostaria realmente de concentrar-me em algum problema de teoria da escolha social, dando continuidade e expandindo o que Kenneth Arrow tinha feito em *Social Choice and Individual Values*. Ele respondeu: "Faça isso quando houver outras pessoas em volta interessadas no assunto. Venha conversar comigo sobre suas ideias de escolha social quando quiser, mas escolha outra coisa como assunto da tese de doutorado — algum assunto pelo qual você encontre outros acadêmicos que também estejam interessados e sobre o qual tenham algum conhecimento e expertise".

Foi o que fiz. Resolvi trabalhar em "escolha de técnicas" — especificamente, em como escolher as técnicas de produção adequadas, avaliadas a partir do ponto de vista social, numa economia com altas taxas de desemprego e salários baixos. Em parte para acalmar Joan, que se tornou supervisora da minha tese, enfiei a palavra "capital" no título. Foi fácil lidar com isso, uma vez que eu estava muito preocupado com a questão de como deveriam ser, idealmente, as técnicas de produção que exigem grande quantidade de capital numa economia de mão de obra barata. Havia algumas complicações — relacionadas ao impacto da escolha técnica sobre consumo e poupança — no que, do contrário, poderia parecer uma questão de resposta fácil. Dei à tese o nome de "Escolha de intensidade de capital no planejamento do desenvolvimento". Piero Sraffa achou graça quando lhe disse qual era o título, comentando: "Ninguém terá a menor ideia do que se trata". Sugeriu, com veemência, que eu mudasse o título antes de publicar a tese. No entanto, para o próprio doutorado, disse que o título era "adequadamente misterioso — perfeito para uma tese de doutorado".

19. Onde fica a Europa?

1

Se alguma coisa me incomodou no meu primeiro outono em Cambridge foi o fato de o sol começar a desaparecer tão cedo. Depois do almoço sobrava pouco tempo de luz do dia. À medida que eu aprendia a desfrutar, mais e mais, da companhia das pessoas à minha volta, menos claramente eu via a cidade onde agora morava. Pôr do sol às três e meia da tarde é uma experiência brutal para qualquer pessoa, especialmente para alguém da planície indo-gangética. Não admira que os britânicos fossem obcecados com a ideia de possuir um império onde o sol nunca se punha.

A ideia de visitar a Itália estava na minha cabeça bem antes de sair da Índia. Meu fascínio tinha começado quando me apaixonei pelas pinturas renascentistas em meus tempos de estudante, tanto em Santiniketan como em Calcutá. Eu tinha comprado, ao longo dos anos, livros relativamente baratos de reproduções de pinturas do Renascimento italiano, desde o período inicial de Giotto, Fra Angelico e Botticelli até as obras-primas posteriores de Leonardo, Michelangelo e Ticiano, e prometi a mim mesmo que ainda veria os quadros de verdade. Lembrei-me desse desejo antigo quando vimos a costa italiana de dentro do *SS Strathnaver* durante a minha viagem para a Grã-Bretanha em setembro de 1963. Até mesmo o furioso Stromboli à noite, visto do nosso navio, aumentou meu desejo de visitar a Itália.

Essa determinação recebeu um imenso impulso em meus tempos de Faculdade da Presidência por causa dos filmes neorrealistas italianos que vi, e que transformaram meu entendimento de como os filmes transmitem informações. Discussões sobre política europeia no café aumentaram meu interesse, levando-me a ler muita coisa sobre como o movimento da Resistência italiana combateu o regime fascista e acabou triunfando. Eu não sabia, naquela época, que logo viria a conhecer bem muitas pessoas que tinham se envolvido com a Resistência.

Havia, no entanto, um obstáculo significativo para uma viagem à Itália, mesmo partindo de tão perto como da Inglaterra. Meu pai me concedera um orçamento de 600 libras esterlinas para o meu primeiro ano em Cambridge. Era uma quantia adequada para as despesas normais de um ano inteiro, incluindo taxas da faculdade, mas para pouca coisa além disso. Decidi comigo mesmo que, para qualquer extravagância, teria que cortar alguma despesa necessária. Eu poderia justificar uma viagem ao exterior alegando interesse educacional, mas o que me motivava basicamente era o desejo simples, hedonista, de ver pinturas, estátuas, filmes favoritos e belos edifícios — cerca de metade dos edifícios tombados do mundo está na Itália. Quando o frio do inverno começou a amenizar em março, passei a fazer minhas contas para ver se seria possível viajar. Foi nessa época que Robert, estudante de literatura moderna que eu conhecia bastante superficialmente, mas de quem gostava muito, me disse que ia comprar uma passagem barata para um "passeio de belas-artes" na Itália arranjado pela União Nacional dos Estudantes. A excursão o levaria à Itália e o traria de volta em voos fretados, e cobriria também deslocamentos locais, hotéis e alimentação em seis cidades (Milão, Veneza, Verona, Florença, Perugia e Roma). Fiz a pergunta essencial: "E quanto vai custar?". "Cinquenta libras, com tudo incluído", respondeu ele.

Fui para casa, recalculei minha situação financeira e em seguida fui ao escritório da União Nacional dos Estudantes comprar uma passagem para o passeio. Disse a mim mesmo que teria que economizar em outras áreas. Felizmente, pouco antes de partir, Trinity me informou que eles tinham acabado de me eleger sênior scholar. Os emolumentos não eram muito grandes (salvo para cidadãos do Reino Unido cujos condados se comprometiam a apoiar as despesas acadêmicas dos escolhidos como bolsistas de faculdade), mas mesmo os benefícios básicos das bolsas eram consideravelmente maiores do que as despesas que eu contraíra no escritório da União Nacional dos Estudantes. Ser um sênior scholar implicava outros benefícios, como a isenção das taxas e o direito de ocupar gratuitamente quartos da faculdade durante o ano inteiro — incluindo férias. Ao embarcar em nosso voo fretado para Milão no velho aeroporto de Londres, eu me senti quase rico.

2

A viagem à Itália foi um grande sucesso. Meus companheiros eram muito agradáveis — e não atrapalhava nem um pouco o fato de o grupo incluir dezoito mulheres jovens e três homens (Robert, eu e um simpático professor de quarenta e muitos anos). Os hotéis onde ficamos eram bem confortáveis, e a comida excelente. Que diferença entre um macarrão al dente e o repolho e a couve-de-bruxelas excessivamente cozidos, sem cor e sem sabor! Os museus eram acolhedores e absolutamente divinos. Passei dias inteiros em diferentes museus (Uffizi, Palácio Pitti e Vaticano, entre outros) e andei incessantemente de um lado para outro nas belas cidades em torno deles.

Além disso, eu me sentia muito feliz em meio à barulheira e à hospitalidade da vida italiana, que me pareceu estimulante — em comparação com ela, a vida em Cambridge era muito contida. Certa noite — acho que em Perugia — fui acordado pelo barulho de conversas em voz alta na rua, debaixo da minha janela. Perdi um pouco de sono, mas adorei a demonstração de vida. No café da manhã do dia seguinte fui o único a não reclamar do barulho dos italianos. Eu gostava daquela descontração.

Levei comigo um exemplar das obras completas de Shakespeare (ele contribuíra para o meu fascínio pela Itália como estudante em Calcutá) e passei um bom tempo tentando estabelecer uma correspondência entre o que eu via diante de mim e o que tinha lido. Onde, em Veneza, Otelo desembarcou depois da vitória? Onde Proteu falou sobre "a glória incerta de um dia de abril" com o outro cavalheiro de Verona? Eu adoraria ter lido o diário de Shakespeare, se ele tivesse mantido um diário, anotando suas impressões em visitas à Itália, e fiquei bastante decepcionado quando descobri mais tarde que ele provavelmente jamais esteve na Itália.

3

O passeio mágico finalmente acabou. Mas a essa altura eu tinha decidido que não voaria diretamente para Londres com meus companheiros, uma vez que as férias de verão de Cambridge já tinham começado. Robert tomou a mesma decisão, deixando o grupo para ir à Suíça antes de chegarmos a Roma. Despedi-me dos meus agradabilíssimos companheiros quando eles embarcaram no voo fretado, e prometemos escrever uns para os outros — o que ninguém fez.

Segui de Roma lentamente para o norte com destino às Dolomitas. Hospedava-me em albergues da juventude, indo de um para outro quase sempre de carona e, ocasionalmente, quando as coisas ficavam difíceis, de trem, em viagens curtas, pagando tarifa de estudante. Eu tinha vinte libras esterlinas no bolso, que pareciam mais do que suficientes para cobrir despesas de viagem, acomodação e alimentação de Roma a Cambridge.

Em Trento, aos pés das Dolomitas, quando perguntei a um homem onde ficava o albergue da juventude (eu sabia da existência dele pelo guia de albergues que levava comigo), ele apontou para o topo de uma montanha dizendo que eu conseguiria chegar lá em duas horas, se caminhasse rápido na subida. Assim sendo, com a mochila nas costas, parti para essa caminhada de persistência, chegando a um albergue da juventude ainda em obras. Havia banheiros e vasos sanitários, mas, estranhamente, ainda não havia portas.

Eu relutava muito em deixar a Itália e atrasei-me fazendo caminhadas por alguns dias com um grupo de estudantes ingleses hospedados num albergue; eles se ofereceram para me mostrar cenários particularmente bonitos nas trilhas de montanha. Mas finalmente atravessei os Alpes e cheguei a Innsbruck. Depois da Áustria, juntei-me a Robert por dois dias na Suíça e em seguida parti sozinho para Paris e Calais e para a Inglaterra. Ainda me sobrou um troco, e estava satisfeito comigo mesmo pela determinação de sobreviver à base de pão, queijo, café, caronas e albergues da juventude. No ferry, atravessando o canal, senti-me triste por minha visita continental ter acabado, mas ao mesmo tempo muito feliz — o que era inesperado — por estar voltando ao ambiente familiar da minha faculdade e para o que se tornara a minha cidade.

4

A experiência que tive na Itália sobre a facilidade de ver lugares pegando carona e ficando em albergues da juventude me viciou, e por isso decidi repetir aquilo muitas vezes — em outras partes da Europa —, como França, Bélgica, Holanda e Alemanha. Essas viagens vieram uma de cada vez. Às vezes fui com amigos, às vezes sem. Em 1955, no verão depois da viagem à Itália, fiz um passeio à Noruega e à Suécia com alguns sul-asiáticos, tanto indianos como paquistaneses, de Cambridge. Desembarcamos em Bergen, na Noruega, num ferry de Harwich, e vimos muita coisa no país viajando de carona — e apreciando as montanhas no caminho. Mas, depois de Oslo, quando entramos na Suécia com a intenção de ir a Estocolmo, as caronas logo logo deixaram de ser agradáveis. Começou a chover, o verão estava acabando (era começo de setembro), e os carros pareciam menos dispostos a parar. Meu parceiro de caronas era Rehman Sobhan do Paquistão Oriental, e eu lhe disse que sua barba comprida desincentivava os motoristas a olhar para nós como possíveis passageiros. Rehman resistiu à minha veemente recomendação para usar uma navalha e se sentiu inteiramente justificado quando um carro passou por nós e voltou, com o motorista dizendo que seu filho no banco traseiro queria ver melhor a barba de Rehman.

O motorista nos transportou por um longo trecho e até nos ofereceu um excelente jantar em sua casa. Tivemos conversas agradáveis sobre muitos assuntos relacionados ao sul da Ásia, incluindo a grande variedade de regras e proibições alimentares no subcontinente. Ele quis saber se era verdade que um de nós não comia carne de vaca, enquanto o outro evitava carne de porco. Rehman explicou que eu ignorava regras e não obedecia a restrições alimentares de forma alguma, mas que nosso anfitrião, de modo geral, estava absolutamente certo — hindus, tipicamente, não comem carne de vaca, e muçulmanos evitam porco. Mas Rehman queria que ele soubesse mais ainda, particularmente com relação à antropologia do comportamento. Por isso acrescentou: "As restrições, no entanto, não são de forma alguma comparáveis, uma vez que hindus evitam carne de vaca porque consideram as vacas sagradas, ao passo que os muçulmanos rejeitam porco porque acham os porcos imundos".

Passamos um bom tempo insistindo nessa sofisticada distinção, enquanto Rehman fazia uso de suas habilidades pedagógicas com o entusiasmo de um grande professor. Quando estávamos indo embora, depois de agradecer ao nosso anfitrião, ele disse que também nos agradecia muito por termos ampliado seus conhecimentos. Então acrescentou que gostaria de um dia poder continuar a conversa, pois queria muito saber por que muçulmanos consideravam os porcos sagrados. Rehman pareceu um tanto triste com os medíocres resultados de seus ensinamentos antropológicos, e eu tive que consolá-lo lembrando que se aprendesse economia muito, muito bem, poderia conseguir emprego lecionando economia, e não precisaria procurar emprego como professor de antropologia.

Rehman e eu finalmente decidimos que nossas viagens de carona estavam lentas demais. Por isso fomos de ônibus até uma estação ferroviária e pegamos um trem para Copenhague. Lá não estava chovendo, e havia mais luz do dia. Voltamos a nossas caronas, que nos levaram através da Dinamarca, da Alemanha (demoramo-nos em Hamburgo, com seus velhos lugares e suas novas cicatrizes do intenso bombardeio aliado ocorrido menos de dez anos antes) e da Holanda (apreciando o charme e a elegância de Amsterdã) e, finalmente, até Hook of Holland, e a balsa de volta para Harwich.

5

Outra experiência durante minhas viagens europeias me deu motivos para refletir. Quando fui convidado, em 1958, para ir à Universidade de Varsóvia dar aulas de economia durante duas semanas, apesar de estar totalmente desqualificado (não tinha sequer submetido minha tese de doutorado em Cambridge), fiquei bastante eufórico. Era difícil resistir à oportunidade de ver a Polônia e de conhecer pessoas interessantes. Meus anfitriões em Varsóvia explicaram que não tinham condição de me pagar em moeda estrangeira, mas quando eu chegasse à Polônia me pagariam bem em dinheiro polonês. Em Varsóvia me hospedariam num hotel excelente e cuidariam de mim.

A proposta me pareceu atraente o bastante para que eu assumisse o risco de viajar mesmo de bolso quase vazio. Depois de hesitar um pouco, comprei uma passagem para a longa viagem de trem de Londres a Varsóvia, com baldeação em Berlim. A primeira parte da viagem transcorreu sem percalços, mas meu trem chegou tarde em Berlim — tão tarde que perdi a conexão para Varsóvia —, uma transferência diária da Europa Ocidental para a Europa Oriental. Por isso fiquei preso na imensa estação ferroviária de Berlim Oriental, com a perspectiva de passar 24 horas com uma quantidade de dinheiro que mal dava para uma xícara de café, quanto mais para um quarto e uma cama.

Enquanto andava à toa pela plataforma, tentando descobrir como fazer para enfrentar aquela pequena crise, uma figura indiana surgiu do nada. Aproximou-se de mim apresentando-se como Shyam Sundar De. Explicou que era de Calcutá e estudava engenharia elétrica em Berlim. Estava ali na estação ferroviária só porque a namorada quis usar as instalações. Perguntou o que eu fazia em Berlim. Contei-lhe minha história, não especialmente verossímil. Devo ter dado uma impressão de desespero.

Foi então que uma série de coisas peculiares começaram a acontecer. Shyam conseguiu-me um passe para andar pela Alemanha Oriental, depois outro que me permitia andar livremente em Berlim Ocidental. Eles me levaram para jantar no refeitório de uma das faculdades de engenharia (a namorada alemã de Shyam, ela também muito amável, explicou-me quais eram as "iguarias" daquela noite), e eu finalmente fui alojado num excelente quarto de hóspedes da faculdade de engenharia onde Shyam estudava. No dia seguinte, enquanto Shyam e a namorada assistiam a aula, decidi conhecer uma parte de Berlim Oriental e uma parte maior de Berlim Ocidental.

À noite me levaram à estação para pegar o trem para Varsóvia. Achando que eu poderia deparar com outras dificuldades entre Berlim e Varsóvia, ele insistiu em enfiar algum dinheiro no bolso da minha camisa. "Mas como é que eu vou lhe pagar isto?", perguntei. Em resposta, Shyam anotou em seu diário os horários das minhas conexões ferroviárias em Berlim na viagem de volta, catorze dias depois. "Estarei aqui", disse ele.

Minha viagem a Varsóvia deu certo. Adorei, em particular, conhecer estudantes e visitar a bela casa de Chopin nas proximidades. A certa altura um camarada de esquerda que queria conversar me levou ao banheiro e abriu todas as torneiras para que suas críticas ao regime não fossem entreouvidas. Na viagem de volta, na estação de Berlim, lá estava Shyam me esperando num banco. Notei-o primeiro pela alta saudação em inglês: "Gostou de Varsóvia?". Difícil expressar adequadamente quanto eu fiquei agradecido.

Refletindo sobre esse episódio, eu sabia, claro, que tinha tido muita sorte, mas reconheci, além disso, quanto qualidades humanas como a bondade e a prestatividade podem ser difundidas. Se a tendência de Shyam a ajudar alguém em dificuldade era um aspecto dos seus valores, sua disposição para confiar — até mesmo com seu dinheiro (como estudante subsidiado, não devia ser rico) — numa pessoa totalmente desconhecida devia ser outro. Immanuel Kant — e, imitando-o, Isaiah Berlin — talvez estivesse certo quando nos advertiu que "da madeira torta da humanidade, jamais se fez nada reto". Mas a humanidade também tem "madeira reta" que pode nos surpreender com sua admirável bondade. Há traições, violência, massacres e epidemias de fome, mas também atos surpreendentes de generosidade e compaixão.

6

Entre os lugares que visitei, aquele ao qual eu queria voltar vezes sem conta era Paris, com suas prodigiosas ofertas culturais (o Louvre no topo da lista) e delícias vizinhas, como a extraordinária catedral gótica de Chartres. Como não sou fã de arquitetura gótica, surpreendi-me por ter gostado tanto de Chartres. Minhas visitas a Paris tornaram-se frequentes. Não era fácil, porém, chegar lá pegando carona a partir da Inglaterra e logo descobri que existiam rotas baratas. Uma vez que contive meu desejo de viajar pela rota clássica Londres-Dover-Calais-Paris, surgiram muitas possibilidades plebeias. Uma delas me levava de ônibus à borda do Canal da Mancha, depois me colocava dentro de um precário avião para um salto brevíssimo, aterrissando quase imediatamente depois do outro lado da água, de onde era levado de ônibus para Paris. Parecia uma viagem projetada para desafiar a seriedade do canal. Quando o eurotúnel foi inaugurado, anos depois, eu tinha desenvolvido uma grande expertise nas diversas maneiras baratas de chegar à cidade.

Um método que não pensei em tentar foi fazer como as destemidas almas britânicas e francesas que competiam entre si para atravessar o canal a nado. Houve, na verdade, alguns poucos indianos que tentaram a façanha. Fiquei muito impressionado ao ver o anúncio de que um decidido bengalês de Calcutá se preparava para fazê-lo. Acompanhei seu avanço pelos jornais com grande interesse, incluindo seus preparativos, sobre os quais ele de vez em quando dava uma declaração. Então veio o seu dia de tentar a travessia a nado do canal. Na manhã seguinte, peguei um jornal para ver como se saíra: tinha desistido no meio do caminho. Quando o pessoal de resgate lhe perguntou se estava cansado demais, ou se sentindo mal, ele disse que o motivo de abandonar o desafio não foi "nenhum desses". Em vez disso, explicou que enquanto nadava ia tentando entender por que fazia aquilo, até finalmente perguntar: "Qual é mesmo o objetivo?". Achei a resiliente sabedoria no nosso herói bengalês, na metade da travessia do canal, bastante tranquilizadora.

Em Paris, descobri o hotel Select, distintamente localizado na Place de la Sorbonne, que se estende por não mais de trinta metros a partir do Boulevard Saint-Michel até os portões de ferro trancados dos fundos do campus da Sorbonne. Os serviços oferecidos pelo hotel eram mínimos (e não havia café da manhã), mas mínimo também era o preço de um quarto, e acabei me tornando hóspede frequente. Meu quarto costumeiro nesse hotel arruinado dava para a rua muito curta que começava no ruidoso Boulevard Saint-Michel e terminava tranquilamente nos portões de ferro trancados da Sorbonne. Anos depois, quando a Sorbonne generosamente me outorgou um doutorado honorário numa cerimônia pitoresca, não resisti à tentação de mencionar minha longa ligação com a Place de la Sorbonne. Para meu constrangimento, um comentário descuidado que fiz sobre o desejo de ver aqueles portões abertos ainda que por alguns minutos conduziu exatamente a isso. Foi uma perspectiva diferente de um velho cenário, mas notei também que meu velho e familiar alojamento tinha sido lindamente convertido num hotel moderno e elegante.

Uma das vantagens de ficar hospedado no Select, naqueles tempos, era o café logo abaixo dele, onde eu podia tomar grandes xícaras de *café au lait* com croissants incrivelmente saborosos. Às vezes eu ia a Paris com amigos de Cambridge e era tratado como um *connaisseur* que sabia se virar nessa cidade cativante. Eu levava meus amigos — na maioria estudantes — para quartos baratos no hotel Select e depois para conhecer a beleza estonteante de Chartres. Eu achava que, se fracassasse na economia, talvez pudesse dirigir uma empresa de turismo.

7

Passei poucos dias na maioria dos lugares que visitei na Europa — o gostinho de uma cidade e seus museus e galerias — e segui em frente. Mas em 1962 fiquei três semanas numa charmosa cidade de montanha chamada

Alpbach, na Áustria. A ocasião foi um curso de verão pan-europeu ali realizado, no qual eu era um dos professores. Isso aconteceu muito tempo depois; eu já estava casado, e minha esposa, Nabaneeta, e eu gostamos muito da beleza austera de Alpbach. Eric Hobsbawm também lecionou no curso de verão, e nós o levamos de carro de Cambridge para lá. Depois de Alpbach, fomos a Aix-en-Provence, onde Eric e eu lemos dissertações na Segunda Conferência Internacional de História Econômica — ele com a prerrogativa dos muitíssimos bem-sucedidos, e eu com um convite que provavelmente indicava a disposição dos organizadores da conferência de experimentar novidades.

Nossa viagem foi uma maravilha. Eric conhecia todos os lugares do caminho, e nos contava sua história onde quer que parássemos — na Bélgica, na Alemanha, na Áustria, na Itália e na França. Ele teve grande influência em minhas ideias, mas fiquei surpreso ao saber que o mais brilhante historiador marxista da nossa época era também espetacularmente bem informado sobre história eclesiástica, à qual podíamos recorrer enquanto íamos de uma catedral bonita para a próxima catedral bonita.

Eric e a namorada, Marlene Schwartz, planejavam casar logo depois da nossa viagem europeia. No trajeto, ele comprou várias coisas para casa de uma lista que Marlene lhe dera; mais tarde ela também se tornaria muito amiga. Um dos assuntos da nossa conversa era que os esforços de integração então em andamento deveriam mudar a Europa. Eu não sabia então quanto isso viria a ser importante para o desenvolvimento de políticas europeias.

8

Alguns colegas meus de Santiniketan e Calcutá estudavam na Alemanha, em Colônia, Duisburg, Aachen e outros lugares. Tentei visitar todos eles. Shib Krishna Kar, de Santiniketan, levou-nos, a mim e meu primo Bacchuda, num carro emprestado por um dono de oficina que ele conhecia. Conseguimos nos envolver num acidente, sem que nenhum de nós se machucasse, mas com danos significativos para o carro. Shib entrou em pânico, e ficamos muito aliviados quando o simpático proprietário disse que, tendo uma oficina, poderia facilmente consertá-lo — "problema sério mesmo seria se vocês tivessem perdido o motor".

Minhas visitas à Alemanha tinham começado bem antes — em 1955. Como as lembranças da última guerra ainda estavam muito vivas na cabeça das pessoas, nos anos 1950, eu me perguntava o que os alemães, todos eles muito agradáveis e amistosos, achavam das barbaridades cometidas pelo regime nazista, especialmente nos campos de concentração, e, de outra perspectiva, o que pensavam dos brutais bombardeios de cidades alemãs pelas forças aliadas. Bacchuda e Shib morriam de medo de que eu resolvesse puxar assuntos políticos em público. "Por favor, por favor, evite totalmente falar de política", disse Bacchuda, firme. E acrescentou: "Na verdade, ainda existem admiradores de Hitler por aí — quando usamos transporte público tentamos evitar qualquer palavra ou nome nazista que possa ser reconhecido mesmo numa língua estranha". "O que vocês fazem", perguntei, "se Hitler surge na conversa que têm em bengali? Hitler é Hitler, claro, em qualquer língua?" "Nós o chamamos de Hitu Babu", explicou Bacchuda. Gostei desse diplomático novo nome em bengali, embora soasse amistoso demais para o tipo de homem que foi Hitler.

Fui dormir aquela noite pensando no que Hitu Babu acharia daquilo. Mas também me indagava como a Europa poderia superar as divisões políticas que tinham utilizado, de forma tão terrível, o orgulho e a identidade nacionais na primeira metade do século. Ver os nomes de tantos homens de Trinity mortos nas guerras mundiais gravados nas paredes da capela da faculdade tinha sido um choque que permaneceu comigo enquanto eu viajava pela Europa, cujos países até tão recentemente tinham sido inimigos mortais uns dos outros.

A carnificina europeia nas duas guerras mundiais foi assombrosa. Era difícil entender que países vizinhos, com uma longa história de interação cultural, artística, científica e literária, pudessem tornar-se tão impiedosamente empenhados em destruir uns aos outros. Quando escrevo isto, em 2021, os conflitos de identidade se baseiam amplamente em divisões religiosas — envolvendo, por exemplo, al-Qaeda, Boko Haram, o Estado Islâmico, poderoso antissemitismo e islamofobia organizada, incluindo uma hostilidade cultivada contra refugiados do Oriente Médio e da África. É difícil reconhecer que, menos de um século atrás, os europeus estavam imensamente ocupados em lutar entre si por motivos não de divisão religiosa, mas de identidade nacional. Diferenças de cidadania — britânica, alemã, francesa — facilmente sobrepujaram a comunalidade de religião na forma do cristianismo.

Isso, depois das minhas experiências na infância, de súbitas explosões de desentendimento entre hindus e muçulmanos, foi outra etapa da minha tentativa de compreender o lado truculento da identidade. Como foi possível que alemães e ingleses matassem uns aos outros em guerras especialmente sangrentas, e se tornassem excelentes amigos poucos anos depois? Como foi possível que os indianos dos anos 1930 — convivendo em paz — de repente se transformassem em hindus e muçulmanos belicosos, provocando os imensos tumultos comunais dos anos 1940? E como foi que tudo acabou tão rapidamente como tinha começado? Será que uma reflexão lúcida é capaz de nos ajudar a superar esses surtos de violência?

9

Além das visitas a amigos em Colônia, Duisburg e Aachen, eu quis ver outras partes da Alemanha. A ideia de um cruzeiro fluvial Reno abaixo me atraía, e descobri que podia partir de Colônia, onde eu tinha ido ver amigos. Na primeira vez que peguei um barco de lá até Mainz, parando em vários portos charmosos, como Lenz e Koblenz, fiquei encantado com a beleza natural à minha volta. As regras de viagem eram muito fáceis de seguir e bem acessíveis: podia-se saltar em qualquer ponto do caminho, fazer uma pausa e retomar a viagem em outro barco a partir dali, usando o mesmo bilhete até Mainz. Gostei tanto da experiência que fiz a mesma viagem mais duas vezes. Tornei-me muito apegado ao território do Reno.

Certa ocasião, alguns estudantes ingleses sentados ao meu lado no barco me disseram que queriam dar uma espiadela no festival do vinho em Rüdesheim, que acabara de começar, e me convenceram a ir com eles. A certa altura, chegou um grupo de universitários alemães muito intelectualizados e perguntou de onde eu era. Uma vez que tanto a Índia como Bengala foram mencionadas na minha resposta, um deles, especialmente curioso, quis saber qual era o nome mais antigo de Bengala. "Historicamente, quer dizer, como se chamava?" Como uma Bengala unificada só surgiu poucos séculos atrás, arrisquei "Bongo" — referindo-me a uma região importante que existia antes da unificação de Bengala, mas era grande parte dela.

Um dos meus novos amigos alemães quis saber se tinha razão ao pensar que Bongo ficava perto do Congo. Tive que decepcioná-lo, e improvisei um mapa do mundo num guardanapo de papel, localizando a África (e o Congo) e a Índia (e Bongo), com todos os países intermediários que consegui incluir. Chocada com a distância entre os dois, uma das moças alemãs ficou muito animada e anunciou: "Precisamos juntá-los — é nosso dever!" "É difícil", disse eu, "pois não é tão fácil alterar a geografia. Os países estão onde estão." "Você não me entendeu", disse ela, enfática, "precisamos juntar o mundo todo." E repetiu: "Queremos todos juntos. Entende?". Enquanto eu tentava compreender o que a moça queria dizer, ela fez outra declaração grandiosa, acho que para me ajudar: "Somos todos vizinhos".

Achei que aquela simples observação tinha semelhança com o que Jesus dissera ao advogado na história do Bom Samaritano, segundo o Evangelho de Lucas. Então perguntei: "Qualquer um pode ser vizinho de qualquer um? É isso que está dizendo?". "Sim", concordou ela, "mas precisamos trabalhar nisso." Falou com tal convicção que era como se fosse sair correndo do bar para começar esse trabalho global.

Ao rumar para o meu pequeno quarto, pensando naquela conversa inesperada, concluí que ela talvez me ajudasse a compreender que as jovens cabeças da Alemanha do pós-guerra estavam se afastando, por meio de deliberada reflexão, da mentalidade nacionalista que dominara o país por várias décadas. Lembrei-me das palavras da moça alemã nos anos 1950 quando, recentemente, ouvi Angela Merkel afirmar, em resposta à crise síria, que a Alemanha precisava aceitar um grande número de refugiados, como parte do seu lúcido compromisso com "nossos vizinhos globais".

Estaria certa minha interpretação do que a jovem estudante alemã tentara me dizer? Eu não tinha como saber, mas acho que talvez estivesse. Certamente havia muitos indícios de mudança no país, poucas décadas depois de uma guerra terrível da qual a Alemanha tinha sido a grande instigadora. Enquanto tentava dormir no meu pequeno quarto num bed and breakfast em Rüdesheim, fiquei maravilhado por deparar com aquele compromisso com a amizade global — se era disso mesmo que se tratava — num festival de vinho no Reno.

Era tarde demais para uma boa noite de sono. A manhã já raiava em Rüdesheim. Eu estava cansado e intrigado, mas também, curiosamente, feliz.

20. Conversas e política

1

Levando em conta as conexões internacionais de intelectuais de esquerda em Calcutá, eu não deveria ter ficado surpreso com a acolhida da esquerda de Cambridge quando ali cheguei. Na verdade, havia uma carta muito carinhosa esperando por mim no alojamento do porteiro escrita por Aldrich (Ricky) Brown, talentoso matemático do Clube Socialista da Universidade Cambridge, dizendo que tinha recebido "avisos" de Calcutá sobre minha chegada iminente e convidando-me para uma festa que o clube ia oferecer aos novos alunos da universidade. Fui à festa e resolvi ingressar no clube. Havia muitos ativistas que se declaravam marxistas, mas como tímido esnobe intelectual de College Street fiquei um tanto chocado com suas limitadas leituras dos clássicos do marxismo, incluindo a própria obra de Marx.

Surpreendeu-me também ver que os líderes do clube não se perturbavam nem um pouco com o severo autoritarismo da União Soviética e dos países da Europa Oriental sob domínio soviético. É verdade que estávamos apenas em 1953, bem antes do vigésimo Congresso do Partido Comunista da União Soviética, em fevereiro de 1956, no qual Khruschev faria seu arrasador desmascaramento do regime stalinista; antes também do levante húngaro naquele mesmo ano, que fez muita gente mudar de opinião. No entanto, provas da tirania política soviética vinham se acumulando havia anos, e eu achava impossível que qualquer pessoa interessada na liberdade não pensasse seriamente nos expurgos e no que já vinha sendo chamado muito apropriadamente de "julgamentos de fachada". Partha Gupta e eu tínhamos passado um bom tempo falando exatamente sobre isso nas nossas férias em Darjeeling, pouco antes de ambos partirmos para a Inglaterra.

Durante a guerra, soldados britânicos escreverem em seus tanques: "Aguente firme, Zé, estamos chegando". Em 1953, essa solidariedade tinha sido esquecida, assim como o momento extraordinário da libertação de Auschwitz pelo Exército Vermelho em janeiro de 1945. Histórias de autoritarismo soviético eram agora muito difundidas, sem dúvida ajudadas pela propaganda americana, mas não só por isso. No entanto, a tirania era negada com veemência dentro do Partido Comunista da Grã-Bretanha, mas também nas associações de esquerda em geral, incluindo o Clube Socialista de Cambridge.

No entanto, o clube desempenhou um papel mais construtivo chamando a atenção para preocupações igualitárias dentro da Grã-Bretanha e no resto do mundo, e questionando a beligerância da Guerra Civil ao mesmo tempo que exercia pressão a favor do desarmamento nuclear. Essas preocupações estavam estreitamente ligadas à prática política, mas o papel do clube em fazer uso da análise marxista foi bem menos eficaz.

A panelinha do Clube Socialista da Universidade de Cambridge tinha ativistas um pouco parecidos com a extrema esquerda do Partido Trabalhista britânico, mas havia teóricos também. Um desses era Pierangelo (mais conhecido como Piero) Garegnani, embora confessasse que achava o clube lamentavelmente inculto, como imagino que um especialista em Gramsci acharia. Charles Feinstein, que teve uma formação comunista na África do Sul e foi para Cambridge estudar história, ficava irritado com esses comentários. Charles continuava sendo um ativista intelectual de esquerda e me lembro de uma ocasião em que fui repreendido por ele por rejeitar os escritos de Stálin (também fui criticado por guardar livros de Stálin de cabeça para baixo em minhas estantes). Mais tarde, entretanto, Charles mudaria bastante radicalmente de opinião, tornando-se apolítico — sem quaisquer tendências esquerdistas — como um dos principais historiadores da Grã-Bretanha. O professor Chichele, de história econômica de Oxford (que ele se tornou), mantinha seu arguto intelecto, bem como as simpatias humanas evidentes em 1953, mas indubitavelmente se tornava cada vez mais apolítico — irreconhecivelmente diferente do radical recém-chegado da Universidade do Witwatersrand em Joanesburgo.

Apesar das restrições feitas por Piero, não faltava qualidade intelectual ao Clube Socialista. Eric Hobsbawm aparecia lá com frequência, assim como Stephen Sedley (notável jurista — mais tarde um dos mais importantes juízes britânicos), que aderiu mais ou menos quando eu parti para Delhi em 1963. Ian Brownlie, posteriormente um dos advogados especialistas em direito internacional mais destacados do mundo, estudava em Oxford e pertencia ao Clube Socialista de lá (era membro também do Partido Comunista, do qual só se desligaria depois da invasão soviética da Tchecoslováquia em 1968). Eu me encontrava regularmente com Ian, primeiro como visitante habitual de Cambridge em meus dias de estudante e depois como colega no All Souls College, quando ele se tornou Professor Chichele de Direito Internacional Público.

2

Uma das pessoas mais notáveis que conheci por intermédio das minhas associações políticas foi Dorothy Cole, mais tarde Dorothy Wedderburn. Na primeira reunião do Clube Socialista da Universidade de Cambridge, Ricky Brown me transmitiu um convite de Dorothy para tomar uns drinques em sua casa. Ela nasceu Dorothy Barnard, filha de um carpinteiro e marceneiro bem-sucedido com opiniões radicais, e vivia com seu marido historiador, Max (W. A.) Cole, numa casa em Parker's Piece. Fiquei imensamente encantado e impressionado com o brilho de inteligência que irradiava do rosto gracioso e bondoso de Dorothy. Além disso, era maravilhosamente divertido conversar com ela. Aquilo foi o começo de uma amizade que durou até sua morte, aos 87 anos, em 2012.

A modéstia de Dorothy, a despeito de tudo que conquistou, era excepcional. Quando escreveu em seu obituário para *The Guardian* que ela era "inimiga de qualquer tipo de autopromoção", Eric Hobsbawm chamou a atenção para uma qualidade que me impressionou já no nosso primeiro encontro em Cambridge, em 1953. Dorothy fazia suas críticas sem agressividade, às vezes até com certa dose de dúvida de si mesma. Isso se aplicava também à desconfiança com que encarava a economia dominante, que ela dizia ser "estúpida demais para compreender" antes de apresentar uma crítica muito esclarecedora ao que havia de equivocado em suas partes principais.

Quando o casamento de Dorothy com Max se desfez poucos anos depois de nos conhecermos, ela casou com Bill (mais tarde lorde) Wedderburn, distinto advogado e jurista que também pertencia à esquerda política britânica. Depois de alguns anos felizes, esse casamento terminou em divórcio. Então ela passou décadas praticamente sozinha — sempre alegre, sempre cuidadosa com os outros, mas sem dúvida solitária. A vida de Dorothy me dava a impressão de alternar alegrias e tristezas. Tinha amigos íntimos, no entanto, cuja companhia lhe serviu de apoio na velhice, incluindo os Hobsbawm e Marion Miliband, pensadora notavelmente lúcida e viúva do meu amigo Ralph Miliband, o grande sociólogo marxista (e além disso mãe de David e Ed).

Quando conheci Dorothy, a sociologia ainda não era aceita em Cambridge como um campo apropriado de estudos e ela era descrita, costumeiramente, como economista aplicada, o que, claro, ela era também. Depois que a sociologia saiu do armário acadêmico, Dorothy deixou sua marca como socióloga de destaque na Grã-Bretanha. Entre suas obras havia uma análise esclarecedora — e perturbadora — da vida dos idosos na Grã-Bretanha e uma investigação do trabalho de enfermeiros e paramédicos. Tornou-se diretora do Bedford College, Londres, e, depois da fusão de Bedford com o Royal Holloway College, diretora da instituição combinada. Também presidiu importantes investigações sobre as condições das mulheres nas prisões, e escreveu um livro vigoroso chamado *Justice for Women: The Need for Reform* [Justiça para mulheres: A necessidade de reforma], que traz alguns profundos insights feministas. Aprendi muito com a obra de Dorothy, particularmente a importância de explorar aspectos sociais de relações econômicas, admirando também imensamente suas contribuições sobre importantes aspectos da falta de proteção social adequada.

É triste que uma das características da expropriação das mulheres — tal como vejo a questão — esteja solidamente refletida na própria vida de Dorothy. Seguindo uma convenção social, ela mudou de nome nas duas vezes em que se casou e a parte principal de suas famosas publicações apareceu com seu segundo nome de casada (Wedderburn), mesmo depois que o casamento com Bill Wedderburn terminou. Dessa maneira, a Dorothy Barnard de tendências radicais publicou todos os seus livros e artigos com nomes adquiridos por casamento. Curiosamente, tocamos nesse assunto em nossa primeira conversa em Parker's Piece, quando eu começava a consolidar a opinião de que era um grande erro social as mulheres mudarem de sobrenome quando se casavam. Dorothy ouviu pacientemente o recém-chegado estudante indiano de graduação e sorriu, mas não me pareceu muito impressionada. Disse ela: "Entendo o que diz, mas sem dúvida há problemas mais sérios que precisam ser atacados primeiro".

3

Meu interesse pela política era muito maior do que o envolvimento com o Clube Socialista, por mais importante que o clube fosse. Eu gostava de ir a debates e discussões sobre política, e a maneira mais acessível de fazer isso era entrar nos clubes onde as reuniões eram realizadas, e assistir a elas de graça. Assim sendo, ingressei também no Clube Liberal e no Clube Conservador, e aproveitava as discussões que ocorriam no que às vezes me pareciam reuniões alienígenas. Para mim, teria sido também natural ingressar no Clube Trabalhista de Cambridge, mas na época o estranho regulamento impedia a entrada de alguém que fosse membro do Clube Socialista da Universidade Cambridge. Era reflexo do medo de que comunistas e "companheiros de viagem" do Clube Socialista pudessem minar o Clube Trabalhista. O provincianismo da regra só era superado por sua estupidez. Quando me ouviam dizer que eu pertencia a todos os principais clubes políticos de Cambridge, "exceto o Clube Trabalhista", as pessoas tendiam a achar que minhas opiniões políticas eram bem diferentes daquilo que de fato eram. Na verdade, eu muitas vezes ia às reuniões mais promissoras do Clube Trabalhista pagando meio xelim pelo ingresso.

Um efeito curioso da minha participação nas atividades do Clube Conservador foi conhecer Tam Dalyell, então seu presidente. Tam, que vinha de uma família escocesa de classe alta (estudou em Eton e mais tarde herdou um baronato), estava começando a ter dúvidas sobre a política dos conservadores. Quando se candidatou à presidência da Sociedade Cambridge Union — o principal fórum de debates da Universidade — veio me pedir apoio (na verdade eu provavelmente fui o proponente da sua nomeação). Ajudei-o a obter votos na esquerda. Isso funcionou bem, mas os Conservadores, que eram maioria entre os alunos de Cambridge naquela época, lhe deram as costas e Tam perdeu a eleição.

Tam se distanciou cada vez mais dos Conservadores, e veio a ser um conhecido membro trabalhista do Parlamento (representando o eleitorado escocês de West Lothian) — quase sempre à esquerda do seu Partido. Era um apaixonado debatedor parlamentar e uma pedra no sapato do governo tory de Margareth Tatcher — mais famosamente pelo que Tam viu como desonestidade do governo (emitindo falsas declarações) sobre o afundamento do navio argentino *General Belgrano* durante a Guerra das Malvinas. Além disso, Tam repreendeu o governo trabalhista de Tony Blair por juntar-se aos Estados Unidos no ataque ao Iraque com base em informações duvidosas e razões ainda mais pífias. Ficou famoso, também, depois do referendo de devolução escocesa, por questionar a assimetria de permitir que membros escoceses do Parlamento tivessem voz ativa em questões regionais inglesas por sua presença no Parlamento de Westminster enquanto os ingleses não tinham voz parecida em questões escocesas (episódio que ficou conhecido como "Questão West Lothian"). Antes de aposentar-se do Parlamento, Tam tinha se tornado "o pai da casa", seu membro mais antigo.

As qualidades dele — sua cordialidade, sua coragem, sua sabedoria política, incluindo a disposição de pensar diferente dos outros e de fazer perguntas diferentes — já eram evidentes em nossos tempos de estudante. Ele discute lindamente suas prioridades na absorvente autobiografia *The Importance of Being Awkward* [A importância de ser inconveniente].[1]

Quando passei uns dias maravilhosos na casa de seus antepassados, The Binns — não muito longe de Edimburgo —, conheci sua mãe, com quem tive conversas muito cordiais e esclarecedoras. Era uma pessoa adorável, com memória prodigiosa e um conhecimento minucioso das tradições e da história da Escócia. Isso incluía, claro, relatos históricos da família, a começar pelo famoso Bloody Tam Dalyell — antepassado do nosso Tam ainda reverenciado como a pessoa que, no século XVII, formou o regimento de cavalaria Royal Scots Greys. A bondade de Tam era, acima de tudo, um dom natural, mas sem dúvida foi reforçada pelas convicções cristãs e humanitárias da mãe.

Assim como Michael Nicholson tinha insistido, quando estive com sua família, que eu bebesse longe do vilarejo de sua família, Tam me instruiu a não dizer nada sobre ser ateu quando conversasse com sua mãe. Isso não era problema, se Tam não me descrevesse como um hindu devoto, e no meu segundo dia em The Binns a mãe de Tam me disse que tinha convidado o bispo de Edimburgo, que queria conversar comigo sobre alguns pontos intrincados do hinduísmo. Felizmente, como as dúvidas do bispo eram basicamente sobre os fundamentos da filosofia hindu, e nada tinham a ver com crenças e práticas, digamos que quase consegui responder às suas perguntas.

4

Entre os economistas da minha turma, conheci bem, como já mencionei, Mahbub ul Haq, do Paquistão. Também me aproximei muito de Samuel Brittan no Jesus College. Depois de Cambridge, Sam se tornou jornalista profissional, começando em *The Observer* (como editor de economia) e depois, durante décadas, como um dos principais articulistas e editorialistas do *Financial Times*. Logo depois da nossa formatura, as colunas de Sam começaram a ser publicadas no *The Observer* e traziam uma foto em que ele não só parecia extremamente sábio e sério (era as duas coisas, claro) mas também muito mais velho. Dennis Robertson, que conheceu Sam quando estudante, um dia me perguntou se eu também não achava que aquela foto era uma tentativa de Sam de parecer mais maduro ("como se tivesse cinquenta anos", disse Dennis). Discutimos essa hipótese, mas insisti que Sam só estava mesmo tentando parecer bem informado e competente, e nisso a idade é apenas um fator entre muitos. Não sei se ganhei a discussão.

Sam sempre foi muito mais que um jornalista. Mais adiante em sua carreira, ele publicou vários livros, solidamente fundamentados, sobre assuntos sociais, econômicos e políticos. Em sua coleção *Essays: Moral, Political and Economic* [Ensaios: moral, política e economia] (1988), ele juntou numerosos artigos extremamente originais, que contêm um lúcido festival de argumentos específicos sem estabelecer uma divergência abrangente. Sua abordagem geral da economia e da política é bem enunciada nos livros *A Restatement of Economic Liberalism* [Uma reformulação do liberalismo econômico] (1988) e *Capitalism with a Human Face* [Capitalismo com um rosto] (1995); este último título capturou muito bem a motivação básica de Sam.

Quando, como estudante de graduação, conheci Sam no outono de 1954, ele tinha acabado de voltar de uma viagem à Rússia, que confirmara suas piores suspeitas sobre a União Soviética. Ele me explicou que tinha sido membro do Clube Trabalhista antes de ir, mas que decidiu, depois da viagem, sair para ingressar no Liberais. Eu gostava muito das nossas conversas e aprendi alguma coisa sobre o seu pensamento econômico em geral — uma posição bem fundamentada, pró-mercado, mas com a uma paixão liberal e não conservadora por deixar as pessoas cuidarem da própria vida. Não identifiquei nenhuma área de grandes divergências com ele quanto à necessidade de usar a economia de mercado, ou ao lugar que ela deve ocupar em nosso pensamento econômico e político, nem em sua abordagem liberal e não conservadora das instituições.

No entanto, eu me preocupava mais do que Sam com as deficiências do mercado e com o que ele era capaz de fazer, em particular sua incapacidade de lidar com influências sobre indivíduos e sociedades vindas de fora — o que economistas chamam de "externalidades" (poluição, crime, sordidez urbana e o predomínio de doenças infecciosas são bons exemplos). A. C. Pigou já tinha escrito de forma esclarecedora, em 1920, sobre externalidades de diferentes tipos em seu notável livro *The Economics of Welfare* [Economia do bem-estar].[2]

Em 1954, quando eu fazia o curso de economia com Sam, Mabub e outros, o grande economista Paul Samuelson publicou um vigoroso artigo intitulado "A teoria pura dos gastos públicos", que discutia a tendência dos mercados a errar feio na produção e na disposição de "bens públicos" compartilhados, como segurança, defesa, arranjos gerais para assistência médica e assim por diante. Uma escova de dentes é um bem privado por excelência (é para o meu uso e não para o seu) e o mercado tende a lidar muito bem com bens privados. No entanto, a ausência de crimes nas ruas é um bem público no sentido de que o uso dela por alguém (beneficiando-se do impacto do baixo índice de criminalidade em sua vida) não destrói a utilidade do mesmo "bem" (o baixo índice de criminalidade) por outra pessoa. O pensamento de Samuelson, que mostrava as sérias limitações da alocação de recursos para serviços públicos — quando feita apenas pelo mercado —, teve grande impacto em meus interesses fundamentais, e tentei convencer Sam a compartilhar essa convicção. Concordávamos no tocante à solidez da distinção feita por Samuelson, mas, desconfio, continuávamos divergindo sobre a importância dos bens públicos nas tomadas de decisão em economia. Se essa era uma diferença, outra era a importância de evitar desigualdades econômicas profundas, preocupação muito mais minha do que dele. Graças a fortes coincidências de pontos de vista, bem como a algumas diferenças residuais, minhas relações com Sam sempre foram intelectualmente estimulantes e produtivas.

Havia outros alunos em minha turma que se tornaram amigos íntimos. Walter Eltis eu conheci bem: mais tarde ele foi lecionar em Oxford (como fellow do Exeter College) e serviu como conselheiro econômico de vários governos do Reino Unido. Conheci muitos outros, como Ranji Salgado, do Sri Lanka, um economista altamente qualificado, mas incrivelmente tranquilo e modesto. Mais tarde trabalhou para o Fundo Monetário Internacional, onde fez grande sucesso. Desde seus tempos de estudante gostava de meditação e outras práticas budistas — e posteriormente presidiu o Buddhist Vihara de Washington. Era um pensador político de centro, muito amável, e por isso mesmo difícil de ser arrastado para uma discussão (embora eu tentasse). Ranji e eu fizemos uma viagem juntos nas minhas segundas férias da Páscoa, passando uma semana em Welwyn Garden City, iludidos pela propaganda incluída no nome da cidade, que nos fez pensar na existência de fabulosos jardins. Na verdade, estávamos apenas tentando dar uma fugidinha gastando pouco dinheiro numa época em que Cambridge ficava praticamente deserta. Quando descemos do trem em Welwyn e olhamos em torno para a cidade artificialmente montada — sem um jardim à vista —, Ranji perguntou: "É isso mesmo?".

5

O grupo de discussão mais conhecido em Cambridge, ainda que não devesse formalmente ser discutido em público, era o Apóstolos — intitulado Sociedade Conversazione de Cambridge. Tinha origens bem antigas, pois foi fundada em 1820 por George Tomlinson, que então estudava em Cambridge e que mais tarde, de maneira um tanto implausível (levando em conta a reputação herética da Sociedade), viria a ser o bispo de Gibraltar. Tomlinson juntou-se a outros onze alunos de Cambridge, todos do St. John's College, e fundou a Conversazione — mais conhecida como "a Sociedade". Seus membros subsequentemente tinham tendência a ser oriundos, por maioria esmagadora, de John's, Trinity e King's. Fiel ao nome, não deveria haver mais de doze Apóstolos em qualquer momento de sua história, mas ao aposentar-se o Apóstolo vira Anjo (essa transformação é chamada de "criar asas") e permanece membro da Sociedade para sempre. Estava previsto um jantar anual organizado pelo presidente da Sociedade — eleito entre os Anjos — mas me parece que agora esse jantar é um acontecimento meio errático.

Entre os membros da Sociedade havia muitos grandes cientistas, filósofos, matemáticos, especialistas em literatura, escritores, historiadores e pessoas com outras conquistas pouco comuns em campos intelectuais e criativos. Por exemplo, em filosofia eles incluíam Henry Sidgwick, Bertrand Russell, G. E. Moore, Ludwig Wittgenstein, Frank Ramsey e Richard Braithwaite. Em muitos sentidos, os Apóstolos faziam jus à descrição de William Cory, que via a sociedade como "a pequena aristocracia intelectual de Cambridge".

O processo de eleição da Sociedade — consistindo numa ou duas noites de conversas com possíveis postulantes, seguidas de votação — às vezes provocava controvérsias quando os candidatos tinham muitos simpatizantes, bem como detratores, e ser eleito costumava ser um grande acontecimento. Depois de eleito, mesmo Lytton Strachey, homem de muitas realizações, escreveu comovido para a mãe em 2 de fevereiro de 1902: "Agora sou Irmão da Sociedade dos Apóstolos", acrescentando: "ao que tudo indica, fui escolhido ontem".

A Sociedade também incluía alguns desajustados que às vezes preferiam renunciar a participar. Entre os desertores, a saída de Alfred Tennyson é talvez a mais lembrada — sua renúncia em 1830 ocorreu quando a Sociedade tinha apenas dez anos. Seus colegas tendiam a achar que foi mais uma expulsão do que uma renúncia: James Fitzjames Stephen escreveu, com algum desprezo, que Tennyson "foi expulso porque era tão irremediavelmente preguiçoso que não conseguia escrever artigos na sua vez". Anos depois os Apóstolos tentaram atenuar as coisas transformando o poeta em "membro honorário", mas Tennyson não se deixou levar. Respondeu ao convite para o jantar anual feito pelo presidente da Sociedade, William Frederick Pollock, dizendo o seguinte: "Caro P. Não posso ir. A. T.". Outro desajustado foi Ludwig Wittgenstein, cuja eleição era apoiada por Bertrand Russell e John Maynard Keynes, entre outros. Wittgenstein achava que as reuniões apostólicas eram perda de tempo e jamais foi um participante entusiástico, mas sua ameaça de renunciar foi contornada por G. E. Moore e Lytton Strachey.

6

Os assuntos da Sociedade deveriam ser secretos, e esse sigilo era amplamente aceito nos círculos acadêmicos. Algumas das características menos admiráveis da Sociedade eram, na verdade, mais conhecidas do que os aspectos mais agradáveis. A Sociedade recebeu uma publicidade negativa muito evidente na época da denúncia dos espiões de Cambridge, particularmente Guy Burgess e Anthony Blunt — ambos Apóstolos. Mas a história muito repisada de que os Apóstolos estiveram profundamente envolvidos em espionagem para a União Soviética não é e nunca foi verdadeira. Pode-se dizer que as inclinações políticas dos membros tendiam a ser, predominantemente, de esquerda, pelo menos no último século, mas ser politicamente de esquerda pouco tem a ver com estar disposto a ser espião soviético.

Durante a maior parte de sua longa história, as tradições de sigilo conseguiram manter o conhecimento detalhado da Sociedade fora da consciência pública. No entanto, recentemente tem havido publicações e conjeturas públicas sobre a natureza e as atividades da Sociedade, e é difícil resistir à tentação de corrigir os pronunciamentos equivocados que costumam circular. Uma famosa correção sobre o que a Sociedade é — e faz — veio de Quentin Skinner, mais tarde professor catedrático de história em Cambridge, quando era presidente dela (fomos Apóstolos basicamente na mesma época). Quentin recebeu um telefonema de *The Guardian* antes de um jantar anual da Sociedade, pedindo que ele contasse tudo sobre o "grupo secreto". Estava claro que a imagem pública de uma Sociedade polida e astuta, formada por um bando de espiões, tinha forte apelo para a curiosidade jornalística. Ao relembrar no jantar anual sua conversa com *The Guardian*, Quentin contou que disse ao jornalista não haver espiões na Sociedade, e o fato de não haver não tornava a Sociedade mais inteligente, uma vez que "alguns deles parecem incapazes até mesmo de guardar segredo sobre um jantar privado".

Os Apóstolos ativos na minha época, ao longo dos anos, incluíam (isso foi antes de a Sociedade poder eleger mulheres) Johathan Mirrlees, Lal Jayawardena e muitos outros que ficaram conhecidos por suas conquistas acadêmicas e de outra natureza. Confesso que eu adorava as discussões semanais. Uma noite típica envolvia um artigo muito interessante lido por um dos Apóstolos, seguido de debate, e depois havia geralmente uma votação sobre algumas teses ligadas ao que fora lido. Ninguém dava a mínima para o resultado da votação, mas a qualidade da discussão era uma preocupação séria.

7

Geralmente havia pouca ligação entre o trabalho acadêmico de alguém e a participação apostólica. Alguns artigos preparados para discussão na Sociedade eram debatidos em círculos acadêmicos mais amplos e de vez em quando causavam grande impacto. A apresentação por Frank Ramsey, certa noite de 1952, do seu artigo "Há alguma coisa para discutir?" propôs questões tão importantes (por exemplo, sobre diferenças indiscutíveis) que passou a ocupar um lugar sério na literatura filosófica.

Às vezes a ligação vinha por intermédio de referências à literatura em geral nas discussões apostólicas, pelas quais periódicos públicos se interessassem. Lembro um caso pessoal de sobreposição. Houve uma interessante sequência de acontecimentos depois que li um artigo — deve ter sido em 1959 — sobre a ideia de Rousseau da "vontade geral" e os insights que podemos tirar da teoria dos jogos, especialmente como desenvolvida naquela época por John von Neumann e John Nash.

Eu tinha começado a me interessar pela teoria dos jogos nessa época (mais tarde ensinaria teoria dos jogos na Faculdade de Economia de Delhi), e parecia fácil usar uma pequena parte dela para explicar o contraste entre a "vontade geral" de Rousseau (aquilo que seria coletivamente preferido por todos) e aquilo que seria escolhido por esta ou aquela pessoa individualmente (às vezes chamado de "vontade de todos" em contraste com "vontade geral"). Garry Runciman, classicista muito talentoso que então se metamorfoseava em sociólogo, foi muito ativo na reunião e me mostrou como o raciocínio que eu apresentava talvez também jogasse alguma luz na teoria da justiça então desenvolvida pelo filósofo emergente John Rawls.

Resolvemos escrever um artigo a quatro mãos explorando e estendendo as ideias discutidas na reunião, e o enviamos para Gilbert Ryle, editor de *Mind*, importante revista filosófica. Parte do artigo apoiava a teoria da justiça desenvolvida por Rawls, que logo seria visto como o maior filósofo moral e político da nossa época. Mas nós também argumentávamos contra o pressuposto de

Rawls de que num estado de escolha imparcial somente uma determinada escolha surgiria como preferida por todos. No caso de haver pluralidades de soluções imparciais, como afirmávamos que tinha que haver, todo o arcabouço de Rawls enfrentaria sérias dificuldades.

O artigo, tirado do ambiente isolado de uma discussão apostólica, e ampliado, foi, para nosso grande prazer, aceito por Ryle. Mas depois disso, durante anos, não tivemos mais notícia. Resolvemos, finalmente, escrever outra vez para Ryle, enviando-lhe cópia do mesmo artigo e indagando o que teria acontecido. Sabíamos, claro, que Ryle escrevia à mão, e provavelmente não guardava cópias de suas cartas, mas nossos temores ficaram ainda mais complexos quando recebemos outra carta sua, na qual equivocadamente tratava o artigo como novo, e mais uma vez o aceitou para publicação. Garry e eu ficamos impressionados com a coerência de Ryle, mas avisamos que ele já tinha aceitado o artigo três anos antes, e esperávamos que pudesse publicá-lo logo. A história teve um final feliz — o artigo saiu em *Mind* em 1965, sob o título de "Jogos, justiça e a vontade geral", e despertou algum interesse.[3]

Anos depois, quando fui professor visitante de Harvard por um ano, John Rawls, Kenneth Arrow e eu demos juntos um curso de filosofia política, e Rawls discutia os argumentos que Garry e eu tínhamos apresentado, fazendo comentários esclarecedores. Eu era, claro, grande admirador de Rawls, e ele e eu discutimos esse assunto de vez em quando ao longo de décadas (e eu tratei dele em meu livro *A ideia de justiça,* publicado em 2009).[4] Se esse desdobramento era insólito para uma discussão apostólica, certamente correspondia à tradição da Sociedade de incentivar argumentos e contra-argumentos.

Enquanto ouvia Rawls, o rosto elegante iluminado pela força do raciocínio no Emerson Hall, lugar costumeiro do nosso seminário conjunto, fiquei pensando no maravilhoso Apóstolo que Rawls teria sido se o fantasma de Tomlinson pudesse de alguma forma sequestrar o grande filósofo de Harvard, levá-lo para Cambridge como estudante e convencê-lo a ingressar na Sociedade Conversazione. Mas um artigo que Tennyson se recusara a escrever para a Sociedade (preferindo renunciar) era sobre fantasmas, e achei que ele talvez não aprovasse meu sonho.

8

As reuniões de discussão da Sociedade eram realizadas uma vez por semana durante o semestre, num dia fixo e sempre no mesmo lugar. Aparentemente, no começo elas aconteciam aos sábados, mas na minha época nós nos reuníamos nos aposentos de E. M. Foster, no King's, nas noites de domingo. Como grande admirador da obra de Foster, para mim já era recompensa suficiente o fato de que ele muitas vezes estivesse presente e participasse da discussão como Anjo, embora em certos domingos preferisse ir para a capela do King's, principalmente (explicava) para ouvir a música.

Eu tinha conhecido Morgan Forster antes — bem antes de ter sido eleito Apóstolo — e o via com regularidade em outros encontros também. Suas conexões indianas ainda eram fortes e fiquei emocionado certa noite de 1960 quando ele me convidou para assistir à estreia de *Uma passagem para a Índia* transformado em peça por Santha Rama Rau, no Arts Theatre em Cambridge. Conosco foram também Joan Robinson e Richard Kahn, que antes de mais nada nos levaram para jantar.

Foster disse ter gostado bastante da peça, que era sem dúvida absorvente como evento em si, mas para pessoas familiarizadas com o romance original era difícil ignorar suas fraquezas. Talvez esse julgamento fosse severo demais, levando em conta que é muito difícil transformar livros famosos em peças satisfatórias. Mas percebi a determinação de Forster de ser gentil com uma tradutora pouco conhecida, e quando me encontrei mais tarde com Rama Rau, ela me disse que tinha ficado eufórica com a aprovação de Forster.

Sempre me impressionou o profundo interesse de Forster pela Índia. Quando o conheci, em 1953 — nos aposentos de Prahlad Basu, no King's, para tomar chá —, ele me perguntou, com grande amabilidade, sobre minha formação. Ao saber que eu vinha de Santiniketan, disse que achava as ideias de Rabindranath Tagore sobre o mundo — e os temas que escolhia — muito simpáticas, mas não se sentia atraído por seu estilo literário. Forster também disse que achava que Tagore estava sempre fazendo experimentos com sua prosa em inglês e que muitos desses experimentos não davam certo. Admirava Tagore por nunca desistir.

Só quando passei a conhecer Forster bem melhor, por meio da Sociedade, me dei conta de que ele era grande admirador de Kalidasa, o teatrólogo sânscrito do século IV. “Você escreveu alguma coisa sobre isso?”, perguntei, de uma forma bem ignorante. Disse Forster: “Nada substancial, mas tenho me queixado um pouco da falta de interesse popular na Índia pelos escritos de Kalidasa — muito diferente do espalhafato que fazemos em torno de Shakespeare”. Isso me levou à sua coletânea de ensaios e resenhas *Abinger Harvest* (1936), na qual há uma esplêndida peça de apreciação literária, bem como um elegante resmungo sobre a falta de interesse público no ensaio “Adrift in India: The Nine Gems of Ujjain” [À deriva na Índia: As nove joias de Ujjain].

Ali, Forster descreve de maneira encantadora o charme da histórica Ujjain, cidade natal de Kalidasa (e a capital do reino), com “pessoas cantando canções festivas nas ruas” enquanto à noite “mulheres se esgueiram até seus amantes ‘na escuridão que uma agulha poderia dividir’”. Feliz por ter chegado ao rio favorito de Kalidasa — o Sipra —, Forster entrou direto na água, que dava nos tornozelos, sem tirar os sapatos e as meias. Lembrando o que Kalidasa tinha escrito sobre o Sipra e o povo do Sipra, considerou aquele um grande momento — um momento que ele tinha esperado viver um dia. Terminado o devaneio, Forster se perguntou se suas meias e seus sapatos estariam enxutos até a hora de pegar o trem — e, o que é mais importante, sobre a falta de interesse por Kalidasa da parte dos habitantes da moderna Ujjain, nos edifícios históricos à sua volta. Concluiu, com uma nota de tristeza: “Prédios velhos são prédios, ruínas são ruínas”. Triste fim para uma viagem excitante, mas ele me disse que estar “à deriva na Índia” lhe ensinara muito sobre o que esperar, e o que não esperar, no país que tanto amava.

9

Meus dias de estudante de graduação terminaram com uma forte pancada em junho de 1955. Isso ocorreu graças às tentativas de um dos educados porteiros de Trinity para me acordar de manhã depois que decidi que tinha terminado minhas provas finais. Naquela época, além de artigos que todo aluno de economia precisava levar para obter o diploma de bacharel, tínhamos que escolher dois outros artigos sobre assuntos relacionados. Podíamos, entretanto, levar três desses artigos adicionais, no entendimento de que os dois com as melhores notas contariam no resultado final. Eu tinha escolhido artigos sobre estatística, filosofia política e história econômica britânica. Não consigo lembrar agora em que ordem os três exames foram realizados, mas, fosse como fosse, decidi, depois dos dois primeiros, que me saíra bem o suficiente para não precisar que o terceiro artigo fosse levado em conta. Assim sendo, juntei-me à comemoração geral do fim dos exames e fui dormir por volta das quatro da manhã.

Apesar disso, meu nome continuou entre os daqueles que apresentariam o terceiro artigo opcional (fosse qual fosse) na manhã seguinte, e logo depois das nove a Escola de Exames ligou para o alojamento do porteiro, em Trinity, dizendo que eu me ausentara da sala de exames e deveria ir para lá imediatamente. Às 9h20 um porteiro muito cortês chamado Michael assumiu a difícil tarefa de acordar-me. Ele conseguiu, mas, diante da minha fraca reação, propôs o seguinte: "Vou preparar uma boa xícara de chá para você, e trazer uns biscoitinhos, mas, por favor, dê um jeito de sair da cama". Quando ele voltou com o chá e os biscoitos, eu tinha conseguido me mudar para um sofá na sala de estar, onde lhe disse: "Minhas provas acabaram". "Não, não acabaram", respondeu Michael. "Estão ligando da Sala de Exames em Downing Street. Por isso quero que me faça um favor: tome o chá, vistas as calças e uma camisa, e corra para lá."

Tentei explicar que eu de fato não precisava fazer outra prova, uma vez que os dois artigos já concluídos seriam suficientes, tornando o terceiro desnecessário. "Minhas provas de fato acabaram", insisti. "Sr. Sen", disse o educado Michael, "todo mundo se sente assim durante as provas, e acaba acreditando em histórias improváveis, mas você precisa perseverar e ir até o fim." Gastei um bom tempo para convencê-lo de que eu não sairia correndo para a sala de exames. Mais tarde, quando eu via Michael na faculdade, ele sempre me dizia, com um largo sorriso: "Pois é, eles ainda estão esperando você em Downing Street".

10

Meus pais e minha irmã Manju foram à Sala do Senado assistir à minha formatura — ocasião muito prazerosa, pois eu praticamente não precisei fazer nada. Anos depois, como mestre de Trinity, quando fazia a recitação em latim para cada estudante de graduação da faculdade, segurando suas mãos na minha, dizendo-lhes (em latim) que diploma estavam recebendo, eu pensava comigo mesmo que para os diretores de faculdade a cerimônia era muito mais difícil do que para os bacharelandos. Quando me tornei mestre, os alunos também tinham mudado de estilo. Em meu primeiro ano como mestre, gostei muito da resposta de um dos graduandos que me olhou com um largo sorriso e disse: "Obrigadíssimo, parceiro", o que me pareceu um jeito apropriado de encerrar uma conversa em latim.

Meu pai recebeu um convite para dar aulas em Londres na época da minha formatura, e os honorários lhe serviram para providenciar a viagem da família. Alugamos um pequeno apartamento em Notting Hill onde todos ficaram alegremente hospedados por quase um mês. Foi particularmente agradável para Manju, que queria ver os museus e galerias de Londres, e muitas vezes a acompanhei. Alguns amigos apareceram no apartamento de Notting Hill para nos ver. Lembro-me particularmente da visita de Dilip Adarkar, que causou imensa impressão em meus pais e minha irmã, ajudando-me a convencê-los de que eu andava em boa companhia.

Entristecia-me ver tantos velhos amigos de Cambridge irem embora, apesar dos novos estudantes que chegavam. Além disso, alguns amigos antigos tinham ficado, entre eles Rehman Sobhan e Dilip, que estavam fazendo cursos de três anos. Lal Jayawardena, no meio do seu trabalho de doutorado, também ficou, embora Mahbub tenha ido fazer doutorado em Yale. Entre os novos alunos de 1955, Ramesh Gangolli, um matemático, também se tornou amigo pelo resto da vida. Logo ficou claro para mim que ele tinha um intelecto extraordinário. Com seus interesses tão amplos (indo de ambiciosas pesquisas sobre grupos de Lie em matemática à teoria e prática de música clássica indiana), Ramesh animava nossas conversas de várias formas diferentes. Fez seu doutorado no MIT depois de formar-se em Cambridge, e tive a oportunidade de pôr a conversa em dia com ele — e sua maravilhosa esposa, Shanta — no outono de 1960, quando cheguei ao MIT para trabalhar um ano como professor assistente visitante.

Manmohan Singh, que viria a ser primeiro-ministro da Índia, chegou como estudante de graduação em St. John's em 1955, e fui visitá-lo logo depois. Manmohan sempre foi afetuoso, cordial e acessível — qualidades que descobri logo que passei a conhecê-lo melhor. Continuou sendo a mesma pessoa quando chefiava o país como primeiro-ministro de 2004 a 2014. Jantando a seu lado em sua residência oficial, o que costumava ocorrer sempre que eu visitava

Delhi, me parecia curioso que ele, como primeiro-ministro, esperasse os outros falarem antes de dar a sua opinião.

A modéstia de Manmohan talvez fosse um problema para um primeiro-ministro. Embora seja uma grande virtude social, a modéstia pode ser uma desvantagem na vida política, em especial num mundo dominado por lança-chamas como muitos líderes políticos da Índia de hoje. O resultado disso podia ser a relutância de Manmohan em apresentar seus argumentos em público — muitas vezes era extremamente calado. Mas, apesar dessa reserva, e do que diziam algumas críticas que enfrentava relativamente mudo (em vez de refutá-las de modo ruidoso, como poderia fazê-lo), ele era um excelente líder político. Conseguiu muitas coisas, contribuindo para a mais alta taxa de crescimento econômico que a Índia já conheceu — antes ou depois. O crescimento econômico desacelerou um pouco em seu segundo mandato (2009-14), que coincidiu com um declínio econômico global, mas, apesar disso, continuou entre os mais altos do mundo. Houve também outras importantes conquistas, incluindo a ratificação da Lei do Direito à Informação e o estabelecimento do Programa de Garantia do Emprego Rural.

11

Além dos novos estudantes que chegavam em 1955, houve a volta de Dharma Kumar, importante historiadora de economia que estava pesquisando a história agrária da Índia. Ela começara a preparar uma tese de doutorado alguns anos antes — mas teve que voltar à Índia para trabalhar no Banco de Reserva, onde adquiriu grande reputação. Era uma mulher de notável beleza e charme, e eu tinha grande admiração por seu agudo intelecto e humor. Tornamo-nos bons amigos e nos encontrávamos quase diariamente para conversar. Também fazíamos caminhadas nos vilarejos vizinhos — Coton, Granchester e outros — e vimos muitas peças em Londres.

A capacidade de Dharma de julgar rápido combinava bem com sua impaciência, e isso contrastava nitidamente com minha tendência à hesitação. De início fiquei surpreso com sua tendência a sair de uma peça depois de vinte minutos, se achasse que não era boa nem ia melhorar. (Sou do tipo que tenta extrair cada gota de valor, permanecendo até o último minuto — incluindo palmas e vênias.) Dharma talvez não tenha sido a pessoa com quem assisti a mais peças — apesar de termos visto muitas durante a excelente temporada de 1955-6 no West End —, mas certamente é a pessoa com quem mais vi os primeiros vinte minutos de peças.

As pesquisas pioneiras de Dharma sobre a história agrária indiana iam até os dias pré-britânicos, para nos ajudar a compreender o que houve durante o Raj. Como disse Sanjay Subrahmanyam, outro historiador importante, ninguém a igualou na exploração do confortável consenso em torno de algumas ortodoxias bem estabelecidas. Seu livro pioneiro *Land and Caste in South India* [Terra e casta no sul da Índia] ainda é um clássico cuidadoso e original de história econômica, não só oferecendo insights sobre as consequências agrárias da dominação britânica, mas também transformando nosso entendimento da natureza dos arranjos agrários pré-britânicos no sul do país, muito menos justos do que antes se imaginava.

Vi Dharma pela última vez em 2001, quando foi acometida de um tumor cerebral que a deixou incapaz — e talvez sem vontade — de falar. Fui visitá-la, pouco antes de ela morrer, em companhia de sua filha Radha Kumar, cujas súplicas para que a mãe dissesse algumas palavras a um velho amigo não surtiram efeito. Os olhos de Dharma estavam bem abertos e ela me olhou com o que me pareceu uma terna familiaridade, mas não emitiu um som. Que contraste com os tempos em que ela era a personificação da sagacidade e do bom humor.

21. Entre Cambridge e Calcutá

1

Em junho de 1956, no fim do meu primeiro ano como estudante pesquisador, eu dispunha de uma série de capítulos que pareciam capazes de formar uma dissertação. Muitos economistas de várias universidades trabalhavam, de maneiras diferentes, na escolha de técnicas de produção. Alguns se concentravam particularmente em maximizar o valor total do resultado produzido, enquanto outros queriam maximizar o excedente gerado, havendo, ainda, alguns maximizadores do lucro. Analisando essas e outras abordagens, e sempre atento ao fato de que um excedente mais alto, quando reinvestido, pode conduzir a uma taxa de crescimento mais alta e, através disso, a uma produção mais alta no futuro, os diferentes critérios poderiam ser comparados pela avaliação de séries temporais alternativas de produção e consumo.

Eu tinha certeza de que a bagunçada literatura a respeito de tudo isso poderia ser separada e disciplinada pela avaliação comparativa de séries temporais alternativas, o que acabou sendo uma tarefa divertida. Dei a isso o nome de "abordagem de série temporal". Para mim foi uma grande satisfação poder delinear uma metodologia geral fácil de discutir para as várias propostas alternativas então oferecidas. Tracei o quadro geral num artigo que submeti à *Quar-*

terly Journal of Economics (importante revista de economia — naquela época e agora), que teve a bondade de separar o texto para publicação imediata. Além disso, eles aceitaram um segundo artigo a sair não muito tempo depois.

Tratei de outros problemas parecidos em artigos separados, que também foram publicados. Àquela altura, no fim do meu primeiro ano de pesquisa, comecei a me perguntar se eu tinha — somando todos os artigos — algum tipo de tese de doutorado. Mas ao mesmo tempo temia que isso fosse delírio de grandeza. Por isso pedi ao meu professor Maurice Dobb que desse uma olhadela e me dissesse o que achava. Eu havia me esquecido de que para Maurice Dobb não existia isso de dar uma olhadela. Duas semanas depois recebi dele um monte de comentários preciosos sobre como melhorar a apresentação. Mas veio também sua confortadora conclusão geral de que certamente havia mais coisas em meus capítulos do que seria necessário para um doutorado.

Maurice me advertiu de que o regulamento da Universidade de Cambridge me impediria, no entanto, de submeter uma tese de doutorado já no fim do meu primeiro ano. Na verdade, o regulamento da universidade dizia que o aluno só poderia submeter uma tese de doutorado depois de três anos de pesquisas. Então me fiz a seguinte pergunta: será que eu não deveria fazer alguma coisa mais interessante do que o assunto da tese de doutorado que eu tinha, por uma razão ou por outra, escolhido? E, uma vez que os capítulos já estavam prontos, será que não poderia voltar para Calcutá e esquecer a pesquisa de doutorado por dois anos? Eu queria fazer uma pausa e, além disso, sentia falta da Índia.

Por isso fui procurar Piero Sraffa, que, além da sua função em Trinity, era diretor de pesquisa da Faculdade de Economia, orientando alunos de doutorado. Enviei-lhe cópia da minha tese, que ele leu e pareceu aprovar. Perguntei-lhe, portanto, se poderia ir a Calcutá e voltar dois anos depois. "Você tem razão", disse Piero, "a Universidade não permitirá que submeta sua tese nos próximos dois anos, mas também não permitirá que se ausente durante esse período, uma vez que precisa residir em Cambridge, pelo menos fingindo que trabalha em sua tese para os três anos de pesquisa exigidos."

Foi uma grande decepção para mim, mas o dilema teve uma solução positiva, astutamente concebida pelo próprio Sraffa. Seguindo seu conselho, pedi à faculdade permissão para ficar em Calcutá durante os dois anos restantes do meu período de pesquisa, para aplicar minha teoria em dados empíricos na Índia. Eu precisava conseguir outro supervisor na Índia para esse plano, pois não teria permissão de ir para lá sem ter um. Mas essa foi a parte mais fácil, uma vez que na pessoa do professor Amiya Dasgupta havia um brilhante economista pronto para me ajudar. Além disso, eu sabia que qualquer conversa com Amiyakaka sobre qualquer assunto seria divertida, além de altamente educativa. Por isso lhe escrevi uma carta, e em resposta recebi seu consentimento.

Resolvido o problema com o regulamento, graças à ajuda de Sraffa, comecei a preparar-me para a viagem à Índia. Sentia que pelo menos uma fase da minha associação com Cambridge estava chegando ao fim — eu só voltaria para submeter minha tese, e depois iria embora novamente. Além disso, caí na armadilha de uma espécie de saudade prematura de Cambridge, uma vez que eu planejava abreviar tanto minha presença na velha universidade.

2

Eu tinha condições de ir para Calcutá de avião, uma vez que de 1953 (quando fui para a Inglaterra por via marítima no *SS Strathnaver*) para 1956 o custo das passagens aéreas tinha baixado imensamente, ao mesmo tempo que o preço das viagens por mar tinha disparado ainda mais rapidamente, devido aos custos trabalhistas. Pouco antes de tomar o avião para a Índia, recebi uma carta do vice-reitor de uma nova universidade (Universidade Jadavpur) em Calcutá, que estava sendo fundada, dizendo que eles gostariam muito que eu encabeçasse a criação de um departamento de economia e servisse como chefe do departamento. Eu era jovem demais para o cargo — tinha menos de 23 anos — e nenhuma vontade de ser subitamente catapultado para uma posição administrativa com todas as suas restrições. Mas, junto com a apreensão, a proposta improvável me fez querer tentar a mão na formação de um departamento e seu currículo da maneira que eu achava que a economia deveria ser ensinada.

A decisão não foi fácil, mas depois de alguma hesitação aceitei o desafio. De modo que de repente me vi em Calcutá, trabalhando com afinco num chuvoso agosto na formação de currículos para os cursos a serem oferecidos, bem como tentando recrutar pessoas para lecionar em Jadavpur. No início, por causa da falta de pessoal, lembro de ter dado muitas aulas a cada semana sobre diferentes áreas da economia. Numa dessas semanas, acho que dei 28 aulas de uma hora cada uma. Era realmente cansativo, mas aprendi muitas coisas novas com essa obrigação de me dedicar a tantas áreas distintas. Esperava também que isso tivesse alguma utilidade para meus alunos. Na verdade, aprendi tanto ensinando que me convenci de que jamais poderia estar seguro de entender bem um assunto sem antes tentar ensiná-lo a outros. Em economia, isso se aplica particularmente aos artifícios classificatórios a ser usados em epistemologia econômica, e esse pensamento particular me fez lembrar do meu velho amigo Panini, o gramático e foneticista do século III a.C. cuja análise classificatória tanto influenciara meu pensamento.

Por causa da minha juventude e do boato de que eu tinha conseguido o emprego na Universidade de Jadavpur por nepotismo, e não por mérito, houve um previsível — e inteiramente compreensível — vendaval de protestos contra a minha indicação. Além disso, havia motivos para desconfiança política, devido às minhas convicções esquerdistas — meus dias de política estudantil ativa na Faculdade da Presidência tinham ocorrido apenas três anos antes. Um dos ataques mais contundentes foi uma série de denúncias publicadas na revista de direita *Jugabani*. Entre outras coisas, descobri com eles que, graças à minha nomeação, o fim do mundo se tornara mais iminente. Um dos ataques, de que confesso que gostei muito, era ilustrado por uma charge habilidosamente desenhada que me mostrava sendo tirado do berço para me tornar professor, de pé na frente de um quadro-negro, giz na mão e tudo.

Fui sustentado pelo entusiasmo dos meus alunos, pelo qual eu me sentia terrivelmente agradecido. Alguns deles eram verdadeiramente brilhantes, como Sourin Bhattacharya, que viria a ser um distinto acadêmico e escritor. Na verdade, a maioria dos alunos que tinham ousado ingressar nessa universidade totalmente nova para estudar economia era muito talentosa. Além de Sourin, havia Reba (que mais tarde casou com Souri), Dhirendra Chakraborti, P. K. Sen e outros, formando um grupo excelente. Mantive contato com eles durante muitos anos depois de deixar a Universidade de Jadavpur.

Aproveitei bem a oportunidade e o desafio representados por Jadavpur, que era um lugar estimulante do ponto de vista intelectual. Na verdade, tinha sido uma ótima faculdade de engenharia durante décadas — bem antes de transformar-se numa universidade com o acréscimo de departamentos (de literatura, história, ciências sociais e "artes" em geral) à engenharia e à base de ciência natural preexistentes. Meus colegas de departamento — como Paramesh

Ray, Rishikesh Banerjee, Anita Banerji, Ajit Dasgupta e Mrinal Datta Chaudhuri, entre outros — eram infalivelmente animados.

À exceção de mim mesmo, todos os professores nomeados, que chefiavam diferentes departamentos em Jadavpur, eram bem estabelecidos no mundo acadêmico, e muito mais velhos do que eu. O chefe do departamento de história era Sushobhan Sarkar, que tinha sido professor de história na Faculdade da Presidência quando estudei economia lá. Magnífico professor e pesquisador, Sarkar tinha tido grande influência em meu pensamento, quando eu estudava na Presidência. Para mim, foi um privilégio fantástico ser colega de Sushobhanbabu e, graças à sua afeição, eu também recebia conselhos regulares sobre o que deveria (e, ainda mais importante, não deveria) fazer como um professor novo e inaceitavelmente jovem.

O chefe do departamento de literatura comparada era Buddhadeb Bose — um dos mais destacados escritores bengaleses, com uma formidável reputação em poesia, bem como em prosa inovadora em bengali. Eu era grande admirador da sua obra, mas além disso o conhecia pessoalmente, por ser ele o pai da minha amiga de faculdade Minakshi, que, com o namorado (e mais tarde marido), Jyoti, já apareceram nestas memórias. O chefe do departamento de bengali era o respeitado erudito Sushil Dey. Tanto Sushil Dey como Buddhadeb Bose tinham lecionado antes na Universidade de Daca, onde foram colegas do meu pai. Mais assustadoramente, Sushil Dey também conhecia bem Sharada Prasad Sen, meu avô paterno. Ele às vezes me lembrava que era mais de quarenta anos mais velho do que eu. Fazia esse lembrete particularmente quando tínhamos alguma divergência — Dey era bastante conservador em questões de universidade. Ele complementava seus argumentos contrários aos meus invocando minha árvore genealógica, o que me deixava bastante perdido. "Seu avô, um homem sábio, que conheci tão bem, veria isto que você está tendo dificuldade de ver sem nenhum problema." O professor Dey ganhou todas as discussões que tive com ele.

3

Tínhamos no corpo docente um historiador notavelmente inovador, Ranajit Guha — eu o chamava de Ranajitda, porque era alguns anos mais velho que eu, embora ainda relativamente jovem. Quando topei com ele pela primeira vez no campus, pouco depois do início das aulas, fiquei muito feliz, pois tinha ouvido falar dele e da sua originalidade de pensamento.

"Você é muito famoso", disse Ranajitda quando nos encontramos pela primeira vez. "Estou sempre ouvindo falar de suas severas deficiências e do erro que a Universidade cometeu ao nomeá-lo. Por isso, vamos nos encontrar logo — na verdade, vamos jantar hoje à noite." Fui ao seu apartamento na Pantitiya Road naquela noite, o qual logo se tornou um dos meus lugares favoritos. Ranajitda tinha sido comunista militante, mas na época que o conheci já decidira que aquilo fora um erro. Continuava revolucionário — de uma forma não ruidosa e não violenta — trabalhando em favor dos oprimidos e esquecidos da sociedade, mas tinha perdido completamente a fé na organização comunista, particularmente no stalinismo, bastante em voga em Calcutá naqueles tempos. Ranajitda era casado com Marta, de origem polonesa com antepassados judeus, e juntos costumavam patrocinar reuniões de amigos.

Naquela época Ranajitda estava escrevendo seu primeiro livro, *A Rule of Property for Bengal* [Um direito de propriedade para Bengala], que faria dele um historiador de inusitada imaginação e visão. O livro investiga o contexto intelectual do letal assentamento permanente do uso da terra de lorde Cornwallis, imposto em Bengala em 1793, que (como foi discutido no capítulo 8) fez um mal inacreditável à economia.[1] Era uma obra de profunda originalidade, diferente dos trabalhos comuns sobre a política colonial britânica na Índia por se concentrar no papel das ideias, em oposição à ganância e ao egoísmo (que se tornaram o esteio da história crítica naquela época). Os funcionários britânicos com voz ativa na escolha das regras fundiárias para Bengala foram motivados por opiniões bem arrazoadas sobre como melhorar a agricultura bengalesa. A ética que regia a base lógica do assentamento permanente, e as ideias racionais e humanas que levaram a ele, consistiam, na verdade, em interpretações diferentes da boa governança. O notável é que, apesar das tentativas sinceras de fazer o bem, o acordo de assentamento permanente produziu resultados desastrosos. O foco de Guha, inusitadamente em história colonial, não estava na exploração colonial e no predomínio dos interesses britânicos sobre os interesses dos súditos, mas nas várias ideias bem-intencionadas que conduziram a uma balbúrdia de arranjos propostos para a colonização da terra em Bengala — e em sua péssima aplicação.

A Rule of Property for Bengal não é, porém, a obra pela qual Ranajit Guha ficou mais famoso. Essa distinção cabe a uma série de publicações sob o título genérico de Estudos Subalternos, produto de uma escola altamente influente de história colonial e pós-colonial que ele inaugurou e encabeçou. (Como observei no capítulo 4, havia nela alguma correspondência com o fato de meu avô Kshiti Mohan dar precedência aos poemas de Kabir, que os admiradores mais pobres adoravam.) A escola de Estudos Subalternos contestava de modo geral interpretações elitistas da história. Na introdução ao primeiro volume, publicado em 1982, Guha é profundamente crítico a respeito do fato de a historiografia do nacionalismo indiano ter sido dominada, por muito tempo, tanto pelo elitismo colonialista como pelo elitismo "nacionalista burguês" — que Ranajitda muito se empenhou em varrer do mapa. Foi um grande passo para libertar a narrativa da história indiana — e por implicação a história de qualquer lugar — de uma concentração debilitante em perspectivas elitistas. Embora Estudos Subalternos ainda não tivessem nascido quando conheci Ranajitda, nossas conversas diárias deixavam claro que ele já pensava na reavaliação antielitista da história.

Ranajitda e o seu círculo não foram importantes para mim apenas do ponto de vista intelectual; também contribuíram imensamente para a minha vida social em Calcutá. As conversas regulares com o grupo, que incluía Tapan Raychaudhuri, Jacques Sassoon, Mrinal Datta Chaudhuri, Paramesh e Chaya Ray, Rani Raychaudhuri, entre muitos outros, representaram um grande acréscimo à minha vida de jovem professor em Calcutá. Quando esteve na cidade e foi comigo à *addas* de Ranajitda, Dharma Kumar ficou espantada com a diversidade de assuntos que conseguíamos discutir em nossas reuniões noturnas. Até hoje penso que, no tocante a discussões acadêmicas, seria difícil igualar as daquele pequeno e despretensioso apartamento em Panditya Road em meados dos anos 1950.

4

Depois que me instalei no novo emprego e pude conhecer os novos alunos, não abandonei, claro, meu velho reduto — o café da College Street, em frente à Faculdade da Presidência e não muito longe da base da Universidade de Calcutá. Estávamos no verão de 1956 e um dos vigorosos assuntos de debate naquela altura girava em torno das reações imediatas às revelações de Nikita Khrushchev sobre práticas stalinistas, no vigésimo Congresso do Partido Comunista da União Soviética. O Congresso acontecera em fevereiro de 1956, poucos meses antes da minha volta a Calcutá, e as implicações do que ali se revelou aos poucos eram assimiladas pelos círculos políticos de esquerda da cidade. Quando perguntei a um dos seguidores fiéis que eu conhecia muito bem o que ele achava, ouvi a seguinte resposta: "Odeio Khrushchev mais do que odeio qualquer insetozinho repulsivo", e recusou-se a continuar a conversa. Quando sugeri que Khrushchev relatara fatos chocantes, mas nem um pouco surpreendentes, o que recebi foi uma explosiva repreensão política.

Meu próprio despertar para a tirania do sistema soviético tinha ocorrido uma década antes (como mencionado no capítulo 12), quando li sobre os "julgamentos de fachada" e os expurgos stalinistas, incluindo o tratamento de Bukharin, o principal filósofo leninista da época, cujos escritos eu conhecia bem. Portanto, não vi uma ruptura súbita no que vinha acontecendo — apenas uma mudança no que era admitido oficialmente. Quando um dos seguidores fiéis, furioso comigo, mencionou a observação do escritor americano John Gunther de que ele (Gunther) tinha presenciado o julgamento de Bukharin e de outros, e todos eles pareciam saudáveis e intactos — portanto não poderiam ter sido torturados ou coagidos —, fiquei espantado com a ingenuidade política exibida.

Eu gostava da história contada por Khrushchev, poucos anos depois, sobre uma visita dele a uma escola e as perguntas amistosas que fez aos alunos: "Vocês aí, me digam: quem foi que escreveu *Guerra e paz*?". Primeiro houve um silêncio, e depois um dos meninos respondeu com expressão aterrorizada: "Pode acreditar em mim, camarada Khrushchev, eu não fiz nada disso". Khrushchev queixou-se ao chefe do serviço secreto dizendo que havia um estado inaceitável de medo público e que o clima de intimidação precisava acabar de imediato. A história termina com o comandante do serviço secreto dizendo a Khrushchev, alguns dias depois: "Não precisa mais se preocupar, camarada Khrushchev. O menino confessou agora que foi ele que escreveu *Guerra e paz*".

Em outubro e novembro de 1956, enquanto o choque do vigésimo Congresso estava sendo absorvido pelos círculos de esquerda, o levante húngaro contra o domínio soviético ocorreu e foi brutalmente reprimido pelo Exército. O Partido Comunista da Índia não denunciou o autoritarismo soviético da maneira como vários outros partidos comunistas (em particular o italiano) fizeram e ficava cada vez mais claro que os dias de um movimento comunista-leninista unido no mundo estavam chegando ao fim. Fiquei perturbado com a brutalidade da repressão húngara e com as chocantes revelações contidas na denúncia de Khrushchev no Congresso. Parecia-me que as questões então levantadas deveriam ter sido enfrentadas bem mais cedo. Embora sem nunca ter pertencido ao Partido Comunista (nem sequer tentei ingressar), eu achava que a militância com base em classe tinha um papel muito positivo a desempenhar na Índia, país afligido por crônicas desigualdades e injustiças. Nesse contexto, tentei mostrar que a capacidade de o Partido ser eficaz e construtivo seria bastante aumentada se a organização levasse a sério o tipo de perguntas pró-democracia finalmente feitas em público nos anos 1950.

O movimento comunista na Índia acabou tendo que enfrentar a questão da sua compatibilidade com a democracia política e, embora o processo de resposta fosse penosamente lento, os choques de 1956 permaneceram presentes nos debates políticos do país, e isso foi bom. No entanto, ao contrário dos partidos comunistas da China, do Vietnã e de Cuba, o partido indiano jamais teve força suficiente para ser uma influência política decisiva e rachou várias vezes, a primeira delas em 1964.

5

Enquanto eu era um professor dedicado em Calcutá, desfrutando das minhas aulas em Jadavpur, mas esperando que dois anos se passassem para poder submeter minha tese de doutorado em Cambridge, uma coisa aconteceu em Trinity que me deixou meio confuso. A faculdade tinha um pequeno número de prize fellowships — quatro, na minha época — concedidas com base na avaliação competitiva do trabalho de pesquisa dos alunos de pós-graduação. (Era possível concorrer mais de uma vez, dentro de um determinado prazo.) Um prize fellow é, na verdade, um fellow da faculdade e recebe emolumentos durante quatro anos, sem ter que fazer nenhum trabalho especificado de antemão — em outras palavras, livre para trabalhar em qualquer assunto de sua preferência.

Quando saí de Trinity para a Índia no verão de 1956, Piero Sraffa tinha comentado: "Por que você não submete sua tese para competir pela prize fellowship? Não vai receber a bolsa tão cedo, mas poderia melhorar sua tese com os comentários que recebesse, e teria mais chance no ano seguinte". Assim, sem pensar muito, mandei de Calcutá uma cópia da minha tese e esqueci o assunto.

Os resultados dos pedidos de bolsa foram anunciados na primeira semana de outubro e, como eu não esperava ser escolhido, não prestei atenção à data do anúncio. Em vez disso, aproveitando uma pausa no calendário da Universidade de Jadavpur para os feriados de Puja em Calcutá, fui para Delhi sem deixar nenhum endereço. Diverti-me muito lá, conhecendo notáveis economistas como K. N. Jar, que viria a ser meu colega na faculdade de economia de Delhi, I. G. Patel (casado com Alakananda — ou Bibi —, a filha de Miyakaka, que para mim era como uma irmã) e Dharm Narain, excepcional economista empírico, que eu viria a conhecer muito bem, juntamente com sua esposa, Shakuntala Mehra. Havia também uma jovem animada, Devaki Sreenivasan, de Chennai (Madras), em visita a Calcutá, que mais tarde se tornou Devaki Jain ao casar com Lakshmi Jain, um pilar na tradição do velho Congresso, enquanto ela própria se tornou figura importante no movimento feminista global. Conheci Devaki na casa de um amigo; nessa reunião ela pareceu se divertir com meu traje bengalês tradicional, que supostamente via pela primeira vez — ao longo dos anos, viria a ser ótima amiga. Eu vivia, portanto, uma série de noites de alegres conversas em Delhi, longe da Universidade de Jadavpur — que, nesse meio-tempo, recebeu diversas comunicações de Trinity avisando-me de que, inesperadamente, eu tinha sido escolhido para uma prize fellowship.

Como Jadavpur não sabia onde me encontrar, Trinity não obteve resposta — ou aviso de recebimento — aos telegramas que eles (e meus professores Sraffa, Dobb e Robertson) me enviaram. Apesar disso, Trinity resolveu eleger-me formalmente fellow, sem esperar que eu assinasse. Quando finalmente vi as comunicações acumuladas em Calcutá, eu já era fellow da faculdade havia algumas semanas, sem estar ciente disso. Mas então precisei fazer uma coisa que não havia planejado, uma vez que agora tinha dois empregos simultâneos em tempo integral, embora não fosse essa a intenção. Precisava escolher entre permanecer em Calcutá e voltar para Cambridge. Depois de conversar com Trinity e Jadavpur, dividi o tempo e voltei para Cambridge antes do que pretendia, na primavera de 1958.

6

Adorei os quatro anos da minha prize fellowship. Como eu tinha decidido não adiantar o trabalho da minha tese de doutorado — a escolha de técnicas —, achei que devia aproveitar a oportunidade para aprender um pouco de filosofia séria. A biblioteca da Universidade de Cambridge permite que a busca de um livro leve a outro sobre qualquer assunto, o que é altamente compensador. Mas além disso assisti a palestras sobre lógica matemática e teoria de funções recursivas como disciplina matemática, e ficava esperando para assistir a seminários e discussões de filosofia.

Procurei C. D. Broad, excelente filósofo de Trinity, cujo *The Mind and Its Place in Nature* [A mente e seu lugar na natureza] muito me impressionara. Perguntei-lhe se podia me dar uns conselhos sobre o que ler e quem sabe dar uma olhadela em alguns ensaios que eu planejava escrever. Broad concordou imediatamente e em contrapartida me perguntou se eu gostaria de ouvi-lo recitar uns poemas (tinha uma memória prodigiosa). Tanto a filosofia como a poesia acabaram sendo muito interessantes.

Fiquei mais confiante quando alguns ensaios que escrevi foram aceitos para publicação nas revistas comuns de filosofia, e aos poucos fui me envolvendo em disputas filosóficas. Descrevi num capítulo anterior minha tentativa de usar a teoria dos jogos para comentar, numa reunião dos Apóstolos, problemas filosóficos levantados por John Rawls. Outra parte valiosa da minha educação filosófica inicial se deu por intermédio de Isaiah Berlin, o grande filósofo social e historiador de ideias. Aprendi muito lendo os escritos de Berlin (assim como tinha aprendido lendo os de Rawls) e fui fortemente influenciado por sua ideia de que o valor de um argumento está não apenas na perspectiva vitoriosa que o lado vencedor oferece, mas também na relevância e no esclarecimento contingente que um argumento derrotado pode continuar a render.

Como jovem aprendiz de filósofo, resolvi contestar a opinião exposta no livro de Berlin *Historical Inevitability* [Inevitabilidade histórica], de que a determinação causal implica, necessariamente, fatalismo. Berlin afirmava que o determinismo, ao tornar as coisas previsíveis (podemos prever o que você escolherá), faz as pessoas perderem a liberdade de escolha e — mais importante ainda — perder a liberdade de produzir mudanças valiosas no mundo. Esse fatalismo é um dos problemas do marxismo, dizia Berlin, e para restaurar a liberdade humana os marxistas deveriam abandonar sua abordagem determinista. Contestando essa linha de raciocínio, propus o argumento de que ser capaz de prever o que vou escolher não elimina minha escolha. Numa escolha entre *x*, *y* e *z*, posso achar *x* a melhor, *y* a segunda e *z* a última, e o fato de você saber minha classificação não precisa reduzir, de forma alguma, minha liberdade de escolha. Assim, posso escolher livremente *x* (a opção que tenho mais motivos para selecionar), e você pode ser capaz de prever isso. Essa previsibilidade é resultado de você calcular o que eu escolheria, e não do fato de eu não ter escolha. Portanto, a "inevitabilidade histórica" não confina as pessoas a um mundo fatalista.

Minha crítica — num artigo intitulado "Determinismo e previsões históricas" — foi publicada numa nova revista surgida em Delhi, chamada *Enquiry*. Eu ainda não conhecia Isaiah Berlin, mas como jovem impertinente tomei a liberdade de enviar-lhe minha crítica. Para meu espanto, recebi uma resposta bem moderada e amistosa. Mais espantosamente, na Introdução que escreveu para seu livro seguinte, *Quatro ensaios sobre liberdade* (1969), havia quatro referências ao meu arrazoado. Isso era muito satisfatório para o meu orgulho juvenil. Gostei muito quando, como parte da sua argumentação, Berlin disse que teria que discordar de "Espinosa e Sen". (Achei que talvez pudesse pendurar o comentário de Isaiah Berlin, ampliado, na parede do meu escritório.) Mais seriamente, fiquei imensamente impressionado — isso era de fato parte da grandeza dele — por Berlin prestar atenção a argumentos vindos de qualquer parte, nesse caso de um jovem autor que lhe era completamente desconhecido, num artigo publicado numa revista totalmente obscura em Delhi, lançada por jovens estudiosos indianos. Foi o começo da minha longa amizade com Isaiah, com quem aprendi tantas coisas.

7

Enquanto eu me envolvia cada vez mais com filosofia, Piero Sraffa me lembrou de que eu precisava submeter minha tese de doutorado — eu agora tinha completado mais de três anos de pesquisas. A tese era essencialmente igual à minha dissertação para a fellowship em Trinity (tirando os exemplos indianos). Lorde Adrian, mestre de Trinity e presidente da reunião na qual fui eleito para a prize fellowship, manifestou surpresa ao saber que eu planejava obter um doutorado. "Você precisa mesmo disso, quando já tem sua prize fellowship? Ou está pensando em ir para os Estados Unidos?" Eu lhe disse que estava interessado em visitar universidades americanas em algum momento, mas não tinha planos imediatos. Não sei bem o que Adrian pensou da minha intenção de viajar aos Estados Unidos. De modo geral, ele era muito bom comigo, e entendi, pelo que me disse um membro do comitê da prize fellowship, que ele apoiara fortemente minha eleição.

Gostei muito de saber que David Champernowne e Nicholas Kaldor, árbitros consultados pela faculdade no julgamento da minha tese para a fellowship, também seriam examinadores da minha tese de doutorado. Eu esperava não ter grandes dificuldades, o que de fato ocorreu. No entanto, o que não previ foi que Champernowne e Kaldor discordariam entre si, durante a prova oral, sobre o que eu tinha dito na minha tese. Não sei bem qual dos dois venceu, mas achei ótimo que o debate entre eles durante minha prova oral girasse em torno disso.

Uma semana depois de minha tese ter sido aprovada, Henry Schollick, um dos diretores da Blackwell Publishing, de Oxford, me fez uma visita surpresa e me passou um contrato, pronto para assinar, relativo à publicação da minha tese em forma de livro. Fiquei impressionado com a confiança, pois ele ainda não tinha lido — ou sequer visto — a tese. Claro que aceitei, mas havia trabalho pela frente. Piero Sraffa ficou feliz com a oferta da Blackwell, mas me disse: "Você precisa mudar o título". Sraffa tinha permitido que "Choice of Capital Intensity in Development Planning" [Escolha de intensidade de capital no planejamento do desenvolvimento] fosse registrado como título do meu tema de doutorado ("para a burocracia universitária"), mas "agora sua obra vai enfrentar o mundo". Quando perguntei se era realmente necessário mudar o título, ele respondeu:

> Vamos tentar imaginar como o público entenderá o assunto do seu livro a partir do título, "Escolha de intensidade de capital no planejamento do desenvolvimento". Capital é a sede do governo de um país, como Londres, e desenvolvimento [*development*] é entendido como o lugar da construção de novos prédios e distritos. Então, vejamos: a tese é sobre qual proporção de novos edifícios na Grã-Bretanha deveria ficar localizada em Londres. Entendi direito?

Voltei ao meu escritório imediatamente e escrevi para o sr. Schollick dizendo que o título deveria ser mudado para "Escolha de técnicas" (como Sraffa tinha sugerido originalmente).

Tive sorte com o interesse que o livro despertou — acho que especialmente por causa do assunto. Quando pedi a Blackwell que parasse de reimprimir o que eu sabia que era apenas uma tese mais ou menos boa, sobre um assunto bastante limitado (estava, então, na terceira reimpressão da terceira edição), perguntei a mim mesmo se teria vendido ao menos um exemplar se eu tivesse mantido o título original. Reconheci que em Piero Sraffa, além de suas muitas outras qualidades, eu tinha um amigo em quem podia confiar para me convencer a escapar das minhas idiotices.

8

A prize fellowship me deu a oportunidade de sentar-me à destacada mesa dos fellows em Trinity no almoço e no jantar. Muitas das conversas ali eram bastante genéricas, mas algumas ressaltavam as extraordinárias oportunidades que me eram oferecidas por estar naquela faculdade. Um bom exemplo foi minha tentativa de entender métodos básicos de raciocínio em dinâmica dos fluidos conversando com Geoffrey Taylor, um dos pioneiros — quase o fundador — do assunto, que também me deliciou com fascinantes relatos de suas experiências com barcos. Outro foi minha tentativa de ficar mais ligado na história da fissão nuclear conversando com Otto Frisch, pioneiro em sua área de conhecimento — que também me falou de sua teoria sobre a quantidade de sono extra de que você precisa na noite seguinte para compensar "o sono perdido na noite anterior, talvez por causa de festas que duram a noite toda". Armado de fragmentos de conhecimento vindos de tantas direções diferentes, eu tinha certeza de estar recebendo uma educação muito equilibrada.

Também fiz uso da liberdade que a fellowship me dava para visitar amigos em Londres, particularmente na London School of Economics, e em Oxford, incluindo velhos amigos como Devaki Sreenivasan. Havia também Jasodhara (Ratna) Sengupta, que estudava literatura inglesa em Oxford, e era minha prima pelo fato de seu pai ser primo da minha mãe. Ela se envolveu com Amiya Bagchji, brilhante estudante de economia de Trinity, que também vinha da

Faculdade da Presidência, e com quem mais tarde se casaria; costumávamos nos reunir em Oxford ou Cambridge.

Por intermédio de Jasodhara, conheci Priya Adarkar, irmã do meu amigo Dilip Adarkar, de Cambridge. Priya era notavelmente inteligente, criativa e charmosa, com uma aguda intuição sobre relacionamentos, coisa que eu não tinha, e sua companhia me enriqueceu de muitas maneiras. Ved Mehta, que fez nome inicialmente como colunista da *New Yorker*, escreveu num relato autobiográfico que quando se apaixonou por Priya em Oxford me via como um obstáculo (chegando a citar, nesse sentido, a própria Priya). Quando ficou claro que ela e eu deveríamos nos distanciar por causa da ambiguidade das nossas relações, talvez essa decisão tenha sido acertada, mas para mim representou uma perda substancial. Mais tarde, Priya trabalhou em parceria com o grande dramaturgo Vijay Tendulkar, até traduzindo peças dele. Seus múltiplos talentos encontravam expressão através de diferentes canais — publicando, traduzindo e escrevendo peças.

9

Acho que devo registrar aqui um relato do meu primeiro — e até agora único — confronto com os regulamentos da faculdade, que me ensinou alguma coisa sobre estilos de reprimenda que me pareceu muito educativa. Não muito tempo depois que voltei de Calcutá, tive que fazer uma escolha difícil, envolvendo um conflito entre minhas responsabilidades sociais e os regulamentos de Trinity. A namorada do meu amigo Michael Nicholson, Christine, chegou inesperadamente tarde da noite para vê-lo em Cambridge — estavam, acredito, cuidando dos detalhes do casamento. Apesar de muitos esforços, Michael não conseguiu encontrar um quarto de hotel para Christine em Cambridge, mas os regulamentos da faculdade especificavam que ninguém (exceto o mestre) poderia permitir que uma mulher dormisse em seus aposentos, pois aquela ainda era uma escola só para homens.

Michael era um estudante pesquisador, e apesar da condição de fellow não fazer a menor diferença no tocante às regras envolvidas, decidimos que as penalidades, no caso de alguém descobrir, seriam menos severas para mim do que para ele. Achamos que se Christine dormisse no quarto extra no piso inferior do meu apartamento no Pátio Novo, eu ficaria menos encrencado, se ela fosse descoberta, do que Michael se ela fosse encontrada em seu quarto. Dessa forma, Christine foi devidamente instalada na sala de bilhar do meu conjunto (assim chamada porque abrigava a mesa de bilhar do grande matemático G. H. Hardy). O plano era que, logo que os portões dos fundos de Trinity se abrissem de manhã cedo, Christine se esgueiraria discretamente pela avenida do outro lado do rio para o portão traseiro. Quando fui dormir no andar de cima, ouvi Michael e Christine conversando animadamente, o que me deixou muito pessimista sobre a capacidade de Christine acordar a tempo de sair sem provocar uma crise.

Infelizmente, a arrumadeira a descobriu — acho que Michael não estava mais com ela — e quando acordei, horas depois, ela me disse, em tom grave, que já tinha dado parte daquela séria violação das regras de Trinity às autoridades. Diante disso, consultei um amigo e conselheiro, o historiador Jack Gallagher, fellow muito experiente, e lhe perguntei o que achava que ia acontecer. Ele respondeu que o vice-mestre, Sir James Butler, me repreenderia severamente. Assim sendo, preparei-me para o pior.

Durante semanas, nada, absolutamente nada, aconteceu. Certo dia, quando eu praticamente já tinha esquecido o episódio, Butler me perguntou, depois do almoço em Trinity, se eu gostaria de dar uma caminhada com ele no Jardim dos Fellows. Respondi que em circunstâncias normais nada me daria mais prazer, mas aquela tarde eu tinha planos de ir à biblioteca, e perguntei se poderíamos deixar a caminhada para outro dia. Sir James me olhou com firmeza e disse: "Sen, você me faria um grande favor pessoal se fosse andar comigo agora no Jardim dos Fellows". Então falei: "Nesse caso, tudo bem, claro". Enquanto andávamos pela avenida, de um lado para outro do rio, Butler me perguntou se eu sabia a idade das árvores altas à nossa volta. Eu não sabia, portanto ele me contou. No Jardim dos Fellows, me fez perguntas sobre várias plantas, se eu sabia identificá-las. Eu não sabia, e ele me explicou.

Na volta, já perto da faculdade, Butler me falou de um fellow que tinha morado na faculdade, enquanto a esposa vivia num apartamento ali perto, em Portugal Place. Quando esse idoso fellow estava morrendo e ficou claro que só lhe restavam no máximo uns dois dias, ele pediu permissão para ter a esposa a seu lado na faculdade, naqueles instantes finais. Então Sir James me perguntou: "Na sua opinião, Sen, qual foi a decisão da faculdade sobre o pedido?".

Respondi: "Imagino que ela teve que concordar". "Bobagem", disse Butler, "o pedido teve que ser negado — claro." Em seguida, mudou de assunto, e, enquanto caminhávamos de volta pela avenida, com Butler me dando novas informações sobre as árvores, entendi que tinha sido severamente repreendido. A educação, concluí, vem nas mais diferentes formas.

22. Dobb, Sraffa e Robertson

1

Como prize fellow em Trinity, minhas tarefas envolviam apenas as pesquisas que eu mesmo escolhesse. Mas, em parte como resultado da minha experiência na Universidade de Jadavpur, eu tinha descoberto que lecionar não era só uma atividade agradável, mas também um jeito maravilhoso de suplementar minhas pesquisas. Dessa maneira, aceitei prontamente a sugestão de Trinity de supervisionar o trabalho de vários alunos da faculdade que estudavam economia.

Perguntaram-me ainda se eu queria dar aulas. Isso me atraía também, e por isso me candidatei a uma vaga de professor assistente de economia. Dei algumas aulas elementares de princípios econômicos e juntei-me ao professor James Meade, esplêndido economista da linha convencional com uma mente excepcionalmente perspicaz, que em 1957 se mudara da London School of Economics para Cambridge como professor de economia política, substituindo Dennis Roberton. Dei aulas conjuntas com Meade, depois de suas aulas gerais de teoria econômica. Discutíamos as complicações analíticas que a economia convencional comum produz e, claro, respondíamos às perguntas dos alunos, quase sempre muito estimulantes.

Dei aulas também sobre planejamento de investimentos, assunto relacionado à minha pesquisa sobre escolha de técnicas. Tive o privilégio de ver James Mirrlees, recém-chegado da Escócia, assistir às aulas. A ida de Mirrlees para Cambridge foi um grande acontecimento, pois sua agudeza mental não deixava dúvidas de que ainda seria um grande professor e pesquisador de economia — como veio a ser, primeiro em Oxford e depois em Cambridge. Ele não só produziu uma obra que mudou o nosso entendimento do que a política ótima exige, mas também preparou muitos dos principais economistas da Grã-Bretanha.

Outra presença inspiradora em minhas aulas era a de Stephen Marglin, de Harvard. Eu ficava muito impressionado com ele, sentado na primeira fila e me fazendo perguntas com um insight e uma originalidade tão notáveis que era difícil acreditar que tivesse apenas acabado de concluir seu curso de graduação. Produzira uma tese sênior magistral como parte do seu bacharelado em Harvard, que derrubava alguns procedimentos bem estabelecidos na tomada de decisões de investimento, em particular as que diziam respeito ao sequenciamento de investimentos. Além disso, tornou-se bom amigo.

2

Como jovem professor, comovia-me lecionar em Trinity em colaboração com Dennis Robertson, Maurice Dobb e Piero Sraffa. Já falei um pouco sobre eles — eram meus professores —, mas só vim a conhecê-los melhor quando me tornei colega deles. Dennis era menos próximo do meu trabalho do que Dobb ou Sraffa, mas eu o conhecia relativamente bem desde o meu primeiro ano em Cambridge, não só porque ele estava em Trinity, mas porque sempre foi amável e gostou de conversar. Dennis em especial despertava minha curiosidade porque — diferentemente da maioria dos economistas da sua geração — tinha uma lealdade incondicional à ética utilitarista. Achava que a virtude da precisão era superestimada e que podemos fazer julgamentos sensatos sobre bem-estar social mesmo tendo dificuldade para colocar as utilidades de diferentes pessoas em nítida correspondência individual. Ele possuía uma simpatia instintiva pelos pobres, mas não consegui convencê-lo da extraordinária importância das políticas públicas para a redução radical das desigualdades econômicas.

Robertson, por boas razões utilitaristas, concordava que garantir uma renda extra para os mais pobres — por exemplo, para os cronicamente desempregados — deveria ser um importante objetivo de política pública, mas havia nele pouco entusiasmo pelo igualitarismo como importante objetivo social. Esse objetivo poderia ter decorrido de um maior uso de suas crenças na comparação interpessoal de utilidades (segundo a qual mais e mais renda é cada vez menos incapaz de aumentar a utilidade total para uma pessoa), mas ele não parecia interessado em mergulhar fundo em possíveis medidas políticas visando à igualdade e à justiça. Embora fosse fácil fazê-lo discorrer sobre Alfred Marshall, eu achava difícil arrastá-lo para uma discussão das ideias de um pensador mais radical de Trinity — Henry Sidgwick —, apesar de com ele compartilhar interesses utilitaristas.

É possível que a falta de interesse de Dennis pela economia de justiça social — sobre o que Sidgwick tinha tanto a dizer — estivesse relacionada ao seu profundo interesse no que poderíamos chamar "lado engenheiro da macroeconomia". Na verdade, sua fama como economista estava relacionada acima de tudo às numerosas contribuições que deu em macroeconomia prática, no tocante à determinação de magnitudes econômicas agregadas, como renda nacional, investimento, poupança e emprego total na economia. Sua tese para a fellowship em Trinity, *Um estudo de flutuação industrial*, escrita justamente quando ele se perguntava sobre qual papel — se algum — deveria desempenhar na Primeira Guerra Mundial (era pacifista, mas acabou aderindo), foi uma brilhante contribuição para a análise de processos econômicos que levam a períodos de crescimento rápido ou de recessão profunda.

A obra de Robertson explorava várias ideias que John Maynard Keynes também exploraria. Os dois eram próximos socialmente, além de Apóstolos ativos. Trabalhavam com problemas parecidos, explorando conexões econômicas similares e trocando ideias um com o outro o tempo todo. Assim, Robertson comentou que tivera "tantas discussões" com Keynes que "nenhum de nós sabe que ideias são dele e que ideias são minhas".[1] Essa proximidade tornava as relações pessoais entre ambos bastante problemáticas. Keynes, claro, tornou-se extremamente conhecido, e Robertson nem tanto. Por causa da sobreposição da obra dos dois, Dennis devia achar isso um tanto injusto. Como estudante passei um bom tempo tentando determinar em suas respectivas obras quais delas tinham prioridade. Mas a tarefa se mostrou muito difícil, e acabei reconhecendo que Dennis estava certo quando disse que tentar separá-las era impossível.

3

Segundo a classificação comum dos economistas, Dennis era certamente conservador. Não gostava de revoluções — deixava isso para Maurice Dobb. Mas na verdade duvidava que Dobb gostasse de revoluções — "Maurice, como você sabe, gosta de um mundo pacífico, sem perturbações", dizia-me ele. Talvez estivesse certo também ao identificar os gostos instintivos de Dobb, mas não, acho eu, suas preferências políticas bem fundamentadas.

Lembro do meu último jantar com Dennis, na casa de David Champernowne. Eu viajaria dentro de dois dias para passar um mês na Índia. Dennis disse: "Sabe de uma coisa, Amartya, ninguém sabe cantar no tom certo 'The Owl and the Pussycat' [A coruja e o gato]. Minha bisavó me ensinou, e eu faço tudo para não esquecer". Respondi: "Quero ouvir", e David reforçou o pedido. Dennis cantou. Ao terminar, disse: "Quando eu morrer, ninguém mais vai saber o tom certo de 'The Owl and the Pussycat'". Dois dias depois, parti para a Índia — e as últimas palavras que Dennis me disse foram "Quando voltar, continuaremos nossa discussão". Acho que se referia a nossas divergências sobre a imensa importância que eu dava à redução da desigualdade — assunto que tínhamos discutido, de vez em quando, ao longo dos anos.

Na volta do aeroporto, um mês depois, quase perdi o trem para Cambridge em King's Cross e tive que sair correndo pela plataforma. Ainda bufava quando vi um velho amigo, Michael Posner, outro professor de economia em Cambridge, no mesmo compartimento. Ele me perguntou imediatamente se eu sabia que Dennis Robertson tinha acabado de morrer. Senti um baque de tristeza. Até hoje, sessenta anos depois, ainda sinto falta de Dennis — e fico nostálgico quando penso na coruja e no gato.

4

Maurice Dobb foi meu herói desde quando comecei a estudar economia em Calcutá. Seu marxismo o tornava particularmente atraente, uma vez que eu também me interessava muito pelas ideias de Karl Marx. Maurice foi membro do Partido Comunista até morrer, em 1976, muito leal mesmo quando notícias de acontecimentos na União Soviética e na Europa Oriental o perturbavam. Achava o Partido por vezes dogmático demais, e fiquei sabendo, por outro membro na Universidade, que ele se manifestava regularmente nesse sentido durante as reuniões. Dennis Robertson tinha razão quando dizia que Dobb não gostava de desordem, e meu amigo Jack Gallagher fazia uma imitação incrível de Maurice discursando na Praça Vermelha em outubro de 1917. Começava com Dobb dizendo: "Camaradas, a hora ainda não chegou".

Já descrevi no capítulo 13 que fiquei impressionado quando li pela primeira vez em Calcutá o clássico de Dobb *Economia política e capitalismo*, de 1937, particularmente por causa de um ensaio chamado "Os requisitos de uma teoria do valor". Ali ele defende a importância de teorias do valor como distintas de uma teoria de determinação de preços. Tanto a teoria do valor-trabalho quanto a teoria da utilidade eram grandes exemplos de teorias de valor, que não deveriam ser vistas, segundo Dobb, simplesmente como produtos intermediários para uma teoria dos preços (como os economistas convencionais tendiam a vê-las) mas como ricas descrições pelas quais temos motivos para nos interessar por sua importância única.

O essencial que deduzi dessas primeiras leituras de Dobb foi o valor da economia descritiva rigorosamente examinada, capaz de esclarecer-nos em nosso interesse básico pela sociedade humana. Era frustrante, para mim, ver a economia dirigir-se consistentemente para um conjunto bem limitado de questões, concentrando-se, acima de tudo, em mostrar como é fácil prever certas magnitudes econômicas, nem sempre muito importantes. Maurice Dobb parecia posicionar-se decididamente contra essa tendência. Apesar de só me tornar seu aluno no segundo ano de graduação, eu tinha começado a visitá-lo regularmente bem antes disso, para longas conversas.

Quando, depois de Calcutá, voltei para Trinity como prize fellow em 1957, continuamos nossos bate-papos. Impressionava-me que, além dos seus grandes insights em economia, Maurice fosse uma pessoa tão cordial — sempre fazendo o possível para ajudar os outros. Costumava preparar xícaras de chá durante nossas conversas, usando uma velha chaleira de tampa quebrada que ele não se dera ao trabalho de trocar. Depois me contou que, quando a chaleira quebrou, sua arrumadeira gentilmente lhe trouxe outra de presente, e entregou-a dizendo: "Eu sei, sr. Dobb, que o senhor não gosta de tampas, por isso joguei a tampa fora". Perguntei-lhe se ele tinha explicado a história de sua chaleira sem tampa para a arrumadeira, e ele respondeu: "Não, claro que não".

Por isso continuou a fazer seu chá numa chaleira sem tampa indefinidamente, pelo que me lembro.

5

Foi muita sorte ter Piero Sraffa como diretor de estudos em meus anos de graduação em Trinity. Ele despachou-me para meus supervisores — Maurice Dobb, Joan Robinson, Kenneth Berrill e Aubrey Silberston em diferentes etapas — mas me incentivou a aparecer para conversar com ele quando quisesse. Foi o que fiz, como já contei (no capítulo 16), tratando-o como uma espécie de supervisor extra. Logo ficou claro para mim que Sraffa gostava de conversar sobre uma imensa variedade de assuntos — de economia a tradições políticas europeias e como preparar um café. Além disso, descobri que esse intelectual extraordinariamente original e inquisitivo adorava trabalhar com outras pessoas em ambiciosos projetos comuns.

Depois que me tornei prize fellow e passei a dar aulas na faculdade, tive muito mais oportunidades de passar tempo com Sraffa, e entre 1958 e 1963 fizemos longas caminhadas depois do almoço quase todos os dias, muitas vezes até Coton, a poucos quilômetros de Cambridge. Entre outras coisas aprendi que seus dias de estudante na Itália tinham sido muito importantes para ele, trabalhando com Antonio Gramsci e outros do grupo que girava em torno de *L'Ordine Nuovo*, uma revista de esquerda cujo objetivo era resistir à ameaça do fascismo e promover mudanças sociais na Itália. Gramsci fundou a revista em 1919 — e foi seu primeiro editor. Sraffa escrevia regularmente em suas páginas e ingressou no conselho editorial em 1921, antes de deixar a Itália no fim dos anos 1920 devido à perseguição fascista. Quando se mudou para a Grã-Bretanha, em 1927, já era figura de peso nos círculos intelectuais esquerdistas italianos, e muito chegado ao — mas não membro do — Partido Comunista.

6

Piero publicou muito pouco, e apesar disso teve profunda influência em muitas áreas diferentes de investigação intelectual. Corriam histórias sobre sua relutância em escrever. Quando cheguei a Cambridge, fui informado de que Nicholas Kaldor, sempre tranquilo, queixou-se ao seu médico de que temia estar desenvolvendo "pé de atleta"; o médico (que conhecia bem seus pacientes) observou que isso era "tão improvável quanto o sr. Sraffa desenvolver câimbra de escritor".

Na verdade, Sraffa tinha mesmo o que poderia ser chamado de "câimbra de publicação", pois tomava muitas notas, a maioria em italiano, sobre diferentes tópicos de economia, filosofia e política. Às vezes elas surgiam em nossas conversas e eu tinha a impressão de que a ideia de converter uma coletânea delas — depois de uma boa edição — para publicação já lhe ocorrera. Certa ocasião, quando perguntei a Sraffa por que gostava tanto de David Hume, ele me disse que, além de uma publicação anônima inicial, ele tinha uma longa nota sobre o assunto entre os seus papéis.[2] Esses escritos inéditos são preservados na biblioteca Wren, em Cambridge.

Além de sua imensa contribuição tanto para a economia como para a filosofia (e logo voltarei ao assunto), Sraffa, juntamente com Maurice Dobb, foi responsável por uma importante contribuição para o mundo editorial — a edição definitiva das obras de David Ricardo, onze volumes que começaram a aparecer em 1951 e que já eram muito debatidos quando cheguei a Cambridge, em 1953. O último volume, o *Índice geral*, saiu em 1973. O próprio índice, extraordinariamente minucioso e anotado, custou a Piero e Mauricio um ano para ser produzido. Lembro de Kenneth Arrow me falando da sua frustração quando tentou ver Piero numa visita a Cambrigde e foi informado de que ele estava muito ocupado preparando o índice de Ricardo e não recebia ninguém. Arrow me perguntou: "Você não acha isso um espanto? Índice não é uma coisa que se faz num domingo de chuva, quando não se tem lugar algum para ir?". Tentei defender Piero explicando que não era esse tipo de índice, mas acho que Ken não ficou muito convencido.

7

Em economia, especificamente, há pelo menos três grandes insights, ou ideias, que emanaram da obra de Sraffa. O primeiro foi sua demonstração, nos anos 1920, de que interpretar resultados de mercado como efeitos de um equilíbrio perfeitamente competitivo, segundo a prática comum em economia convencional, pode envolver uma séria contradição interna. Acontecia isso porque, na presença de constantes (ou crescentes) retornos, graduar um equilíbrio perfeitamente competitivo é impossível. Um mercado competitivo assegura a uma empresa aumentar suas vendas indefinidamente, desde que o preço do bem vendido não comece a subir, e retornos constantes ou crescentes para graduar asseguram que os custos unitários para produzir um bem diminuam, se é que mudam de alguma forma. Assim sendo, nada impede a expansão. Isso apontava para a necessidade incontornável de reconhecer a presença de elementos de monopólio na competição de mercado — uma consideração não levada em conta na grandiosa teoria da economia convencional, encabeçada por Alfred Marshall (o líder da então dominante Escola de Cambridge) e seus seguidores (entre eles Dennis Robertson).

Dessa maneira, Sraffa demonstrou que as fundações da teoria de preços em vigor eram incuravelmente defeituosas. Seu ensaio apareceu pela primeira vez em italiano, mas uma versão em inglês foi publicada no *Economic Journal* em 1926 e teve impacto imediato. Dennis Robertson tentou uma defesa da teoria marshalliana, mas acabou reconhecendo que Sraffa tinha vencido a discussão. O diagnóstico de Sraffa foi seguido por uma grande e nova literatura, encabeçada particularmente por Joan Robinson e Edward Chamberlin, a qual explorava as propriedades da "concorrência imperfeita" e da "concorrência monopolista".

A segunda contribuição significativa, que envolve raciocínio mais técnico, está ligada à demonstração de Sraffa de que a noção comum de capital como fator de produção, com valor numérico, é profundamente ilusória e gera suas próprias contradições (a não ser que se façam suposições muito especiais). Técnicas de produção não podem ser categorizadas por exigirem mais ou menos "intensidade de capital," uma vez que intensidades de capital, sendo dependentes de taxas de juros, podem reiteradamente inverter sua posição hierárquica relativa quando as taxas de juros são sistematicamente aumentadas. Essa demonstração tem o nome atraente de *multiple switching*. A ideia de "mais" ou "menos" capital torna-se, portanto, confusa, e fica difícil tratar o capital como fator de produção. Isso é bem diferente da maneira como os fatores de produção deveriam se comportar na economia convencional. De forma análoga, há uma profunda incongruência em parte substancial da economia convencional, porque ela trata o capital como fator de produção.

Uma terceira contribuição, mais construtiva, é a demonstração de Sraffa de que uma descrição abrangente de todas as atividades de produção (com todos os insumos e produtos), juntamente com uma determinada taxa de juros (ou, alternativamente, uma determinada taxa salarial), será matematicamente suficiente para nos dizer os preços de mercado de todas as mercadorias. Não precisamos das condições de demanda das mercadorias envolvidas para identificar todos os preços. Isso foi clara e elegantemente demonstrado, juntamente com outras teses, num curto livro que Sraffa publicou em 1960, chamado *Production of Commodities by Means of Commodities* [Produção de mercadorias por meio de mercadorias].[3]

Trata-se de um notável resultado analítico, mas precisamos ter cuidado para não ver, nessa terceira contribuição, mais do que Sraffa pretendia. Há uma forte tentação entre os críticos da teoria econômica neoclássica de ver na demonstração de Sraffa uma prova da superfluidade das condições de demanda na determinação causal dos preços. Joan Robinson não foi a única comentarista a dar esse salto injustificado, mas foi quem mais o explorou: "[...] quando dispomos de um conjunto de equações técnicas para a produção e de uma taxa real de salários que seja uniforme em toda a economia, não há margem para equações de demanda na determinação dos preços de equilíbrio".[4]

Penso que não é bem assim. Como todos os cálculos no sistema de Sraffa são feitos para um quadro de produção dado e observado (com insumos e produtos fixos, como num flagrante de operações de produção na economia), a questão do que aconteceria se as condições de demanda mudassem — e que poderia, claro, levar a diferentes níveis de produção das mercadorias envolvidas — não é de forma alguma tratada nesse exercício. A tendência a interpretar determinação matemática (ou seja, aquilo que podemos calcular) como determinação causal (ou seja, o quê fixa o quê) pode levar a uma enorme confusão.

O que Sraffa nos dá já é suficientemente grandioso. A partir das relações de produção, chegamos a uma teoria dos preços, desde que a taxa de salários (ou, alternativamente, a taxa de lucros ou a taxa de juros) seja especificada. Para uma determinada configuração de produção — na verdade, de produção de mercadorias por meio de mercadorias — há uma relação claramente calculável, uma relação direta, entre a taxa de lucros e a taxa de salários. Se especificarmos uma, deduziremos a outra. Isso é quase uma representação gráfica de uma guerra de classes e, como diria Maurice Dobb, uma descrição notavelmente sagaz da economia da relação entre as classes.

O livro de Sraffa traz como subtítulo *Prelúdio de uma crítica da teoria econômica*. Isso deixa claro que devia haver uma expectativa, da parte dele, de que isso levaria a uma crítica mais completa da teoria da economia convencional. Ele sem dúvida estava muito interessado em saber como outros ampliariam o que fizera. Tive o privilégio de ler o manuscrito do livro, bem antes de sua publicação — na verdade, Maurice Dobb e eu o lemos à medida que era escrito. Eu só tinha permissão para fazer isso em seus alojamentos em Trinity depois do jantar, enquanto Piero (usando antolhos verdes para proteger os olhos das luzes do alto) lia *Le Monde* ou *Corriere della Sera*. Sempre que eu tirava os olhos do texto, ele me perguntava imediatamente: "Por que parou? Preocupado com alguma coisa que eu disse?". Para mim, foi uma experiência estimulante e desafiadora — lancinante e emocionante ao mesmo tempo.

O livrinho de Sraffa é muito esclarecedor por si mesmo, não apenas como prelúdio de uma possível crítica futura — se interpretarmos claramente o que ele diz. No entanto, outros pegaram as ideias de Sraffa para explorar problemas diversos, em particular Luigi Pasinetti e Pierangelo Geregnani, mas também Heinz Kurz, Krishna Bharadwaj, Geoffrey Harcourt, Richard Davies, Alessandro Roncaglia e Ajit Sinha, entre outros. Pasinetti escreveu um relato abrangente da relação entre a obra de Sraffa e a dos keynesianos de Cambridge.

8

Eu tinha grande interesse pelas ideias econômicas de Sraffa, mas suas ideias filosóficas me cativavam ainda mais. Na época em que o conheci, ele já tinha ajudado a produzir um dos avanços mais decisivos na filosofia contemporânea, particularmente na filosofia anglo-americana, a saber, a importantíssima rejeição por Ludwig Wittgenstein de sua posição inicial no livro pioneiro *Tratado lógico-filosófico* e o desenvolvimento, no lugar dela, de sua filosofia posterior publicada em *Investigações filosóficas*.

No começo de sua vida acadêmica, Wittgenstein foi aluno de Bertrand Russel, e quando deixou Trinity e Cambridge em 1913 já tinha estabelecido a reputação de um dos principais filósofos do mundo. Quando retornou, em janeiro de 1929 (pouco depois que o próprio Sraffa chegou a Cambridge), já era muito festejado. As fantásticas demandas da estrutura lógica de declarações nas quais o *Tratado* insistia eram amplamente conhecidas e imensamente influentes em todo o mundo filosófico.

Em virtude da extraordinária reputação de Wittgenstein, sua volta foi um senhor acontecimento em Cambridge. John Maynard Keynes escreveu imediatamente para a esposa, Lydia Lopokova, sobre o retorno do filósofo genial: "Bem, Deus chegou. Encontrei-me com ele no trem das 5h15". Cambridge ficou em alvoroço. A última frase do *Tratado* era um famoso imperativo, suficientemente árduo para interromper de imediato o discurso informal: "Sobre o que não se pode falar, deve-se calar". Straffa não tinha nada a dizer contra a exigência do imperativo de Wittgenstein, mas afirmava que podemos, sim, falar e nos comunicar perfeitamente sem seguir as regras austeras de Wittgenstein.

A abordagem de Wittgenstein no *Tratado* às vezes é chamada de "teoria pictórica do significado", que vê uma frase como a representação de um estado de coisas por ser uma espécie de imagem dele. Há ali uma insistência — pode-se dizer, correndo o risco de fazer uma simplificação exagerada — que uma hipótese e o que ela descreve precisam ter a mesma forma lógica. Sraffa achava essa posição filosófica totalmente equivocada, mesmo absurda, e em suas frequentes conversas tentava convencer Wittgenstein do seu erro. Não é assim que as pessoas se comunicam umas com as outras, dizia, e não há razão para que seja. Falamos de acordo com regras de comunicação, quase sempre implícitas, que outros conhecem, e essas regras não precisam ter a forma lógica sobre a qual Wittgenstein tanto insistia.

Segundo uma historinha de ampla circulação, Sraffa exprimiu sua dúvida sobre a insistência de Wittgenstein numa forma lógica rigorosamente especificada para a comunicação significativa esfregando o queixo com a ponta dos dedos. Esse gesto napolitano de ceticismo foi bem compreendido por Wittgenstein, e por isso Sraffa perguntou: "Qual é a forma lógica de comunicação?". Quando perguntei a Sraffa a respeito desse episódio, ele respondeu que a história, se não fosse inteiramente apócrifa ("Não lembro dessa ocasião específica"), era mais uma fábula moral do que um fato ocorrido. "Eu discutia com Wittgenstein tanto e tão frequentemente", disse ele, "que meus dedos não precisavam falar muito." Mas a história ilustra graficamente a força da contestação de Sraffa e a natureza do seu ceticismo em relação à filosofia do *Tratado*. (Claro que também nos ajuda a entender como as convenções sociais, relativas tanto a palavras como a expressões, facilitam a comunicação.)

Wittgenstein diria mais tarde a Georg Henrik von Wright, o distinto filósofo finlandês que também esteve em Trinity, que aquelas conversas o faziam sentir-se "como uma árvore da qual todos os galhos foram cortados". Essas conversas tornaram-se, claramente, importantíssimas para ele. As críticas de Sraffa não foram, na verdade, as únicas que Wittgenstein enfrentou mais ou menos na mesma época. Frank Ramsey, o jovem prodígio da matemática em Cambridge, apresentou outras. Wittgenstein agradeceu a Ramsey no prefácio de suas *Investigações filosóficas*, mas registrou que tinha uma dívida "ainda maior" para com a crítica que "um professor da universidade, o sr. P. Sraffa, durante anos exerceu incessantemente sobre minhas ideias", acrescentando que tinha uma "dívida para com esse estímulo às ideias mais importantes deste livro". Ao explicar a crítica de Sraffa, Wittgenstein disse a um amigo (Rush Rhees, outro filósofo de Cambridge) que a coisa mais importante que Sraffa lhe ensinou foi uma "maneira antropológica" de ver problemas filosóficos.

É praxe dividir a obra de Wittgenstein entre o "Wittgenstein do começo" e o "Wittgenstein posterior", com o ano 1929 sendo a clara linha divisória entre as duas fases. Enquanto o *Tratado* procura ver a linguagem isolada das circunstâncias sociais em que é usada, as *Investigações filosóficas* enfatizam as convenções e regras que dão sentido particular ao que se diz. A associação dessa perspectiva com o que viria a ser conhecido como "filosofia da linguagem ordinária", que floresceria no período seguinte à mudança de compreensão da comunicação por Wittgenstein, é fácil perceber.

O ceticismo expresso pelo hábito napolitano de esfregar o queixo com a ponta dos dedos (mesmo quando a esfregação é feita por um toscano de Pisa, nascido em Turim) pode ser visto como parte das regras e convenções — o "fluxo da vida" — no mundo napolitano. Em *Investigações filosóficas*, Wittgenstein usa a expressão "jogo de linguagem" para ilustrar como duas pessoas aprendem a usar a linguagem e o significado de palavras e gestos (ainda que, claro, qualquer linguagem real seja muito mais do que isso).

9

Sraffa terá ficado comovido com o impacto que suas ideias tiveram sobre aquele que é provavelmente o maior filósofo da nossa época? Quando lhe fiz essa pergunta mais de uma vez em nossas caminhadas regulares de depois do almoço, ele disse que não, que não ficou. Quando insisti, explicou que o argumento que apresentava era "bastante óbvio".

Ao chegar a Trinity em 1953, não muito depois da morte de Wittgenstein, eu estava ciente de que tinha havido uma espécie de ruptura entre os dois amigos. Em resposta a minhas perguntas, Sraffa relutou muito em entrar no assunto. "Tive que suspender nossas conversas regulares — eu estava um tanto cansado daquilo", foi o máximo que consegui arrancar. No entanto, o que houve foi contado por Ray Monk em sua biografia de Wittgenstein:

> Em maio de 1946, Piero Sraffa resolveu que não queria mais conversar com Wittgenstein, dizendo que não poderia mais dedicar seu tempo e sua atenção aos problemas que Wittgenstein desejava discutir. Isso foi um golpe duro para Wittgenstein. Ele implorou a Sraffa que continuassem suas conversas semanais, mesmo que fosse preciso evitar assuntos filosóficos. "Falo sobre qualquer coisa", disse ele. "Sim", respondeu Sraffa, "mas do seu jeito."[5]

Existem muitos traços enigmáticos na amizade de Sraffa com Wittgenstein. Como poderia Sraffa, que adorava o diálogo e a discussão (tive a sorte de beneficiar-me disso), relutar tanto em conversar com uma das melhores cabeças do século XX? Além disso, como poderiam essas conversas, tão importantes para Wittgenstein, e com implicações tão cruciais para a filosofia contemporânea, parecerem "bastante óbvias" para esse jovem economista da Toscana?

Duvido muito que possamos algum dia saber as respostas a essas perguntas. Há também uma questão a isso relacionada: por que Sraffa era tão reservado sobre a profundidade e a originalidade de suas conversas com Wittgenstein? Acho que a resposta está, pelo menos em parte, no fato de aquilo que para Wittgenstein era nova sabedoria ser tema comum de discussão nos círculos intelectuais que orbitavam em torno de *L'Ordine Nuovo* na Itália. Isso incluía, imagino, os chamados aspectos "antropológicos" das regras de comunicação. Apesar disso, o impacto do ceticismo que Sraffa transmitia a Wittgenstein acabaria gerando uma nova e imensa divergência de pensamento analítico na filosofia convencional e revitalizando a chamada "filosofia da linguagem ordinária". Acho que seria difícil exagerar a criatividade resultante da crítica de Sraffa.

10

A leitura de Sraffa e minhas conversas com ele me levaram às contribuições fundamentais de Antonio Gramsci para a filosofia. Quando John Maynard Keynes escreveu para Sraffa em janeiro de 1927 comunicando o desejo da Universidade de Cambridge de oferecer-lhe um cargo de professor, Gramsci tinha acabado de ser preso (em 8 de novembro de 1926). Depois de algumas experiências traumáticas na prisão, especialmente em Milão, Gramsci foi a julgamento em Roma, juntamente com numerosos outros prisioneiros políticos, no verão de 1928. Recebeu uma sentença de vinte anos ("por vinte anos precisamos fazer este cérebro parar de funcionar", disse o procurador-geral numa declaração que ficou famosa), e foi enviado para uma prisão em Turi, a cerca de trinta quilômetros de Bari. Ali, a partir de fevereiro de 1929, Gramsci dedicou-se a escrever os ensaios e notas que viriam a ser famosos sob o título de *Cadernos do cárcere* (publicados na Itália nos anos 1950 e traduzidos para o inglês em 1971).[6]

As notas de Gramsci abrem de maneira brilhante uma janela para o que interessava a ele, a Sraffa e a seu círculo de amigos. Eles tiveram um forte e imediato envolvimento na prática política, mas estavam muito atentos também ao mundo conceitual para além da política imediata. Sraffa queria muito que Gramsci anotasse seus pensamentos na prisão, e abriu uma conta em seu nome numa livraria de Milão (Sperling & Kupfer) para fornecer quantidades ilimitadas de livros e material de escrever, cujos custos correriam por conta de Sraffa.

Num ensaio dos *Cadernos do cárcere* sobre "o estudo da filosofia", Gramsci discute "alguns pontos de referência preliminares" que incluem a ousada afirmação de que "é essencial destruir o preconceito generalizado de que a filosofia é coisa estranha e difícil só porque se trata da atividade intelectual específica de uma determinada categoria de especialistas ou de filósofos profissionais e sistêmicos". Em vez disso, afirmava Gramsci, "deve-se mostrar de início que todos os homens são 'filósofos', definindo-se os limites e as características da 'filosofia espontânea' que é própria de todo mundo".[7]

Que espécie de objeto é essa "filosofia espontânea"? O primeiro item relacionado por Gramsci sob esse título é "a própria linguagem, que é uma totalidade de noções e conceitos determinados e não apenas de palavras gramaticalmente destituídas de conteúdo". O papel das convenções e das regras, incluindo o que Wittgenstein viria a chamar "jogos de linguagem", e a relevância da "maneira antropológica" que Sraffa defendeu diante dele, tudo isso figura com destaque na compreensão do mundo de Gramsci — uma compreensão que ele e Sraffa compartilhavam.

Ambos mantiveram-se em estreita comunicação até a morte de Gramsci, em 1937, e não é difícil perceber que ele exerceu profunda influência sobre Sraffa, particularmente em seu pensamento marxista. Havia, no entanto, discussões no círculo em torno de *L'Ordine Nuovo* no sentido de que, apesar de suas boas relações, Sraffa não era um seguidor absolutamente leal e discordava de Gramsci em pontos essenciais. Meu entendimento das relações entre eles avançou mais no fim dos anos 1950 e começo dos anos 1960, quando tive longas conversas com Sraffa (como relatarei no capítulo 24), e novamente nos anos 1970, quando conheci Altiero Spinelli, o grande estadista italiano e meu sogro. Os dois homens ampliaram minha perspectiva sobre as preocupações intelectuais da esquerda italiana e foram essenciais para a minha própria compreensão do mundo.

23. Encontros americanos

1

Em 1959, fiquei noivo de Nabaneeta Dev, poeta, romancista e especialista em literatura, e casamos em junho de 1960. Eu conhecia Nabaneeta desde 1956, quando lecionava na Universidade de Jadavpur, em Calcutá, onde ela estudava literatura comparada. Não muito tempo depois, ela ganhou uma bolsa da Universidade de Indiana, nos Estados Unidos, para fazer um curso de pós-graduação a partir do outono de 1959, e a caminho dos Estados Unidos fez escala na Inglaterra. Além de visitarmos juntos Oxford e Cambridge, fizemos uma agradável viagem ao País de Gales. Nosso casamento foi em Calcutá, um ano depois.

Nabaneeta já era uma jovem poeta bem-sucedida, e viria a ser uma das mais conhecidas escritoras da literatura em bengali; também se tornou conceituada professora da Universidade de Jadavpur. Nosso casamento infelizmente terminou em divórcio em 1973, mas tivemos duas filhas maravilhosas, Antara e Nandana. Os pais de Nabaneeta eram poetas famosos também, e ela lidava com a condição de celebridade — e as muitas honrarias que recebia — com uma cordialidade e um calor humano genuínos.

Quando vivíamos juntos, ela recebia visitas de um fluxo infindável de fãs ansiosos para a consultar e mostrar seus trabalhos. Se estivesse ausente, eu tinha que os entreter da melhor forma possível. Para alguém especializado em economia, matemática e filosofia, isso podia representar um desafio. Certa ocasião, apareceu um poeta desejoso de ler em voz alta para Nabaneeta uma coletânea substancial de poemas de sua autoria, para que ela fizesse um juízo crítico. Como ela não estava em casa, o poeta disse que se contentaria em ler suas centenas de poemas para mim. Aleguei não possuir nenhuma sofisticação literária, e ele me disse: "Absolutamente perfeito. Tenho interesse especial em ver como o homem comum — o homem comum não sofisticado — reage à minha poesia". Orgulho-me de dizer que o homem comum reagiu com dignidade e compostura.

2

Em 1960-1, Nabaneeta e eu achamos que passar um ano numa universidade americana era uma boa ideia. Ela estava profundamente envolvida com literatura comparada, então uma nova disciplina, enquanto eu tinha o maior interesse em passar um tempo com economistas americanos, longe das escaramuças de Cambridge entre as escolas neokeynesiana e neoclássica. Fiquei muito feliz, portanto, quando por coincidência chegou uma carta do MIT me oferecendo emprego de um ano como professor assistente visitante no departamento de economia. Acrescentaram que minha carga horária seria reduzida pela metade do tempo normalmente exigido se eu também aceitasse uma bolsa de pesquisa no Centro de Estudos Internacionais encabeçado por dois conhecidos especialistas em desenvolvimento, Max Millikan e Paul Rosenstein-Rodan. Meu amigo Solomon Adler — acadêmico americano brilhante e expatriado, que encontrara refúgio em Cambridge, Inglaterra, por causa da intolerância com a esquerda nos Estados Unidos — me aconselhou sem vacilar: "Vá visitá-los. Vai se divertir muito no MIT". E acrescentou: "Não existe lugar melhor no mundo para economia".

O trabalho deveria começar no outono de 1960, quando Nabaneeta passaria um ano em Harvard (localizada em Cambridge, Massachusetts, como o MIT), de licença da Universidade de Indiana. Em Harvard ela trabalhou especialmente em epopeias orais, sob a orientação do professor A. B. Lord, o principal colaborador de Milman Parry, que tinha criado a disciplina.

Tomamos o avião para Boston pouco antes do começo do ano acadêmico de 1960-1. Nabaneeta mergulhou nas epopeias orais, mas se ocupava também de outros aspectos da literatura comparada, incluindo o estudo de sânscrito com o grande sanscritista Daniel H. H. Ingalls. Em sua órbita me vi passando um bom tempo na companhia de epopeias de diferentes partes do mundo, como *Gilgamesh*, *Ilíada* e *Odisseia*, *A canção de Rolando*, *Niebelungenlied*, *Kalevala* e outros. Enquanto eu me divertia lendo histórias grandiosas e compartilhava as alegrias da narrativa épica, Nabaneeta fazia o trabalho duro de examinar detalhes de composição linguística, dos quais (por exemplo, da tendência a repetir muito algumas frases escolhidas) era possível deduzir que determinada composição tinha origens orais e não escritas.

Na época eu me dedicava a um tipo diferente de obra literária — editar o manuscrito sobre hinduísmo do meu avô Kshiti Mohan (como descrito no capítulo 4), à medida que ele, tristemente para mim, ia ficando mais velho e mais frágil (morreu em 12 de março de 1960). O livro era tão curto — Kshiti Mohan tinha paixão pela brevidade e pela concisão — que a conselho da Penguin Books planejávamos adicionar seleções dos clássicos da literatura hindu, a começar pelos versos maravilhosamente agnósticos do *Rig Veda* — o "Hino da criação" de Mandala x — ao qual já me referi.

Apesar da minha base razoavelmente sólida em sânscrito, resolvi que precisava de sugestões sobre aspectos mais sutis dos comentários textuais feitos por meu avô, e sobre a seleção de textos literários hindus a ser incluídos no fim do livro. Quem melhor do que Daniel Ingalls para me dar esses conselhos? Mas Ingalls tinha a reputação de viver isolado em seu bem escondido escritório dentro da biblioteca Widener, onde era difícil encontrá-lo, e mais difícil ainda puxar conversa com ele. Alguns amigos a quem consultei antes de ousar me aproximar do recluso Ingalls manifestaram sérias dúvidas sobre a probabilidade de conseguir sua ajuda.

Apesar disso, marquei hora e fui ver Ingalls em seu esconderijo na Widener. Para minha satisfação, o encontro foi um sucesso absoluto. Depois de ouvir minhas preocupações, e o meu pedido de ajuda, ele me perguntou se às três da tarde das sextas-feiras seria conveniente para mim. Hesitante, perguntei quantas vezes eu poderia procurá-lo. Ele, obviamente, achou a pergunta estúpida. "Até terminarmos nosso trabalho, claro" foi sua resposta.

O que Ingalls me deu foram sugestões extraordinariamente sábias. Seu conhecimento da literatura era, naturalmente, incomparável, mas o que me surpreendeu foi sua notável capacidade de julgar o que era apropriado para uma apresentação sobre hinduísmo que fosse ao mesmo tempo popular e absorvente para leitores em busca de compreensão, mas que não queriam ser esmagados por detalhes. Ingalls era como um escultor diante de uma grande massa de argila, e sabia exatamente como dar forma ao que desejava criar.

3

Um dos aspectos mais interessantes de estar no MIT era que meu bom amigo Sukhamoy Chakravarty, da Faculdade da Presidência, também lecionava lá, com um cargo de visitante. Ele e a esposa, Lalita, tinham um apartamento na rua Prentis, em Cambridge, como nós. Os dois apartamentos foram arranjados por nosso amigo sempre prestativo, e imensamente competente, Ramesh Gangolli, que terminava seu doutorado em matemática no MIT. Ele, a esposa, Shanta, Sukhamoy, Lalita, Nabaneeta e eu jantávamos juntos com frequência, ora na casa de um, ora na casa de outro. Além da agradável natureza daquelas noites, devido às nossas conversas, as reuniões também ajudavam a nos mantermos em dia com as notícias da Índia.

Minha carga letiva no MIT era bastante leve e logo descobri que dar aulas de economia básica para alunos de engenharia com algum conhecimento em matemática não era tarefa difícil. Os alunos eram agradáveis, ansiosos para ouvir e falar. A pesquisa sobre problemas de desenvolvimento que eu tinha iniciado para o Centro de Estudos Internacionais também não consumia muitas horas. Com isso, me sobrava tempo livre, o que era agradável e útil.

Os dois economistas com quem eu mais esperava aprender — Paul Samuelson e Robert Solow — eram acessíveis, e não se negavam a conversar, embora Solow passasse a maior parte do tempo em Washington, D.C., dando consultoria ao recém-eleito presidente John Kennedy. Apesar disso, eu conseguia abordá-lo com frequência quando voltava a Cambridge, e não hesitava em invadir sua privacidade.

Bob Solow talvez não se desse conta de que eu aprendia muito com ele em nossas conversas intermitentes. Claro que eu estava familiarizado com vários escritos dele antes de ir para o MIT, mas não imaginava que sua conversa pudesse ser tão interessante e estimulante, fosse qual fosse o assunto. Em nossa primeira conversa, ele me perguntou em que eu estava trabalhando. Na verdade, eu investigava uma pergunta que Maurice Dobb me propôs a respeito de como os preços relativos de máquinas velhas e novas dependiam das taxas de juros e de salários, e como isso afetava os méritos relativos de usar máquinas mais velhas ou mais novas, respectivamente, em economias de taxas de juros altas ou de taxas de juros baixas. Eu tinha acabado de enviar uma carta para Maurice sobre a regra geral de que é melhor valor econômico comprar máquinas velhas do que novas num país com taxas de juros e de salários mais baixas, em comparação com países de salários e juros altos. É fácil mostrar que o retorno que as pessoas de um país com economia de juros altos obteriam de máquinas mais velhas seria maior a preços vigentes.

Trata-se de uma relação analítica que produziu uma regra geral, mas eu não queria que o exemplo fosse mais do que uma curiosidade (quando finalmente publicado na *Review of Economics and Statistics*, o resultado apareceu num artigo com o título "Sobre a utilidade de máquinas usadas")[1]. Solow me perguntou: "Tem certeza? Você me mostraria isso?". Ele levou meus rabiscos para casa e de manhã me disse: "Você está certo". Eu lhe disse que agora tinha certeza, uma vez que ele acabara de examinar a demonstração. Mas também lhe perguntei se sempre agia assim quando alguma coisa ligeiramente nova aparecia na sua frente — por mais distante que fosse dos seus interesses. Bob respondeu: "De que serve ser professor se você não estiver disposto a dar uma olhadela?". O que ele não disse foi que esse tipo de atenção fazia dele um dos melhores professores de economia do mundo. Eu sabia disso não só por meio dos seus alunos, muitos dos quais atingiram alturas vertiginosas, mas também por experiência própria naquele ano tão curto que passei no MIT, aprendendo economia num ritmo mais rápido do que já tinha feito.

4

Um dos traços mais agradáveis do departamento de economia do MIT naquela época era o fato de que os economistas geralmente almoçavam juntos no Faculty Club nos dias úteis, sentados em volta de uma mesa redonda. Além de Samuelson e Solow, outras presenças constantes eram Franco Modigliani,

Evsey Domar, Frank Fisher, Edwin Kuh, Louis Lefeber, Richard Eckaus e muitos outros com quem eu adorava conversar. Havia muita conversa leve, em tom de brincadeira, mas a grande diferença das reuniões de economistas na Cambridge mais antiga era uma ausência quase total de sectarismo entre membros de diferentes escolas de pensamento. Nunca deixei de me interessar por uma discussão (e havia muita discussão à mesa do almoço no MIT), mas a fadiga que eu sentia na velha Cambridge de tanto ouvir ataques muito bem ensaiados a escolas de pensamento nitidamente delineadas estava esplendidamente ausente.

A combinação de estímulo intelectual e tempo de folga no MIT me deu oportunidade de refletir sobre minha compreensão da economia na sua totalidade. Era um prazer afastar-me da visão da economia como uma disputa entre diferentes escolas de pensamento. Passei a ver a economia como uma questão integrada, com espaço para diferentes abordagens, cujo grau de importância dependia do contexto, capaz de usar de modo produtivo distintas ferramentas de análise (com ou sem raciocínio matemático desse ou daquele tipo) para fazer justiça a perguntas muito diversas. Como desde cedo estive envolvido em diferentes abordagens da economia, e sempre gostei de explorar escritores com interesses e compromissos variados (de Adam Smith, Condorcet, Mary Wollstonecraft, Karl Marx e John Stuart Mill a John Maynard Keynes, John Hicks, Paul Samuelson, Kenneth Arrow, Piero Sraffa, Maurice Dobb e Gérard Debreu), eu queria ver até que ponto era possível fazê-los conversar entre si. Isso acabou sendo não só educativo para mim, mas muito divertido, e a convicção de que a economia era um assunto mais vasto do que parecia inicialmente também se consolidou em minha mente. Foi uma época incrivelmente construtiva — e bastante inesperada.

5

O MIT tinha muitos economistas excelentes, mas havia o consenso de que Paul Samuelson era a estrela mais brilhante — na verdade, ele já era bem conhecido como um dos maiores economistas do mundo, e tinha escrito tratados definitivos sobre quase todos os aspectos do assunto. Comecei a ler sua obra em meu quarto no albergue da YMCA em Calcutá e agora tinha condição de assistir às suas aulas, aprendendo com sua economia e com seu estilo de raciocínio e exposição.

Quando Samuelson me pediu para dar uma de suas aulas regulares sobre teoria econômica, pois ele precisava ir a uma reunião em Washington, D.C., eu me senti ao mesmo tempo honrado e desafiado. "A ideia é que seja sobre economia do bem-estar", estabeleceu ele, "e me disseram que você sabe alguma coisa sobre o assunto." Concordei em aceitar o trabalho de substituto, mas disse a mim mesmo que uma coisa é dar aula sobre economia do bem-estar com o que eu sabia (particularmente dos escritos do próprio Samuelson) e outra, bem diferente, tentar substituir Paul Samuelson como professor.

Gostei de dar a aula de duas horas sobre economia do bem-estar, e foi maravilhoso ter alunos excepcionais (como Peter Diamond, que desabrocharia mais tarde como um dos pensadores mais originais entre os economistas). Minha aula seguiu as diretrizes de Samuelson (o capítulo 8 do seu *Fundamentos da análise econômica* era sobre o assunto, como eu sabia desde os meus tempos de Faculdade da Presidência), mas enquanto fazia isso me convenci de que, apesar da grandeza estupenda de Samuelson, sua abordagem da economia do bem-estar era imperfeita.[2] Um problema sério era como capturar a ideia e a formulação exata de comparações interpessoais de utilidades de diferentes pessoas (ou, por falar nisso, comparações interpessoais de qualquer índice de vantagens individuais). Além da dificuldade evidente de obter provas empíricas sobre utilidades (já um problema muito discutido), precisávamos de uma robusta estrutura analítica para comparar de várias maneiras — as utilidades de diferentes pessoas. Não há unidades comuns entre a utilidade de uma pessoa e a unidade de outra.

Na aula que dei, fiz apenas uma breve referência aos problemas analíticos de comparação interpessoal e, basicamente, segui os passos de Samuelson (embora sem acreditar que ele tivesse aceitado os desafios das comparações interpessoais suficientemente a sério). Tentar preencher a lacuna me motivou a tentar desenvolver um sólido fundamento analítico para sistemáticas comparações interpessoais de utilidades. Quando em 1970 publiquei o que eu dizia ser um modo mais satisfatório de estabelecer uma estrutura analítica para comparações interpessoais, fazendo uso do que os matemáticos chamam "condições de invariância",[3] tratava-se essencialmente de uma continuação do debate que eu tivera com Samuelson ao substituí-lo como professor.

O uso de condições de invariância para caracterizar comparações interpessoais parecia inusitado para muita gente naquela época, mas logo se desenvolveu uma literatura bastante volumosa sobre teoria da escolha social adotando a abordagem. Samuelson sempre foi muito polido com relação a nossas divergências, mas só anos depois pareceu aceitar a estrutura que eu estava usando. O estilo de discussão dele, em contraste com as disputas na velha Cambridge, também era interessante para mim. Ele continuava inteiramente atento à verdade que pudesse surgir da discussão, em vez de estar empenhado em vencer o debate, o que poderia fazer com a maior facilidade, em virtude da sua posição dominante em economia.

6

Quando trabalhava no MIT, recebi inesperadamente uma carta do departamento de economia da Universidade de Stanford me convidando para dar um curso de economia do desenvolvimento no verão. Como eu me interessava cada vez mais por teoria da escolha social, disciplina da qual o pioneiro inquestionável, Kenneth Arrow, era professor em Stanford, a ideia de visitar a universidade teve apelo imediato. Indagando, descobri que Arrow estaria ausente de Stanford naquele período, mas ele me escreveu uma carta muito gentil dizendo que esperava em breve se juntar a mim. Ao longo dos anos, nós nos encontramos — e até trabalhamos juntos — com frequência (lecionando em Harvard quando estávamos lá em 1968-9 e produzindo juntos três livros ao lado de Kotaro Suzumura, grande teórico japonês da escolha social).

A razão imediata da proposta de Stanford era que seu principal, na verdade único, economista marxista, Paul Baran, que dava um curso de verão regular, tivera um infarto e sugerira meu nome como possível substituto. Encontrei-me algumas vezes com Baran quando ele visitou a Cambridge inglesa e gostei muito das nossas conversas. Ele me disse que tinha adorado visitar Piero Sraffa em Trinity. Enquanto examinava as estantes de livros na sala de espera de Sraffa, seu anfitrião lhe disse: "Ah, esqueça esses aí — os livros realmente importantes eu guardo no escritório lá dentro. Venha comigo. Todos estes livros aqui são lixo". Enquanto íamos de um quarto para outro, Baran notou, achando divertido, que todos os livros dele tinham sido firmemente colocados por Sraffa entre os que considerava lixo.

Nossa temporada em Stanford — pouco mais de dois meses — foi maravilhosa. As aulas eram agradáveis; meus colegas tremendamente bons de papo; as noites em Stanford e o bairro, muito interessantes; e sempre havia a possibilidade de irmos a San Francisco ver alguma peça. Meu velho amigo Dilip Adarker e a esposa, Chitra, estavam lá (Dilip terminando seu doutorado em Stanford) e nos conseguiram acomodações confortáveis, além de nos brindarem com sua deliciosa companhia durante aqueles meses. Havia alguns excelentes alunos que queriam aprender com Paul Baran e (infelizmente para eles) tiveram que se contentar comigo — mas vários se tornaram amigos para o resto da vida. Nabaneeta e eu aproveitamos muito o que a Bay Area tinha a oferecer, e passeamos pela Califórnia de Big Sur a Los Angeles.

7

O verão chegou ao fim. Voltamos para a Inglaterra no *Queen Elizabeth II*, saindo de Nova York para Londres. Em Nova York ficamos com Ved Mehta, aprofundando nossa amizade e sendo guiados por ele sobre o que fazer na grande cidade enquanto aguardávamos a hora de partir. A travessia do Atlântico começou com uma violenta tempestade — o *Queen Elizabeth II* foi o único navio de passageiros que resolveu enfrentar o mau tempo. Há uma beleza notável no mar turbulento que dá para apreciar se nos sentirmos absolutamente seguros — como nos sentíamos naquele navio gigantesco.

As experiências nos Estados Unidos me tornaram academicamente ganancioso. Do ponto de vista de trabalho, o MIT e Stanford foram perfeitos. Disse a mim mesmo que uma vida mista, se bem organizada entre a Índia e uma boa universidade americana ou britânica, poderia ser ao mesmo tempo agradável e produtiva. Depois de estar no MIT em 1960-1, tive a sorte de poder arranjar a cada quatro anos uma visita a uma agradável universidade americana (coincidindo, sempre, com as eleições presidenciais dos Estados Unidos). Fui professor visitante na Universidade da Califórnia em Berkeley em 1964-5 e depois em Harvard em 1968-9. Minha obra sobre escolha social, que prosseguiu firmemente depois que voltei para Delhi, deu grandes saltos durante os anos que passei nos Estados Unidos, tanto pelo contato que tive com o que surgia no exterior, como também porque pude apresentar os resultados do meu próprio trabalho e ver a reação de pessoas envolvidas nesse campo.

Em Berkeley, aproveitei bem a oportunidade para conversar com Peter Diamond, John Harsanyi, Dale Jorgenson, Daniel McFadden, Carl Riskin, Tibor Scitovsky, Benjamin Ward, Roy Radner, Oliver Williamson, Meghnad Dessai e Dipak Banerji, entre tantos outros, com interesse direto ou indireto em assuntos que me atraíam, como a teoria da escolha social. Em Harvard, desfrutei da tremenda companhia de Kenneth Arrow e do grande filósofo John Rawls (demos aulas conjuntas), mas também de Samuel Bowles, Franklin Fisher, Thomas Schelling, Charles Fried, Allan Gibbard, Stephen Marglin, Howard Raiffa e Jerome Rothenberg, para citar alguns.

Curiosamente, minha presença nos Estados Unidos também coincidiu com radicais avanços políticos no país. Tive a sorte de ver de perto o desenrolar do movimento pela liberdade de expressão em Berkeley em 1964-5 e a ocupação do University Hall por estudantes na primavera de 1969, e fiz uma visita acidentada a Paris no começo do verão de 1968. Graças a essas coincidências, a análise fatorial clássica poderia até ter me identificado como a "causa raiz" dos distúrbios.

8

Apesar de ter tomado parte em protestos estudantis em Calcutá, não vi nada parecido com o súbito, mas sistemático, avanço da agitação de estudantes que ocorreu com o movimento pela liberdade de expressão em Berkeley em 1964. A causa — a liberdade de expressão no sentido mais amplo — também repercutiu fortemente em mim, assim como as preocupações subjacentes, que estavam ligadas ao movimento dos direitos civis e à resistência à Guerra do Vietnã. Eu lecionava em tempo integral, em particular um curso de teoria da escolha social que atraiu uma plateia considerável e entusiástica. As aulas nunca foram perturbadas e tivemos excelentes discussões sobre quanto as questões envolvidas no movimento pela liberdade de expressão eram relevantes para os debates e procedimentos de escolha social.

Eu aprendia muito, enquanto tentava ensinar como se dá o raciocínio na escolha social e como ele faz diferença. Uma vez que a escolha dos líderes e das políticas era amplamente discutida entre os cabeças do movimento pela liberdade de expressão — eu recebia de amigos informes regulares a respeito —, havia uma proximidade extraordinária entre o que se passava no mundo lá fora e as questões discutidas ali dentro, em nossas aulas. Mesmo quando deixava de perceber uma conexão importante, eu tinha certeza de que seria corrigido por um ou outro aluno brilhante que abraçava tanto a ação como a teoria.

Mesmo sendo um professor visitante, eu e Nabaneeta não éramos muito mais velhos do que a maioria dos alunos de graduação; além das amizades com meus colegas, também nos tornamos amigos de muitos deles. Carl e Myra Riskin estavam entre os mais chegados, mas havia outros, como Shyamala Gopalan (da Índia), que fazia pesquisas sobre câncer muito admiradas, e seu marido, Donald Harris (da Jamaica), economista talentoso, de cujo comitê de exames de doutorado eu participava. Shyamala e Don moravam em Oakland, e o apartamento em que Nabaneeta e eu vivíamos ficava perto da Telegraph Avenue, na metade do caminho entre Oakland e Berkeley. Por isso, para nós era muito fácil visitá-los. Conheci Kamala, a filha deles, com poucos dias de nascida e lembro que ela protestava quando os amigos dos pais faziam muito barulho. Já adulta, ela adquiriu uma imensa e justificada reputação de jovem líder política. Quando escrevo isto, Kamala acaba de ser eleita a primeira mulher vice-presidente dos Estados Unidos da América — uma conquista extraordinária.

Quando decido contrastar os Estados Unidos que vi em minhas primeiras visitas de quatro anos com os Estados Unidos de hoje, devo reconhecer que algumas das grandes diferenças devem muito aos processos de mudança que tive a sorte de testemunhar ao longo das décadas. O poder do dinheiro talvez não tenha diminuído, mas protestos contra isso têm hoje uma base sólida, que não tinham na minha primeira visita. A palavra "socialismo" provavelmente ainda causa pânico, mas o que torna os "partidos socialistas" da Europa identificáveis como socialistas (preocupação com saúde pública, previdência social, salário mínimo) pode hoje conseguir ser ouvido até mesmo nos Estados Unidos — desde que seja apresentado sem o temível rótulo de socialista. Debates públicos e movimentos radicais deram importante contribuição para essa mudança.

24. Cambridge reexaminada

1

Quando retornei a Cambridge em setembro de 1961, Trinity me ofereceu um apartamento na rua em frente à faculdade. O endereço Trinity Street, número 15, ficava no centro da cidade, uma caminhada de um minuto. Era muito bom estar de volta.

No dia seguinte à nossa chegada a Cambridge, Joan Robinson nos fez uma visita. Queria muito conhecer Nabaneeta e foi extremamente acolhedora. Quando eu pensava em quanto gostava de Joan, ela me disse esperar que eu não tivesse esquecido a economia cambridgeana por influência do MIT e de Stanford. Disse ainda que o "veneno neoclássico" poderia ser facilmente retirado da economia se eu me interessasse um pouco mais pela grande batalha travada em torno do assunto. Ela falava, claro, meio de brincadeira, mas percebi que suas velhas preocupações não tinham desaparecido.

No fim da semana, quisemos ver Maurice Dobb e almoçamos com ele e a esposa, Bárbara, em sua casa em Fulbourn, não muito longe de Cambridge. Ali não se falou em batalhas econômicas e tivemos uma tarde maravilhosa. Lembro de pensar que, embora a grande influência sobre a minha ida para Trinity como aluno de graduação fosse a economia de Maurice, sua personalidade e sua amabilidade é que agora faziam de mim um dos seus devotos.

2

Quando me reinstalava em Cambridge, soube da comoção em torno da chegada de Frank Hahn, ocorrida durante o ano que passei fora. Hahn, grande economista, matemático, professor e comunicador imensamente eficaz, já merecidamente famoso, estava na Universidade de Birmingham, e foi convencido a deixá-la para trabalhar em Cambridge. Chegou com uma fellowship do Churchill College e instalou-se com notável rapidez. Sua esposa, Dorothy — também economista —, tornou-se figura importante e respeitada no Newnham College. Frank e eu logo ficamos amigos, e passei a buscar os conselhos dele e de Dorothy em muitos assuntos.

Nicholas Kaldor tivera uma ótima impressão de Frank depois de conhecê-lo num seminário, e logo em seguida desempenhou papel importante em convencer Cambridge a fazer-lhe uma boa oferta e levá-lo para a universidade. Eu disse a Nicky que sua iniciativa me deixou muito feliz, uma vez que Frank era um esplêndido economista e tinha grandes virtudes de liderança — além de (provocando-o um pouco) ser muito bom que ele, Kaldor, pudesse formar uma opinião tão favorável sobre uma pessoa com base num único encontro. Nicky respondeu que eu o estava subestimando, e que em geral só precisava de um encontro, ou menos do que isso, para formar uma opinião definitiva.

Eu era grande admirador da obra de Hahn, particularmente da sua maneira de lidar com complicados problemas analíticos. No entanto, várias figuras de destaque em Cambridge, incluindo Joan, se irritavam com sua influência, especialmente o papel que atribuía à economia matemática. A ortodoxia dominante em Cambridge também não tinha ficado muito entusiasmada com a designação de James Meade em 1987 como professor de economia política (a principal cadeira de economia em Cambridge, originalmente ocupada por Alfred Marshall). Havia uma forte convicção local de que o cargo seria oferecido a Joan ou Nicky. No entanto, embora Meade divergisse firmemente da ortodoxia de Cambridge, de início permaneceu muito calado e pouco combativo. Assim foi, sem a menor dúvida, quando nós dois demos aulas juntos em 1958.

Com a chegada de Frank Hahn, as coisas começaram a mudar. Uma batalha pública era travada entre os ortodoxos e os rebeldes. Destes últimos, Frank era o líder, e não relutava em usar sua voz para rejeitar a suposta centralidade da maneira neokeynesiana de ver o mundo econômico. Ao retornar dos

Estados Unidos, notei uma nova combatividade em James Meade, voltada particularmente contra a resistência dos ortodoxos a ouvir quem quer que fosse. Ele dava a impressão de ter finalmente decidido dar um basta — em certa ocasião elevando o tom de voz às alturas para abafar o que Joan Robinson dizia, após ter recebido dela o mesmo tratamento. O episódio talvez fosse divertido — como uma disputa de berros entre duas pessoas famosas às vezes é —, mas era também deprimente.

As brigas pareciam intermináveis. Havia um seminário semanal para um pequeno grupo de economistas escolhidos a dedo que formavam um clube "secreto" chamado Clube das Terças-Feiras, embora se reunisse nas noites de segunda-feira (ou talvez fosse o Clube das Segundas-Feiras e se reunisse às terças-feiras). Às vezes as discussões eram interessantes, mas quase sempre refletiam as diferentes lealdades deste ou daquele membro a esta ou aquela escola de pensamento, e muitas vezes eram apenas tribais. Não me ofereci para fazer uma apresentação no clube, mas às vezes gostava das discussões e invariavelmente me deliciava com o jantar antes das reuniões no restaurante em cima do Arts Theatre para onde Richard Kahn e Joan Robinson nos levavam (Kahn foi um dos anfitriões mais generosos que conheci).

Eu também travava minha própria batalha naquela época: para obter permissão de ensinar economia do bem-estar e teoria da escolha social. Eu tinha um emprego de professor na universidade e o compromisso de dar duas aulas por semana. Lecionava economia do desenvolvimento e planejamento de investimento, e dava uma série de aulas sobre princípios econômicos gerais no terceiro semestre do último ano — como uma espécie de suplemento do ensino oferecido no início no ano acadêmico. Eu gostava muito de dar essas aulas para salas lotadas — estudantes geralmente se aglomeram nas aulas quando não há provas no horizonte. O corpo docente, no entanto, resistia tão fortemente a me deixar dar um curso de economia do bem-estar quanto resistira a me deixar estudar o assunto quando era aluno de graduação. Minha proposta de criar o curso foi submetida ao Conselho de Economia da faculdade, presidido por Richard Kahn, e prontamente rejeitada. Depois de bloquear a iniciativa por dois anos ("economia do bem-estar não é a rigor uma disciplina", segundo me disse um poderoso membro da faculdade), tive finalmente permissão para oferecer um breve curso, de apenas oito aulas. Isso foi visto como uma concessão a mim, e não como um reconhecimento da relevância da economia do bem-estar como parte do currículo. Quando James Mirrlees foi nomeado para o meu velho cargo em Trinity depois que fui para Delhi, ele também se ofereceu para dar um curso de economia do bem-estar. Mais uma vez a ideia foi rejeitada, e os líderes da faculdade lhe disseram: "Aquele cursinho foi uma concessão especial ao Sen; não conta como parte normal do ensino de economia. Pense em outra coisa".

3

Minha estima por Cambridge tornava-se, portanto, cada vez mais dividida. Eu gostava da vida universitária e de conversar com a maioria dos colegas, mas as prioridades da faculdade de economia pareciam calculadas para me manter longe do que eu mais gostava. Acostumei-me a isso, mas não foi fácil, e tive que abrir espaço para trabalho produtivo. Apesar de não ser incentivado a pensar a respeito da escolha social, havia outros assuntos dos quais eu poderia prazerosamente me ocupar e, claro, continuava aprendendo muito com Dobb e Sraffa.

Trinity era a principal base de outros encontros intelectuais, indo muito além da economia. Tinha uma grande tradição de trazer estudantes — ou jovens acadêmicos — de lugares distantes e ajudá-los a se tornar algo bem diferente. A pessoa sobre a qual me faziam mais perguntas em meus tempos de jovem fellow em Trinity era, previsivelmente, Ramanujan, o gênio matemático da Índia. Mas havia também Chandrashekhar, um dos astrônomos modernos mais originais e influentes, que depois de Trinity foi trabalhar na Universidade de Chicago. Havia muitos outros — de Jawaharlal Nehru a Muhammad Iqbal, o poeta visionário — que tinham passado por Trinity bem antes de mim, mas cuja associação com a faculdade era importante por sua obra e que apareciam frequentemente em nossas conversas.

Numa aula especial que dei em Trinity anos depois, mencionei a época em que ingressei na faculdade, quando ainda me recuperava do tratamento do meu câncer de boca com altas doses de radiação administradas no ano anterior. Michael Atiyah, magnífico matemático e pessoa de imensa simpatia, que foi agraciado com o primeiro prêmio Abel (a mais alta distinção em matemática) e que tinha sido mestre imediatamente antes de mim, leu o texto do meu discurso que Trinity tinha publicado e me contou algo a seu respeito que eu não sabia:

> Eu tinha acabado de ler o Anuário de Trinity e gostei tanto do seu artigo sobre Sraffa (& Wittgenstein) como do seu discurso de aniversário de oitenta anos. Descobri que Trinity quase perde dois mestres seguidos em idade precoce. Enquanto você teve câncer oral aos quinze anos, e que o perseguiu durante anos, eu tive meningite cerebrespinhal no Cairo aos treze. Isso pode matar em poucos dias e fui salvo pela nova droga sulfonamida (M&B 693) que tinha acabado de aparecer e que o diretor da minha escola e meu tio conseguiram obter.

Michael gostava de falar de suas origens sudanesas e de sua meninice egípcia, mas isso não diminuía de forma alguma sua forte identidade de matemático britânico. Sua identidade sudanesa fundia-se perfeitamente com sua identidade de Trinity.

Motivos para refletir sobre nossas variadas identidades pareciam onipresentes na minha vida universitária e ficaram cada vez mais claros, para mim, em meus tempos de Cambridge. Os homens que haviam tombado durante a guerra e sido homenageados na capela de Trinity eram britânicos, fora de qualquer dúvida; no entanto seu parentesco com membros de Trinity em anos posteriores — vindos de todas as partes do mundo, do Sudão à Índia — tinha uma realidade coexistente com as respectivas nacionalidades. Os analistas sociais que costumam pensar em identidade como um artifício classificatório único deixam de perceber a riqueza das identidades múltiplas que todos nós temos. Nossas origens geográficas, nossa cidadania, nossa residência, nossa língua, nossa religião, nossas predisposições políticas, e muitos outros aspectos da nossa identidade, podem coexistir em feliz harmonia, fazendo de nós as pessoas que somos.

Claro, a identidade também pode ser fonte de conflitos, especialmente se seus múltiplos aspectos não forem devidamente compreendidos. As divisões podem aparecer de repente, e ser atiçadas para provocar animosidades, como foi o caso na Índia nos anos 1940 para fomentar a violência na política pré-partição. Os tranquilos indianos dos anos 1930 foram de repente convencidos a ver a si mesmos como hindus agressivos ou muçulmanos prontos para o combate. Houve um incentivo à violência muito parecido na Irlanda, em particular no norte, explorando a vulnerabilidade da divisão entre católicos e protestantes. Refletindo sobre a complexidade dos problemas de identidade, comecei a ver com mais clareza como podem ser muitíssimo importantes — e potencialmente inflamáveis — mesmo quando sobrevivem de forma escondida, em vez de modo visível e claro.

4

Os danos e a violência que podem resultar de uma ideia confusa sobre uma identidade única supostamente dominante vêm acompanhados de outro tipo de problema de identidade — que pode levar a uma incompreensão da maneira que a organização social funciona. Pensei nisso por causa de umas conversas que tive com o economista Oskar Lange, mundialmente famoso, quando começava a fazer a pesquisa para a minha tese de doutorado.

Como pioneiro na análise do socialismo de mercado, Lange não só esclareceu as diferentes formas que uma economia socialista pode assumir, mas também jogou luz sobre como uma competitiva economia de mercado funciona, e como as informações descentralizadas podem ser logicamente reunidas por um sistema de mercado que opere sem percalços tanto no socialismo como no capitalismo.

Como professor da Universidade de Chicago, Lange naturalizou-se americano em 1943. Mas logo depois começou a questionar sua obra anterior. Quando a Segunda Guerra Mundial terminou, ele tinha aceitado (para considerável surpresa de seus colegas e de outros economistas) a superioridade do tipo soviético de alocação centralizada de recursos, e rejeitado os méritos da descentralização através dos mercados — incluindo a ideia de socialismo de mercado, em grande parte criação do seu próprio pensamento econômico. Também renunciou à cidadania americana e pôs-se a escrever uma série de monografias em defesa das ideias de Ióssif Stálin, incluindo — aqui preciso prender a respiração — as "teorias econômicas de Stálin".

O nome de Lange aflorava com frequência nas discussões políticas e econômicas no café da College Street em Calcutá durante meus tempos de Faculdade da Presidência, por volta de 1952. Sukhamoy Chakravarty encantava-se com a trajetória política de Lange e, depois da súbita guinada dele para a teoria stalinista, Sukhamoy me confessou que estava perplexo. A conversão de Lange à economia de estilo soviético costumava ser mencionada pelos comunistas convictos, ao mesmo tempo que era denunciada como tolice equivocada pelos detratores do sistema comunista. Entre os economistas profissionais, a excelência da obra inicial de Lange continuava a ser admirada — Ken Arrow era particularmente eloquente em seus elogios — embora suas ideias posteriores fossem tratadas tipicamente com ceticismo.

Quando eu falava em Lange, Maurice Dobb também manifestava a maior admiração por sua obra inicial, e dizia-se incapaz de entender a direção tomada mais tarde por Lange. Sraffa era mais explícito, e o descrevia como um homem muito inteligente e bondoso, que confundiu terrivelmente as demandas do raciocínio econômico com a política ideológica. Sraffa continuou mantendo contato com Lange, e foi ele que me disse, no começo de 1956, que Lange visitaria Cambridge e tinha manifestado interesse particular em me conhecer.

Lange tinha ouvido Mauricio Dobb falar sobre a minha área de pesquisa naquela época (eu estava começando meu trabalho sobre "escolha de técnicas") e queria me dar algumas sugestões. Em meu primeiro encontro com ele, considerei-o imensamente simpático. Disse que gostaria de ver que tipo de teoria eu ia acabar desenvolvendo, mas achava também que decisões econômicas desse tipo eram tão dominadas por prioridades políticas que qualquer trabalho em teoria econômica pura, como meu exercício de escolha de técnicas, estava fadado a deixar de fora importantes dimensões das tomadas de decisão envolvidas.

"Vou ilustrar para você", disse ele, e passou a descrever como o governo polonês tinha construído um grande complexo industrial com uma imensa aciaria — e uma unidade industrial relacionada (por nome Siderúrgica Vladímir Lênin) — em Nowa Huta, perto da velha cidade da Cracóvia. "Em relação à análise econômica pura, é difícil justificar a decisão de localizá-la ali, usurpando excelentes terras de agricultura e dependendo de trazer de longe muitos dos ingredientes de produção, incluindo carvão e minério de ferro", comentou Lange. A questão era saber por que optaram por um gigantesco investimento industrial no que parecia uma localização inadequada. Por que ali?

Não atinei com a resposta e perguntei: "Por quê?. "Porque", respondeu Lange, "Cracóvia é uma cidade muito reacionária, com uma longa história de direita — eles nem mesmo lutaram direito contra os nazistas." Portanto, ficou decidido que um centro industrial moderno "com um grande proletariado" era tudo de que Cracóvia necessitava. "O povo da Cracóvia já está começando a ficar menos reacionário", disse Lange, em tom confiante. "Você jamais encontrará uma resposta a essa pergunta enfiando-se cada vez mais na clausura do raciocínio econômico. A base lógica nesse caso é inteiramente política."

Lange tinha outro compromisso e foi embora, pedindo-me muito cordialmente que fosse visitá-lo na Polônia. Senti-me muito grato por ele ter se dado ao trabalho de me visitar e explicar a necessidade de ressaltar as considerações políticas relevantes na tomada de decisões econômicas.

Quando ele foi embora, fiquei pensando se estava mesmo certo. Devia ter razão ao destacar a relevância de considerações políticas nas decisões econômicas. Será que as coisas se desenrolariam como Lange e seus amigos esperavam? Eu não sabia a resposta àquela altura, mas descobri depois. O que se viu foi que o movimento anticomunista Solidariedade, importante no começo dos anos 1980, tinha uma forte base dentro da Siderúrgica Vladímir Lênin em Nowa Huta, e aos poucos as antigas expectativas do governo polonês foram por água abaixo. A siderúrgica tornou-se um bastião do novo movimento trabalhista católico. Em vez de Nowa Huta reformar Cracóvia, foi Cracóvia que derrotou Nowa Huta. Lange estava certo ao dizer que a política é certamente importante nas decisões econômicas, mas os acontecimentos podem se desenrolar também na direção oposta à planejada pelos líderes políticos.

As identidades talvez até sejam imunes a mudanças, mas não podem ser facilmente submetidas à manipulação planejada. Ao longo dos anos, o movimento Solidariedade ampliou-se e amadureceu, e eu teria adorado poder discutir o assunto novamente com Lange à luz de suas expectativas originais e do que de fato ocorreu em Nowa Huta. Infelizmente ele morreu em 1965, bem antes de o Solidariedade tornar-se uma força a ser levada a sério. Ao pensar na mutabilidade e na manipulabilidade da identidade, cada vez mais me convenci de que precisamos examinar muito mais cuidadosamente como é que nossas identidades se ajustam às circunstâncias, muitas vezes de maneira imprevisível.

5

Como eu dispunha de tempo livre depois de cumprir minhas obrigações de professor e pesquisador em Cambridge, resolvi, não sem hesitar um pouco, explorar a teoria da escolha social, apesar de tudo. Como a obra de Kenneth Arrow ficou um pouco mais conhecida e compreendida, muita gente no mundo inteiro começou a interessar-se pela escolha social e me parecia haver algumas questões importantes nessa área que precisavam de investigação urgente. James M. Buchanan, economista muito agradável, mas um tanto conservador, fez a pergunta fundamental — se a ideia de preferência social, utilizada por Arrow e muitos teóricos da escolha social, fazia mesmo sentido. A sociedade não é uma pessoa; portanto como pensar, de maneira sensata, na "preferência de uma sociedade"? Em particular Buchanan perguntou, não sem razão, se fazia sentido falar em propriedades de consistência da escolha social (o que Arrow chamava "racionalidade coletiva"), uma vez que uma sociedade não pode se entregar a reflexões integradas da mesma forma que um indivíduo é capaz de fazer.

Sobre esse tema, e outros relacionados, Buchanan publicou dois artigos extremamente interessantes em 1954, quando eu ainda era estudante de graduação em Cambridge.[1] Como na época eu me preparava para as provas do bacharelado, não pude fazer muito mais do que notar a relevância das perguntas de Buchanan e sua vasta linha de raciocínio. Por que um grupo de escolhas sociais haveria de ter alguma espécie de regularidade, como transitividade (exigindo que se *x* é socialmente preferível a *y*, e *y* a *z*, então *x* tem que ser socialmente preferível a *z*)? E, partindo daí, será que o teorema da impossibilidade de Arrow entraria em colapso se parássemos de exigir essa coerência ou — indo mais longe — se abandonássemos a ideia mesma da preferência social?

Não havia ninguém à minha volta com quem eu pudesse compartilhar essas preocupações, e nos anos movimentados que se seguiram às publicações de Buchanan em 1954 (com minha pesquisa sobre outros assuntos e minhas aulas na Universidade de Jadavpur), as perguntas buchananianas foram relegadas a segundo plano. No entanto, no ano que passei no MIT em 1960-1, e em particular durante o período em que substituí Samuelson como professor de economia do bem-estar, tive consciência de que havia questões a resolver na exploração da ideia de preferência social às quais, cedo ou tarde, eu precisaria voltar. Cheguei a tomar a liberdade de perguntar a Samuelson se ele tinha pensado nas perguntas de Buchanan. Ele evidentemente tinha, mas meu jeito de perguntar o fez rir. "Vamos fazer isso juntos dia desses", disse gentilmente.

Em algum momento depois de voltar dos Estados Unidos para Cambridge, resolvi examinar devidamente o ceticismo de Buchanan sobre a estrutura de

Arrow e sua rejeição do teorema da impossibilidade de Buchanan. Ainda não havia ninguém em Cambridge com quem discutir isso, e lembrei-me de uma das encorajadoras canções de Tagore na época da luta da Índia pela independência: "Se ninguém responde ao teu chamado, deves seguir adiante sozinho". O progresso solitário não era impossível e depois de algum trabalho concluí que o ceticismo de Buchanan sobre preferência social fazia muito sentido — pelo menos para certos tipos de escolha social.

Considerem-se, por exemplo, os sistemas de votação. Pode ser imensamente problemático atribuir algum tipo de preferência social como base para decisões eleitorais que surjam, de uma forma ou de outra, das instituições estabelecidas. Se você descobre que o candidato *x* pode vencer *y*, e *y* pode vencer *z*, isso não dá necessariamente nenhum tipo de garantia de que *x* seria capaz de vencer *z*. Pode ser tentador achar que *x* é melhor do que *y*, e *y* melhor do que *z*, e portanto *x* deveria ser melhor do que *z*, mas é mais adequado considerar os resultados eleitorais apenas como resultados processuais sem quaisquer implicações valorativas convincentes. Buchanan, portanto, me parecia certo em seu ceticismo quanto a preferências sociais — se elas fossem extrapoladas a partir de resultados eleitorais.

No entanto, nossa compreensão seria totalmente diferente se a escolha social refletisse juízos de bem-estar social, em vez de resultados eleitorais.[2] Qualquer coerência necessária nas classificações hierárquicas de bem-estar social faria os valores de bem-estar social combinarem de maneira harmoniosa. Se, por exemplo, a política social *a* rendesse mais bem-estar social do que a política *b*, e se a política *b* rendesse mais bem-estar social do que a política *c*, então deveria ser lícito supor que a política *a* oferecia mais bem-estar social do que a política *c*, em razão da congruência valorativa. Nesse caso, ideias de racionalidade coletiva teriam que fazer sentido para juízos de bem-estar social de uma forma que não o fariam para resultados puramente institucionais. Assim sendo, no caso de juízos de bem-estar, demandas como transitividade da preferência social fariam sentido. Seria o mundo de Arrow — e não o de Buchanan.

O que se pode concluir, então, sobre o teorema da impossibilidade de Arrow? No caso da avaliação de bem-estar social, a teoria continuaria sendo relevante — armada da coerência necessária para a racionalidade coletiva — na linha do próprio Arrow. Mas há uma dificuldade genuína no outro caso — o de tentar verificar a preferência social a partir de votos e eleições. Se a racionalidade coletiva fosse uma demanda problemática nas decisões de votar, poderíamos não obter o resultado da impossibilidade de Arrow — pelo menos usando o raciocínio matemático de Arrow, uma vez que ele fez uso crucial da racionalidade coletiva para demonstrar a impossibilidade. Será esse, portanto, o fim do resultado da impossibilidade para casos processuais como votar (mas não para juízos de bem-estar social)? Ou haverá algum jeito que nos permita abandonar a racionalidade coletiva e ainda assim obter o resultado da impossibilidade de Arrow?

Pensei bastante sobre essa questão e continuei a fazê-lo em meio a outros trabalhos no ano seguinte ao da minha graduação (exatamente quando começava a trabalhar em "escolha de técnicas"), mas não consegui resolvê-la totalmente. Depois de muitos anos, por fim, desenvolvi uma prova da impossibilidade de Arrow sem o requisito da racionalidade coletiva, um teorema matemático um tanto complicado que, décadas depois, serviu de espinha dorsal para o meu discurso presidencial na Sociedade Econométrica.[3] Enviei esse novo teorema, e sua demonstração, para Arrow no fim dos anos 1970, e ele me disse estar convencido de que deveria haver um erro em algum lugar. Prometeu enviar-me a correção, mas essa correção jamais chegou, e para minha grande satisfação ele acabou aceitando a validade do teorema e sua demonstração. Há momentos felizes também na teoria da escolha social.

6

Além das preocupações de Buchanan, explorei outras questões analíticas em teoria da escolha social, mas sentia falta de outras pessoas à minha volta que se interessassem por esses problemas. Maurice Dobb me advertira sobre a solidão de trabalhar num assunto pelo qual havia pouco interesse entre colegas, alunos, professores ou amigos. Como sempre, porém, a grande variedade de interesses de Piero Sraffa me trouxe um alívio naquele severo isolamento. Piero costumava fazer filosofia séria sem a chamar de filosofia, e escolha social também sem reconhecer que o que estava fazendo era escolha social.

Num assunto em particular a divergência entre Sraffa e Gramsci era muito significativa — tanto em si mesma como na maneira como estava relacionada à teoria da escolha social. Dizia respeito ao grau de importância a ser atribuído à liberdade individual entre outros valores humanos, e se a liberdade deveria ter lugar próprio entre as demandas básicas refletidas na estrutura axiomática da teoria da escolha social. Esta última questão era de particular interesse para mim porque a adaptação da liberdade à escolha social era um dos grandes problemas que eu queria explorar na tentativa de estender a teoria da escolha social normativa para além da estrutura clássica de Arrow (que não tinha espaço para liberdade nos axiomas básicos de escolha social). Foi a investigação de Sraffa sobre a importância da liberdade que me ajudou a começar a pensar no assunto depois de voltar do MIT, durante meus dois últimos anos acadêmicos (1961-3) na velha Cambridge.

Qual era a preocupação de Sraffa ao questionar o lugar da liberdade nos arranjos sociais e políticos? Ele criticava a tendência do Partido Comunista a ignorar a importância da liberdade pessoal, e era particularmente severo em relação ao descaso com o qual o Partido tendia a chamar, com desdém, a "liberdade burguesa". Eu tinha deparado com uma atitude igualmente desdenhosa da esquerda oficial para com a ideia de liberdade (por eles também descrita como "liberdade burguesa") em meus tempos de estudante no começo dos anos 1950 na Faculdade da Presidência. Como estudante em Calcutá, eu nada sabia a respeito do debate Gramsci-Sraffa dos anos 1920, mas dele tomei consciência conversando com Piero durante uma das nossas caminhadas de depois do almoço.

Ao retornar do MIT fiquei impressionado com a persistência do debate, que era essencialmente o mesmo de Calcutá, sobre o lugar da liberdade pessoal na teoria política de esquerda. Sraffa não tinha dúvidas de que a retórica da liberdade podia ser mal utilizada como ataque reacionário à busca da igualdade econômica e de outros valores igualitários — como Gramsci, era evidente, também temia. Sem dúvida era possível encontrar esse tipo de uso anti-igualitário, que tendia a jogar a ideia de liberdade contra a de igualdade (apesar da famosa defesa de ambas nos primeiros anos da Revolução Francesa). No entanto, Sraffa sustentava que o mau uso poderia ser evitado sem que se deixasse de reconhecer a importância real da liberdade na vida humana. Precisamos da liberdade para tornar qualquer coisa significativa, e é possível aceitar sua importância sem ter medo de que isso possa funcionar como uma barreira contra a conquista de outros importantes objetivos sociais. Como disse Sraffa, é um erro:

ter tanto desprezo pela "liberdade" burguesa (como o faz, por exemplo *L'Unità* [o principal jornal associado ao Partido Comunista italiano]): tida como feia ou bonita, é disso que os trabalhadores mais precisam no momento, sendo condição indispensável para todas as conquistas futuras.[4]

Sraffa exerceu considerável influência em levar Gramsci a reavaliar a importância da liberdade, ainda que o endosso final de Gramsci à sua importância continuasse, a meu ver, significativamente menos entusiástico do que o de Sraffa.

Uma questão curiosa aqui é que, embora o próprio Karl Marx tivesse forte interesse pelo papel central da liberdade na melhoria da qualidade da vida humana, o movimento comunista sempre demonstrou bem menos simpatia pela liberdade individual. Era o caso não só na Itália, mas em quase toda parte onde o comunismo chegou ao poder (da União Soviética à China, a Cuba e ao Vietnã). Quando jovem, Marx escreveu bastante a favor da liberdade de imprensa e defendeu vigorosamente a liberdade de expressão. Essa defesa se aplicava também aos seus escritos sobre liberdade de cooperação social e sindicalização industrial — suas simpatias nesse sentido foram contrariadas pela abolição efetiva de movimentos sindicais ocorrida na maioria dos países comunistas. No geral, Marx queria expandir o domínio da liberdade nas decisões sociais. Gostava, como já vimos, de ressaltar o papel que a liberdade poderia ter no enriquecimento da vida humana ao criar mais espaço para escolhas, tornando "possível, para mim, fazer uma coisa hoje e outra amanhã, caçar de manhã, pescar à tarde, criar gado à noite, fazer críticas depois do jantar, exatamente como pretendo, sem jamais me tornar caçador, pescador, vaqueiro ou crítico".[5]

Em minhas conjeturas iniciais sobre liberdade, no meu primeiro ano de pesquisas em Cambridge (fugindo da árida disciplina da teoria do capital), eu gostava de examinar vários problemas de consistência que me ocorriam na adaptação da liberdade à escolha social. Eu esperava envolver Piero Sraffa durante nossas caminhadas, compartilhando com ele algumas das mais interessantes, e muito me beneficiei do interesse que demonstrava por elas. Publiquei um dos resultados poucos anos depois num artigo no *Journal of Political Economy* ("A impossibilidade de um liberal paretiano", 1970), que provavelmente foi mais lido do que qualquer outro ensaio que já escrevi.

7

Outro problema de escolha social que Piero e eu discutíamos frequentemente (embora não lhe déssemos um nome tão formal como "escolha social") dizia respeito ao papel da discussão e do debate em aumentar o alcance do que acontece numa sociedade. Essa discussão também tinha um contexto particularmente prático. Sraffa estava sinceramente envolvido na batalha contra o fascismo e era próximo do Partido Comunista italiano, a principal oposição aos fascistas na Itália. Mas também se opunha fortemente a uma das grandes decisões políticas que seu amigo Gramsci, como líder do Partido Comunista, tinha tomado — ou seja, sua recusa a trabalhar junto com outros partidos antifascistas na Itália. Gramsci temia que os comunistas pudessem ser desviados de seus objetivos políticos bem definidos, mas Sraffa achava isso um erro.

Em 1924, numa vigorosa crítica ao unilateralismo do partido, Sraffa fez uma declaração sobre a importância de ter uma "oposição democrática" unida. Era vitalmente importante, afirmava ele, para os vários setores do movimento antifascista, trabalhar juntos numa oposição combinada ao fascismo de Mussolini. Falar uns com os outros ajudaria a tornar o movimento mais lúcido e, além disso, a união fortaleceria a resistência ao fascismo. Gramsci de início não se convenceu dos argumentos de Sraffa e atribuiu essa divergência ao fato de ele estar enfeitiçado pelo "pensamento burguês". No entanto, mais tarde, Gramsci teve que mudar de ideia. O Partido Comunista italiano finalmente somou forças com outros partidos e grupos antifascistas, produzindo um forte movimento de resistência ao fascismo.

Em nossas caminhadas à tarde, Piero me disse que as diferenças que tinha com Gramsci eram bem menos importantes do que o que aprendera com ele. Eu gostaria que ele tivesse razão nisso, uma vez que a influência das ideias de Gramsci sobre Sraffa, como eu via com facilidade, era muito profunda. Apesar disso, como alguém cujos interesses estavam naquela época se voltando fortemente para a teoria da escolha social (incluindo liberdade e persuasão), eu não podia deixar de sentir que os argumentos que Sraffa tentava apresentar a Gramsci eram importantíssimos também. Além disso, indicavam o interesse de Sraffa pela filosofia subjacente à escolha social, ainda que ele não acreditasse que a teoria da escolha social fosse uma disciplina capaz de aguentar-se em pé por conta própria.

PARTE V

25. Persuasão e cooperação

1

Quando cheguei à Inglaterra no outono de 1953, a lembrança imediata da Primeira Guerra Mundial tinha praticamente desaparecido, mas a da Segunda ainda era muito viva em toda a Europa. As dolorosas preocupações que precederam a guerra também foram fortes. O estado de espírito foi bem capturado no poema "Em memória de W. B. Yeats", de W. H. Auden, escrito em 1939:

No pesadelo das trevas
Latem os cães da Europa
E os países vivos esperam
Cada qual isolado em seu ódio.

O que veio em seguida apenas confirmou as piores expectativas de Auden.

Ouvi muita coisa nos meus primeiros anos na Grã-Bretanha sobre a angústia do período antes do conflito. A terrível possibilidade de uma repetição da guerra mundial assombrava muitos europeus e o movimento pela unificação europeia nasceu motivado fortemente pelo desejo de união política — livre de guerras autodestrutivas. A esperança de alcançar esse resultado é demonstrada pelos dois documentos pioneiros que lançaram o movimento: a Declaração de Ventotene de 1941 e o Manifesto de Milão de 1943, preparados por quatro decididos intelectuais italianos que defenderam com firmeza a união europeia — Altiero Spinelli, Ernesto Rossi, Eugenio Colorni e Ursula Hirschmann.[1]

Os méritos da integração econômica foram bem compreendidos pelos apoiadores das declarações de Ventotene e de Milão. Até mesmo argumentos pela união financeira no longo prazo tinham sido apresentados com grande clareza por pessoas próximas deles (particularmente por Luigi Einaudi, que viria a ser presidente da Itália). A preocupação imediata por trás da necessidade de unificação europeia não eram considerações de ordem comercial ou empresarial, nem de arranjos de sistemas bancários e monetários integrados (esses viriam depois), mas a urgência da união política pelo bem da paz.

Tive a oportunidade de assistir ao processo de unificação europeia, estendendo-se ao longo de setenta anos. Como descrevi antes, a facilidade com que em meus dias de jovem caroneiro conheci — e interagi fortemente com — pessoas em diferentes países europeus, todas com comportamento e prioridades semelhantes, me deu a sensação de estar num lugar que formava uma combinação chamada "Europa". Minha principal motivação naquela época não era tanto desenvolver uma sabedoria política, mas conhecer a Europa e aproveitar minhas viagens. Aos poucos, porém, foi ficando claro que eu também presenciava a constituição da integração europeia.

A formação de uma Europa unida era um sonho antigo, que tinha passado por ondas sucessivas de integração cultural e política, muito ajudada pela propagação do cristianismo. O rei Jorge de Podebrady, na Boêmia, já falava em união pan-europeia em 1464. Foi seguido por muitos outros no período subsequente. No século XVIII, do outro lado do Atlântico, George Washington escreveu para o marquês de La Fayette dizendo que "um dia, no modelo dos Estados Unidos da América, os Estados Unidos da Europa vão surgir". Com o tempo, começou a parecer que talvez viéssemos a ver concretizada a ideia de George Washington.

Quando escrevo isto, em 2021, o estado de espírito passa por uma mudança — na Hungria e na Polônia e até certo ponto na França e na Itália —, com a opinião pública se voltando contra a união europeia e até mesmo contra algumas das demandas da tradição democrática europeia. Essa atitude retrógrada tem prevalecido na Grã-Bretanha também, e no referendo de 2016 sobre o chamado Brexit uma pequena maioria votou a favor de deixar a União Europeia. Existe agora um forte senso de Ventotene em sentido contrário.

2

No entanto, nos oitenta anos transcorridos desde os manifestos italianos, houve algumas conquistas fantásticas na Europa — em relação ao estado de direito, aos direitos humanos, à participação democrática, à cooperação econômica —, nenhuma das quais poderia ter sido prevista quando desembarquei no cais de Tilbury em 1953. Talvez a coisa mais impressionante que vi tenha sido a manifestação positiva do desenvolvimento do estado do bem-estar social, incluindo o Serviço Nacional de Saúde. Essa mudança radical estava ligada a novo pensamento social — lembro de ter lido muita coisa de William Beveridge (e sua empolgante batalha contra "a carência, a doença, a ignorância, a miséria e a ociosidade") enquanto me instalava na Grã-Bretanha. Ao procurar as raízes da mudança, ela me pareceu conectada, de modo bastante dialético, com a guerra recém-terminada, e em particular com uma valorização das experiências compartilhadas que ajudava as pessoas a perceber melhor a importância da cooperação.

Tive a sorte de poder compartilhar minhas perguntas e minhas conjecturas com Piero Sraffa, que tinha refletido muito sobre essas questões. Impressionava-me também o fato de, além de invocar as ideias de Gramsci (o que não era inusitado para Sraffa), ele queria muito que eu lesse John Maynard Keynes sobre a formação — e a importância — da opinião pública e seu papel na transformação social, em particular os *Ensaios sobre persuasão* (1931). Sraffa admirava imensamente Keynes — seu velho amigo — por ressaltar o papel fundamental da persuasão na mudança da sociedade humana. Entre outras coisas, Keynes desejava mostrar quanto era crucial para as diferentes partes o trabalho conjunto na consecução das suas respectivas metas. É assim mesmo quando as metas não coincidem perfeitamente, mas elas compartilham de maneira parcial um objetivo comum.

No período entre as duas guerras, Keynes muito se empenhou em reduzir as hostilidades entre os países europeus. Isso se aplicava especialmente a políticas governamentais após o fim da Primeira Guerra Mundial e aos sérios danos causados pelo Tratado de Versalhes de 1919, pelo qual os vitoriosos, incluindo Grã-Bretanha, França e Estados Unidos, impuseram severas reparações à Alemanha derrotada. O rigor das reparações, achava Keynes, foi imensamente mal concebido, uma vez que elas arruinariam a Alemanha e afetariam gravemente outras economias europeias; além disso, deixariam a Alemanha com um forte sentimento de injustiça pelo tratamento recebido.

Keynes estava ciente de que castigar a Alemanha derrotada e arruinar sua prosperidade eram ideias populares na Grã-Bretanha, mas queria que o público britânico compreendesse que impor penalidades severas e uma austeridade forçada à Alemanha não era do interesse desse país, nem da Grã-Bretanha, nem da França. Em *As consequências econômicas da paz*, ele afirmou que a educação e a argumentação públicas eram extremamente importantes, e expressou, com alguma paixão, o desejo de "acionar as forças de instrução e imaginação que mudam a opinião".[2] Na verdade, dedicou o livro à "formação da opinião geral do futuro".

Os esforços de Keynes para influenciar a política governamental contemporânea não tiveram êxito imediato, pois suas recomendações foram quase sempre rejeitadas, mas ele contribuiu bastante para a "opinião geral do futuro" sobre o que deu errado à época e levou ao declínio econômico nos anos 1930. Keynes morreu com 66 anos em 1946, tendo sido muito influente no estabelecimento de uma estrutura de instituições internacionais. Sua maior contribuição para a economia foi a chamada "teoria geral", exposta em seu clássico *Teoria geral do emprego, do juro e da moeda* (1936), que alterou a compreensão das causas do desemprego e da depressão econômica.

Ainda que as lições da análise econômica abrangente de Keynes sejam com frequência esquecidas (como ficou demonstrado pela severa imposição de austeridade na Europa, incluindo a Grã-Bretanha, depois da crise financeira de 2008 — medida profundamente contraproducente), nós realmente não podemos nos dar ao luxo de ignorar a sabedoria econômica advinda com a chamada "revolução keynesiana". Nem podemos esquecer as grandes mudanças que Keynes produziu de maneira construtiva no reino da "opinião" esclarecida. Quanto às relações entre os países, as instituições estabelecidas — em grande parte inspiradas por ideias de Keynes — através do acordo de Bretton Woods, em 1944, incluindo o Fundo Monetário Internacional e o Banco Mundial, têm moldado o mundo desde então.

3

Os efeitos positivos da cooperação entre os países têm paralelos nos resultados construtivos da cooperação entre indivíduos, dentro de cada país. O avanço mais notável — o surgimento do estado do bem-estar social — estava claramente, num sentido, conectado ao legado da guerra, e em particular às experiências e aos esforços compartilhados que permitiram às pessoas perceberem melhor a importância de trabalhar juntas.

Surpreendentemente, nos anos difíceis da escassez de alimentos durante a Segunda Guerra Mundial, houve, na verdade, uma drástica redução na incidência da subnutrição na Grã-Bretanha. Diante da perspectiva de queda na disponibilidade total de alimentos nos anos 1940 (em parte por causa das dificuldades de transporte e dos perigos em tempo de guerra), o governo montou um sistema visando uma divisão mais igualitária do que existia — através do racionamento e do controle de preços. O resultado foi que os cronicamente subnutridos puderam comprar alimentos em quantidade suficiente para suas necessidades — mais do que tinham sido capazes de fazer em qualquer outra época. O racionamento a preços baixos e controlados talvez tivesse como objetivo inicial apenas impedir a fome generalizada, mas ao disponibilizar alimentos a preços acessíveis para todos, a Grã-Bretanha deu um passo imenso na nutrição dos pobres. Na verdade, a incidência da desnutrição severa e extrema desapareceu quase por completo na Grã-Bretanha justamente quando a disponibilidade total de alimentos por cabeça atingiu seu nível mais baixo. Coisas parecidas aconteceram com a melhor alocação de assistência médica.[3]

Os resultados de uma divisão melhor foram estupendos. Durante a década de guerra dos anos 1940, a expectativa de vida no nascimento, na Inglaterra e no País de Gales, aumentou 6,5 anos para os homens, em comparação com 1,2 na década anterior. Para as mulheres, o aumento foi de sete anos, superando em muito o de 1,5 ano na década anterior à guerra. A Grã-Bretanha tinha enfrentado escassez de alimentos, remédios e outras coisas em anos anteriores, mas algo realmente radical ocorreu durante a Segunda Guerra Mundial. Talvez o monte de desgraças coletivas relacionadas à guerra, em combinação com o entendimento da necessidade de lutar conjunta, ombro a ombro, tenha gerado essa perspectiva cooperativa e um diálogo de integração. De fato, como mostra o estudo da distribuição de alimentos durante os anos de guerra, feito por Richard Hammond, os britânicos desenvolveram uma nova convicção — uma persuasão compartilhada — de que não poderiam deixar que outros morressem de fome. "Houve uma revolução na atitude do Estado britânico para com a alimentação dos cidadãos."[4] E uma vez que a cultura compartilhada, especialmente sob a égide do Serviço Nacional de Saúde, se estabeleceu e começou a florescer, não houve tentação real para abandoná-la e voltar às assimetrias de saúde anteriores à guerra em uma sociedade seriamente desigual. Aneurin Bevan, vigoroso defensor de maior igualdade durante e após a guerra, inaugurou o primeiro hospital do Serviço Nacional de Saúde na Grã-Bretanha — o Park Hospital, em Manchester — em 1948. Ele tinha, portanto, apenas cinco anos quando desembarquei na Inglaterra.

4

Algo especial emergia do pós-guerra na Europa em geral e na Grã-Bretanha em particular, com o qual o mundo teria muito a aprender. Não muito tempo depois que cheguei a Cambridge, lembro de estar sentado numa das cadeiras de metal, perto do rio nos fundos da minha faculdade, e de perguntar a mim mesmo: "Por que na Índia não houve nada parecido com o Sistema Nacional de Saúde?". Enquanto o processo político britânico, inspirado em grande parte pela nova liderança trabalhista, vinha testando novas ideias sobre cooperação, a tradição imperial de manter as colônias inalteradas continuou mais ou menos sem interrupção até a independência da Índia. As diferenças no processo e no alcance da persuasão tiveram importância fundamental neste caso. O Raj tinha pouco interesse em comunicar a experiência de compartilhamento a seus súditos coloniais, e não havia muita prática, nem aprendizado sério, que os súditos pudessem extrair do êxito social da recém-radicalizada Grã-Bretanha do pós-guerra.

Na verdade, os britânicos na Índia tomaram um rumo bem diferente dos britânicos na Grã-Bretanha. Rabindranath Tagore era particularmente eloquente ao falar desse contraste. Em sua última palestra pública, "Crise na civilização", ele tratou desse e de outros contrastes parecidos: "Não posso deixar de contrastar os dois sistemas de governo, um deles baseado na cooperação, o outro na exploração, o que tornou possíveis essas condições tão diferentes".[5]

Na realidade, justamente quando a subnutrição séria era erradicada com sucesso na Grã-Bretanha, a Índia padeceu de uma gigantesca escassez de alimentos — a crise da fome de 1943 em Bengala — que matou quase 3 milhões de pessoas. Como era possível que se chegasse a esse ponto num país governado pela democracia mais avançada da Europa? A resposta a essa pergunta nos leva de volta à análise no capítulo 7 e ao desastroso papel desempenhado pelo embargo à comunicação, até que ele fosse parcialmente rompido por um corajoso jornalista.

A falta de alimentos ocorreu, como descrevi, durante a Segunda Guerra Mundial, quando os britânicos recuavam perseguidos pelas forças japonesas. Os britânicos morriam de medo da desmoralização que poderia resultar do livre fluxo de informações sobre a retirada de suas tropas. Assim, os governantes do Raj resolveram restringir o fluxo de informações, censurando jornais bengaleses e limitando severamente sua liberdade de publicar. No entanto, o Raj não censurou formalmente o jornal em inglês mais conhecido, o *Statesman*, pertencente a britânicos. O que o governo fez foi apelar para o senso de patriotismo do jornal — pedindo-lhe que evitasse fazer qualquer coisa que prejudicasse o esforço de guerra britânico.

The Statesman aceitou essa censura por muito tempo, tomando cuidado para que nada relativo à fome fosse discutido no jornal. No entanto, no verão de 1943, Ian Stephens, seu editor inglês, cada vez mais furioso com a supressão pelo governo de notícias catastróficas, decidiu publicar fotografias de pessoas sofrendo privações em Bengala. As fotografias eram apresentadas sem discussão e sem crítica.

Um dia — posso até adivinhar que foi 13 de outubro de 1943 — Stephens resolveu que não dava mais para reprimir as crescentes dúvidas morais sobre a inaceitabilidade do silêncio e da ausência de críticas do Raj. Viu claramente que estava traindo sua profissão; era jornalista, mas não escrevia absolutamente nada sobre a mais importante calamidade à sua volta. Por isso, em 14 de outubro, e novamente em 16 de outubro, *The Statesman* publicou ataques virulentos à política britânica sobre a crise de alimentos, com cobertura jornalística apresentando provas. A Índia não dispunha de um Parlamento, mas a Grã-Bretanha dispunha. O Parlamento britânico não tinha discutido o desastre provocado pelas autoridades antes de Stephens falar. Tudo isso mudou de imediato, depois da reportagem do *Statesman*.

Na verdade, após os editoriais do *Statesman*, a gravidade da situação não pôde mais deixar de ser discutira em Londres, e recebeu grande atenção nos jornais britânicos. Em poucos dias saiu uma resolução autorizando uma intervenção do governo para conter a crise e em algumas semanas o socorro oficial foi instituído pela primeira vez na crise alimentar de 1943. Como a fome generalizada já durava nove meses, mais de 1 milhão de pessoas tinha morrido.[6] Finalmente, a persuasão pública resultou numa grande mudança política.

Muitos anos depois da intervenção providencial de Ian Stephens, tive a oportunidade de conhecê-lo em Cambridge. Foi Morgam Forster que me disse — acho que numa reunião dos Apóstolos — que Stephens se tornara sênior search fellow no King's College depois que voltou da Índia. Tinha seus próprios aposentos. Forster disse ainda que teria o maior prazer em me apresentar, mas se eu quisesse poderia bater à porta de Stephens, que era muito acolhedor. Por isso fui e bati, mas não houve resposta. Como a porta estava destrancada, entrei. Stephens estava de cabeça para baixo — hábito adquirido na Índia — fazendo ioga num canto da sala, parecendo uma estátua antiga. Minha aparição o fez deitar-se e em seguida levantar, e começamos a conversar. Devo ter tido seis ou sete encontros com ele, quando falamos do que houve em Calcutá. Ele tinha o maior orgulho dessa fase da sua vida.

Em nossa primeira conversa, Forster tinha dito: "Lembre que Ian Stephens não é amigo da Índia". O que ele quis dizer foi que depois da independência e da partição da Índia os britânicos lá residentes que não voltaram de imediato para a Grã-Bretanha tomaram rumos políticos diferentes, e Stephens ficou definitivamente do lado paquistanês. Em sua opinião (muito britânica), os muçulmanos eram menos hostis ao Império, ao contrário dos rebeldes hindus, o que não é exatamente verdade. (Em *Uma passagem para a Índia* [1924], de Forster, Aziz, o protagonista indiano, é muçulmano.) Stephens fazia muitas críticas às políticas indianas, em particular no tocante à Caxemira — e depois que saiu do *Statesman*, em 1951, foi para o Paquistão, mudança ligada à sua desaprovação do que então acontecia politicamente na Índia. O fato de Stephens estar do lado paquistanês não me incomodava nem um pouco. As vidas que ele salvara em Bengala eram hindus e muçulmanas, e os grandes benefícios que a humanidade obteve do seu papel como editor responsável não eram específicos de nenhuma religião.

5

Aprendi muitas coisas nas minhas conversas com Ian Stephens, mais profundamente porque a supressão da discussão pública pode ser um desastre para a população, até mesmo ajudando a trazer a crise de alimentos. Um governo que gera uma calamidade como essa pode ter a chance de escapar da ira pública se as notícias forem efetivamente suprimidas, pois assim as autoridades não precisam enfrentar críticas por seu fracasso político. Foi o que os britânicos conseguiram, até certo ponto, no caso da grande fome de Bengala. Só depois que Stephens fez as denúncias é que o Parlamento em Westminster teve que discutir a fome e a imprensa britânica exigiu que ele a contivesse imediatamente. Só então o Raj foi obrigado a agir.

O papel da discussão pública é, sem dúvida, importante para determinar como uma sociedade se comporta. A ênfase de Keynes na persuasão alinha-se perfeitamente à defesa de John Stuart Mill da argumentação pública na boa formulação política. As caracterizações de Mill da democracia como "governo pela discussão" pertencem ao mesmo território. A propósito, essas palavras não são exatamente de Mill, mas de Walter Bagehot, embora Mill tenha contribuído muito para que a ideia fosse compreendida.

A argumentação pública na busca de um melhor processo de tomada de decisões tem sido usada não apenas no mundo ocidental pós-Iluminismo, mas também em outras sociedades e em outras épocas. Embora as origens atenienses dos processos de votação sejam frequentemente lembradas, é importante notar que os atenienses também se entregavam à discussão como fonte de esclarecimento. A ideia recebeu muita atenção na Índia também, particularmente nas tradições budistas. Como vimos no capítulo 6, no século III a.C. Ashoka, o imperador budista que governou quase todo o subcontinente indiano (entrando bastante no que hoje é o Afeganistão), patrocinou o terceiro — e maior — Conselho Budista em sua capital, Patna (então chamada Pataliputra), para solucionar disputas da mesma maneira. Ele enfatizava a contribuição que as discussões abertas poderiam dar para um entendimento do que a sociedade precisava. Tentou popularizar a ideia colocando inscrições de fácil leitura em pilares de pedra em todo o país e mais além, defendendo a paz e a tolerância e a discussão pública regular e ordeira para resolver diferenças.

Da mesma maneira, o príncipe budista Shotoku do Japão, no começo do século VII, quando produziu a chamada "constituição de sete artigos" em 604 d.C. (seis séculos antes da Magna Carta), defendeu a necessidade de as pessoas terem informações melhores através de consultas: "Decisões sobre questões importantes não deveriam ser feitas por uma pessoa sozinha. Deveriam ser discutidas com muitas". A ideia de que democracia é "governo pela discussão" — e não apenas sobre votação — ainda hoje é extremamente relevante. Muitos dos grandes fracassos da governança democrática nos últimos anos surgiram, eu diria, precisamente de discussões públicas inadequadas, e não de alguma óbvia barreira institucional.

Interesso-me por essa questão desde meus tempos de escola, quando meu avô Kshiti Mohan chamou a minha atenção para os éditos do imperador Ashoka sobre argumentação pública, mas Mill e Keynes me ofereceram uma nova clareza sobre o papel da discussão pública na escolha social. Esse não era um aspecto da escolha social que tivesse destaque particular no pensamento, sobre o assunto, de Kenneth Arrow, que tanto me influenciou de outras maneiras, mas me agradava muito saber que era mais um dos muitos tópicos que Piero Sraffa e eu podíamos discutir em nossas caminhadas vespertinas. Apesar da relutância de Piero em usar o termo "teoria da escolha social" (que achava desagradavelmente técnica), ele teve grande influência em me ensinar que a discussão e a persuasão fazem parte da escolha social tanto quanto o voto.

26. Perto e longe

1

No começo dos anos 1960, eu ouvia muito falar num novo centro de economia na Índia, a Delhi School of Economics, e na liderança ali exercida pelo professor K. N. Raj. Eu tinha conhecido Raj quando o encontrei na minha curta visita a Delhi em 1957. Mantivemos contato, e em uma de suas cartas, de 1961, ele de repente me perguntou: "Quer um emprego na Delhi School?". Respondi com uma pergunta: "Vocês realmente têm um emprego para oferecer?". Ele replicou: "Não sabemos. O velho e famoso professor daqui, V. K. R. V. Rao, que ocupava essa cadeira, aposentou-se, e disse que só permitiria que a vaga fosse preenchida quando encontrasse um sucessor adequado". "E ele pode fazer isso?", perguntei, um tanto perplexo. "Pode mesmo decidir quando a cadeira da qual se aposentou deve ser ocupada?" A resposta curta foi, pelo que concluí: "Pode".

Logo depois dessa correspondência com K. N. Raj, Madhav Rao, filho de V.K. R. V. Rao, então estudante de graduação em economia em Cambridge, me disse que o pai queria almoçar comigo — "um bom almoço indiano do sul", acrescentou — da próxima vez que eu fosse a Delhi. Madhav estava magoado naquela manhã por causa de uma tentativa malsucedida de visitar A. C.

Pigou, o grande economista de Cambridge, que fora supervisor da tese de doutorado de V. K. R. V muito tempo antes. Madhav tinha marcado hora, mas ao chegar aos aposentos de Pigou no terceiro andar ouviu a seguinte pergunta: "Seja bem-vindo, mas por que veio aqui?". Madhav respondeu: "Meu pai, V.K. R. V. Rao, fez doutorado sob sua orientação, e me pediu que lhe transmitisse seu apreço — e o meu também, claro". "Pois bem", disse Pigou, "já transmitiu." Em seguida, foi até a janela e Madhav desceu as escadas, sessenta segundos depois de chegar. Embora todos soubessem que Pigou morria de medo de pegar infecções de visitantes (bem antes de qualquer pandemia global), Madhav ficou triste com a experiência, e me disse exatamente isso, acrescentando: "Meu pai lhe oferecerá um ótimo e *longo* almoço indiano do sul".

No ano seguinte, primavera de 1962, quando visitei Delhi, o almoço na casa de Rao foi realmente longo e descontraído, e a comida vegetariana estava absolutamente deliciosa. Depois, quando eu me preparava para sair, Rao perguntou: "Por que você não se candidata à minha cadeira?". Perguntei a mim mesmo: "Então é isto?" Aquela parte difícil, que envolvia uma entrevista de emprego, tinha acabado?

Ficou provado que sim. O processo formal de seleção foi quase tão rápido quanto a visita de Madhav a Pigou. Houve uma breve entrevista formal (com chá Darjeeling) presidida pelo vice-reitor, e perguntas dos professores A. K. Dasgupta e I. G. Patel. Depois disso a oferta de emprego veio rapidamente. Nabaneeta e eu já tínhamos conversado sobre essa possibilidade, de que ela gostou muito, e eu pude aceitar sem delongas.

Em junho de 1963, empacotamos nossas coisas e partimos para Delhi. Nossa primeira filha, Antara, era esperada para o fim de setembro ou começo de outubro, e Nabaneeta queria muito que ela nascesse na Índia. Na arrumação do nosso apartamento fomos ajudados por um casal de bondosos amigos ingleses — e estávamos tristes por deixá-los. Notei que uma amiga examinava com o maior cuidado a reprodução de uma pintura de Gauguin mostrando uma graciosa família polinésia que tínhamos na parede, uma das minhas favoritas. "Gosta desse quadro?", perguntei-lhe. "Sim", disse ela, "muito. Mas estou olhando mais para as pessoas no retrato da sua família." Ela queria ter certeza — "São todos parentes seus, não?". Tive que engolir em seco, mas, olhando novamente para os amigos polinésios de Gauguin, respondi: "Sim, são mesmo, mas ainda não os conheço".

2

Podemos ter amizades estreitas além do nosso círculo imediato. Além disso, muitas possibilidades reais de amizade jamais se concretizam por causa das barreiras geográficas. Talvez tenha sido isso que a jovem alemã que conheci no festival de vinho no Reno, em Rüdesheim, tentou me fazer entender. Na véspera da minha partida, apesar das queixas contra a economia de Cambridge, eu sabia que tinha uma imensa dívida com a universidade por ampliar o alcance dos meus conhecidos. Muitos encontros na vida universitária e fora dela me deram abundantes oportunidades de conhecer pessoas que, de outra forma, eu jamais teria conhecido.

Pode haver algo altamente construtivo no tipo de trabalho que nos lança na órbita dos que vivem distantes de nós. Ainda que a globalização possa ser culpada de supostamente causar problemas, é possível vê-la a uma luz mais positiva se valorizarmos a extensão das nossas relações. Para alguns, a Revolução Industrial e a expansão de redes de comércio mundial podem até ser forças de perturbação, mas, fora qualquer impacto sobre padrões de vida em geral, esses avanços globais geram conexões com pessoas que, na ausência de atividades que nos levam a territórios desconhecidos, jamais conheceríamos — na verdade, de cuja existência poderíamos continuar totalmente ignorantes. Conhecer outras pessoas pode ter profundas implicações na nossa maneira de pensar no mundo, incluindo aquilo que vemos como nosso universo moral.

Num artigo intitulado "Da justiça", incluído em *Uma investigação sobre os princípios da moral* (1777), o grande filósofo David Hume notou que a expansão do comércio global e das relações econômicas com outras pessoas pode ampliar nossas preocupações morais, incluindo nosso senso de justiça: "[...] supondo novamente que várias sociedades distintas mantenham uma espécie de relação para conveniência e vantagem recíprocas, as fronteiras da justiça se alargarão ainda mais, em proporção com a amplitude de visão dos homens, e da força de suas conexões mútuas".[1]

O raio de ação do nosso senso de justiça pode depender de quem venhamos a conhecer, e com quem venhamos a nos familiarizar, e isso pode ser facilitado por nossos encontros, incluindo os de comércio e troca. Em contraste com isso, uma falta de familiaridade pode manter outras pessoas fora de nossos pensamentos e excluídas de nossas preocupações de justiça em relação a elas: o contato oferece a possibilidade de pensamento moral numa escala mais ampla. Isso é verdade não só entre comunidades diferentes, mas dentro delas também. É difícil evitar a ideia — já mencionada — de que a notável queda da subnutrição na Grã-Bretanha durante a Segunda Guerra Mundial e o subsequente estabelecimento do Sistema Nacional de Saúde resultaram, pelo menos até certo ponto, de uma nova proximidade nas relações humanas provocada pelas exigências da guerra. Mudanças de atitude, pelas quais a sociedade britânica aceitou maior responsabilidade pelo bem-estar do seu povo, ajudaram a possibilitar a reforma institucional. Numa sociedade fortemente estratificada, podemos também olhar na direção oposta, e perguntar se as divisões de casta e classe são capazes, na realidade, de produzir uma falta de propósito comum.

Eu sabia que ia ter que pensar nesses contrastes e trabalhar com eles como professor de economia na Índia. Um dos grandes analistas sociais e políticos, dr. B. R. Ambedkar, que desempenhou papel de destaque no preparo da constituição democrática da Índia independente, insistira conosco para nunca esquecermos as penalidades das lutas internas. A repulsa pela desigualdade com base em castas e pela persistência da intocabilidade em muitas partes da Índia fez Ambedkar — ele próprio pertencente à casta dos "intocáveis" — converter-se ao budismo, que rejeita divisões de casta, pouco antes de sua morte, em 1956. Nos meus últimos dois anos em Cambridge li as penetrantes investigações de Ambedkar sobre a história da desigualdade, especialmente na Índia, que me causaram forte impressão.

3

À medida que se aproximava o dia da minha volta definitiva para a Índia, passei a temer, seriamente, a perda das estreitas ligações que mantinha com meus amigos do Paquistão — amizades que, eu sabia, seriam difíceis de manter quando me instalasse na capital do que eles provavelmente passariam a ver como um país inimigo. Enquanto eu providenciava a mudança para Delhi no começo de 1963 (como primeiro ensaio — a mudança final viria naquele verão), a Índia se envolveu numa guerra com a China. Não durou muito, mas o incidente chamou a atenção de todos nós para a possibilidade de que guerras podem estourar de repente entre vizinhos. Claro, eu tinha consciência de que havia suficiente material político inflamável para envolver a Índia numa guerra chamejante com o Paquistão. Como eu queria muito visitar o Paquistão para ver amigos antes que tanques e aviões interferissem, resolvi pegar uma rota pouco comum na volta para a Índia: primeiro até Lahore, no Paquistão (terra do meu amigo Arif Iftekhar, para onde ele tinha voltado depois de completar seus estudos em Cambridge), e de Lahore a Karachi (onde Mahbub ul Haq morava) e, finalmente, para Delhi. Arif estava em Islamabad a trabalho quando cheguei a Lahore, por isso tive um dia inteiramente livre enquanto ele tentava voltar o mais rápido possível para nos encontrarmos. Passei aquele "dia livre" vendo belas mesquitas, a conselho da mãe de Arif, nessa cidade extraordinariamente graciosa. Arif voltou naquela noite e, como os Iftekhars eram ao mesmo tempo de esquerda e imensamente ricos, no dia seguinte percorremos a cidade visitando sedes de sindicato e palácios. Havia muitas coisas maravilhosas para ver em Lahore, que explorei em alguns dias.

Numa das nossas noites, o carro de Arif sofreu uma pane exatamente no portão de saída do Clube Lahore, depois de um suntuoso jantar. Dezenas de ocupantes de outros carros presos atrás de nós saíram para protestar aos berros. Alguns jovens, que evidentemente conheciam bem Arif, cercaram seu carro e começaram a cantar alguma coisa bem alto, que para mim soava como um mantra ameaçador. Foi uma cena sinistra, especialmente porque de início não consegui ouvir o que estavam dizendo. Quando o entendimento voltou, tranquilizei-me ao descobrir que os cânticos não eram mais incendiários do que a repetição de uns versinhos em forma de slogan: "Tire o carro, Iftekhar, Iftekhar!". Quando Arif consertava alguma coisa sob o capô, saí do carro e me apresentei, e seguiu-se o que me pareceu uma centena de calorosos apertos de mão, combinados com uma ordem severa: "Divirta-se no Paquistão!". Prometi fazer o possível para cumprir a ordem dos meus novos amigos.

É difícil não se divertir em Lahore, com suas lindas mesquitas e seus prédios elegantes, e, claro, o maior jardim do mundo, os jardins de Shalimar, onde os imperadores e a nobreza Mughal costumavam descansar a caminho da Caxemira. Os Iftekhars, velhos proprietários na cidade — em nítido contraste com a feroz política de esquerda de Arif —, tinham sido os guardiães oficiais dos jardins de Shalimar durante séculos, e a mãe de Arif me falou das cartas que recebiam de reis Mughal, sempre educados, pedindo permissão para usar o jardim a caminho da Caxemira no verão. Enquanto andávamos nesse jardim extraordinário, Arif me disse que vivia frustrado por não poder ser politicamente ativo. Os obstáculos eram as demandas dos negócios da família (que, apesar de grandes, ele abandonaria se pudesse) e o rigoroso policiamento da política de esquerda por um governo intolerante (bem mais difícil de superar). Arif foi o melhor orador da nossa época na Cambridge Union e era um dos melhores e mais afetuosos seres humanos que conheci. Eu tinha certeza de que ele faria o que pudesse para ajudar seu povo sem virar a vida da família pelo avesso.

Uma querida amiga nossa, Shireen Qadir, também morava em Lahore. Quando eu disse que gostaria de visitá-la, Arif comentou que tinha ouvido boas coisas a respeito dela, mas por nada no mundo me levaria de carro à casa "reacionária" de Manzur Qadir, o pai de Shireen, advogado famoso de cujas convicções políticas Arif evidentemente discordava. Dito isso, ele jogou as chaves do carro para mim e disse: "Dirija você! Lawrence Road não é longe e meu carro está lá fora". Shireen levou um susto quando me viu entrar dirigindo um carro enorme no complexo onde morava.

Quando cheguei ao aeroporto de Karachi proveniente de Lahore, Mahbub e outro amigo comum de Cambridge, Khalid Ikran (que mais tarde se casaria com Shireen), me esperavam. Khalid aproveitou para fazer uma piada inofensiva — estava preocupado porque o avião atrasou, pensando que eu vinha da Índia num avião indiano ("isso pode ser muito perigoso, sabia?"). Mas ficou mais tranquilo ao saber que eu estava chegando de Lahore num avião paquistanês. Naqueles tempos, elementos humorísticos tendiam a dominar as manifestações de antipatia real na guerra de palavras indo-paquistanesa.

Tive longas conversas com Mahbub e sua esposa, Bani, em Karachi, e não pude deixar de sentir que meu amigo estava, fundamentalmente, frustrado, apesar do alto cargo que ocupava como chefe econômico da Comissão de Planejamento do Paquistão (mais tarde seria elevado ainda mais, quando se tornou ministro das Finanças). Explicou-me o que tinha aprendido em suas tentativas de fortalecer o planejamento econômico do país. Havia boas coisas que poderiam ser facilmente implementadas, mas os obstáculos ao progresso — vindos de políticas tacanhas e da estrutura feudal predominante — eram difíceis de superar.

Enquanto o sol se punha na magicamente encantadora Karachi, a voz de Mahbub se erguia, mesclando análise e paixão profundamente rebelde. Ele sabia como enfrentar velhos problemas do Paquistão, mas duvidava que viesse a deparar com alguma possibilidade imediata de progresso. Queria fazer muitas coisas — e não só pelo Paquistão —, mas precisava descobrir uma base diferente onde pudesse trabalhar. Anos depois, teria essa oportunidade com o PNUD (Programa das Nações Unidas para o Desenvolvimento), onde implantaria a abordagem pioneira de desenvolvimento humano pela qual os países eram avaliados do ponto de vista da qualidade de vida de sua população (incluindo instrução, nutrição e acesso a outros recursos). Enquanto o Escritório de Desenvolvimento Humano era instalado em Nova York no verão de 1989, Mahbub me telefonava reiteradamente, insistindo: "Amartya, largue tudo e venha para cá. Vamos dar sentido ao mundo!". E, ao longo dos anos 1990, ele teria considerável sucesso fazendo exatamente isso através do seu influente Relatório de Desenvolvimento Humano anual (tive o privilégio de ajudá-lo, como uma espécie de lugar-tenente).

4

Viajei do Paquistão para Delhi a tempo de começar a lecionar na Delhi School of Economics, que os alunos chamavam de D-School. Entre as minhas identidades, a de professor sempre foi a mais forte, remontando à época em que eu dava aula para crianças tribais em escolas noturnas improvisadas quando eu mesmo era aluno em Santiniketan. A emoção que eu sentia ensinando a meus alunos espantosamente talentosos em Delhi é difícil de descrever. Eu esperava que eles fossem de alta qualidade, mas acabaram sendo muito mais que isso.

Eu lecionava teoria econômica em diferentes níveis, mas ao longo dos anos também ensinei teoria dos jogos, economia do bem-estar, teoria da escolha social e planejamento econômico; também epistemologia e filosofia da ciência (para alunos de pós-graduação em filosofia) e lógica matemática (para quem quisesse aprender um pouco sobre isso). Como acontecia na Universidade de Jadavpur, por meio do trabalho de ensinar aos outros eu acabava aprendendo bastante.

Lendo no jardim de Santiniketan, c. *1964*.

Eu começara a lecionar na D-School em março de 1963, mas as férias de verão vieram logo em seguida no calendário da Universidade de Delhi — começo de abril — e, como isso significava um recesso de dois meses, voltei a Cambridge para me juntar a Nabaneeta. Então a hora da partida definitiva para Delhi realmente chegou e fizemos a longa viagem aérea com muitas escalas — incluindo Atenas e Istambul — para Delhi.

Passamos duas semanas maravilhosas na Grécia, onde eu tinha alguns compromissos docentes. Era numa instituição de pesquisa chefiada por Andreas Papandreou, brilhante economista e líder político extremamente talentoso que lutava pelos direitos democráticos dos cidadãos gregos. Os governantes militares da Grécia não gostavam nem um pouco de Papandreou. Logo depois da nossa visita, ele foi preso e cruelmente tratado pelo regime militar, e deixou o país. No entanto, agitação popular e contestações legais acabaram provocando a queda da junta militar e o retorno triunfal de Papandreou, que se tornou primeiro-ministro. Nesse meio-tempo, ele e a esposa,

Margaret, se tornaram bons amigos nossos, e continuamos mantendo contato através dos seus altos e baixos na vida política. O filho deles, também chamado Andreas, viria a fazer doutorado comigo em Oxford, escrevendo uma tese brilhante sobre externalidades, analisando especialmente políticas ambientais.

Nabaneeta e eu adoramos os fabulosos sítios da Grécia clássica, chegando a assistir a algumas apresentações de peças antigas. Nabaneeta sabia um pouco de grego ático, o que de vez em quando ajudava. Foi por sugestão de Papandreou que nos encaixamos numa visita a Creta e vimos os estupendos vestígios da civilização minoica, além do espetacular velho palácio em Cnossos. Visitar esses lugares extraordinários ajudou-me a compreender as conquistas do mundo antigo no desenvolvimento da civilização humana. Mesmo quando mergulhava na história da Grécia antiga em Creta, eu queria voltar rapidamente para meus alunos na D-School.

5

Além de gostar muito da oportunidade de lecionar na D-School, eu me beneficiei do fato de que muitos estudantes pesquisadores e alguns professores jovens estavam se interessando por teoria da escolha social. Maurice Dobb me aconselhara a trabalhar com algum assunto diferente até me ver na companhia de outros teóricos da escolha social. Tinha razão, mas acabei descobrindo que era possível produzir rapidamente uma comunidade de alunos com expertise em escolha social. A maioria dos alunos da D-School nunca tinha ouvido falar nisso, mas, a partir da primeiríssima aula, percebi da parte de muitos deles a determinação de dedicar-se ao assunto. Para minha surpresa, uma comunidade de teóricos da escolha social formou-se em Delhi com notável rapidez — na verdade, alguns começaram a desbravar território, ampliando a teoria e inventando aplicações. Logo depois de chegar à D-School, um dos meus primeiros alunos, Prasanta Pattanaik, já produzia poderosos — e difíceis — resultados em escolha social, que alcançaram reconhecimento mundial. Era um prazer único, para mim, dar aulas sobre o que estava sendo saudado no mundo como "teoremas de Pattanaik", enquanto o próprio Prasanta sentava-se modestamente em seu banco como um dos alunos da turma.

Um dos traços interessantes do tratamento da teoria da escolha social em nossos seminários era que tentávamos incorporar ideias e distinções que tinham sido úteis em outras abordagens da filosofia moral, por exemplo nas de Hume, Smith e Kant. Também discutíamos os princípios morais cuidadosamente propostos e examinados por Hobbes, Rousseau e Locke no conceito do "contrato social" — um contrato interpessoal em que cada um se compromete a fazer (ou não fazer) certas coisas para o bem de todos, desde que os outros façam promessas parecidas em troca. No raciocínio construtivo de escolha social, a ideia de contratos sociais pode ter considerável uso, como por exemplo na avaliação da justiça de sistemas tributários, ou da disposição das pessoas a aceitar o racionamento de alimentos em situações de escassez (como na Segunda Guerra Mundial — assunto já discutido).[2] Também examinávamos de que maneira um conjunto de obrigações contratuais com penalidades por violação se comparava a obrigações bem fundamentadas que as pessoas aceitam sem insistir em reciprocidade (*shartaheen kartavya*). (Isso foi discutido no capítulo 6, seguindo uma linha de argumentação proposta por Gautama Buda em *Sutta Nipara* e em outras partes.) Na verdade, tanto as obrigações recíprocas como as obrigações não recíprocas para com os outros podem ser facilmente examinadas através de argumentos de escolha social, como a obra de Smith ilustra.

O fato de ser teóricos da escolha social nos confere certas capacidades analíticas, mas o tipo de problema de agregação que escolhemos depende também do que nos pareça importante e interessante.[3] Eu tinha orgulho da seriedade com que alguns dos meus alunos aplicavam a abordagem da escolha social a preocupações práticas relacionadas à formulação de políticas. Também tive alunos que estudavam disciplinas muito diferentes da escolha social, alguns deles excepcionalmente talentosos nas áreas de sua escolha (incluindo Prabhat Patnaik, que se tornou um destacado economista do desenvolvimento). É difícil explicar a felicidade que sentimos quando o desempenho dos nossos alunos chama a atenção do mundo inteiro — pouco importa o que estejamos fazendo.

6

Muito embora a satisfação de lecionar em Delhi fosse grande, era impossível fugir da realidade das privações generalizadas na Índia. O problema não era só de pobreza, mas também de falta de serviços públicos essenciais, incluindo educação escolar e assistência básica de saúde. Não é que as pessoas não se interessassem em ampliar essas instalações. Era assim porque, basicamente, os recursos públicos destinados à educação escolar e à assistência médica elementar eram absurdamente limitados. O extraordinário descaso com essas instalações públicas recebia pouca atenção social na formulação de políticas públicas e no planejamento da economia. É certo que as epidemias de fome tinham sido derrotadas na Índia democrática independente, mas a subnutrição endêmica persistia e a assistência médica elementar para todos continuava primando pela ausência. A escassez de serviços de educação e saúde estava estreitamente ligada à persistente injustiça social e econômica. Supunha-se com frequência que as pessoas negligenciadas dos mais baixos estratos sociais na Índia davam pouco valor à educação e à assistência médica (ao contrário das privilegiadas), e esses equívocos monstruosos têm ajudado a consolidar as assimetrias tradicionais.

Enquanto eu tentava investigar a natureza do descaso social, trabalhando junto com alguns dos meus alunos (como Anuradha Luther e Prabhat Patnaik), era útil examinar a relação entre uma deficiência geral no país em termos agregados e a severa privação dos setores mais pobres e desfavorecidas da população.

A presença da desigualdade vem de muito tempo na Índia, e historicamente parece ter sido mais severa ali do que na maioria dos outros países do mundo. As deficiências incluem não apenas grandes assimetrias de renda e riqueza (separando os pobres e os muito pobres dos prósperos e dos ricos), mas também imensas injustiças sociais, como o status inferior e a terrível situação social dos oprimidos, dos quais a intocabilidade é o caso mais extremo. Já no século VI a.C., Gautama Buda tinha investido contra a aceitação de barreiras sociais que dividem e segregam seres humanos uns dos outros. Na realidade, o budismo como movimento não foi menos um protesto contra a injustiça social do que uma divergência radical em epistemologia e metafísica no tocante à natureza do mundo.

7

Resolvi usar o exemplo da redução de desigualdade na Grã-Bretanha afetada pela guerra em minhas aulas na D-School como algo com o qual a Índia poderia decididamente aprender, e busquei as leituras adequadas. Da Grã-Bretanha vieram não apenas Marx (diretamente do Museu Britânico), mas também a voz pioneira de Adam Smith, o fundador da economia política inglesa — e escocesa. Eu tinha encontrado pouca coisa da obra de Smith em meu currículo de economia em Cambridge — mas bem mais, antes disso, na Faculdade da Presidência, e ainda mais em conversas no café do outro lado da College Street. Enquanto organizava o material didático para as aulas na D-School, vi como Smith era relevante para a compreensão das desigualdades e seus remédios na Índia.

Smith tinha grande interesse em suplementar processos de mercado pelo uso de instituição de fora do mercado, como a intervenção do Estado para ampliar serviços públicos com apoio governamental à educação e à assistência médica. Era proveitoso discutir na sala de aula a ideia de que uma combinação de instituições pode apresentar claras vantagens na superação de divisões e deficiências, em especial para as camadas da população seriamente necessitadas.

Um poderoso elemento do raciocínio moral de Smith é o uso do que ele chamava de "espectador imparcial": prestar atenção à ausência de predileção e discórdia que devemos procurar utilizar imaginando de que maneira alguém de fora, destituído de preconceitos pessoais ou locais, avaliaria determinada situação, incluindo as desigualdades existentes. Nas discussões em sala de aula, usávamos os resultados de pesquisas reunidos por Hammond, Titmuss e outros investigadores sociais, particularmente sobre até que ponto as construções do pós-guerra na Grã-Bretanha se basearam em lições das características cooperativas da experiência do país durante a guerra.[4]

Nossas discussões em sala de aula também incluíam o fato de que Smith — com sua profunda simpatia pelos pobres e desprivilegiados — sempre se opôs publicamente à suposta "superioridade" dos mais bem situados. Um exemplo que examinamos foi tirado do livro de Smith *Teoria dos sentimentos morais*, publicado em 1759, que descreve os preconceitos contra os irlandeses da classe alta inglesa.[5] Outro, também tirado da *Teoria dos sentimentos morais*, dizia respeito à contínua tolerância da prática terrível da escravidão por setores substanciais das classes altas nos Estados Unidos e na Europa. Alunos da minha turma investigaram de modo brilhante como as instituições de desigualdade na Índia, que obrigavam pessoas das castas inferiores a executar serviços terrivelmente degradantes, chegaram perto de produzir a degradação moral da escravidão.

Compare-se a intransigente rejeição smithiana de instituições terríveis como a escravidão com a posição que seu amigo David Hume assumiu a respeito do mesmo assunto. Hume, como vimos, acreditava que as relações humanas deviam ser as mais amplas possíveis. No entanto, apesar de criticar a escravidão em geral, ele demonstrava certa fraqueza em sua oposição a ela. Já Smith era resolutamente inflexível em seu ódio ao racismo e em declarar a absoluta inaceitabilidade de toda forma de escravidão. Enfurecia-se com a atribuição, pelos senhores de escravos, de uma forma de vida inferior aos escravizados.

Ao defender sua posição, Smith declarou que aqueles que tinham sido levados à força da África como escravizados não só não eram inferiores aos brancos, mas, em comparação com os brancos senhores de escravos, eram, em aspectos importantes, seres humanos superiores. Numa declaração retumbante, afirmou: "Não há um só negro da costa da África que não tenha, nesse sentido, um grau de magnanimidade que a alma do seu sórdido senhor muitas vezes nem sequer é capaz de conceber".[6]

Quando li esse trecho de Smith em voz alta numa aula na D-School, lembro-me do alívio — e da emoção — que podia ser detectado na sala. Meus alunos em Delhi talvez não soubessem muita coisa sobre a gente da costa da África, mas se solidarizaram de imediato com seres humanos maltratados vindos tanto de lugares distantes como de perto. Não só foram convencidos pelas palavras de Smith; se orgulharam delas.

Nossa simpatia lógica, passando por cima das fronteiras da geografia e do tempo, talvez venha da força das nossas afeições espontâneas ou do poder da argumentação, como no caso de Smith. Rabindranath Tagore, cujas ideias discuti muitas vezes neste livro, estava certo ao reconhecer a importância extraordinária tanto da simpatia instintiva como da persuasão pelo raciocínio. Chocava-o a exclusão de tanta gente das preocupações do mundo por motivos de raça ou lugar. Em sua última palestra pública em 1941, pouco antes de morrer, Tagore expressou seu horror diante do tratamento recebido por alguns setores da humanidade, como Smith tinha achado intolerável a escravização de pessoas. Como disse Tagore, "Os melhores e mais nobres dons da humanidade não podem ser monopólio de determinada raça ou de determinado país; seu alcance não pode ser limitado, nem eles podem ser vistos como o tesouro do avarento enterrado no subsolo".[7]

Era tranquilizador descobrir que os estudantes reconheciam com tamanha clareza o respeito fundamental e a compreensão das pessoas pregados por Smith e Tagore. Isso é sem dúvida uma vigorosa fonte de esperança para o mundo.

Notas

1. DACA E MANDALAY [pp. 19-35]

1. George Orwell discute esse contraste em *Homage to Catalonia* (1938) (Londres: Penguin, 1989; 2013), p. 87.

2. Para um relato envolvente do trabalho dedicado — e muito corajoso — dos "médicos mochileiros" da Johns Hopkins, ver Dale Keiger, "Medicines Where They Need It Most", *Johns Hopkins Magazine*, v. 57, (abr. 2005), p. 49.

3. Um dos participantes ativos desse sórdido conflito foi o Facebook. O uso maleável dos canais de comunicação dessa plataforma contra os rohingyas teve efeitos devastadores e vem sendo bem investigado nos últimos anos, incluindo pelo *New York Times*. O Facebook confirmou muitos detalhes sobre essa campanha tenebrosa, impulsionada pelos militares. O chefe de segurança cibernética da empresa, Nathaniel Gleicher, reconheceu terem encontrado "tentativas claras e deliberadas de difundir propaganda em sigilo que estavam diretamente ligadas aos militares de Mianmar". Ver "A Genocide Incited on Facebook, with Posts from Myanmar's Military", *The New York Times*, 15 out. 2018.

2. OS RIOS DE BENGALA [pp. 36-51]

1. Adam Smith, *The Nature and Causes of the Wealth of Nations*, em *The Works of Adam Smith* (Londres, 1812), livro I, "On the Causes of Improvement in the Productive Powers. On Labour, and on the Order According to Which its Produce is Naturally Distributed Among the

Different Ranks of the People", cap. III, "That the Division of Labour is Limited by the Extent of the Market".

2. Smith, *The Nature and Causes of the Wealth of Nations.*

3. Ibid.

4. Ver Richard E. Eaton, *Essays on Islam and Indian History* (Oxford: Oxford University Press, 2000), p. 259.

5. Raihan Raza, "Humayun Kabir's '*Men and Rivers*'", *Indian Literature*, v. 51, n. 4 (240) (2007), pp. 162-77. Disponível em: <https://www.jstor.org/stable/23346133>. Acesso em: 25 de maio de 2022. As citações estão em *Men and Rivers* (Bombaim: Hind Kitabs, 1945), p. 183.

3. ESCOLA SEM PAREDES [pp. 52-73]

1. Satyajit Ray discutiu essa dívida para com Santiniketan em várias ocasiões, mas uma declaração particularmente clara está em seu livro *Our Films, Their Films* (1976) (Hyderabad: Orient BlackSwan, 3. ed., 1993). Tentei discutir essas questões em minha palestra em homenagem a Satyajit Ray, "Our Culture, Their Culture", *New Republic*, 1 abr. 1996.

2. Sylvain Lévi era um famoso historiador e indólogo que lecionava principalmente em Paris e escreveu, entre outras obras, a aclamada *The Theatre of India*. Charles Freer Andrews, amigo muito próximo de Gandhi e de Tagore, era um sacerdote inglês que militava a favor da independência da Índia. Leonard Elmhirst, agrônomo e filantropo, fundou Dartington Hall, famosa escola progressista e instituição para o cultivo de músicas raras. Meu primeiro passeio fora de Cambridge — em dezembro de 1953, dois meses depois que entrei ali — foi a Dartington Hall, onde desfrutei da hospitalidade dos Elmhirsts.

3. Sobre isso, ver a excelente biografia de Dinkar Kowshik, *Nandalal Bose, the Doyen of Indian Art* (Nova Delhi: National Book, 1985, 2. ed., 2001), p. 115.

4. Este é apenas um dos possíveis lugares onde ficava a velha Kenduli — Kendubilva em sânscrito. Há outros pretendentes, incluindo um particularmente forte, Odisha. Como Jayadeva só escreveu em sânscrito, não em oryia ou bengali — seu *Gita Govinda* é um dos mais celebrados textos da última fase do sânscrito clássico —, a disputa não pode ser resolvida pelo exame dos seus escritos.

5. Sou grato a Megan Marshall, renomada autora da premiada biografia das irmãs Peabody *The Peabody Sisters: Three Women Who Ignited American Romanticism* (Boston: Houghton Mifflin, 2005), por ter permitido que eu visse o "Santiniketan Journal", texto não publicado de seu avô, Joe Marshall.

6. Como meu filho Kabir ensina música numa conceituada escola de Boston, além de ser compositor e vocalista de sucesso, fico pensando que ele só pode ter herdado o talento da mãe, minha falecida esposa Eva Colorni, que era muito musical.

7. Ver *Visva-Bharati News*, v. XIV, 7 (jul. 1945-jun. 1946).

8. A necessidade da impaciência é um dos temas principais do meu livro *Development as Freedom* (Nova York: Knopf; Oxford: Oxford University Press, 1999) e de meu outro livro, escrito a quatro mãos com Jean Drèze, *An Uncertain Glory: India and Its Contradictions* (2013) (Londres: Penguin, 2. ed., 2020).

9. De uma entrevista para *Izvestia* em 1930. Ver Krishna Dutta e Andrew Robinson, *Rabindranath Tagore: The Myriad-Minded Man* (Londres: Bloomsbury, 1995), biografia que contou com uma pesquisa cuidadosa.

4. A COMPANHIA DOS AVÓS [pp. 74-95]

1. Ouvi da boca de Didima o relato daquela manhã, mas o incidente, e muitos outros da vida dos meus avós, estão no livro em bengali, admiravelmente bem pesquisado, de Pranati Mukhopadhyay, *Kshiti Mohan Sen O Ardha Satabdir Santiniketan* [Kshiti Mohan Sen e meio século de Santiniketan] (Calcutá: West Bengal Academy, 1999), p. 223. Recorri com frequência a esse maravilhoso livro para checar e autenticar algumas lembranças pessoais de acontecimentos que vivi, e sou extremamente reconhecido pela qualidade da minuciosa pesquisa de Mukhopadhyay.

2. O poema é do *Rig Veda*, Mandala X, verso 10 129. A tradução inglesa é de Wendy Doniger, *The Rig Veda: An Anthology* (Londres: Penguin, 1981), pp. 25-6.

3. Tirado da biografia de Kshiti Mohan feita por Pranati (em bengali), *Kshiti Mohan Sen O Ardha Satabdir Santiniketan*, pp. 42-3.

4. *Selected Letters of Rabindranath Tagore*, editado por Krishna Dutta e Andrew Robinson (Cambridge: Cambridge University Press, 1997), p. 69.

5. Traduzido de uma citação de Kshiti Mohan Sen em Mukhopadhyay, *Kshiti Mohan Sen O Ardha Satabdir Santiniketan*, p. 17.

6. Calcula-se que o número atual de Kabir Panthis esteja perto de 10 milhões, e o tamanho desse grupo já teria sido substancial na última década do século XIX. Eles já se disseminavam também por um grande território.

7. Ver Syed Mujtaba Ali, "Acharya Kshiti Mohan Sen", num volume de ensaios em bengali, *Gurudev O Santiniketan*, citado por Mukhopadhayay, *Kshiti Mohan Sen O Ardha Satabdir Santiniketan*, p. 466.

8. A versão original foi publicada em 1910-1. Uma versão posterior em bengali foi relançada mais recentemente, com uma útil introdução escrita pelo distinto historiador Sabyasachi Bhattacharya, em um volume, *Kabir* (Calcutá: Ananda, 1995). Algumas excelentes traduções de poemas de Kabir e comentários esclarecedores podem ser encontrados em Arvind Krishna Mehrotra, *Songs of Kabir* (Nova York: New York Review Books, 2011).

9. Essa coletânea foi publicada como *One Hundred Poems of Kabir*, tradução de Rabindranath Tagore, com ajuda de Evelyn Underhill (Londres: Macmillan, 1915). Na introdução, presta-se tributo aos "esforços meticulosos" de Kshiti Mohan que "possibilitaram este empreendimento", p. XLIII.

10. Ver Ezra Pound, "Kabir: Certain Poems", *Modern Review*, junho de 1913; reimpresso em Hugh Kenner, *The Translations of Ezra Pound* (Nova York: New Directions, 1953; Londres: Faber, 1953).

11. As provas de partes de *Kabir: Poesie*, traduções de Ezra Pound, podem, no entanto, ser encontradas em Yale, na Yale Collection of American Literature: Beinecke Rare Book and Manuscript Library, Ezra Pound Papers Addition, YCAL MSS 53 Series II Writings 700 (sou muito

grato a Craig Jamieson por chamar a minha atenção para a disponibilidade desse documento inédito). Pound, que não sabia híndi nem bengali, foi ajudado em sua tentativa de tradução por Kali Mohan Ghosh (ver *Selected Letters of Rabindranath Tagore*, editado por Krishna Dutta e Andrew Robinson [Cambridge: Cambridge University Press, 1997], p. 116). Existe também um manuscrito anterior de traduções, de autoria de Ajit Kumar Chakravarty, da coleção de poemas de Kabir de Kshiti Mohan.

12. Esta é uma tradução da introdução de Kshiti Mohan Sen à sua coletânea de poemas de Kabir. Ele sempre gostou muito de fazer os agradecimentos apropriados e citava pelo nome as pessoas que o auxiliavam: "Entre as pessoas que mais me ajudaram, pelas canções que cantaram e pelas notas escritas à mão, estão Dakshin Baba de Varuna Adikeshhab, Jhulan Baba de Gaibi, Nirbhay Das de Chuachua Tal, Dindev de Chaukandee e [de lá também] o sadhu cego Surshyamadas". Além disso, relacionou doze obras publicadas que ele tinha visto e levado em conta, incluindo *Kabir Shhabdabali*, de Prasad, que agora é citada como uma espécie de rival da coletânea de Sen, mas essa coletânea, como as outras obras impressas, não foram as últimas palavras de Kshiti Mohan, que precisou checar até que ponto cada uma delas estava de acordo com "o que era cantado pelos praticantes e que eles e eu julgávamos fieis à tradição".

13. Ver Ranajit Guha (Org.), *Writings on South Asian History and Society*, Subaltern Studies series I (Delhi; Oxford: Oxford University Press, 1982). Conheci Ranajitda, como eu o chamava, em 1956, e minhas interações com ele aparecerão num capítulo posterior.

14. Ver Pranati Mukhopadhyay, *Kshiti Mohan Sen O Ardha Satabdir Santiniketan* (Calcutá: West Bengal Academy, 1999), pp. 199, 516.

15. Também se levantaram questões, com alegações elitistas semelhantes, sobre a coletânea de poemas de Bengali Bauli pertencente a Kshiti Mohan Sen.

16. *Kabir* [híndi] (Delhi: Rajkamal Prakashan, 1942; relançada em 2016).

17. K. M. Sen, *Hinduism* (1961), relançada com um novo prefácio de Amartya Sen (Londres: Penguin, 2005; reimpressa em 2020).

5. UM MUNDO DE DISCUSSÕES [pp. 96-110]

1. *Selected Letters of Rabindranath Tagore*, editado por Krishna Dutta e Andrew Robinson (Cambridge: Cambridge University Press, 1997), p. 990.

2. Ver *The Oxford India Gandhi: Essential Writings*, compilado e editado por Gopalkrishna Gandhi (Nova Delhi: Oxford University Press, 2008), p. 372.

3. Esta triste carta pode ser encontrada também em *The Oxford India Gandhi: Essential Writings*, p. 372.

4. Ver Rabindranath Tagore, *Letters from Russia*, traduzidas do bengali por Sasadhar Sinha (Calcutá: VisvaBharati, 1960), p. 108.

5. Este episódio da vida de Tagore, entre muitos outros, é bem examinado por Krishna Dutta e Andrew Robinson em *Rabindranath Tagore: The Myriad-Minded Man* (Londres: Bloomsbury, 1995), p. 297.

6. Citado em Dutta e Robinson, *Rabindranath Tagore: The Myriad-Minded Man*, p. 297.

7. Nabaneeta Dev Sen examinou bem como essa metamorfose ocorreu. Ver seu artigo "The Foreign Reincarnation of Rabindranath Tagore", *Journal of Asian Studies*, v. 25 (1966), reimpresso em seu *Counterpoints: Essays in Comparative Literature* (Calcutá: Prajna, 1985).

8. Nimai Chatterji se divertiu muito com essas cartas; mostrou-as para mim sabendo que eu admirava muito Russell. Tive que explicar que admirava imensamente Russell como filósofo (da matemática, em particular), mas não tanto como historiador do pensamento.

9. Nimai Chatterji morreu subitamente em janeiro de 2011. Sua coleção de objetos literários e culturais está na Tate Modern em "the Nimai Chatterji collection", mas as cartas que trocou sobre a recepção de Tagore no Ocidente ainda não foram publicadas. Elas pertencem à Academia Bangla em Calcutá (Kolkata), e a coleção deverá ser publicada, depois de editada. Sou grato a Nimai Chatterji por me mostrar essas cartas.

10. Ver Bertrand Russell, *A History of Western Philosophy* (Nova York: Simon & Schuster, 1945; Londres: Allen & Unwin, 1946).

11. Carta de Tagore para Kshiti Mohan, 28 de junho de 1912, em *Selected Letters of Rabindranath Tagore*, editadas por Krishna Dutta e Andrew Robinson, p. 90.

12. Discuti essa questão em "Tagore and His India", em *The New York Review of Books*, 26 de junho de 1997, e em *The Argumentative Indian* (Londres: Penguin; Nova York: FSG, 2005), cap. 5.

13. Editei a tradução padrão para me livrar da linguagem arcaica.

14. Ver George Bernard Shaw, *Back to Methuselah (A Metabiological Pentateuch)* (Londres: Constable; Nova York: Brentano's, 1921).

15. Diferentes tipos de reação à crítica de Tagore ao nacionalismo, particularmente em seu romance *A casa e o mundo*, foram bem examinadas por Dutta e Robinson em *Rabindranath Tagore: The Myriad-Minded Man* (1995).

6. A PRESENÇA DO PASSADO [pp. 111-27]

1. Sheldon Pollock, "India in the Vernacular Millennium: Literary Culture and Polity, 1000—1500", *Daedalus*, v. 127, n. 2 (verão 1998), pp. 41-74.

2. Para mais discussão, ver Amartya Sen, *The Idea of Justice* (Londres: Allen Lane, 2009), pp. 170-3.

3. Escrevi alguma coisa nessa mesma linha em meus tempos de faculdade, mas perdi. Sou imensamente grato ao meu querido amigo músico T. M. Krisha por recuperar essa ideia a partir daquilo que tentei dizer num debate público.

4. Joseph Wood Krutch, *The Nation*, 69, 12 maio 1924.

5. O jogo Cobras e Escadas parece ter sido patenteado em Londres em 1892 por Frederick Henry Ayres, famoso fabricante de brinquedos.

6. *The Rig Veda*, traduzido por Wendy Doniger (Londres: Penguin, 1981), p. 241.

7. Pode-se pôr em dúvida se Nalanda foi realmente a mais antiga universidade do mundo. E que dizer do famoso centro educacional budista em Takshashila (ou Taxila), no extremo ocidental da Índia antiga (agora no Paquistão), perto do vizinho Afeganistão, que começou a

funcionar por volta de 500 a.C., não muito tempo depois da morte de Buda (e bem antes de Nalanda ser fundada)? Mas a instituição em Taxila era, na verdade, uma escola religiosa, apesar de muito distinta, por causa do envolvimento rigoroso com a educação budista. Certamente o que não faltava no Afeganistão e na antiga Índia adjacente (culturalmente integrados) era erudição, e até mesmo o maior — e primeiro — gramático indiano, o formidável Panini, no século IV a.C., veio da fronteira do Afeganistão. No entanto, Taxila não procurava oferecer instrução sistemática em diferentes ramos de conhecimento avançado (particularmente em assuntos mundanos), como o faziam Nalanda e seus seguidores em Bihar — Vikramshila, Odantapuri e outros —, no que poderia ser descrito, em termos gerais, como inspirado no mundo da educação superior de Nalanda. Não se diminui a glória de Taxila, em seu próprio contexto, só por reconhecer Nalanda como a mais antiga universidade do mundo.

8. BENGALA E A IDEIA DE BANGLADESH [pp. 140-55]

1. O uso da palavra "comunal" para a hostilidade sectária religiosa contra membros de outras crenças está bem estabelecido na Índia e no resto do subcontinente, e esse uso já era comum nos anos 1940. O termo às vezes pode gerar confusão, mas é difícil substituí-lo por palavras como "religioso", uma vez que as hostilidades envolvidas quase sempre vêm de pessoas que não são particularmente religiosas, mas hostis a pessoas nascidas em comunidades religiosas rivais. Continuarei a usar o termo "comunal" tal como é usado no subcontinente, mas com a advertência que acabo de fazer, para evitar confusão com comunidades não definidas por religião.

2. Para uma análise do papel da identidade na violência, ver *Identity and Violence: The Illusion of Destiny* (Nova York: Norton; Londres: Penguin, 2006).

3. Nesse contexto, é importante notar que Ayesha Jalal tem argumentado de maneira convincente que a insistência de Jinnah na partição era, pelo menos em parte, apresentada como um elemento de barganha para dar aos muçulmanos um papel de maior destaque numa Índia não dividida mas independente; ver seu *The Sole Spokesman: Jinnah, the Muslim League and the Demand for Partition* (Cambridge: Cambridge University Press, 1985).

4. Joya Chatterji, *Bengal Divided: Hindu Communalism and Partition, 1932-1947* (Cambridge: Cambridge University Press, 1994).

5. Ver Richard M. Eaton, "Who Are the Bengali Muslims?" em *Essays on Islam and Indian History* (Oxford: Oxford University Press, 2000).

6. Ver Ranajit Guha, *A Rule of Property for Bengal: An Essay on the Idea of Permanent Settlement* (1963) (Durham, NC, e Londres: Duke University Press, 1996), Preface to First Edition, p. xv. Mais adiante voltarei a Guha.

7. Ver Tapan Raychaudhuri, "Prefácio", *The World in Our Time: A Memoir* (Noida, Uttar Pradesh: HarperCollins India, 2011).

8. Sobre essas questões, ver o importante artigo de Sana Aiyar, "Fazlul Huq, Region and Religion in Bengal: The Forgotten Alternative of 1940-1943", *Modern Asian Studies*, v. 42, n. 6 (nov. 2008), e os demais estudos a que se refere Aiyar.

9. Traduzido por Richard M. Eaton em seu livro *The Rise of Islam and the Bengal Frontier, 1204-1760* (Berkeley, CA: University of California Press, 1993), pp. 214-5.

9. RESISTÊNCIA E DIVISÃO [pp. 156-72]

1. Para uma história esclarecedora da vida de Subhas Chandra Bose, ver Sugata Bose, *His Majesty's Opponent: Subhas Chandra Bose and India's Struggle Against Empire* (Cambridge, MA: Belknap Press of Harvard University Press, 2011).

2. Rafiq Zakaria, *The Man Who Divided India* (Mumbai: Popular Prakashan, 2001), p. 79.

3. Ibid., p. 84.

4. Ayesha Jalal, *The Sole Spokesman: Jinnah, the Muslim League and the Demand for Pakistan* (Cambridge: Cambridge University Press, 1985), p. 4.

5. Jamais discutimos esse problema — na verdade, eu não estava nem mesmo ciente dos seus dilemas eleitorais até que apareceram no estudo das cartas entre Amiya Dasgupta e meu pai, resultado da pesquisa de Alaknanda Patel (filha de Amiya Dasgupta).

6. Amartya Sen, *On Economic Inequality* (Oxford: Oxford University Press, 1973; edição ampliada, com James Foster, 1997).

10. GRÃ-BRETANHA E ÍNDIA [pp. 173-87]

1. Citado em Michael Edwardes, *Plassey: The Founding of an Empire* (Londres: Hamish Hamilton, 1969), p. 131.

2. Niall Ferguson, *Empire: How Britain Made the Modern World* (Londres: Allen Lane, 2003), p. xi. Para uma avaliação mais crítica das realizações e dos fracassos do império, ver Shashi Tharoor, *Inglorious Empire: What the British Did to India* (Londres: C. Hurst; Penguin, 2017).

3. C. A. Bayly, *The Birth of the Modern World, 1780-1914* (Oxford: Blackwell, 2004), p. 293.

4. Adam Smith, *The Wealth of Nations, Books I-III* (1776) (Londres: Penguin, 1986), livro I, cap. VIII, "Of the Wages of Labour", p. 176.

5. William Dalrymple, "Robert Clive was a vicious asset stripper. His statue has no place on Whitehall", *The Guardian*, 11 jun. 2020. Disponível em: <https://www.theguardian. com/commentisfree/2020/jun/11/robert-clive-statue-whitehall-british-imperial>. Acesso em: 29 maio 2022.

6. Adam Smith, *The Wealth of Nations, Books IV-V* (1776) (Londres: Penguin, 1999), livro V, cap. 1, parte I, "Of the Expense of Defence", p. 343.

7. *The Relentless Rise of the East India Company* (Londres: Bloomsbury, 2019), p. 394.

8. Rudyard Kipling, "The White Man's Burden" (1899).

9. Rabindranath Tagore, *Crisis in Civilization* (Calcutá: Visva-Bharati, 1941).

11. A URBANIDADE DE CALCUTÁ [pp. 191-208]

1. Rudyard Kipling, *The Collected Poems of Rudyard Kipling* (Ware, Herts: Wordsworth, 1994), "A Tale of Two Cities" (1922), pp. 80-1.

2. Geoffrey Moorhouse, *Calcutta: The City Revealed* (Londres: Penguin, 1994), p. 26.

3. James Atkinson, *The City of Palaces; a Fragment and Other Poems*, "The City of Palaces" (Calcutá: The Government Gazette, 1824), p. 7.

4. Ved Mehta, *The Craft of the Essay: A Reader* (Londres: Yale University Press, 1998), p. 210.

5. Amit Chaudhuri, *Calcutta: Two Years in the City* (Nova Delhi: Penguin, 2013), pp. 266-7.

6. A maior parte dessas preocupações não só tinha sentido e sobre elas muito se escrevera como há provas de que estava presente, de modo explícito, na cabeça de Charnock e seus parceiros. Ver a coleção esclarecedora de escritos — antigos e novos — sobre o assunto: P. Thankappan Nair, *Job Charnock: The Founder of Calcutta: An Anthology* (Calcutá: Calcutta Old Book Stall, 1977).

7. J. J. A. Campos, *History of the Portuguese in Bengal* (Calcutá; Londres: Butterworth, 1919), p. 43.

8. Gopalkrishna Gandhi, *A Frank Friendship: Gandhi and Bengal. A Descriptive Chronology* (Calcutá: Seagull, 2007).

9. Satyajit Ray, *Our Films, Their Films* (1976) (Hyderabad: Orient BlackSwan, 3. ed., 1993), p. 9.

10. Ibid., pp. 160-1.

12. COLLEGE STREET [pp. 209-25]

1. A universidade tinha regras rigorosas sobre frequência, e devido em parte a doença grave, mas também às minhas atividades políticas e ao desejo constante de matar aula para ler na biblioteca, ou bater papo no café, não obtive a frequência necessária para ser considerado aluno regular da Faculdade da Presidência. Fui informado de que eu teria que fazer provas como aluno não ligado à faculdade, por minha própria conta — não como parte da Presidência. Como eu era tido como bom aluno (tendo tirado primeiro lugar em provas universitárias anteriores), a faculdade também não ficou muito satisfeita com isso. De alguma forma ficou decidido que eu poderia fazer a prova como aluno "ligado" à Faculdade da Presidência, e imagino que os registros foram fraudados.

2. Henry Louis Vivian Derozio, "To India — My Native Land", *Anglophone Poetry in Colonial India, 1780-1913: A Critical Anthology*, editada por Mary Ellis Gibson (Athens, OH: Ohio University Press, 2011), p. 185.

3. Tapan Raychaudhuri, *The World in Our Time* (Noida, Uttar Pradesh: HarperCollins India, 2011), p. 154.

13. O QUE FAZER COM MARX [pp. 226-42]

1. Dobb cita esse convincente comentário de Samuelson como a questão à qual ele, Dobb, teria que responder, o que ele fez em seguida, estabelecendo a distinção entre a contiguidade da aproximação e a relevância da aproximação ao pensar sobre a natureza do problema. Discuti

com alguma minúcia o significado da distinção para a qual Dobb chama a nossa atenção em meu comentário "On the Labour Theory of Value: Some Methodological Issues", *Cambridge Journal of Economics*, v. 2, n. 2 (jun. 1978), pp. 175-90.

2. Maurice Dobb, *Political Economy and Capitalism: Some Essays in Economic Tradition* (1937) (Abingdon; Nova York: Routledge, 2012), pp. 1-33.

3. Karl Marx e Friedrich Engels, *The German Ideology* (1932) (Nova York: International, 1947), p. 22.

4. No vigoroso livro de Aneurin Bevan, *In Place of Fear* (Londres: Heinemann, 1952), p. 100.

5. Eric Hobsbawm, "Where are British Historians Going?", *Marxist Quarterly*, v. 2, n. 1 (jan. 1955), p. 22.

6. Gareth Stedman Jones, *Karl Marx: Greatness and Illusion* (Londres: Allen Lane, 2016), p. 5.

14. UMA BATALHA INICIAL [pp. 243-58]

1. John Gunther, *Inside Europe* (Londres: Hamish Hamilton, 1936).

15. PARA A INGLATERRA [pp. 259-72]

1. Naqueles tempos o British Council e sua biblioteca ficavam numa rua de Calcutá chamada Theatre Road, que logo seria rebatizada pelas autoridades da cidade como "Shakespeare Sarani" (rua Shakespeare). Nesse sentido, os colonialistas britânicos conseguiram um negócio muito melhor com a administração da cidade do que os Estados Unidos: no auge da Guerra do Vietnã, a rua Harrington, onde ficava o consulado americano, foi rebatizada como "Ho Chi Minh Sarani".

18. QUE ECONOMIA? [pp. 302-15]

1. A. C. Pigou, *The Economics of Welfare* (1920) (Basingstoke: Palgrave Macmillan, 4. ed., 1932), p. 5.

2. Thorstein Veblen, *The Theory of the Leisure Class* (1899) (Abingdon: Routledge, 1992).

3. J. de V. Graaff, *Theoretical Welfare Economics* (Londres: Cambridge University Press, 1957).

20. CONVERSAS E POLÍTICA [pp. 329-47]

1. Tam Dalyell, *The Importance of Being Awkward: The Autobiography* (Edimburgo: Birlinn, 2011).

2. A. C. Pigou, *The Economics of Welfare* (1920) (Basingstoke: Palgrave Macmillan, 4. ed., 1932).

3. W. G. Runciman, Amartya K. Sen, "Games, Justice and the General Will", *Mind*, v. 74, n. 296 (out. 1965), pp. 554-62.

4. Amartya Sen, *The Idea of Justice* (Londres: Allen Lane, 2009).

21. ENTRE CAMBRIDGE E CALCUTÁ [pp. 348-64]

1. Ranajit Guha, *A Rule of Property for Bengal* foi publicado originalmente por Orient Longman em 1982, e mais tarde — em 1996 — reeditado por Duke University Press (para o qual tive o privilégio de escrever um prefácio um tanto longo). Como o correio aéreo garantido para encomendas preciosas era muito caro (em relação ao salário de um professor indiano), recebi a agradável incumbência de levar o manuscrito final para a Europa na minha pasta a fim de enviá-lo para os editores — Mouton e École Pratique.

22. DOBB, SRAFFA E ROBERTSON [pp. 365-79]

1. D. H. Robertson, "Preface to 1949 Edition", *Banking Policy and the Price Level* (1926) (Nova York: Augustus M. Kelley, 1949), p. 5.

2. Tentei convencer o Trinity College a gastar um dinheirinho encomendando a tradução dos artigos — em italiano — que Sraffa deixou. Mas não consegui que minha faculdade separasse esse valor relativamente pequeno, ainda que Trinity tenha recebido de Sraffa, quando ele morreu, em 1993, uma herança de mais de 1 milhão de dólares. Se conseguíssemos a subvenção para a tradução, eu teria trabalhado com a professora Cheryl Misak (autora de um livro brilhante sobre Frank Ramsey) e a assistência de dois estudiosos italianos. Diante da minha incapacidade de conseguir mesmo uma pequena quantia de apoio à pesquisa, Cheryl perguntou a meu colega de filosofia em Trinity, Huw Richards: "Um ex-mestre não tem influência nenhuma nessa faculdade?". Huw explicou: "Você devia saber, Cheryl, que um mestre tem influência zero na faculdade, e um ex-mestre ainda menos do que isso".

3. Piero Sraffa, *Production of Commodities by Means of Commodities: Prelude to a Critique of Economic Theory* (Cambridge: Cambridge University Press, 1960).

4. Joan Robinson, "Prelude to a Critique of Economic Theory", *Oxford Economic Papers*, New Series, v. 13, n. 1 (fev. 1961), pp. 53-8.

5. Ray Monk, *Ludwig Wittgenstein: The Duty of Genius* (Londres: Jonathan Cape, 1990), p. 487.

6. *Prison Notebooks*, que, juntamente com *The Modern Prince and Other Writings* (Londres: Lawrence and Wishart, 1957) nos ajudou a entender melhor a perspectiva do filósofo italiano.

7. Antonio Gramsci, *Selections from the Prison Notebooks*, editado e traduzido por Quintin Hoare e Geoffrey Nowell Smith (Londres: Lawrence and Wishart, 1971), "The Study of Philosophy (Some Preliminary Points of Reference)", p. 323.

23. ENCONTROS AMERICANOS [pp. 380-90]

1. Amartya Sen, "On the Usefulness of Used Machines", *Review of Economics and Statistics*, v. 44, n. 3 (ago. 1962), pp. 346-8.

2. Paul A. Samuelson, *Foundations of Economic Analysis* (Cambridge, MA: Harvard University Press, 1947).

3. Meu artigo intitulava-se "Interpersonal Aggregation and Partial Comparability", *Econometrica*, v. 38, n. 3 (maio 1970), pp. 393-409. Para uma exploração mais completa da abordagem, ver meu *Collective Choice and Social Welfare* (1970), reeditado em Amsterdã em 1979 (North Holland) e com edição ampliada em 2017 (Londres: Penguin).

24. CAMBRIDGE REEXAMINADA [pp. 391-404]

1. James M. Buchanan, "Social Choice, Democracy, and Free Markets", *Journal of Political Economy*, v. 62, n. 2 (abr. 1954), pp. 114-23; e "Individual Choice in Voting and the Market", *Journal of Political Economy*, v. 62, n. 3 (ago. 1954), pp. 334-43.

2. Um exame crítico desse contraste e algumas distinções relacionadas foram incluídos posteriormente em meu discurso presidencial na Associação Econômica Americana: "Rationality and Social Choice", *American Economic Review*, v. 85, n. 1 (1995), pp. 1-24.

3. A palestra foi publicada como "Internal Consistency of Choice", *Econometrica*, v. 61, n. 3 (1993), pp. 495-521.

4. Para a fonte da citação e sua tradução, e para opiniões relacionadas de Sraffa e Gramsci, ver Jean-Pierre Potier, *Piero Sraffa — Unorthodox Economist (1898-1983): A Biographical Essay* (1991) (Abingdon: Routledge, 2015), pp. 23-7.

5. Karl Marx e Friedrich Engels, *The German Ideology* (1845) (Nova York: International Publishers, 1947), p. 22.

25. PERSUASÃO E COOPERAÇÃO [pp. 407-16]

1. Três desses quatro pioneiros se tornaram parentes meus nos anos 1970, quando Eva Colorni e eu nos casamos (ela era filha de Ursula e Eugenio e enteada de Altiero). Tive muitas oportunidades de falar sobre a motivação das duas declarações com Altiero e Ursula nos anos 1970. Eugenio foi morto pelos fascistas em maio de 1944, dois dias antes de os americanos libertarem Roma. Tive também conversas esclarecedoras sobre a história desses acontecimentos com Eva e suas irmãs Renata e Bárbara.

2. John Maynard Keynes, *The Economic Consequences of the Peace* (Londres: Macmillan, 1919; Nova York: Harcourt, Brace and Howe, 1920; reeditado com uma introdução de autoria de Robert Lekachman, Nova York: Penguin Classics, 1995).

3. R. J. Hammond, *History of the Second World War: Food*, v. II, *Studies in Administration and Control* (Londres: HMSO, 1956) e Brian Abel Smith e Richard M. Titmuss, *The Cost of the*

National Health Service in England and Wales, NIESR Occasional Papers, XVIII (Cambridge: Cambridge University Press, 1956).

4. R. J. Hammond, *History of the Second World War: Food*, v. I, *The Growth of Policy* (Londres: HMSO, 1951). Ver também Richard M. Titmuss, *History of the Second World War: Problems of Social Policy* (Londres: HMSO, 1950).

5. Rabindranath Tagore, *Crisis in Civilization* (Calcutá: Visva-Bharati, 1941).

6. Ian Stephens escreveu um livro chamado *Monsoon Morning* (Londres: Ernest Benn, 1966) sobre suas experiências, suas dúvidas crescentes e sua revolta final. Ele decerto tinha muito orgulho da mudança que provocou. A única época em que redigi um obituário para o *Times* de Londres foi quando descobri que o obituário oficial de Stephens no jornal nem sequer mencionava seu papel na contenção da epidemia da fome em Bengala, em que salvou talvez 1 milhão de vidas. Fiquei feliz pelo fato de *The Times* publicar meu obituário suplementar, oferecendo-me a oportunidade de dar a Stephens o crédito que ele decididamente merecia.

26. PERTO E LONGE [pp. 417-30]

1. David Hume, *An Enquiry Concerning the Principles of Morals* (1777) (LaSalle, IL: Open Court, 1966), p. 25. A liberalidade desse comentário parece estar em conflito com outros comentários que Hume também fez, sobre a superioridade dos "brancos". Ao contrário de Adam Smith, que jamais chegou perto de dizer alguma coisa que traísse preconceito racial ou étnico, Hume se permitia alguma inconsistência.

2. Para uma discussão da ampla necessidade de diferentes tipos de contrato social para uma boa sociedade, ver Minouche Shafik, *What We Owe Each Other: A New Social Contract for a Better Society* (Londres: Princeton University Press, 2021).

3. Tapas Majumdar, professor muito jovem na Faculdade da Presidência quando eu era estudante de graduação (falei nele — e sua influência sobre mim — num capítulo anterior), veio a se interessar muito pela aplicação da teoria social a problemas educacionais — tanto na Índia como no resto do mundo. Trabalhando em sua base acadêmica na Universidade Jawaharlal Nehru em Delhi, ele acrescentou muita coisa sobre o alcance e a relevância da disciplina de escolha social.

4. Ver Richard Titmuss, *Essays on "The Welfare State"* (1958) (Bristol: Policy Press, 2019). Ver também R. J. Hammond, *History of the Second World War: Food*, v. I, *The Growth of Policy* (Londres: HMSO, 1951), e Richard M. Titmuss, *History of the Second World War: Problems of Social Policy* (Londres: HMSO, 1950).

5. Adam Smith, *The Theory of Moral Sentiments* (1759). Ver também sua edição de aniversário, organizada por Ryan Hanley (Londres: Penguin, 2009), com introdução de Amartya Sen.

6. Adam Smith, *The Theory of Moral Sentiments* (1759), v. 2, cap. II, "Of the Influence of Custom and Fashion upon Moral Sentiments".

7. Rabindranath Tagore, *Crisis in Civilization* (Calcutá: Visva-Bharati, 1941).

Índice onomástico

Índice de assuntos

ESTA OBRA FOI COMPOSTA EM MINION POR ACOMTE E IMPRESSA
PELA GRÁFICA SANTA MARTA EM OFSETE SOBRE PAPEL PÓLEN SOFT DA SUZANO S.A.
PARA A EDITORA SCHWARCZ EM SETEMBRO DE 2022

A marca FSC® é a garantia de que a madeira utilizada na fabricação do papel deste livro provém de florestas que foram gerenciadas de maneira ambientalmente correta, socialmente justa e economicamente viável, além de outras fontes de origem controlada.